실기

전자계산기 제어산업기사

8051 설계 및 프로그램

정기철, 신동욱, 변황우, 김도우 공저
기술지원 : (주)케이엠씨로보틱스

CD수록

IAR 8051 C 컴파일러
마이컴 프로그래머
C 소스 프로그램 포함

D.B.Info

Contents

Chapter 1

전자계산기 제어산업기사 실기시험용 89S51

Chapter 2

89S51

Chapter 3

회로도 읽는 법과 IARC-51 컴파일러 사용법

Chapter 4

89S51 하드웨어 기본 구성

Contents

Chapter 5

LCD 컨트롤러(HD44780) 제어

Contents

Chapter 9

타이머/카운터 모드2, 모드3 인터럽트 제어

Chapter 10

외부 인터럽트 및 파워절약 모드 응용

Chapter 11

30ms 키보드 스캔 알고리즘 및 Dynamic 7-Segment 구현 및 실험

Chapter 12

A/D 변환기

Contents

Chapter 13

직렬통신(Serial)

Chapter 14

LED 제어

Chapter 15

리드, 리미트 스위치와 릴레이 제어

Chapter 16

광 센서

Contents

Chapter 17

온도 센서

Chapter 18

D/A 변환기와 모터 제어

Appendix

7

C·H·A·P·T·E·R

전자계산기 제어산업기사 실기시험용 89S51

구성

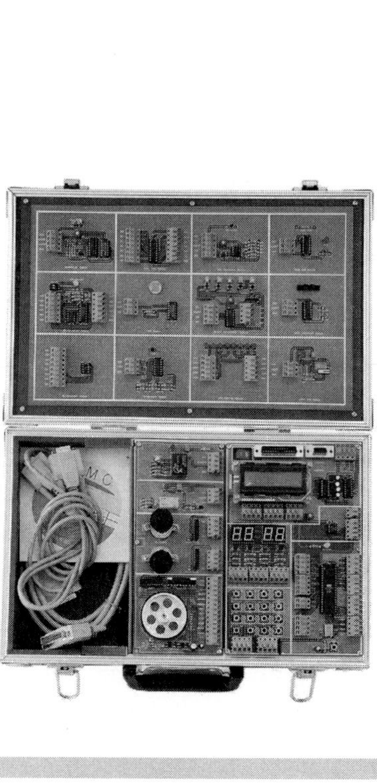

1.1 전자계산기제어 산업기사 8051 MICOM 보드

전자계산기제어 산업기사 실기시험에 사용되고 있는 8051 MICOM 보드의 외형 및 각 부품의 배치도는 그림 1-1과 같다.

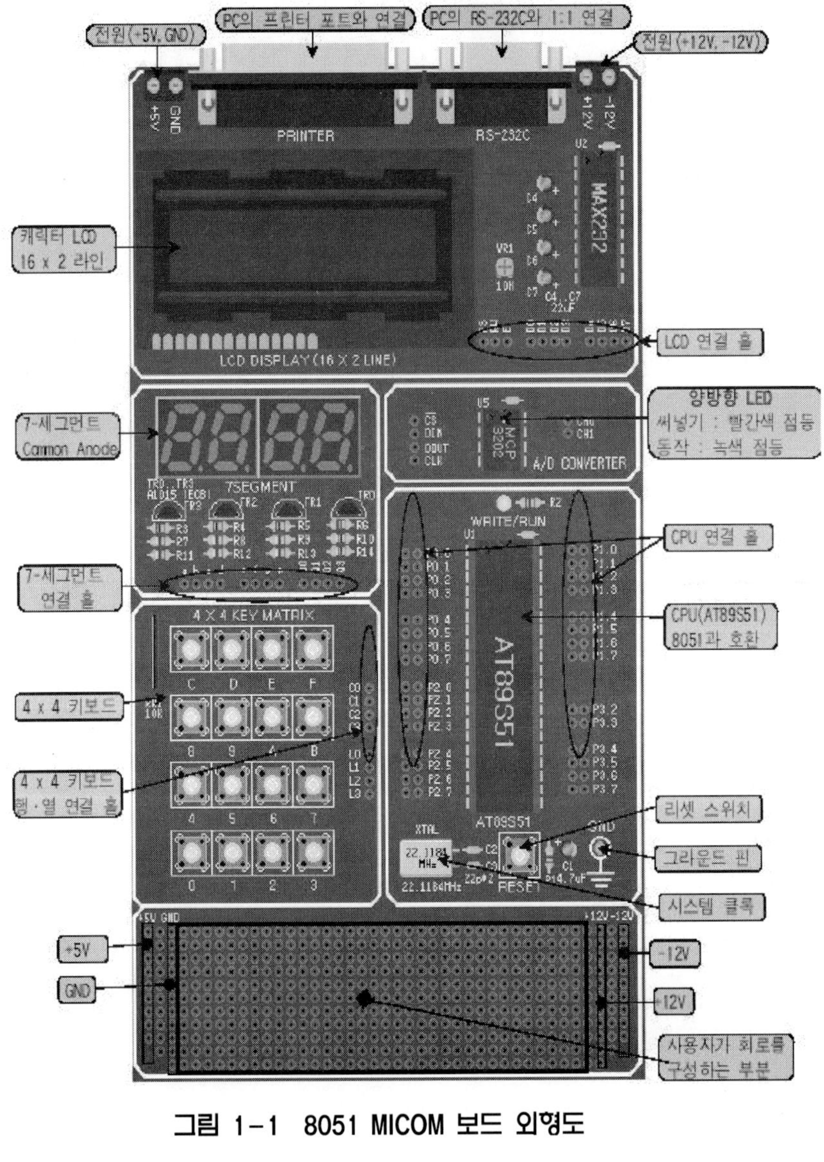

그림 1-1 8051 MICOM 보드 외형도

그림 1-1은 전자계산기제어 산업기사 실기시험에서 사용되고 있는 8051 MICOM 보드이다. 마이크로 프로세서는 8051과 완벽하게 호환이 가능한 AT89S51을 사용하였고 마이크로프로세서의 각 입출력핀과 주변 장치와의 관계는 연결 홀을 이용하여 선을 납땜을 통하여 연결하도록 하였다. 또한 MICOM 보드 아래쪽에 있는 만능기판은 간단한 센서 혹은 구동 장치를 수험자들이 직접 납땜하여 구동시킬 수 있도록 하기 위한 것이다. 아래 표 1-1에 8051 MICOM-보드의 부품 목록을 나타내고 있다.

표 1-1 8051 MICOM 보드 부품 목록

품명	규격	수량	부품번호	비고
PCB	121mm×203mm	1		
CPU	AT89S51	1	U1	8051과 100% 호환
A/D CONVERTER	MCP3202	1	U5	분해능 12비트
직렬통신 DRIVER	MAX 232	1	U2	데이터 통신용 IC
PLD	16V8	1	U3	프로그래밍 용 IC
IC	MC4066	1	U4	프로그래밍용 IC
TR	2SA1015	4	TR0 ~ TR3	7-세그먼트에서 사용
전해 콘덴서	4.7uF/50V	1	C1	리셋 용
	22uF/25V	4	C4 ~ C7	MAX232에서 사용
모노리딕 콘덴서	104(0.1uF)	5	각각의 IC	
	22pF	2	C2, C3	클록 발진에 사용
	470pF	4	C8 ~ C15	프린터포트에서 사용
크리스탈	22.1184MHz	1	XTAL	시스템 클록
저항	47Ω	8	R7 ~ R14	7-세그먼트에서 사용
	100Ω	5	R2, R15 ~ R22	양방향 LED, 프린터 포트
	4.7KΩ	2	R1	리셋에서 사용
	1KΩ	4	R3 ~ R6	7-세그먼트에서 사용
어레이 저항	10KΩ	1	RA1	키보드에서 사용
	4.7KΩ	1	RA2	프린터 포트에서 사용
가변저항	10KΩ	1	VR1	LCD 밝기 조절용
양방향 LED 5Φ	RED/GREEN	1	WRITE/RUN	CPU 라이트 중/실행 LED
PRINTER(MALE) ㄱ자	ANGLE(25P)	1	PRINTER	
RS-232(FEMALE) ㄱ자	ANGLE(9P)	1	RS-232	
SWITCH	TACT-SWITCH	17	RESET 및 4×4 KEY	
핀	GND-PIN	1	GND	테스트 접지 용

SOCKET	40P	1	AT89S51용	
전원단자	터미널 단자(2P)	2		
폴리 스위치	1[A]	2	PSW1, PSW2	전원에 사용
LCD(16×2 LINE)	HC16201-A	1		캐릭터 LCD
7 SEGMNET(CA)	252A-2DIGIT	2		Common Anode
RS-232C CABLE(9핀)	MALE-FEMALE	1	1m	PC와 1:1 연결에 사용
병렬 CABLE(25핀)	MALE-MALE	1	1m	PC와 1:1 연결에 사용
육각 볼트	3Φ×8mm	2		LCD 고정대 (너트 포함)
고정대	오리발	6		PCB 고정대 용
볼트	3Φ	6		PCB 고정대 용

그림 1-2는 전자계산기제어 산업기사 실기시험에서 사용되고 있는 8051 MICOM 보드의 회로도를 나타내고 있다. 뒤에서 이 부분은 각 부분 별로 자세히 언급하기로 한다.

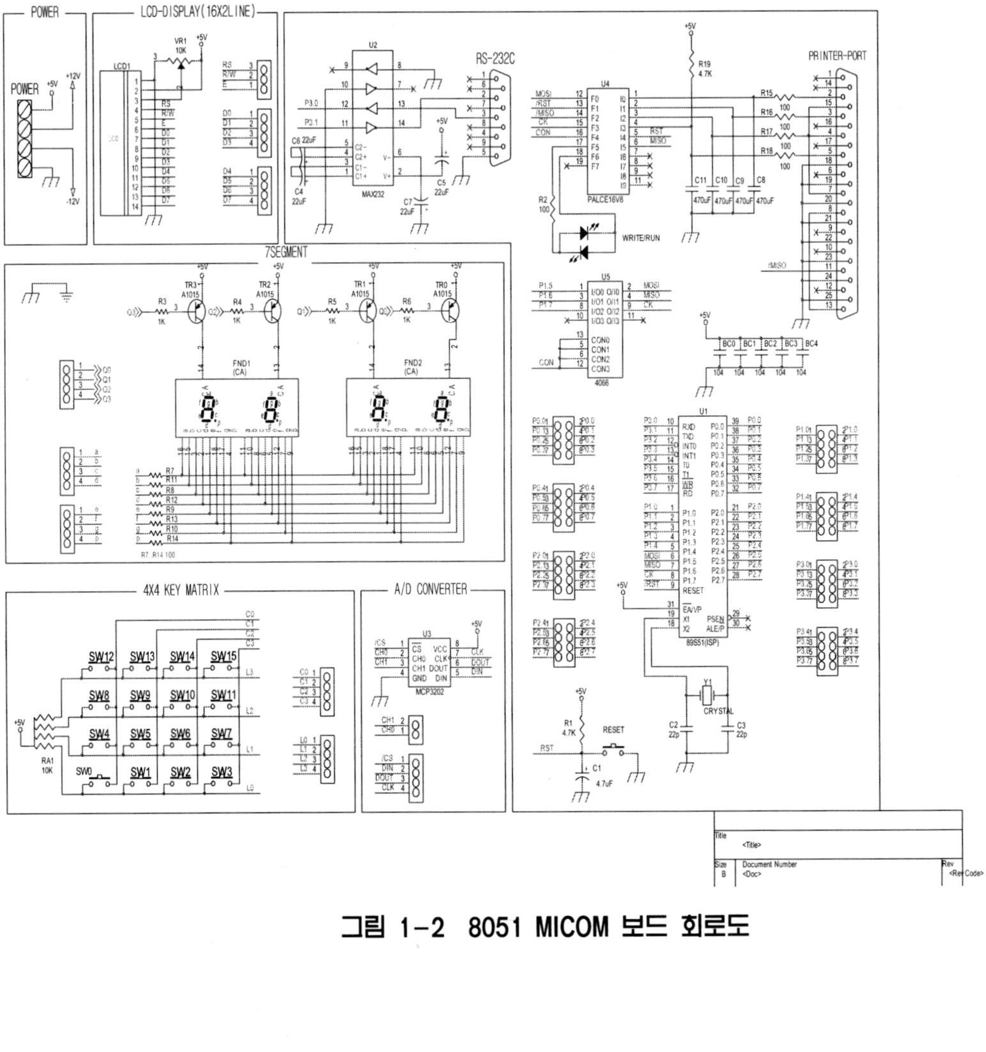

그림 1-2 8051 MICOM 보드 회로도

그림 1-1을 좀 더 자세히 설명하면 다음과 같다(그림 1-2 회로도 참조).

● 전원

+12[V]. +5[V], -12[V], GND

● CPU

AT89S51을 사용하며, 8051 CPU와 100[%] 호환성을 갖고 있다.
시스템 클록은 22.1184[Mhz]를 사용한다.

● 프로그래밍 방법

MICOM-PROGRAMMER을 사용하여 PC의 프린터 포트를 이용하여 ISP 방법으로 AT 89S51에 프로그램을 써 넣는다.

● CPU 인터페이스 부분

사용자가 임의로 LCD, 7-세그먼트, 4×4 키보드 등으로 연결할 수 있도록 CPU를 중심으로 왼쪽 및 오른쪽에 연결되어 있다.

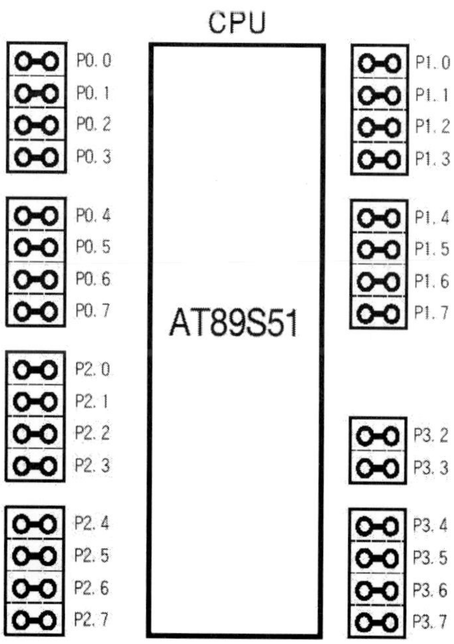

(P3.0, P3.1 핀은 데이터 통신에 사용된다)

그림 1-3 CPU 인터페이스 부분 외형도

● 리셋 스위치

RESET 스위치를 누르면 CPU는 0000H 번지부터 실행된다.

● WRITE/RUN LED 기능

양방향 LED를 사용하며, PC에서 AT89S51로 프로그램을 써 넣을 때에는 빨간색 점등, AT89S51이 프로그램을 실행 중일 경우는 녹색으로 점등된다.

● RS-232C

PC와 데이터 통신을 할 때 사용하며, AT89S51의 P3.1/TxD, P3.0/RxD와 직접 연결되어 있다. 사용자는 이 핀은 I/O 인터페이스에 사용할 수 없으며. PC와 데이터 통신을 하려면 9핀의 1:1 RS-232C 케이블을 이용하여 PC의 RS-232C 포트와 연결하여야 한다.

● LCD

16×2 라인의 캐릭터 LCD를 사용하며, 사용자는 AT89S51과 직접 선을 이용하여 연결하여 사용하여야 한다.

● 7-세그먼트

컴온 애노드(Common Anode)형 7-세그먼트 2개로 구성되어 있으며, 사용자는 AT89S51과 직접 선을 이용하여 연결하여 사용하여야 한다.

● 4x4 키 매트릭스

4×4 키가 행 · 렬로 연결되어 있으며, 사용자는 AT89S51과 직접 선을 이용하여 연결하여 사용하여야 한다.

● A/D 컨버터

MCP3202 12 비트 A/D 컨버터를 사용하며, 사용자는 AT89S51과 직접 선을 이용하여 직렬로 데이터를 주고 받으며, 변환하고자 하는 아날로그 신호를 CH0, CH1에 연결하여 사용하여야 한다. 이 부분의 구동 방식은 뒤에서 다루기로 한다.

1.2 MICOM-PROGRAMMER 사용법

● PC와 연결

PC의 프린터 포트와 병렬 케이블을 이용하여 그림 1-1의 89S51 MICOM-보드와 연결한다.

● 전원 연결

전원을 그림 1-1의 89S51 MICOM-보드에 연결한다. POWER 커넥터는 왼쪽은 +5V, GND, 오른쪽은 +12V, -12V의 순서로 되어 있고, 전원이 연결되면 CPU 위에 있는 WRITE/RUN LED가 녹색불이 들어온다.

● MICOM-PROGRAMMER 실행하기

그림 1-4와 같이 "MICOM-PROGRAMMER"를 실행시키면 메인 화면이 디스플레이 된다.

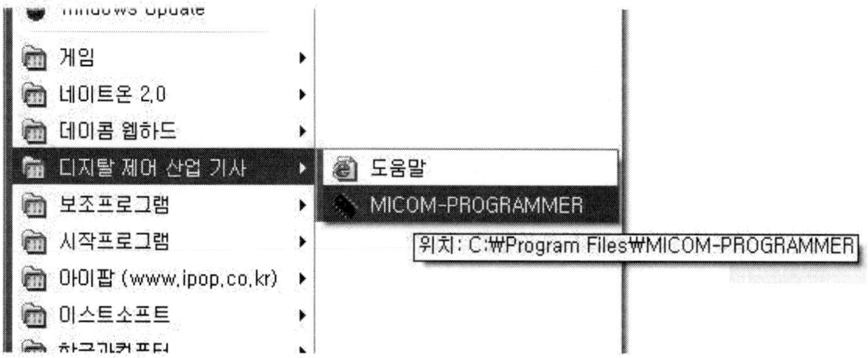

그림 1-4 실행하기 (다르게 실행될 수도 있다.)

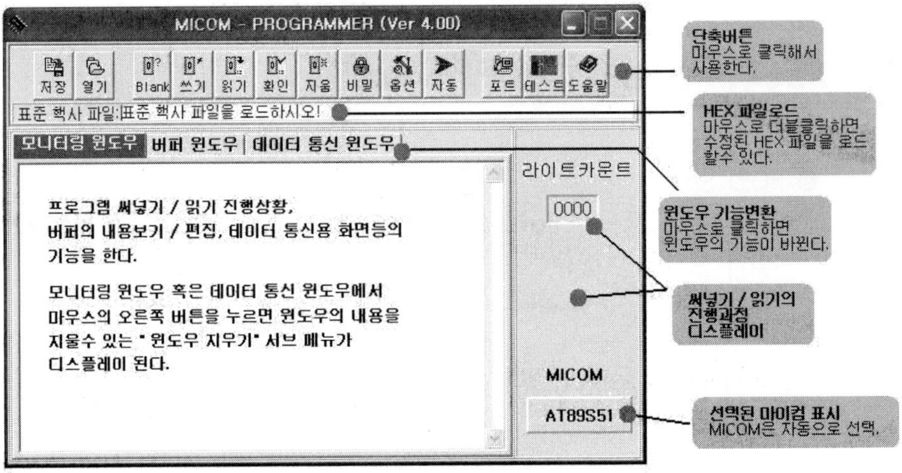

그림 1-5 MICOM-PROGRAMMER 메인 화면

● MICOM-PROGRAMMER 모니터링 윈도우 사용하기

"MICOM-PROGRAMMER 모니터링 윈도우"는 각 동작 상황을 디스플레이 해준다. 마이컴 보드가 연결되면 다음 그림 1-6과 같이 자동으로 인식된다.

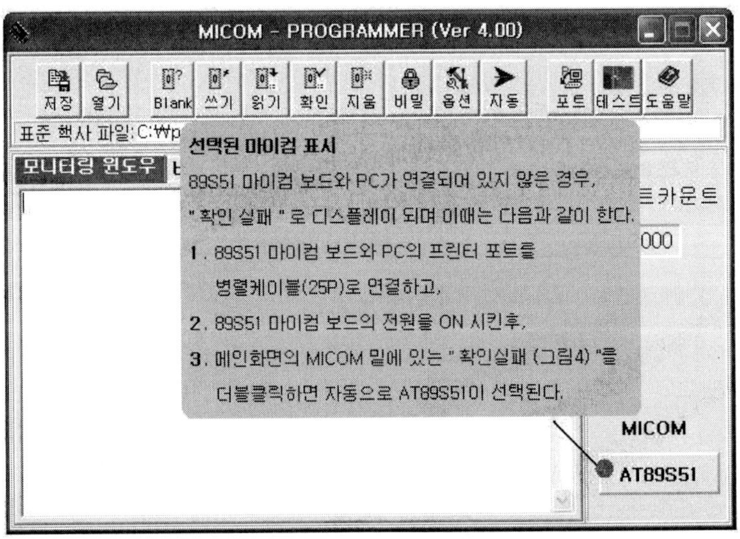

그림 1-6 마이컴 보드가 선택된 화면

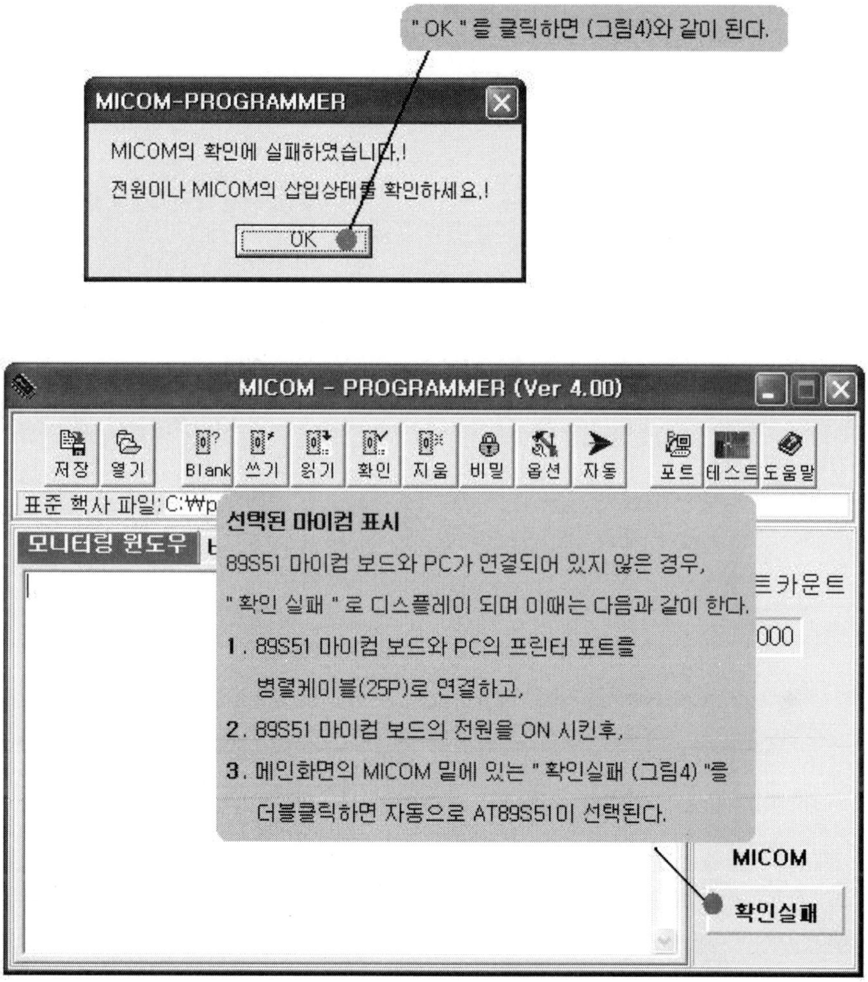

그림 1-7 마이컴 보드를 찾지 못한 경우

● 단축 아이콘의 기능

그림 1-8의 단축 아이콘에 마우스를 갖다 놓으면 구름 바 모양으로 단축 아이콘의 기능을 디스플레이 해준다. 각 단축 아이콘의 기능을 설명하면 다음과 같다.

그림 1-8 단축 버튼 기능

● MICOM- 보드 테스트 하기

MICOM-보드와 컴퓨터의 프린터 포트 및 시리얼 포트가 올바르게 동작하는지를 검사하는 기능이며 다음과 같이 검사한다.

☞ 컴퓨터의 프린터 포트와 MICOM-보드의 "PRINTER" 커넥터와 25핀 병렬 케이블을 이용하여 연결한다.

☞ 컴퓨터의 시리얼 포트(COM1 혹은 COM2)와 MICOM-보드의 "RS-232C" 커넥터와 9핀 1:1 RS-232C 케이블을 이용하여 연결한다.

☞ 그림 1-5에서 단축 아이콘 을 실행시키면 그림 1-9와 같은 화면이 디스플레이 되며 그림 1-10. 1-11, 1-12와 같이 테스트한다.

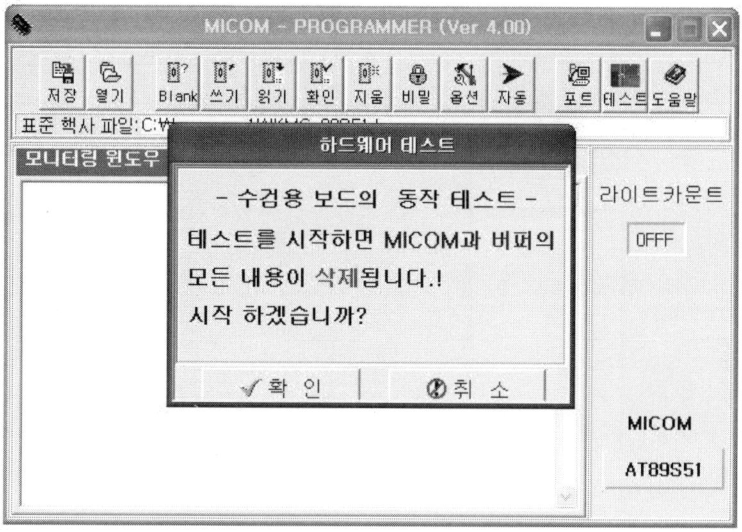

그림 1-9 마이컴 보드의 동작을 검사하기 위한 화면

메뉴의 테스트를 클릭하여 그림 1-9와 같은 화면이 뜨면 확인을 클릭하여 다음 단계로 넘어간다. 그 다음에는 그림 1-10가 같이 통신 포트를 설정하여 준다.

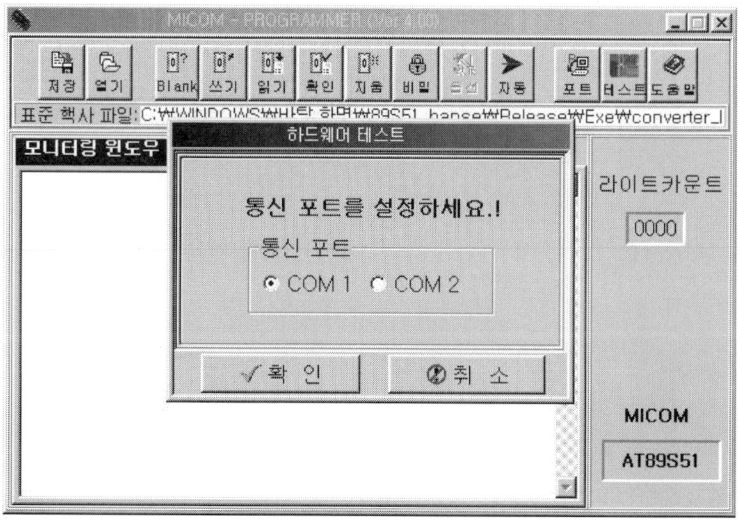

그림 1-10 통신 포트 설정

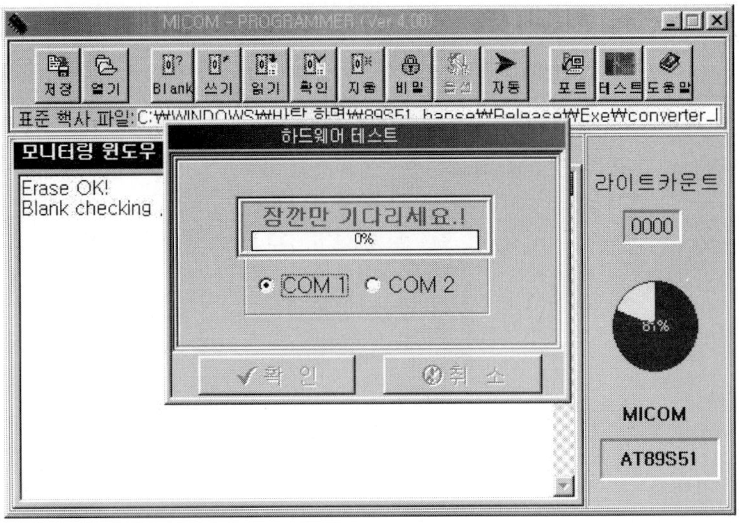

그림 1-11 마이컴 보드에 통신 프로그램을 써 넣는 화면

그림 1-12 데이터 통신 검사가 끝난 화면

● 프로그래밍 할 HEX 파일 읽기

(1) 프로그래밍 할 HEX 파일 읽기(I)

단축 아이콘  을 실행시키면 그림 1-13과 같은 화면이 디스플레이 되며, 그림 1-13과 같이 프로그래밍 할 파일을 선택한 후, 빠져 나오면 그림 1-14와 같이 된다.

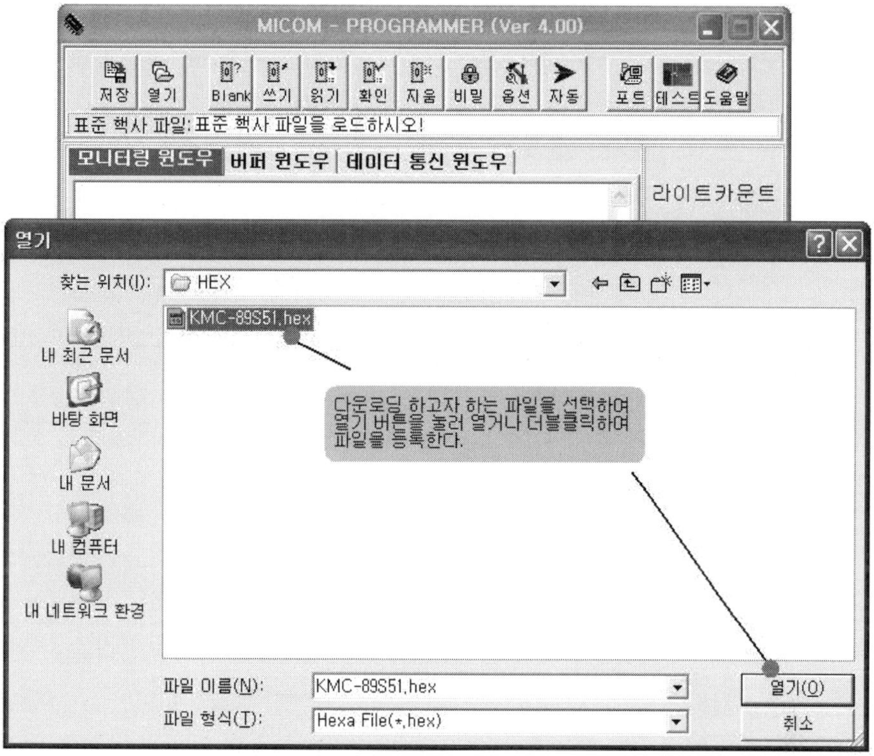

그림 1-13 "파일 읽기" 화면

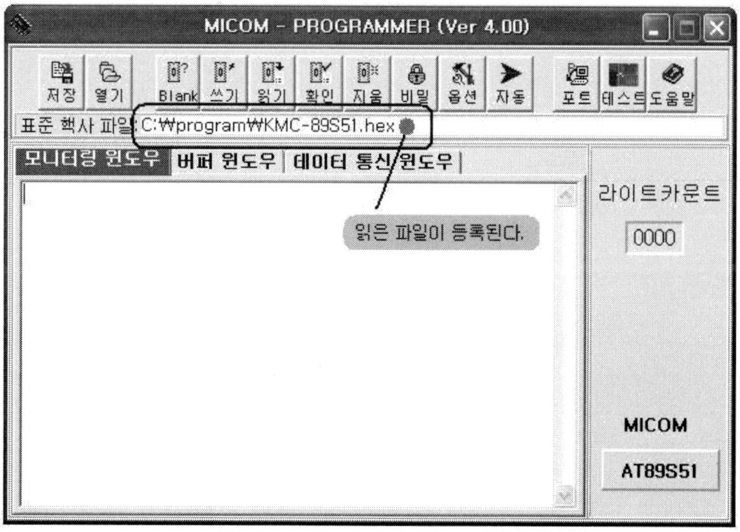

그림 1-14 파일을 읽은 후의 화면

(2) 프로그래밍 할 핵사 파일 읽기(II)

그림 1-15에서 프로그래밍 할 파일을 소스코드 수정 후 어셈블 혹은 컴파일 한 후, 단축 아이콘  을 실행시켜서 불러오는 불편함을 없애기 위하여 그림 1-15와 같이 “자동”을 클릭하여 로딩할 때나 표준 핵사파일의 파일을 더블클릭하면 자동으로 로딩된다.

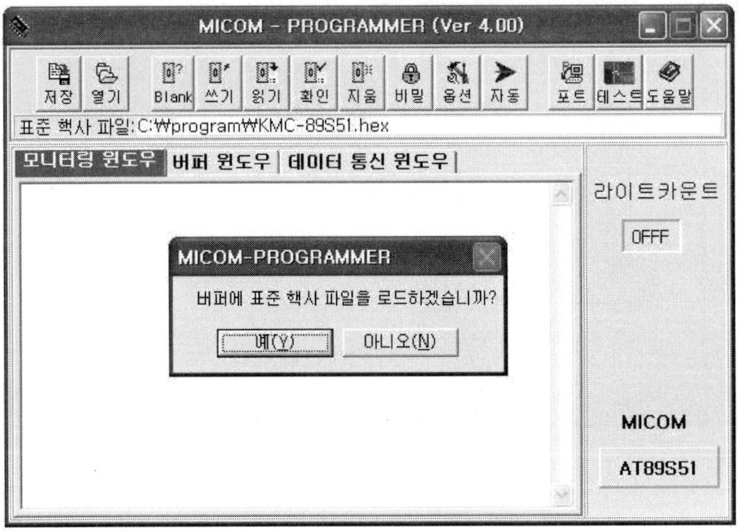

그림 1-15 자동 로딩 화면

(3) 핵사 파일 편집하기

그림 1-13, 그림 1-15의 화면에서 파일이 올바르게 로드되었는지 확인하거나 특정한 데이터를 그림 1-16과 같이 직접 편집할 수 있다.

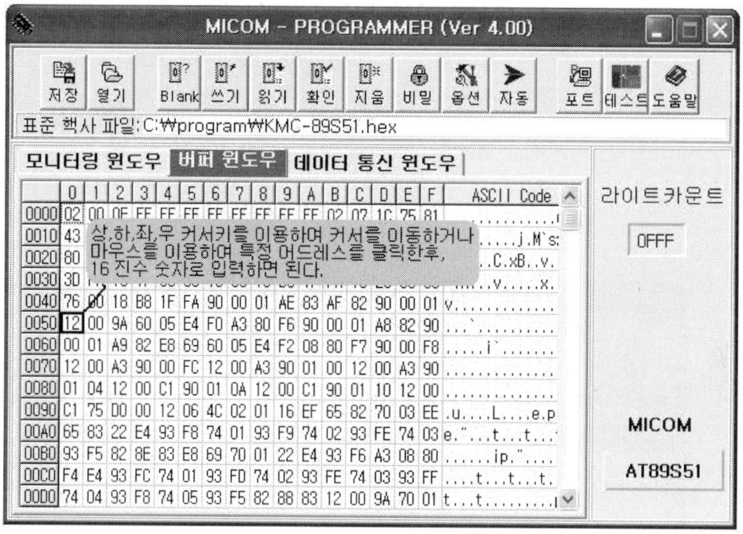

그림 1-16 HEX 파일 편집하기

또한 이 편집된 데이터는 다음 그림과 같이 저장도 가능하다.

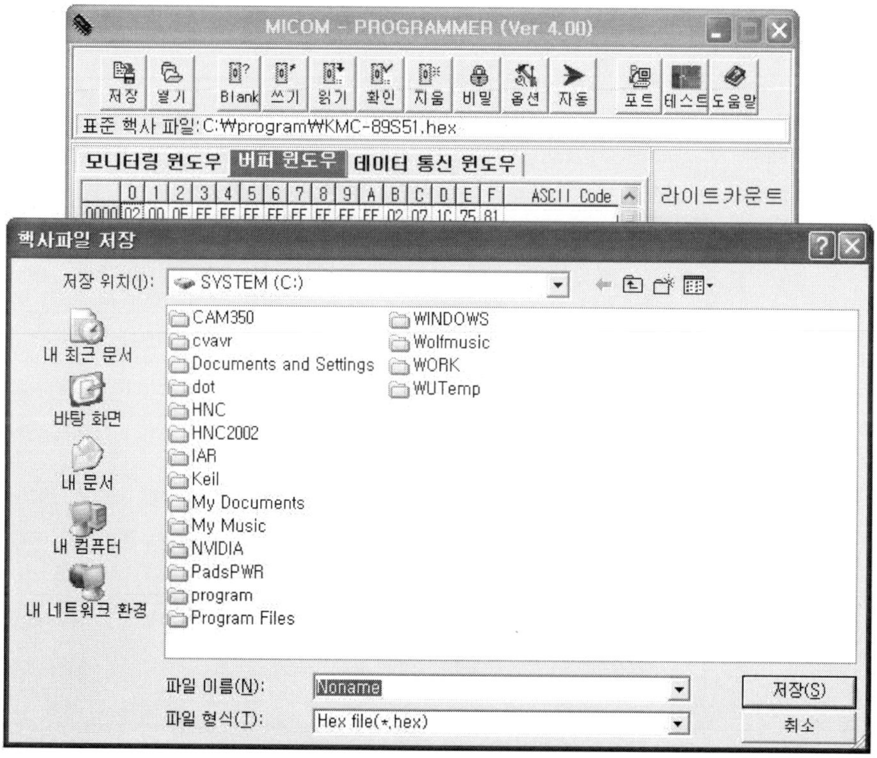

그림 1-17 변경한 HEX 파일 저장하기

● 선택한 HEX 파일을 MICOM으로 써 넣기

로딩된 HEX 파일은 단축 아이콘 을 실행시키면 그림 1-18과 같이 "Blank"→ "쓰기"→"확인"→"비밀"의 순서로 자동으로 동작하고, 올바르게 프로그래밍이 되면 그림 1-19와 같이 된다.

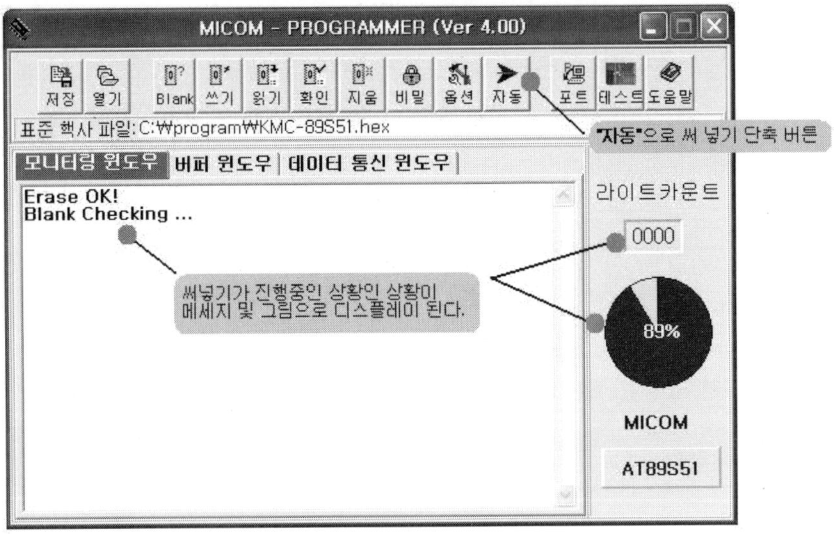

그림 1-18 "자동"으로 써넣는 화면

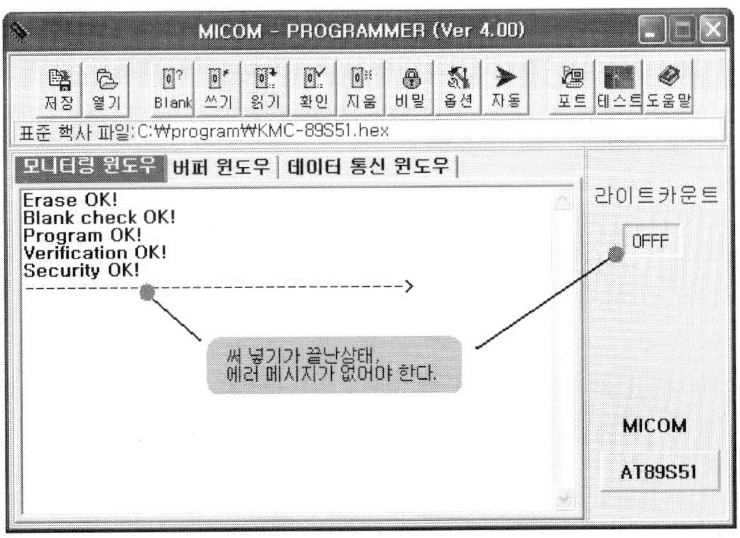

그림 1-19 다운로딩이 완료된 화면

> 자동 버튼을 이용하여 프로그램을 하게 되면 마지막에 비밀 기능이 있어 LOCK BITS 가 걸리게 된다. 이렇게 써넣고 읽기를 실행하여 버퍼의 내용을 비교하게 되면 당연히 버퍼에는 엉뚱한 값들이 읽히게 된다. 주의하기 바란다.

● 데이터 통신 윈도우 설정

데이터 통신 윈도우는 마이컴 보드와 RS-232 통신을 하면서 눈으로 확인할 수 있는 기능을 제공한다. 통신 포트나 시리얼 옵션을 설정하지 않은 상태에서는 그림 1-20과 같이 메시지가 나온다. 오른쪽 마우스버튼을 클릭하여 1-21과 같이 통신 설정을 한 후 사용하면 된다.

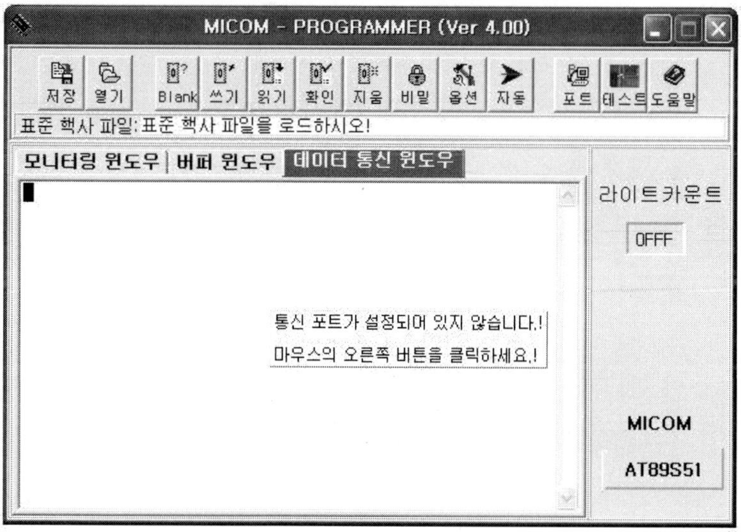

그림 1-20 데이터 통신 윈도우

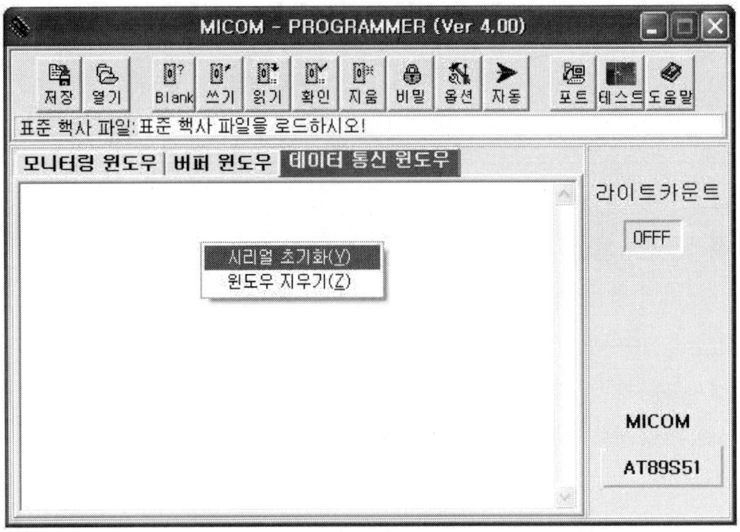

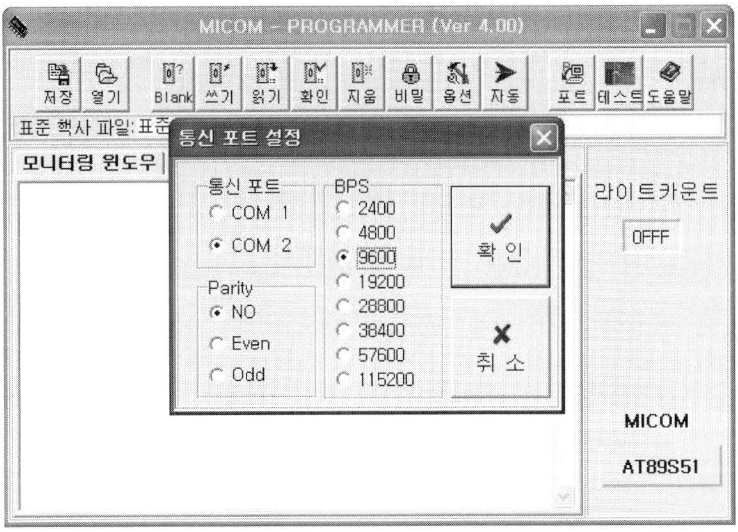

그림 1-21 데이터 통신 윈도우 설정

● 포트 설정

포트는 1-22 그림과 같이 설정하면 된다.

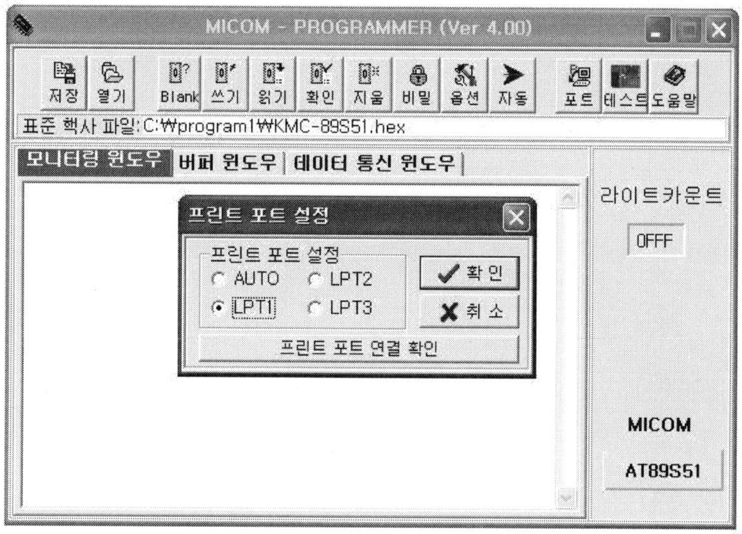

그림 1-22 병렬 포트 설정

● 프로그램 실행

써넣기가 끝나면 자동으로 마이컴 보드는 동작하게 된다. 그러나 다시 실행하고자 할 경우는 "RESET" 스위치를 눌러서 동작시키도록 하자.

2

C·H·A·P·T·E·R

89S51

구성

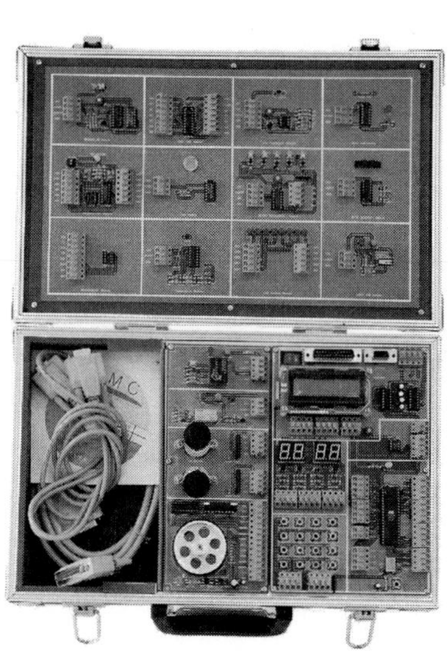

2.1 8051과 89S51 그리고 MCS-51
2.2 89S51의 내부 구조
2.3 89S51 핀 기능

2.1 8051과 89S51 그리고 MCS-51

전자계산기제어 산업기사 실기시험에 사용되고 있는 89S51은 8051계열의 마이크로프로세서이다. 이 말은 MCS-51 Family에 속하는 One-Chip 마이크로프로세서란 뜻이기도 하다. 8051과 89S51의 핀 배치 및 내부 레지스터의 동작 등이 완벽하게 일치한다.

단, 한 가지 차이가 있다면 기존의 8051계열의 IC(80C51, 80C31, 89C51 등)들은 롬라이터로 프로그래밍을 해야 하지만 89S51은 Atmel사에 제작하여 ISP(In-System Programmable) 방식으로 PC에서 프린터 포트를 이용하여 직접 프로그래밍 할 수 있도록 되어 있다. 따라서 이미 8051을 공부했던 사람이라면 8051과 모든 사용방법이 같고, 프로그램 방식도 롬라이터를 사용하지 않고 프린터 포트에서 직접 하기 때문에 아주 편리하게 사용할 수 있다.

인텔에서 출시하고 있는 8비트 One-Chip 마이크로프로세서 MCS-51 Family는 표 2-1과 같이 여러 종류가 있다.

표 2-1 MCS-51 Family Members

마스킹 ROM TYPE	ROM 없는 TYPE	EPROM TYPE	ROM	RAM	16비트 타이머	타입
8051	8031	8751	4 KBYTE	128 BYTE	2	HMOS
8051AH	8051AH	8751H	4 KBYTE	128 BYTE	2	HMOS
8052AH	8052AH	8752BH	8 KBYTE	256 BYTE	3	HMOS
80C51BH	80C51BH	87C51	4 KBYTE	128 BYTE	2	CHMOS
83C51FA	83C51FA	87C51FA	8 KBYTE	256 BYTE	3	CHMOS
83C152	83C152	87C512	8 KBYTE	256 BYTE	2	CHMOS

위의 표 이외에 몇 년전부터는 인텔보다 ATMEL 쪽에서 MCS-51계열의 마이크로프로세서에 관심을 많이 가지고 있어 AT 89C2051(2K FLASH ROM), AT 89C4051(4K FLASH ROM)과 같은 제품을 출시하고 있다. 89S51 또한 정식 명칭은 AT89S51로 ATMEL 회사에서 출시한 제품이다. AT89S51의 내부에는 4K BYTE의 FLASH ROM이 있어 편리하게 사용할 수 있다.

전자계산기제어 산업기사의 실기시험의 경우 8051, AVR, PIC 중에서 선택을 하게 되어 있다. AVR은 AVR 90S8535를 이용하고 PIC의 겨우 PIC-16F877을 이용한다. 이 경우 모두 ISP 방식으로 프로그램이 가능하다.

8051의 경우에도 Rom-writer, Rom-Eraser 등의 장비가 필요하지 않고 수검장에서 직접 프로그램이 가능한 AT89S51을 사용하게 된다. 이 경우 수험자들이 별도의 장비를 사용하지 않고 PC의 프린터 포트를 이용하여 ISP 방식으로 사용자 프로그램을 작성하도록 하여 수검자들이나 학교에서 마이크로 프로세서를 공부하는 학생들이 좀 더 편리한 환경에서 마이크로프로세서를 공부하도록 하였다.

MCS-51 계열로 출시되고 있는 마이크로프로세서는 여러 가지가 있다. 8031, 8051, 8052, 87C51 등. 이러한 마이크로프로세서들의 차이는 아주 작다. 예를 들어 8031은 롬이 없고, 8051은 롬이 있는 대신 한 번만 프로그램 할 수 있는 칩이고, 87C51은 롬 라이터를 이용하여 직접 프로그래밍 할 수 있는 EPROM을 내장하고 있고, 8052는 다른 MCS-51계열의 칩보다 카운터가 하나 더 있을 뿐 별다른 차이가 없다. 따라서 본 책에서 공부하고자 하는 AT89S51의 경우 MCS-51계열 중에서 가장 최신의 Chip이고 ISP 방식을 채택하고 있기 때문에 학교나 산업체에서 사용하기가 편리하게 설계되어 있다.

2.2 89S51의 내부 구조

89S51의 내부 구조 및 핀 배치는 각각 그림 2-1, 그림 2-2와 같다.

89S51의 특성은 다음과 같다.

- ▶ MCS-51 계열의 마이크로프로세서이다
- ▶ In-System Programmable(ISP)가 가능한 4K Byte Flash 메모리
- ▶ 동작전압의 범위 : 4.0 ~ 5.5[V]
- ▶ 3가지 레벨의 프로그램 메모리 Lock
- ▶ 128Byte의 내부 램
- ▶ 32Bit의 I/O 핀
- ▶ 6개의 인터럽트
- ▶ 양방향 통신이 가능한 직렬통신포트
- ▶ 파워 절약모드, 파워 아이들 모드
- ▶ 파워 다운모드 탈출 요건으로 인터럽트 활용가능
- ▶ Watchdog 타이머
- ▶ 두 개의 데이터 포인터

▶ 빠른 프로그래밍 타임

▶ ISP 프로그래밍

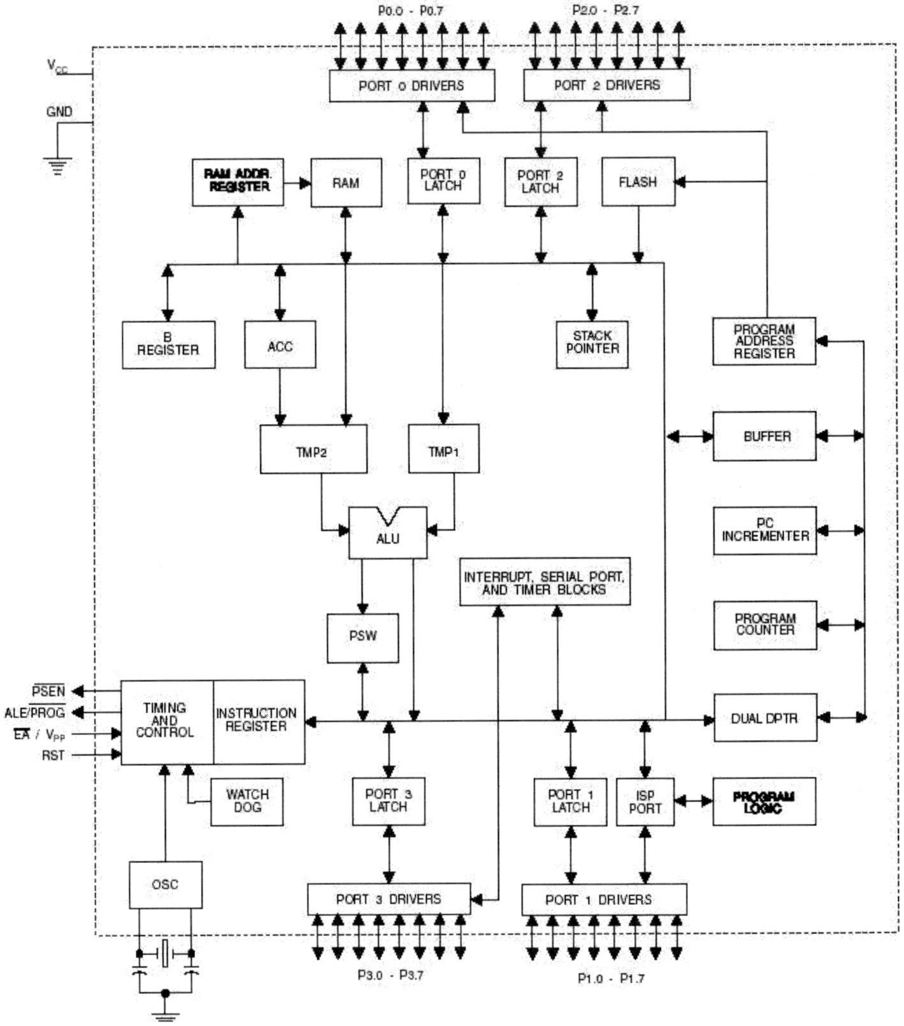

그림 2-1 89S51의 내부 구조

PLCC

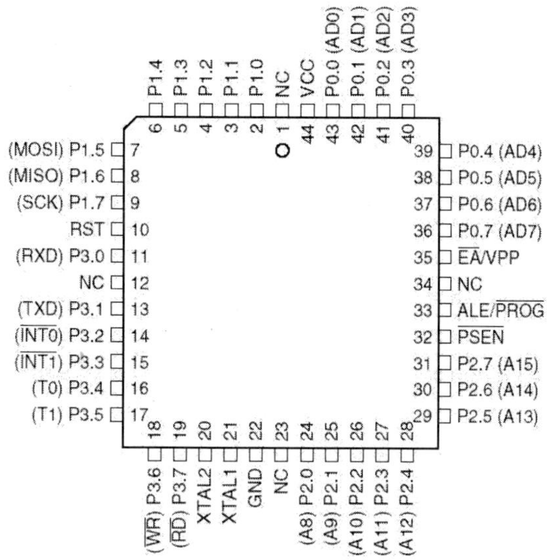

P1.4 6
P1.3 5
P1.2 4
P1.1 3
P1.0 2
NC 1
VCC 44
P0.0 (AD0) 43
P0.1 (AD1) 42
P0.2 (AD2) 41
P0.3 (AD3) 40
(MOSI) P1.5 7
(MISO) P1.6 8
(SCK) P1.7 9
RST 10
(RXD) P3.0 11
NC 12
(TXD) P3.1 13
(INT0) P3.2 14
(INT1) P3.3 15
(T0) P3.4 16
(T1) P3.5 17
39 P0.4 (AD4)
38 P0.5 (AD5)
37 P0.6 (AD6)
36 P0.7 (AD7)
35 EA/VPP
34 NC
33 ALE/PROG
32 PSEN
31 P2.7 (A15)
30 P2.6 (A14)
29 P2.5 (A13)
18 (WR) P3.6
19 (RD) P3.7
20 XTAL2
21 XTAL1
22 GND
23 NC
24 (A8) P2.0
25 (A9) P2.1
26 (A10) P2.2
27 (A11) P2.3
28 (A12) P2.4

PDIP

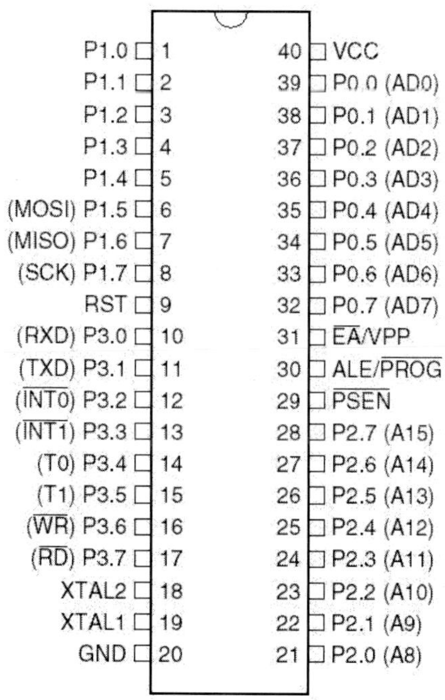

P1.0 1
P1.1 2
P1.2 3
P1.3 4
P1.4 5
(MOSI) P1.5 6
(MISO) P1.6 7
(SCK) P1.7 8
RST 9
(RXD) P3.0 10
(TXD) P3.1 11
(INT0) P3.2 12
(INT1) P3.3 13
(T0) P3.4 14
(T1) P3.5 15
(WR) P3.6 16
(RD) P3.7 17
XTAL2 18
XTAL1 19
GND 20
40 VCC
39 P0.0 (AD0)
38 P0.1 (AD1)
37 P0.2 (AD2)
36 P0.3 (AD3)
35 P0.4 (AD4)
34 P0.5 (AD5)
33 P0.6 (AD6)
32 P0.7 (AD7)
31 EA/VPP
30 ALE/PROG
29 PSEN
28 P2.7 (A15)
27 P2.6 (A14)
26 P2.5 (A13)
25 P2.4 (A12)
24 P2.3 (A11)
23 P2.2 (A10)
22 P2.1 (A9)
21 P2.0 (A8)

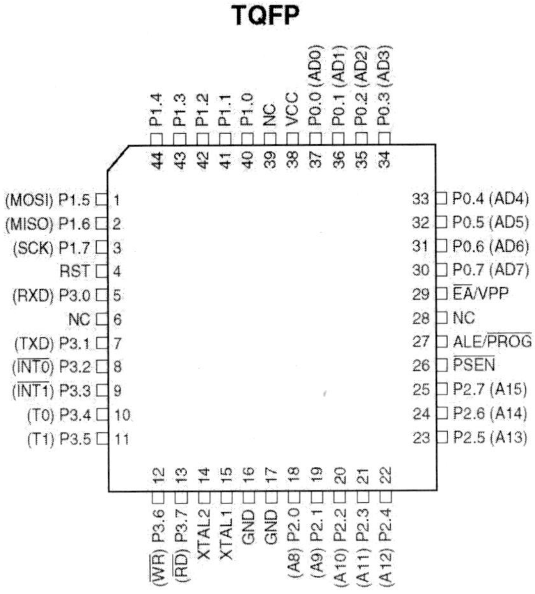

그림 2-2 8051의 핀 배치도

2.3 89S51 핀 기능

89S51의 내부 블록도와 핀 배치도는 그림 2-1과 그림 2-2와 같다. 마이크로프로세서를 설계할 때 가장 중요한 것이 타이밍과 핀의 기능이다.

이 책은 마이크로프로세서 또는 컴퓨터 등의 구조를 잘 알지 못하는 사람을 위주로 설명해 나가기 때문에 자세히 기술되고 있지만, 데이터 북을 보면서 마이크로프로세서를 실제로 설계할 때 데이터 북에서 가장 먼저 찾아보아야 될 부분이 타이밍도와 핀 배치도 그리고 응용 하드웨어 부분이다. 이 책은 데이터 북을 기초로 설명되어 있지만, 어느 정도 자신이 있는 사람은 데이터 북을 직접 보면서 공부하기 바란다. 왜냐하면 세상에는 수없이 많은 마이크로프로세서가 나왔다가 사라지고 있는데, 그 때마다 번역판을 보고 마이크로프로세서를 공부한다는 것은 벌써 남에게 몇 년 뒤지기 때문이다.

89S51의 각 핀의 기능은 다음과 같다

(1) VCC(5V)

- 전원 단자. 5V 전원에 연결한다.

(2) GND

- 접지 단자. GND에 연결한다.

> 초보자의 경우, 납땜을 하다보면 흔히 이 접지 단자와 전원 단자 부분을 빼뜨리고 납땜하는데 그럴 경우 IC는 확실하게, 완전히 동작하지 않는다는 점에 주의해야 된다.

(3) 포트 0 : P0.0~P0.7

- 오픈드레인 출력 방식으로 양방향 입출력 단자이다.
- 출력 포트로 사용할 때 각 핀은 8개의 TTL 입력과 병렬로 사용할 수 있을 정도의 출력을 갖는다.
- 포트 0를 범용 I/O 포트로 사용할 때는 오픈 드레인 방식이기 때문에 반드시 풀업 저항을 달아 주어야 한다.
- 포트 0의 각 핀은 그림 2-4에 나타나 있는 것처럼 외부에 메모리를 확장할 때 어드레스/데이터 라인으로로도 사용할 수 있다.
- 포트 0는 PC에서 프린터 포트로 사용자 프로그램을 89S51의 Flash Memory에 프로그래밍 할 때 사용된다.

(4) 포트 1(P1.0~P1.7)

- 내부 풀업이 되어 있는 8비트 양방향 입출력 단자이고 출력으로 사용시 4개의 TTL을 구동할 수 있다.
- 포트 1의 핀 중에서 사용자가 특정핀을 입력핀으로 사용하고자 한다면 프로그램 초기에 사용하고자 하는 핀에 '1'을 write 해주어 입력포트 설정을 해준다.
  (이 말은 포트 1의 특정 비트를 입력으로 사용하기 위해서는 그 비트를 입력으로 사용하기 전에 '1'을 출력으로 write 해주어야 그 비트가 입력으로 초기화된다는 뜻이다.)
- ISP 프로그램 시 P1.5, P1.6, P1.7은 다음과 같은 용도로 사용된다.

Port Pin	ISP 프로그램 시 사용용도
P1.5	MOSI (used for In-System Programming)
P1.6	MISO (used for In-System Programming)
P1.7	SCK (used for In-System Programming)

(5) 포트 2(P2.0~P2.7)

- 내부에 풀업이 되어 있는 8비트 양방향 입출력 단자로써 4개의 TTL을 구동할 수 있다.
- 포트 2의 핀 중에서 사용자가 특정핀을 입력핀으로 사용하고자 한다면 프로그램 초기에 사용하고자 하는 핀에 '1'을 write 해주어 입력포트 설정을 해준다.
- 외부에 메모리 또는 I/O를 확장할 때 A8~A15까지로도 사용할 수 있다.

(6) 포트 3(P3.0~P3.7)

- 내부 풀업을 갖는 8비트 양방향 입출력 단자이며 출력으로 사용시 4개의 TTL을 구동할 수 있다.
- 포트 0의 핀 중에서 사용자가 특정핀을 입력핀으로 사용하고자 한다면 프로그램 초기에 사용하고자 하는 핀에 '1'을 write 해주어 입력포트 설정을 해준다.
- 이 포트는 입출력 단자 외에 다음 표와 같은 매우 중요한 또 다른 기능을 가지고 있다.

P3 포트	기 능
P3.0	RXD : serial input port
P3.1	TXD : serial output port
P3.2	INT0/ : external interrupt 0
P3.3	INT1/ : external interrupt 1
P3.4	T0 : Timer/Counter 0 external input
P3.5	T1 : Timer/Counter 1 external input
P3.6	WR/ : external Data memory write strobe
P3.7	RD/ : external Data memory read strobe

(5) RESET

- 입력으로 액티브 HIGH 즉, RESET 입력단에 HIGH가 입력되면 마이크로프로세서는 리셋된다. 89S51에서 리셋이 되기 위해서는 보통 2 머신 사이클 이상 HIGH를

유지해 주어야 한다. 또한 뒤에서 언급하겠지만 Watchdog 타이머의 타임이 종료된 후 입력 오실레이터의 클럭이 98개 지나는 정도의 시간이 지나면 리셋된다. Atmel 사에서 인텔에서 추천하는 리셋 회로는 다음과 같다.

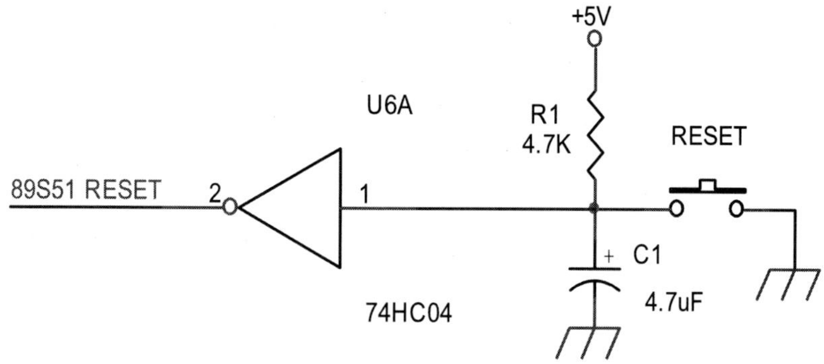

그림 2-4 리셋 회로

(6) ALE/PROG(Address Latch Enable output/Program pulse input)

- (ALE)는 이름 그대로 어드레스를 래치하기 위해 발생되는 신호이다. 즉, 74HC573의 11번 핀 ENABLE C단자로 입력되어 AD라인 즉, 어드레스와 데이터가 같이 나오는 P0 포트의 신호선들을 어드레스와 데이터로 구분해주는 것이다.
  인텔계통의 일반적인 마이크로프로세서(8086, 8088, 8051, 8081등)는 이런 ALE 신호를 이용하여 데이터와 어드레스 신호를 분리해 내고 있다. 그림 2-4은 ALE 신호로 어떻게 데이터와 어드레스를 분리하는가를 보여주고 있다.
- (PROG)로 사용될 때는 내부 Flash를 프로그램 할 때이다. 즉, Flash에 프로그램을 입력시키는 동안 프로그램 펄스 입력이 된다.

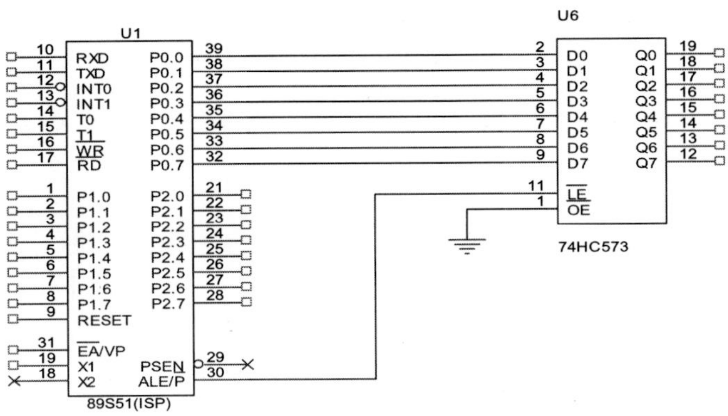

그림 2-4 어드레스 래치 회로

(7) $\overline{\text{PSEN}}$(Program strobe enable)

- 외부 프로그램 메모리를 읽어들일 때 액티브 LOW신호. 각 머신 사이클에서 두 번 출력되며 ALE 하강 모서리에서 포트 0(AD0~AD7)로부터 나오는 값은 어드레스로 사용된다.

(8) $\overline{\text{EA}}$/VPP (External access enable/ V peak-peak)

- EA 입력은 사용자가 정의하게 되어 있다. 즉, 외부의 ROM 을 사용할 것인가 아니면 내부 Flash ROM을 사용할 것인가 EA 단자의 상태에 따라서 정의된다.

EA = LOW이면 0000 ~ FFFFH로 외부 ROM 사용

EA = HIGH이면 내부 ROM 사용

Vpp는 내부 EP-ROM을 프로그램 하는 동안 Vpp에 전원을 입력시켜 주는 단자이다.

(9) XTAL1

- 입력 단자이며 발진기 증폭기가 인버팅 되어서 입력된다.

(10) XTAL2

- 출력 단자이며 발진기 증폭기가 인버팅 되어서 출력된다.

▶ SFR(Special Funcion Register)

- 앞으로 89S51을 프로그램 하기 위해서는 반드시 알고 있어야 할 특수 기능 레지스터들이다. 그러나 처음부터 이 표를 외우려고 노력하지 말기 바란다. 뒤에서 프로그램 공부를 하게 되면 자연히 이 레지스터는 머리에 들어오기 마련이다.

표 2-2 89S51의 SFR 어드레스와 리셋 후 초기값

F8H									FFH
F0H	B 00000000								F7H
E8H									EFH
E0H	ACC 00000000								E7H
D8H									DFH
D0H	PSW 00000000								D7H
C8H									CFH
C0H									C7H
B8H	IP XX000000								BFH
B0H	P3 11111111								B7H
A8H	IE 0X000000								AFH
A0H	P2 11111111		AUXR1 XXXXXXX0				WDTRST XXXXXXXX		A7H
98H	SCON 00000000	SBUF XXXXXXXX							9FH
90H	P1 11111111								97H
88H	TCON 00000000	TMOD 00000000	TL0 00000000	TL1 00000000	TH0 00000000	TH1 00000000	AUXR XXX00XX0		8FH
80H	P0 11111111	SP 00000111	DP0L 00000000	DP0H 00000000	DP1L 00000000	DP1H 00000000		PCON 0XXX0000	87H

3

C·H·A·P·T·E·R

회로도 읽는 법과 IARC-51 컴파일러 사용법

구성

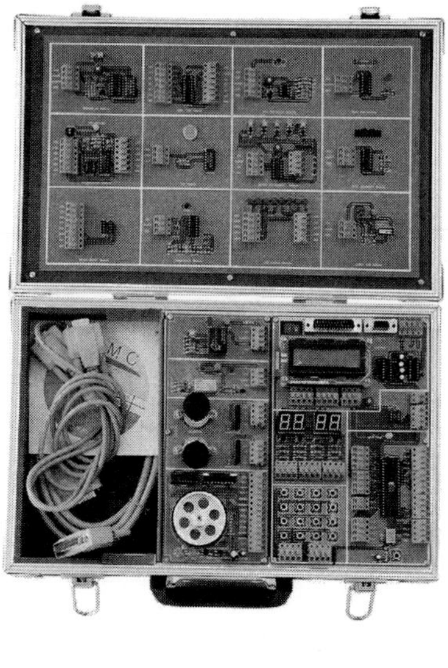

3.1 회로도 읽는 법

마이크로프로세서에 관심이 있는 독자들은 마이크로프로세서 회로도를 본 경험이 몇 번씩은 있을 것이다. 그러나 회로가 너무 복잡하여 어디서부터 맥을 짚어 나가야 될지 회로도를 만지작거리다가 그만 하드웨어 공부를 포기한 경험을 가진 사람들도 많이 있을 것이다. 실제로 저자 또한 그러한 경험을 많이 가지고 있었다. 마이크로프로세서의 하드웨어를 이해하고 응용할 수 있는 능력을 갖기 위해서는 먼저 회로도에 친숙해지고 맥을 짚을 수 있는 안목을 길러야 된다. 그러면 수많은 실전 경험을 통하여 회로도를 정확하고 신속하게 이해할 수 있는 능력을 자신도 모르게 갖게 될 것이다. 이 장에서는 회로도를 읽고 이해하는 방법에 대하여 기술하였다. 따라서 이 장의 내용을 착실히 공부한다면 이 장이 끝날 즈음이면 여러분들은 그러한 안목을 갖게 될 것이다.

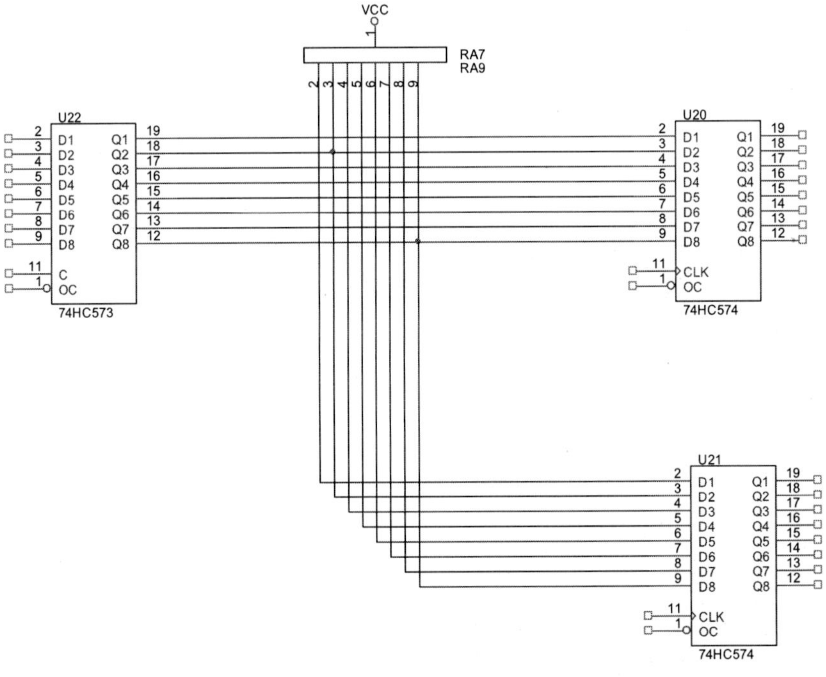

그림 3-1 신호 라인 접속법

마이크로프로세서의 세계는 응용의 세계이다. 전기 · 전자에 관한 기본 지식을 터득한 후에 가장 먼저 해야 될 일은 마이크로프로세서의 제작자 혹은 남들이 이미 만들어 놓은 회로를 잘 보고 그것을 가장 적절하게 응용할 줄 알아야 하는 것이다. 이 분야의 기술은 응용 기술이므로 먼저 기존의 회로들을 이해하고 나면 그보다 복잡한 회로들을 설계 제작할 수 있는 능력이 생기게 된다.

일반적으로 회로 설계에 쓰이는 컴퓨터 유틸리티는 PC급에서는 OrCAD, CADSTAR 등이 가장 많이 쓰인다. 마이크로프로세서 기술자들은 일반적으로 이러한 유틸리티들을 가장 많이 쓰고 있으므로 우리는 이러한 유틸리티로 작성한 회로도를 보는 방법을 먼저 공부해야 될 것이다.

그림 3-1을 보자. 이 그림은 소자들이 여러 실선들로 연결된 회로이다. 이러한 회로를 여러분들은 많아 보아왔을 것이다. 그림 3-1에서 여러 선들이 서로 교차된다고 이들이 모두 연결된 것은 아니다. 서로 연결된 선은 회로도에서 항상 **접속점**(Junction) "■"으로 표시하게 되어있다.[1)] 따라서 그림 3-1의 회로도에서 소자 573과 소자 574로 연결되는 선 중에 어레이(Array) 저항과 연결된 신호선은 어레이 저항 3번과 9번 핀에 연결된 신호선 뿐이다. 즉, 접속점이 표시된 3번과 9번 선만이 저항에 연결되어 있는 것이다.

그림 3-2는 앞서 언급된 MCS-51 계열의 가장 일반적인 어드레스 데이터 분리 부분의 회로인데 자세한 설명은 뒤에 남기고 먼저 그림 3-2와 그림 3-3을 살펴보기로 하자. 독자들은 두 회로 중 그림 3-2가 훨씬 깨끗하게 그려져 있다고 생각될 것이다. 그렇다면 그림 3-2와 그림 3-3의 차이는 무엇인가? 물론 회로 구성면에서는 차이가 없다. 즉, 위의 두 그림은 같은 회로가 두 가지로 표현된 것이다. 단지 그림 3-2는 신호선 이름을 사용하여 간단하게 그렸고 그림 3-3은 신호선 이름을 사용할 줄 모르는 사람이 신호선을 일일이 모두 그린 것이다.

그림 3-2를 보면 80C31과 74HC573 사이에 연결되는 신호선 위에 쓰여 있는 D0, D1, D2 …, D8, D9 … 등의 글자들이 보일 것이다. 또한 27C128 뒤쪽의 신호선에도 D0, D1, D2, … 등의 글자들이 27C128의 상위 어드레스 부분에도 A8, A9, A10, … 등의 글자들이 보일 것이다. 이미 눈치 챈 독자들도 있겠지만 이렇게 쓰는 간단한 글자들 즉, 신호선 이름을 **레이블**(Label)이라 하는데, 이것은 복잡한 신호선을 간단히 표시하기 위해 사용된 것이다. 즉, 같은 신호선 이름(Lable)의 신호선들은 서로 연결된 것이다. 대부분의 회로 설계 유틸리티에서 이러한 약속이 사용되므로 우리도 앞으로 이 방법에 따라 회로를 설계해야 될 것이다.

1) 회로는 소자와 소자간의 연결관계를 나타내는 하나의 위상기하(Topology)이므로 약정된 부호에 의하여 그 관계를 표시해야 된다.

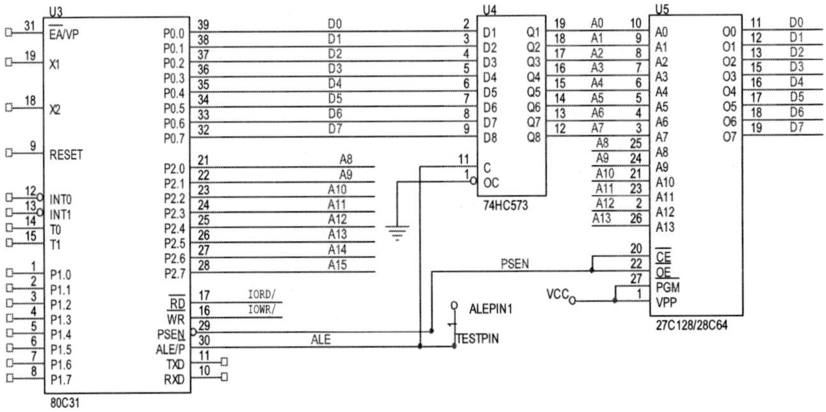

그림 3-2 신호선이 정렬된 회로도

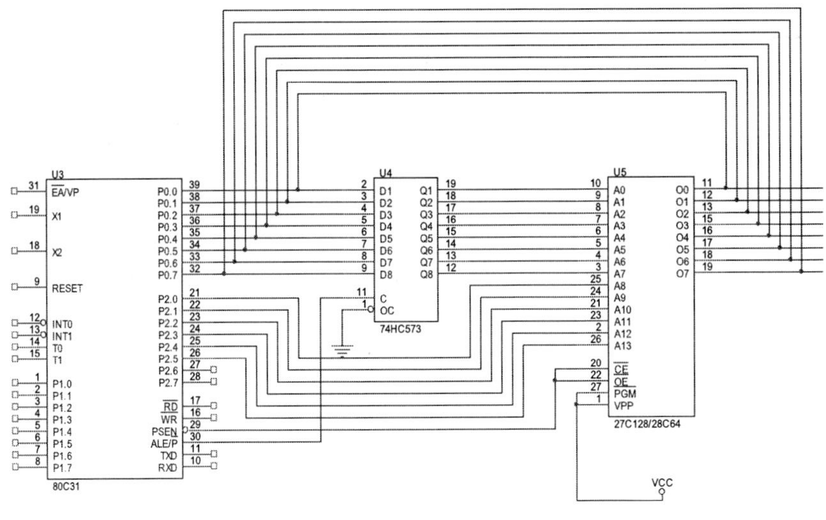

그림 3-3 신호선이 정렬되지 않은 회로도

이번에는 실제 IC와 회로도상의 그림과의 차이에 대해서 생각해 보자. 실제 74HC573의 핀 배열을 보면 그림 3-4의 왼쪽과 같이 되어 있는데, 회로도 상에서는 일반적으로 그림 3-4의 오른쪽과 같이 표시되어 있다. 그러면 이들의 차이는 무엇일까? 그 차이는 다음과 같이 설명된다.

왼쪽의 실제 74HC573의 경우 핀이 20개인데 비해 오른쪽의 74HC573은 핀이 18개이다. 그 이유는 회로도상에 IC를 표시할 때 일반적으로 VCC(5V)와 GND 핀을 나타낼 수도 있지만 그러면 회로도가 너무도 복잡해지기 때문에 VCC와 GND핀을 회로도에서는 생략하였다.

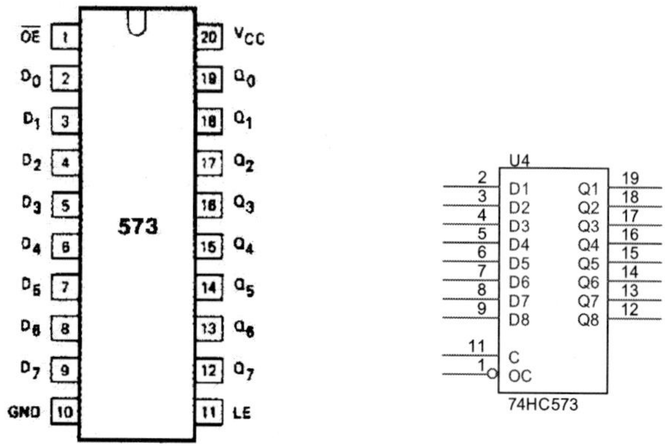

그림 3-4 실제 IC 회로도에 표시된 IC의 차이

저자가 마이크로프로세서 초보자들을 지도하면서 느낀 점은 초보자들 대부분은 회로도에 연결 관계가 표시되지 않으면 납땜을 하지 않는다는 것이다. 그래서 VCC와 GND 핀을 납땜하지 않는 학생들을 종종 보게 된다. 따라서, 이제부터는 독자들이 직접 납땜할 때 가장 먼저 그리고 가장 중요시해야 할 핀들이 바로 이 두 핀임을 항상 유의하여 실수하는 일이 없기 바란다.

그림 3-4를 보면 알 수 있듯이 실제 IC와 회로상의 IC와는 핀 배열에 차이가 있다. 즉, 실제 IC는 표시가 있는 왼쪽 윗 부분부터 반 시계 방향으로 핀 번호가 증가되는데 비해 회로도상에는 별다른 규칙 없이 입출력으로 나뉘어서 핀 번호가 지정되어 있다. 이것 또한 회로도를 간단하고 깨끗하게 그리기 위하여 일반적으로 사용되는 기법인 것이다. 이러한 약속들을 미리 알고 있다면 회로도를 처음 대하는 독자라 할지라도 충분히 이해할 수 있을 것이다.

그림 3-4에 보면 일반적인 IC의 핀번호 배열이 어떻게 지정되고 있는가 하는 것을 쉽게 알 수 있다. 또한 일반적인 IC의 VCC 핀은 마지막 번호로 지정되어 있고 GND 핀은 왼쪽 줄의 끝번으로 지정되어 있는 것을 알 수 있다. 모든 IC가 이와 같은 것은 아니지만 우리가 뒤에서 할 실험에 쓰이는 IC는 대부분 이런 형태의 핀번호 배열을 지니고 있다. 다시 한 번 강조하지만 납땜할 때 가장 먼저 VCC와 GND부터 납땜을 하고 그 다음에 각 신호선들을 연결하기 바란다.

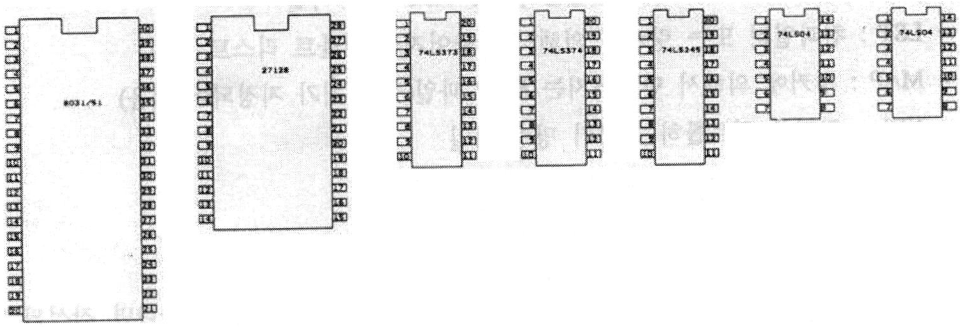

그림 3-5 일반적인 IC 핀 번호 배열

3.2 IAR 8051 C 컴파일러 사용법

IAR C Compiler는 MCS-51 계통(8031, 8051, 8751, …)의 마이크로프로세서를 프로그램할 수 있는 Cross Compiler이다. 8051계열의 컴파일러로는 Keil과 IAR 2가지가 우리나라에 널리 퍼져 있다. 본 교재에서는 이중 IAR 컴파일러를 사용하였다.

전자계산기제어 산업기사 실기시험에서는 컴파일러에 대한 제한이 없다. 소스 프로그램도 수험자가 'C' 를 사용하던 어셈블러를 사용하던 사용자가 결정하도록 하였다. 하지만 본 교재에서는 어셈블러의 경우 마이크로프로세서마다 각기 다르고 또한 기계어와 비슷한 수준이라 사용하기 어렵고 프로그램 작성 시간이 많이 걸리는 단점이 있고 또한, 전자계산기제어 산업기사 실기시험을 볼 때 'C'를 사용하는 것이 어셈블러를 사용하는 것보다 훨씬 프로그램 작성 속도와 디버깅 속도가 빠르기 때문에 'C' 언어를 사용하여 각종 예제를 작성하였다.

마이크로프로세서를 이용한 하드웨어를 디자인하기 위해 가장 먼저 고려해야 될 점은 언어의 선택과 그 언어에 대한 연구이다. 따라서 이 장에서는 먼저 MCS-51 계열에서 널리 쓰이는 IAR C 컴파일러인 DOS용 컴파일러와 윈도우용 컴파일러인 IAR Embeded Workbench C 컴파일러를 먼저 공부하기로 한다.

3.2.1 윈도우용 IAR 8051 C-Compiler 사용법

여기서는 전자계산기제어 산업기사에서 사용하고 있는 IAR사의 8051 컴파일러 사용법에 관하여 알아보기로 한다. IAR사의 C-컴파일러는 MCS-51, MCS-196등의 마이크로프로세서에 가장 편리하게 접근할 수 있는 언어로 전세계 시장에서 호평받고 있는 제품이다.

▶ 프로그램의 시작

윈도우상에 설치되어 있는 곳에 가서 예를 들면, 시작 → 모든 프로그램 → 보조프로그램 → IAR Embedded Workbench을 선택하면 다음과 같은 프로그램 초기 화면이 윈도우에 나타나게 된다.

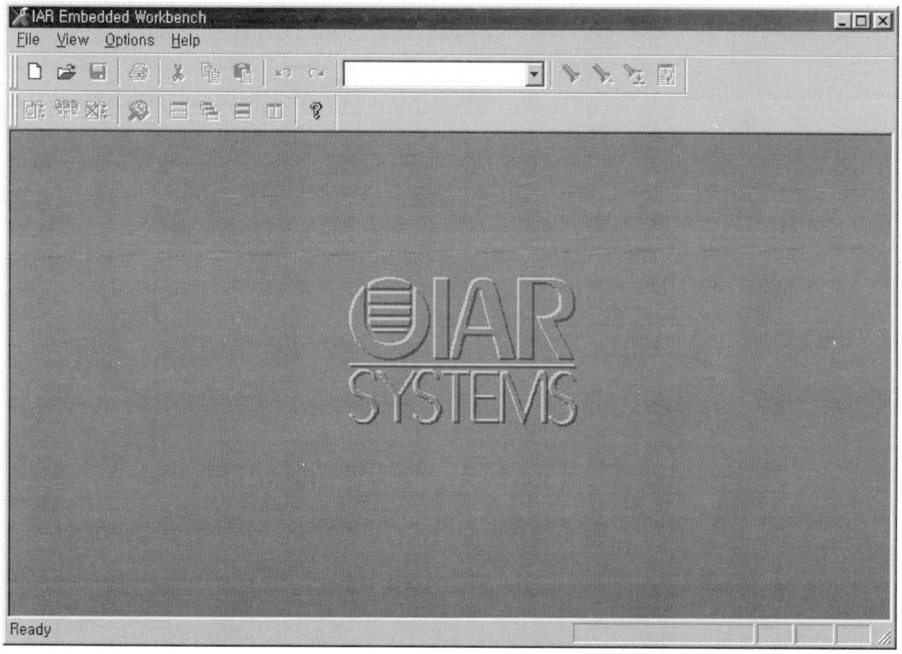

▶ 새 Project file 작성

☞ 화면 상단의 주 메뉴에서 'File - New' 또는 [D] 아이콘을 클릭하면 새 작업 선택창이 나타난다.

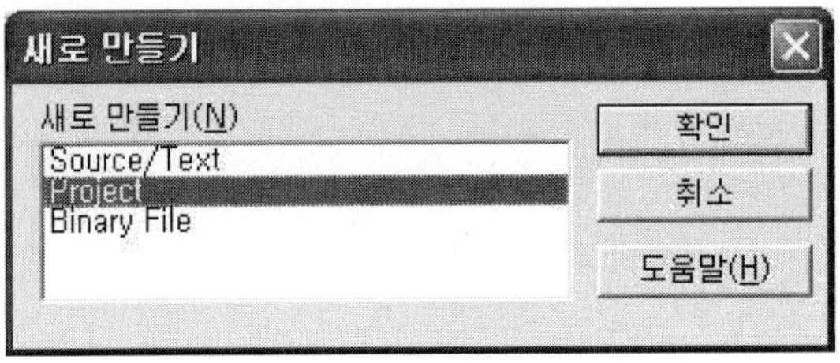

☞ 새작업 선택창에서 새 프로젝트를 선택하고 '확인' 버튼을 클릭하면 아래 그림과 같이 프로젝트 파일 생성창이 나타난다.

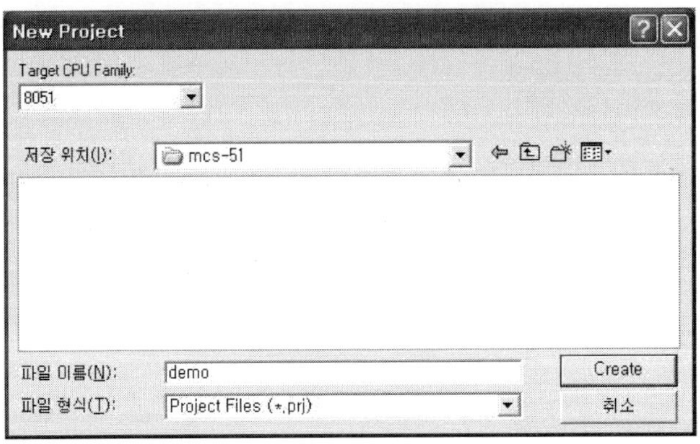

☞ Project File을 저장할 위치를 지정한 후(여기서는 'C:\mcs-51를 지정하였다.) Project Filename 입력창에 'demo'라고 입력을 한다.
Target CPU Family 선택창에서는 '8051'을 선택한다.(이것은 MCS-51계열 모두 사용할 수 있다.)

작업을 모두 마치고 'Create' 버튼을 클릭하면 아래 그림과 같이 주 화면에 프로젝트 브라우저가 나타난다.

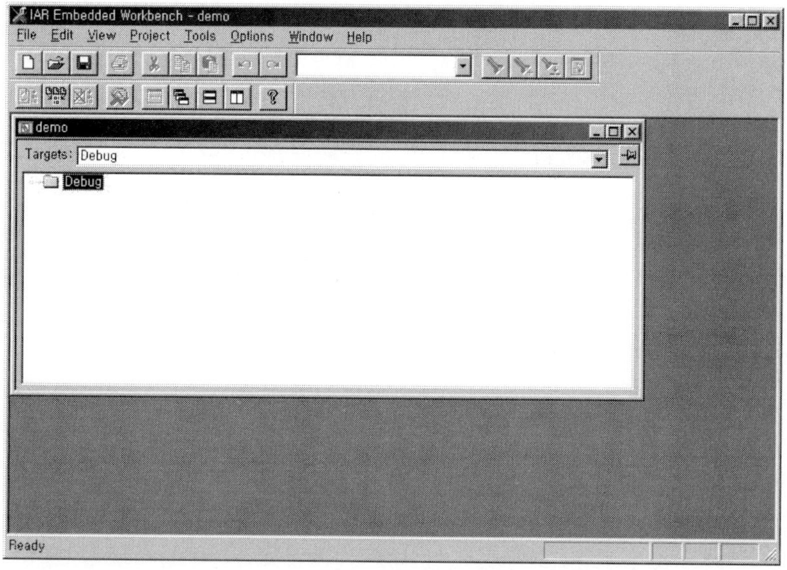

☞ 'Targets' 선택창에는 Debug 모드와 Release 모드 두 가지가 있다.

Debug Mode는 실행 파일(Hex 또는 기타 다른 파일 포맷)에 대한 디버깅을 위한 모드이며, Release Mode는 컴파일과 링크를 모두 수행하는 모드이다. 여기서는 Release Mode를 사용하기로 한다.

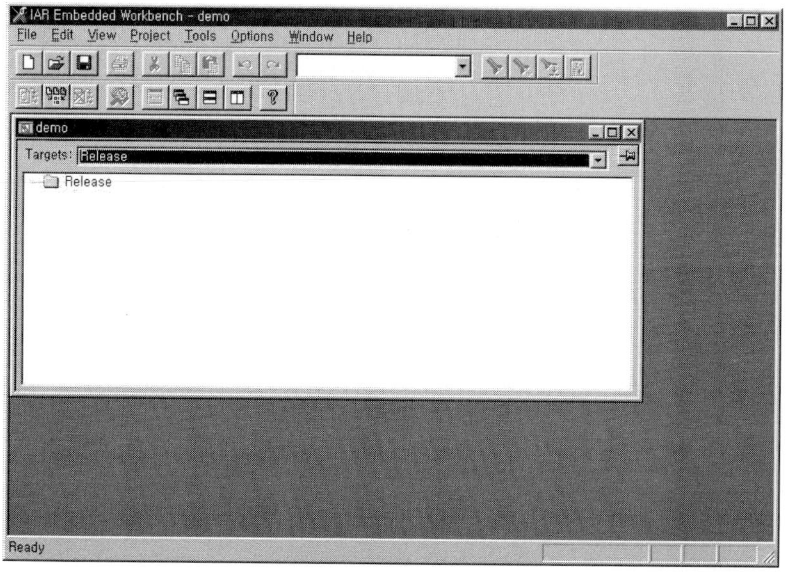

▶ 새 소스 파일 작성

☞ 주 메뉴의 'File - New' 메뉴 또는 아이콘을 이용하여 새 작업창을 불러들인 뒤,

'Source/Text'를 선택하여 확인을 클릭하면 소스 프로그램 작성을 위한 편집창이 나타난다.

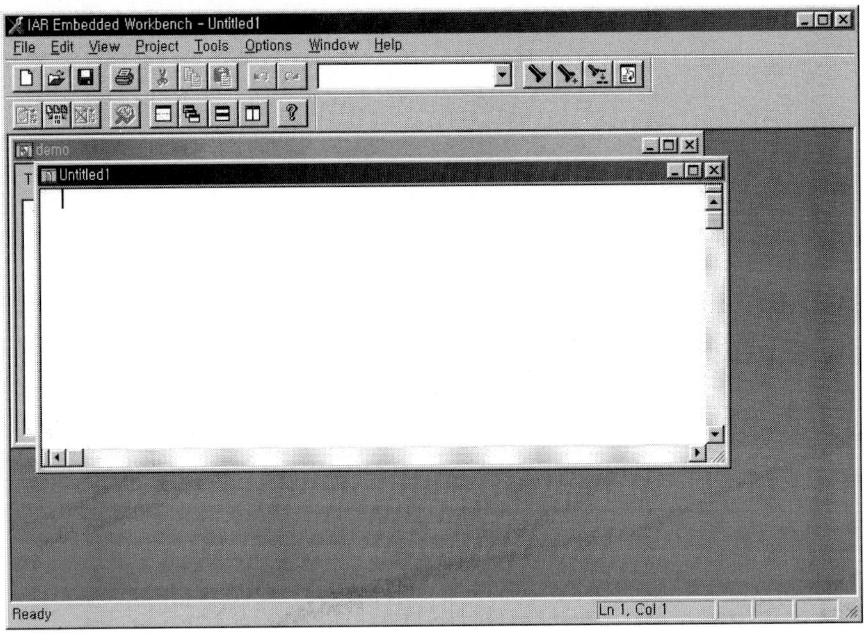

☞ 편집창에서 다음 그림의 내용과 같이 소스 프로그램을 작성해 본다.

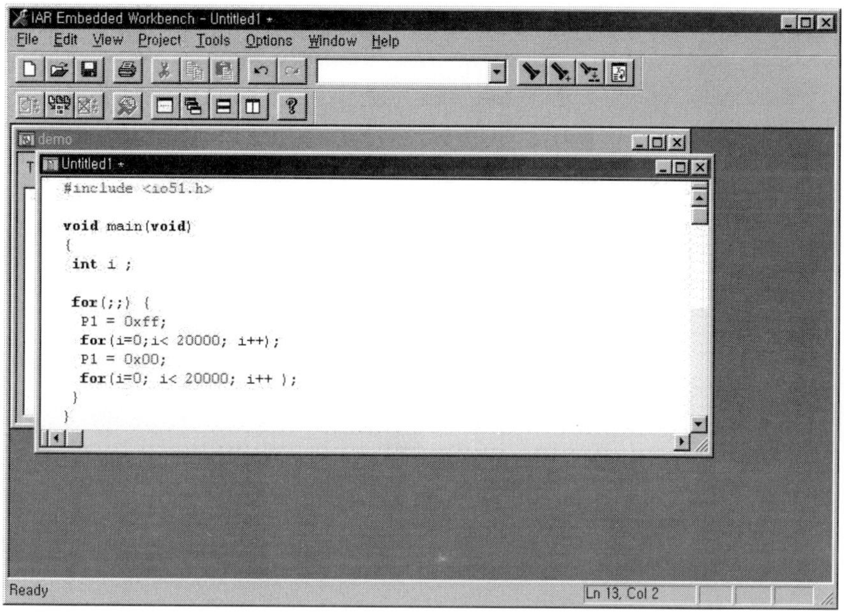

☞ 소스 프로그램 작성을 마쳤으면 주메뉴의 'File-Save' 또는 저장 아이콘을 이용하여 소스 프로그램을 프로젝트 파일을 저장한 디렉토리 또는 사용자가 임의로 정한 디렉토리에 저장을 한다.

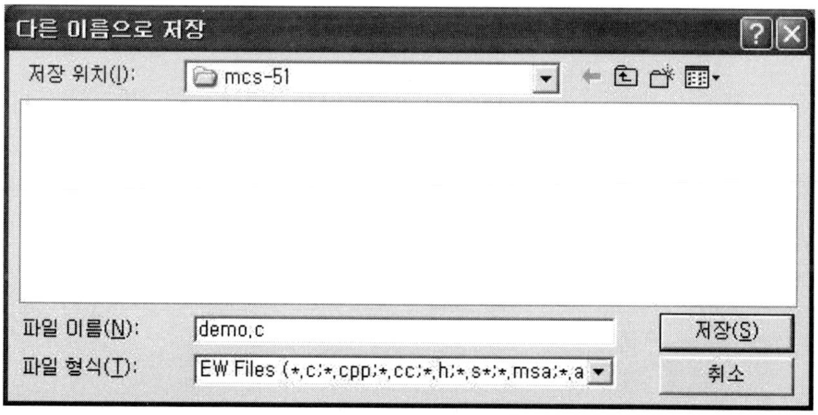

▶ 소스 파일 컴파일하기

프로젝트 파일 그룹에 소스 파일 첨부시키기 위하여 다음과 같이 소스 파일이 있는 창을 최소화시킨다.

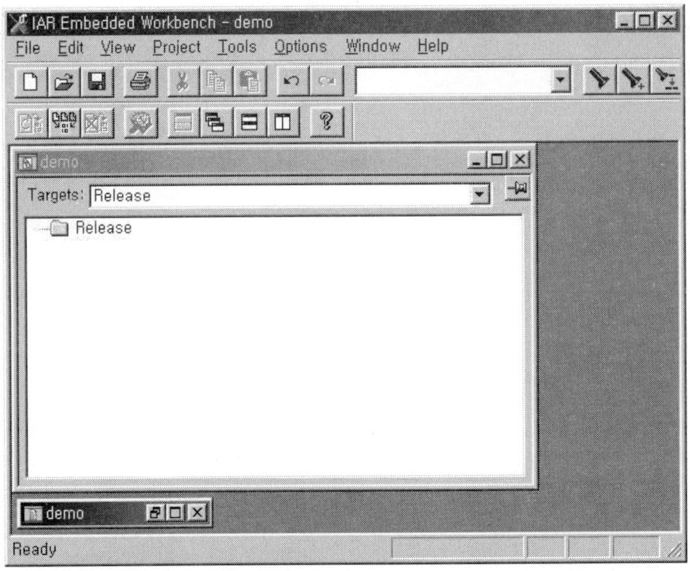

☞ 위에서 작성하였던 소스파일을 프로젝트에 포함시키기 위하여 메뉴에 프로젝트에서 File을 선택한다.

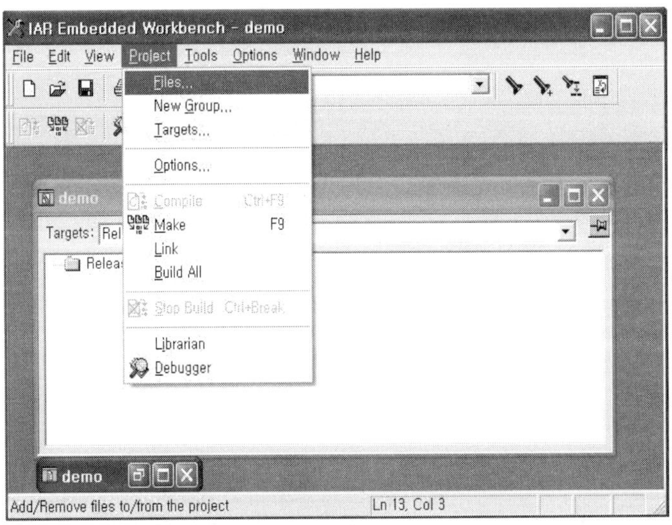

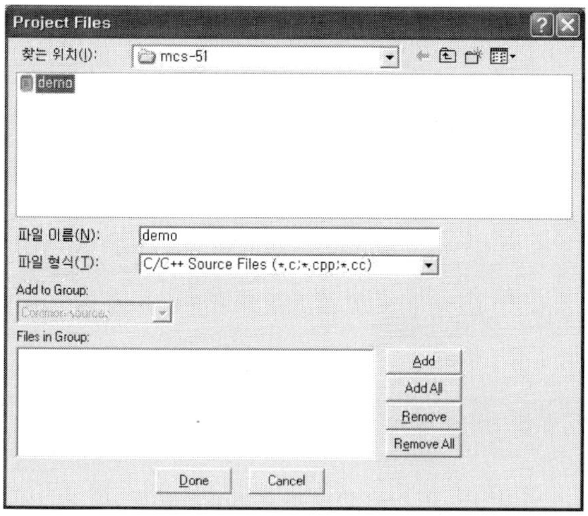

☞ 위와 같이 프로젝트 구성창에서 소스 파일을 저장한 디렉토리를 위치시키고 '파일' 선택창에서 소스 프로그램 파일을 선택한 뒤. 하단의 'Add' 버튼을 'Files in Groups' 창에 소스 파일이 지정되도록 한다. 작업이 완료되면 하단의 'Done' 버튼을 이용하여 창을 빠져나간다.

☞ 앞에서 프로젝트 그룹에 파일을 첨부한 결과는 프로젝트 브라우저 창을 보면 알 수 있다.

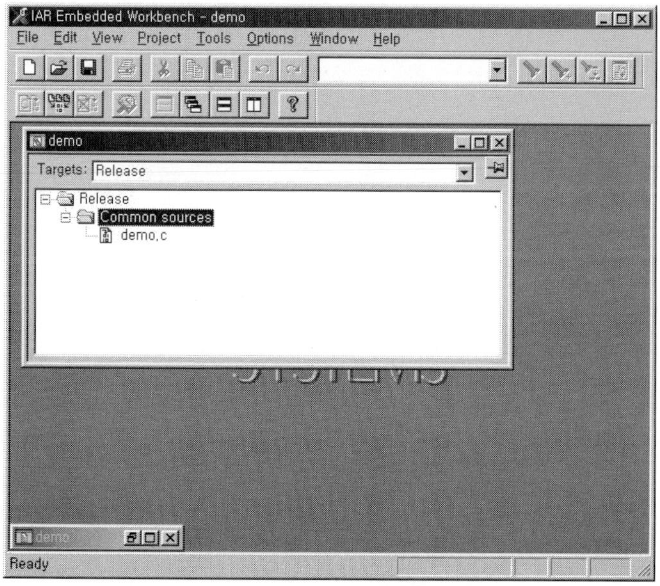

위의 그림과 같이 프로젝트 브라우저의 'Project - Common Sources - 소스파일명'의 형식으로 브랜치를 구성하게 된다. 위와 같이 되지 않았거나 소스 파일이 잘못된 경우에는 다시 프로젝트 그룹 구성창을 화면에 띄워 하단의 소스파일을 선택하여 'Remove'버튼을 이용하여 제거하거나 정상적인 소스 파일을 'Add' 버튼을 이용하여 그룹에 첨부되도록 한다.

▶ 소스 파일 컴파일하기 - 컴파일 옵션 지정

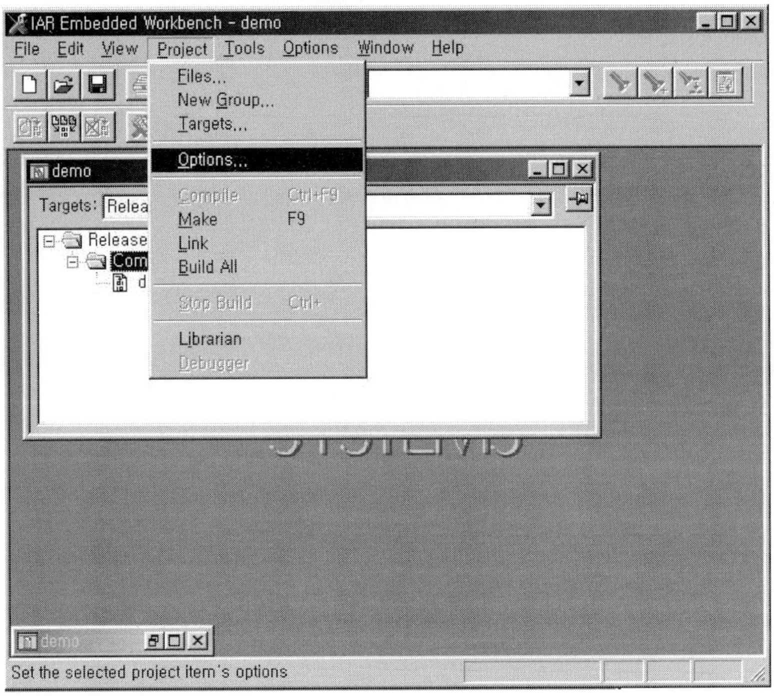

☞ 주메뉴에서 'Project - Option'을 선택하여 실행하거나, 프로젝트 브라우저에서 'Release'를 선택한 뒤 마우스 오른쪽 버튼을 이용하여 팝업메뉴를 띄워 'Option' 메뉴를 실행시킨다

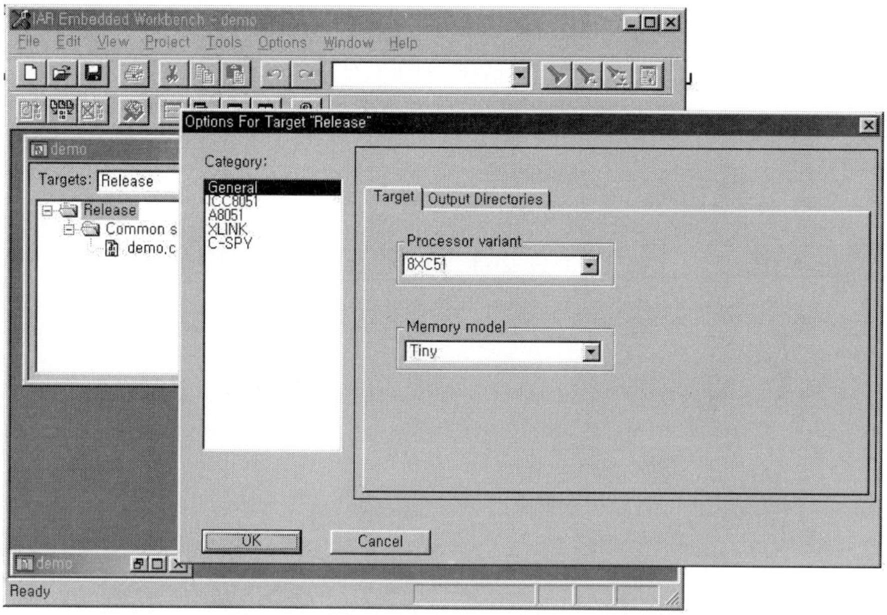

☞ 옵션 메뉴창이 화면에 나타나면 여러 가지 컴파일 옵션들이 있을 것이다. 먼저 옵션 메뉴창의 'Category'창에서 'General' 메뉴를 선택하면 다음과 같은 옵션이 보인다.

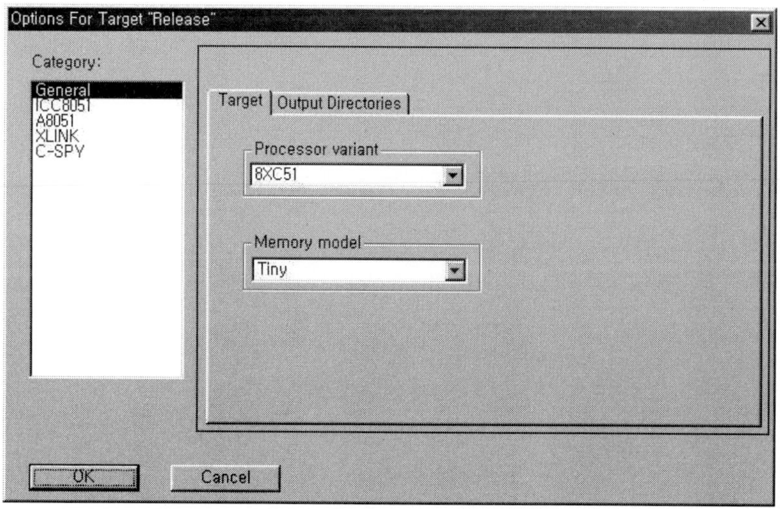

☞ 'Target'옵션 Tab의 'Processor variant' 선택창에서 '8XC51'을 선택한다.
'Memory Model'에는 여러 가지를 선택할 수 있으나 일단, Tiny Mode을 선택한다.

'Memory Mode'은 하드웨어에 따라 다음과 같은 방식으로 선택한다. 아래 표를 잘 이해하지 못하는 사람은 관심있게 보지 않고 넘어가도 무방하다. 단, 이 책에 메모리 모델에 관한 표가 삽입되어 있다는 것만 기억하면 언젠가는 사용해 볼 수 있을 때가 올 것이다.

표 2-1 IAR C 컴파일러의 메모리 모델

Memory Model	tiny	small	compact	medium	large	banked
Commamd Line Option	-mt	-ms	-mc	-mm	-ml	-mb
File Level	DATA	IDATA	XDATA	XDATA	XDATA	XDATA
Locals	DATA	IDATA	DATA	IDATA	XDATA	XDATA
External RAM	No	No	Yes	Yes	Yes	Yes
Code Size	64K	64K	64K	64K	64K	>1M
Typical chip	8051	8052	8031	8032	8032	8032
C library	cl8051t	cl8051s	cl8051c	cl8051m	cl8051l	cl8051b
C-Library -80751	cl8051ta	cl8051sa	Not Application			

☞ 'Output Directories'옵션 Tab을 클릭하면 컴파일 과정에서 생성되는 파일이 저장될 경로와 컴파일 작업을 완료후 생성되는 Hex file이 저장될 디렉토리가 설정되어 있다. 이 디렉토리는 처음 프로젝트 파일을 저장한 디렉토리의 하위 디렉토리로 생성이 된다.

- Executables : 컴파일과 링커의 과정을 모두 마치면 생성되는 Hex file이 저장될 디렉토리.
- Object files : 컴파일 과정에서 생성되는 목적코드 파일이 저장될 디렉토리.
- List files : 컴파일과 링커의 과정에서 생성되는 Map file이나 List file이 저장될 디렉토리.

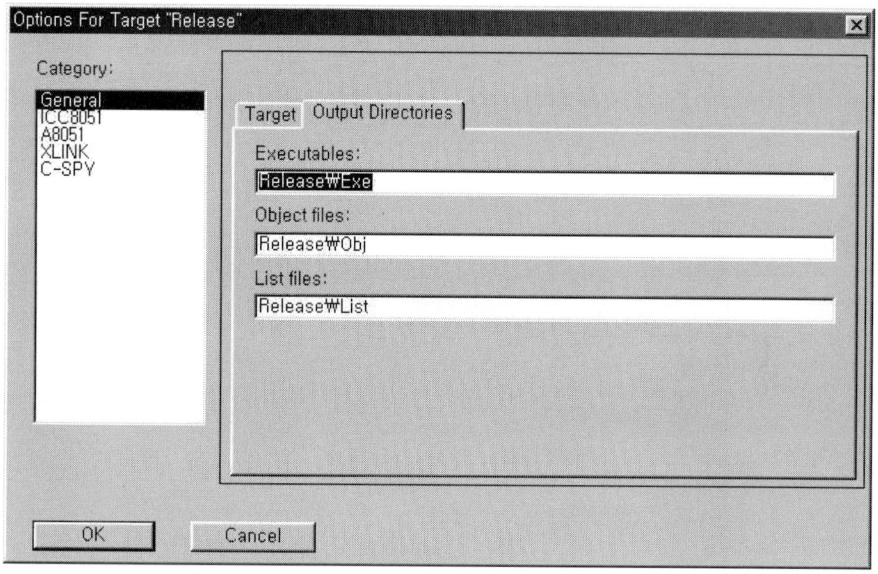

☞ 'Category'옵션 메뉴창의 'ICC8051'메뉴를 선택하여 C-Compiler를 사용하며 필요한 기본 옵션을 설정하기로 한다. 아래 그림과 같이 옵션을 선택하면 된다.

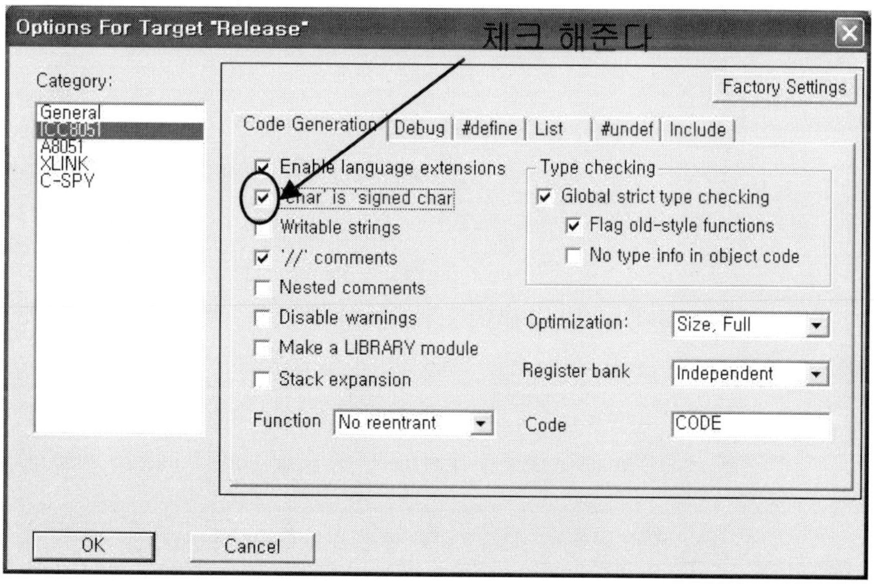

각 옵션에 대한 내용은 컴파일러 도움말을 통해 자세히 알아보기 바라며, 특이할 내용은 char를 signed char로 지정해서 사용해야 편하기 때문에 이 부분을 체크 해준다.

☞ ICC8051에서는 그외의 부분은 건드리지 않는다.

☞ 다시 'Category'옵션 메뉴창에서 'A8051'옵션 메뉴는 어셈블러를 사용하는 사용자가 설정할 내용이므로 여기서는 생략하기로 하고 아래의 'XLINK'옵션을 설정하기로 한다.

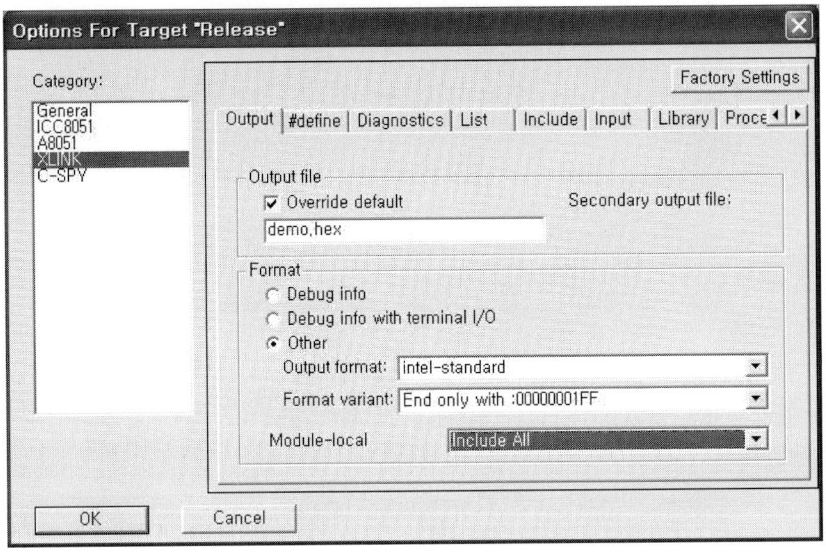

☞ 첫 번째 옵션 탭인 'Output'은 컴파일 완료 후 생성될 Hex file의 filename과 file format 등을 지정하게 된다. Output file의 Override default 탭을 체크해주고 출력 파일 이름을 지정해 준다.
또한 위에서처럼 'Output Format'은 Intel-Standard'를 선택한다.
계속해서 'Format Variant'는 'End only with : 00000001FF'를 선택한다.

- Override default : 생성될 Hex file의 filename을 설정한다.
- Output format : Hex file의 file format을 Intel-Standard Hex file format으로 한다.
- Format Variant : 생성될 Hex file의 파일 끝(End of File)을 ':00000001FF'로 한다.

☞ 'List'옵션 탭의 옵션들은 아래의 그림과 같이 옵션을 선택한다.

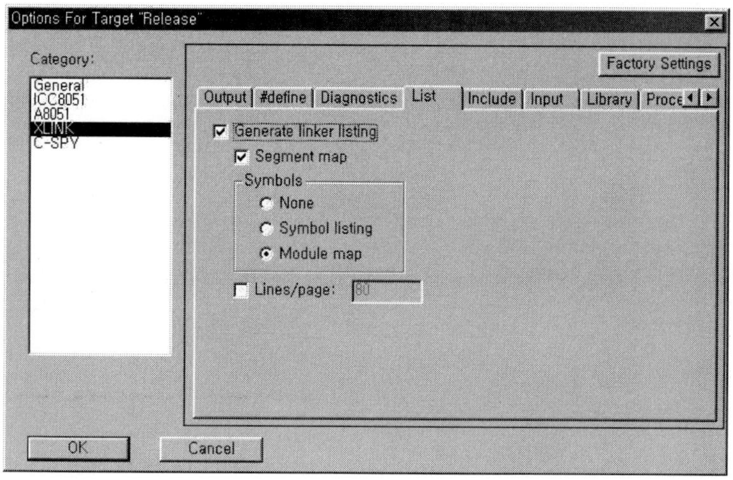

☞ 컴파일과 링커를 통해 생성되는 과정에서 Command file에서 정한 어드레스 영역과 데이터 영역, 세그먼트 영역들에 대한 내용과 프로그램 코드에 대한 번지 등을 기록한 파일을 생성하기 위한 옵션이다.

☞ 'Include'옵션 탭을 선택하여 아래 그림과 같이 Library file의 디렉토리 위치와 Command file(xcl)의 디렉토리 위치를 확인하다. 그림에서의 위치는 프로그램 설치시 프로그램 설치 디렉토리가 디폴트값일 경우이다. 사용자가 그 위치를 변경하였다면 변경된 위치에 존재한다.

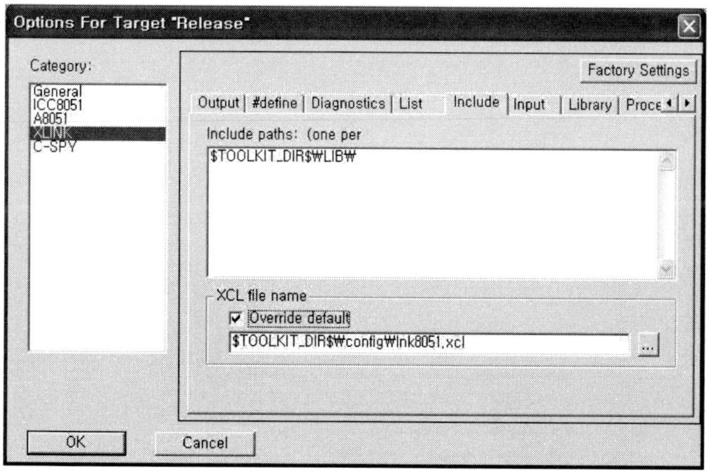

이렇게 해서 모든 컴파일 옵션 지정 작업을 마쳤다. 다음 과정에서는 컴파일과 링커를 통해 Hex file을 생성하여 보기로 하자.

▶ 소스 파일 컴파일하기 - 소스 파일 컴파일

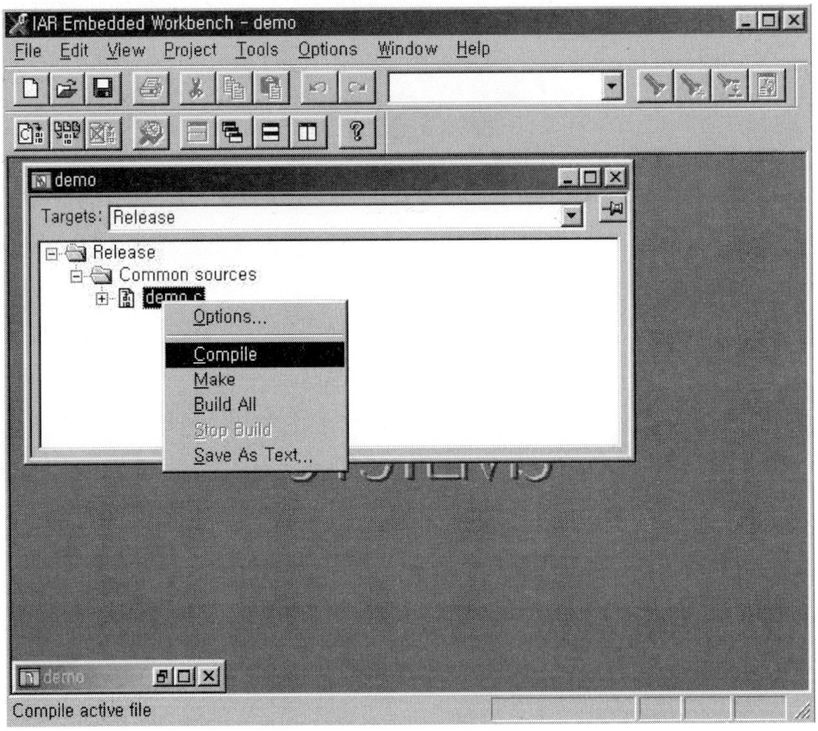

☞ 프로젝트 브라우저에서 소스 파일 브랜치를 선택한 뒤, 팝업메뉴의 'Compile' 메뉴를 실행한다. 실행한 결과는 메시지 창을 통해 나타난다. 메시지 창의 결과에 에러가 발생하였을 경우 에러 문장을 보고 에러에 대한 디버깅을 한 뒤, 컴파일 과정을 다시 하도록 한다.

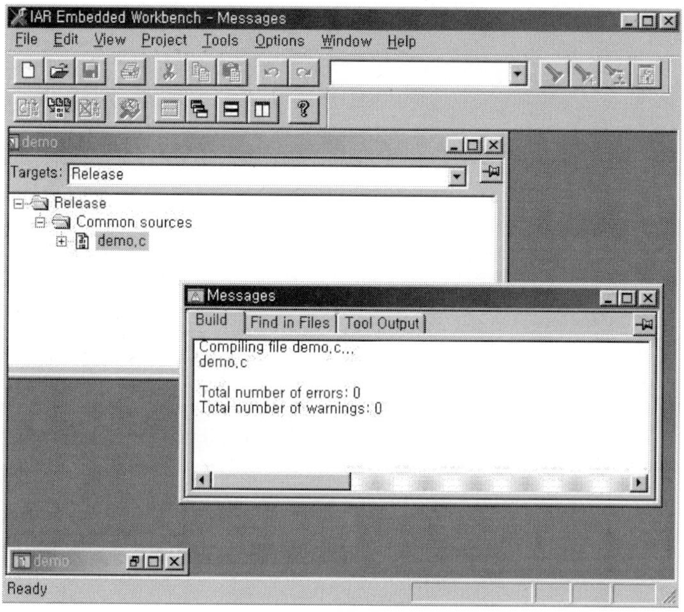

☞ 프로젝트 브라우저에서 'Release' 브랜치를 선택한 뒤, 팝업메뉴에서 'Build All'을 실행한다.

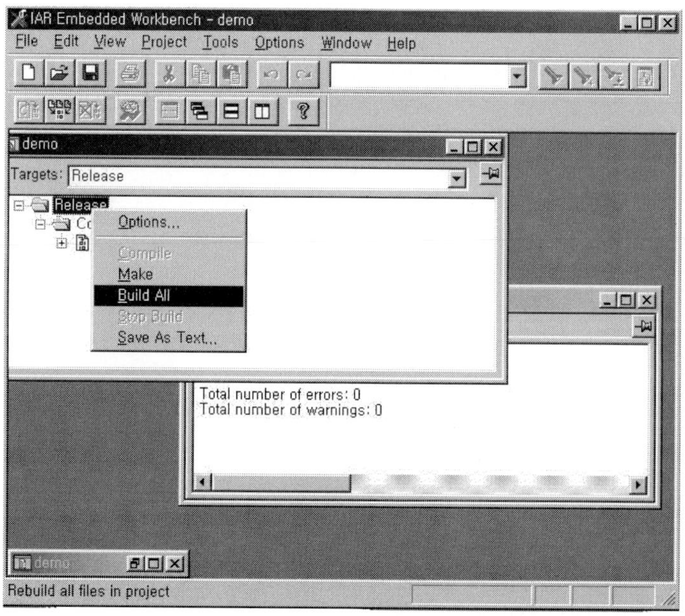

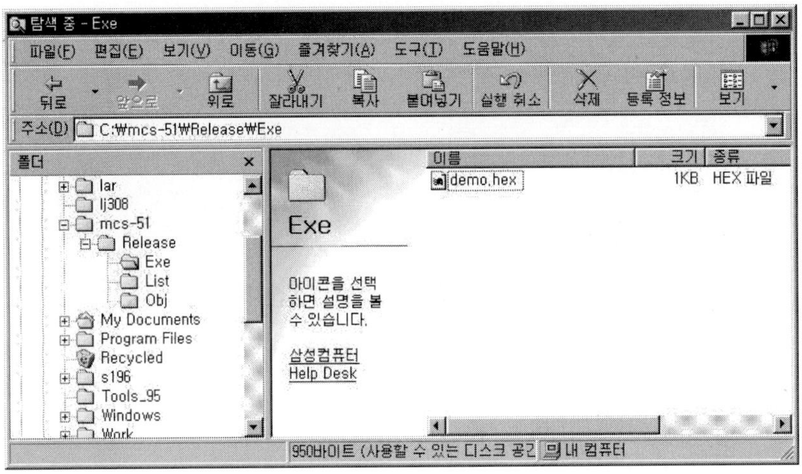

☞ 실행 결과는 메시지 창을 통해 나타나며, 에러가 발생하지 않은 경우에는 컴파일 옵션에서 지정한 'Output Directories'-'Executable' 옵션의 디렉토리 위치에 hex file이 생성되어 있는 것을 확인한다. 이 Hex file을 Rom Writer 또는 Rom Emulator를 이용하여 프로그램을 시스템에 적용시킨다. 아래에 출력된 demo.hex 파일을 나타내고 있다.

```
:100000000200037581219000018583A0120143EC59
:100010004D607378218003760018B821FA7821802A
:1000200003760018B821FA781F8003760018B81FED
:10003000FA78208003760018B81FFA900001AE838A
:10004000AF8290000112008F6005E4F0A380F6906B
:100050000001A882900001A982E8696005E4F20825
:1000600080F79000ED1200989000F1120098900037
:10007000F51200989000F91200B69000FF1200B639
:100080009001051200B675D00012010D02010BEFB0
:1000900065827003EE658322E493F8740193F9742A
:1000A000293FE740393F5828E83E869700122E463
:1000B00093F6A30880F4E493FC740193FD74029317
:1000C000FE740393FF740493F8740593F582888398
:1000D00012008F700122E493A3A883A9828C838DE0
:1000E00082F0A3AC83AD828883898280E3202001E3
:1000F0000D222010D222010D0001010D010D0032
:100100001010D010D0001010D010D80FEAE21AFB9
:1001100020759OFFE4FEFFC3EE9420EF648094CE40
:1001200050070EBE00010F80EE759000E4FEFFC385
```

```
:10013000EE9420EF648094CE50070EBE00010F8035
:08014000EE80CE7C017D00225F
:00000001FF
```

여기까지 작업이 종료되고 위와 같은 demo.hex 파일이 생성되면 2장에서와 같이 마이컴 프로그래머를 이용하여 hex파일을 전자계산기제어 산업기사용 보드에 다운로드해보기로 하자.

> 이후부터 전자계산기제어 산업기사용 마이컴 보드를 DCB(Digital Control Board)로 약칭하도록 한다)

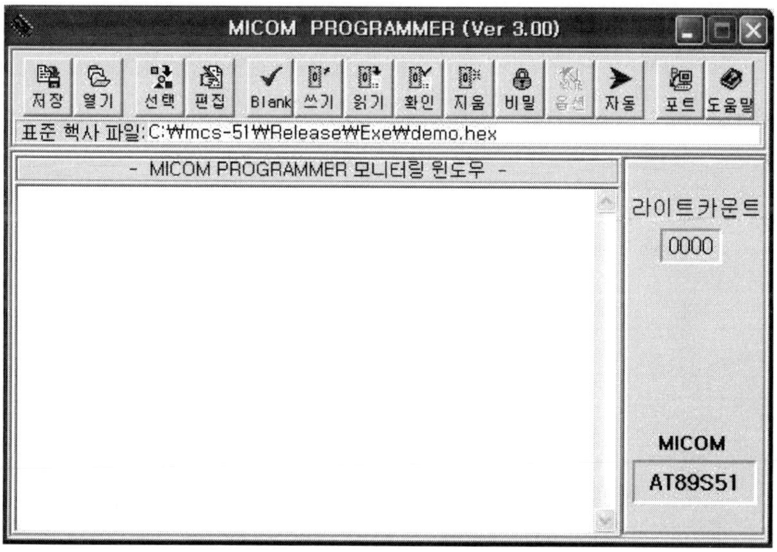

앞장에서 이미 언급했던 것과 같이 마이컴 프로그래머를 실행시키고 다음과 같이 demo.hex 파일을 다운로딩 한다.

(1)  아이콘을 눌러서 AT89S51 CPU를 선택한다(왼쪽 아래에 MICOM이 AT89S51로 이미 선택되어 있다면 할 필요없다.)

(2)  아이콘을 눌러서 AT89S51 내의 프로그램을 지워 준다.

(3) 

아이콘을 눌러서 C:\mcs-51\Release\Exe\demo.hex 파일을 선택한다.

(4) 

아이콘을 눌러서 demo.hex 파일을 DCB에 프로그램 한다.

버튼 하나는 지움과 쓰기만이 가능하다.

지금까지의 작업을 충실히 하였고, 지금 사용하고 있는 보드에 문제가 없다면 위 예제 소스 프로그램의 작동은 오실로스코우프로 P1포트의 파형을 측정해 보았을 때 P1의 각 총 8개의 비트가 일정 간격으로 High/Low를 반복하게 된다. 만일, 이와 같은 결과가 나타나지 않을 경우에는 지금까지의 과정을 다시 한 번 살펴보거나, 소스 프로그램에서 에러 요인이 있는지 다시 한 번 체크한 뒤, 같은 결과가 반복된다면(정상적인 동작을 하지 않을 경우) 보드에 대한 디버깅 작업을 하여야 한다.

위의 demo.c 프로그램을 다시 보면 다음과 같이 되어 있다.

```
#include <io51.h>

void main(void)
{
 int i ;

 for(;;){
     P1 = 0xff;
     for(i=0;i<20000; i++ );
     P1 = 0x00 ;
     for(i=0;i<20000;i++);
 }
}
```

"io51.h" 파일의 내용은 다음과 같이 되어 있다.

```
/*                              - IO51.H -

   Special header for the 8051/52/31/32 processors.

   Version 5.20 [IMAF]

   Revision control system
       $Id: io51.h 1.2 2001/03/06 16:22:53Z micaelb Exp $

*/

#pragma language=extended

/*==================================*/
/* Predefined SFR Byte Addresses */
/*==================================*/

sfr   P0        = 0x80;
sfr   P1        = 0x90;
sfr   P2        = 0xA0;
sfr   P3        = 0xB0;
sfr   PSW       = 0xD0;
sfr   ACC       = 0xE0;
sfr   B                  = 0xF0;
sfr   SP        = 0x81;
sfr   DPL       = 0x82;
sfr   DPH       = 0x83;
sfr   PCON      = 0x87;
sfr   TCON      = 0x88;
sfr   TMOD      = 0x89;
sfr   TL0       = 0x8A;
sfr   TL1       = 0x8B;
sfr   TH0       = 0x8C;
sfr   TH1       = 0x8D;
sfr   IE        = 0xA8;
sfr   IP        = 0xB8;
sfr   SCON      = 0x98;
sfr   SBUF      = 0x99;
sfr   T2CON     = 0xC8;
sfr   RCAP2L     = 0xCA;
sfr   RCAP2H     = 0xCB;
sfr   TL2       = 0xCC;
sfr   TH2       = 0xCD;
/*==================================*/
/* Predefined SFR Bit Addresses */
/*==================================*/
```

```
/*========PSW========*/

bit   CY        = 0xD7;
bit   AC        = 0xD6;
bit   F0        = 0xD5;
bit   RS1       = 0xD4;
bit   RS0       = 0xD3;
bit   OV        = 0xD2;
bit   P                  = 0xD0;

/*========TCON=======*/

bit   TF1       = 0x8F;
bit   TR1       = 0x8E;
bit   TF0       = 0x8D;
bit   TR0       = 0x8C;
bit   IE1       = 0x8B;
bit   IT1       = 0x8A;
bit   IE0       = 0x89;
bit   IT0       = 0x88;

/*========IE=========*/

bit   EA        = 0xAF;
bit   ET2       = 0xAD;
bit   ES        = 0xAC;
bit   ET1       = 0xAB;
bit   EX1       = 0xAA;
bit   ET0       = 0xA9;
bit   EX0       = 0xA8;

/*========IP=========*/

bit   PT2       = 0xBD;
bit   PS        = 0xBC;
bit   PT1       = 0xBB;
bit   PX1       = 0xBA;
bit   PT0       = 0xB9;
bit   PX0       = 0xB8;

/*========P3=========*/

bit   RD        = 0xB7;
bit   WR        = 0xB6;
bit   T1        = 0xB5;
bit   T0        = 0xB4;
```

```
bit   INT1      = 0xB3;
bit   INT0      = 0xB2;
bit   TXD       = 0xB1;
bit   RXD       = 0xB0;

/*========SCON========*/

bit   SM0       = 0x9F;
bit   SM1       = 0x9E;
bit   SM2       = 0x9D;
bit   REN       = 0x9C;
bit   TB8       = 0x9B;
bit   RB8       = 0x9A;
bit   TI        = 0x99;
bit   RI        = 0x98;

/*========T2CON=======*/

bit   TF2       = 0xCF;
bit   EXF2      = 0xCE;
bit   RCLK      = 0xCD;
bit   TCLK      = 0xCC;
bit   EXEN2     = 0xCB;
bit   TR2       = 0xCA;
bit   C_T2      = 0xC9;
bit   CP_RL2    = 0xC8;

/*==============================*/
/* Interrupt Vector Definitions */
/*==============================*/

interrupt [0x03] void EX0_int (void);      /* External Interrupt 0 */

interrupt [0x0B] void T0_int (void);      /* Timer 0 Overflow */

interrupt [0x13] void EX1_int (void);      /* External Interrupt 1 */

/*========P3=========*/

bit   RD        = 0xB7;
bit   WR        = 0xB6;
bit   T1        = 0xB5;
bit   T0        = 0xB4;
bit   INT1      = 0xB3;
bit   INT0      = 0xB2;
bit   TXD       = 0xB1;
```

```
bit   RXD      = 0xB0;

/*========SCON========*/

bit   SM0      = 0x9F;
bit   SM1      = 0x9E;
bit   SM2      = 0x9D;
bit   REN      = 0x9C;
bit   TB8      = 0x9B;
bit   RB8      = 0x9A;
bit   TI       = 0x99;
bit   RI       = 0x98;

/*========T2CON=======*/

bit   TF2      = 0xCF;
bit   EXF2     = 0xCE;
bit   RCLK     = 0xCD;
bit   TCLK     = 0xCC;
bit   EXEN2    = 0xCB;
bit   TR2      = 0xCA;
bit   C_T2     = 0xC9;
bit   CP_RL2   = 0xC8;

/*===============================*/
/* Interrupt Vector Definitions */
/*===============================*/

interrupt [0x03] void EX0_int (void);   /* External Interrupt 0 */

interrupt [0x0B] void T0_int (void);    /* Timer 0 Overflow */

interrupt [0x13] void EX1_int (void);   /* External Interrupt 1 */

interrupt [0x1B] void T1_int (void);    /* Timer 1 Overflow */

interrupt [0x23] void SCON_int (void);  /* Serial Port */

interrupt [0x2B] void T2_int (void);    /* Timer 2 Overflow */

interrupt [0x2B] void T2EX_int (void);  /* Negative Transition on T2EX */
```

. Option → Xlink → Include에서 선택했던 링크 옵션 파일 lnk8051.xcl의 내용은 다음과 같다.

(lnk8051.xcl의 위치는 예를 들면 다음과 같은 폴더에 설치될 수 있다.
→ c:\program Files\IAR Systems\Ew23\8051\config\lnk8051.xcl)

```
//                 -LNK8051.XCL-
//
//        XLINK 4.44, or higher, command file to be used with the 8051
//        C-compiler V5.xx
//        using the -mt, -ms, -mc, -mm or -ml memory model
//        Usage:  xlink  your_file(s)  -f lnk80511
//
//        First: define CPU
//
//   Revision control system
//       $Id: lnk8051.xcl 1.1 1999/12/16 10:17:07Z matsp Rel $
//


-c8051

// If you have register independent code use: -D_R=0
// (or 8,16,24) to choose the register bank used at startup
-D_R=0

//  Setup "bit" segments (always zero if there is no need to reserve
//    bit variable space for some other purpose)

-Z(BIT)C_ARGB,BITVARS=0

//  Setup "data" segments.  Start address may not be less
//  than start of register bank + 8.  Space must also
//  be left for interrupt functions with the "using" attribute.

-Z(DATA)B_UDATA,B_IDATA,C_ARGD,D_UDATA,D_IDATA=20

//  Setup "idata" segments (usually loaded after "data")

-Z(IDATA)C_ARGI,I_UDATA,I_IDATA,CSTACK

//  Setup "xdata" segments to the start address of external RAM.
//  Note that it starts from 1 since a pointer to address zero is regarded
//  as NULL.
//  Note that this declaration does no harm even if you use a memory
//  model that does not utilize external data RAM

-Z(XDATA)P_UDATA,P_IDATA,C_ARGX,X_UDATA,X_IDATA,ECSTR,RF_XDATA,XSTACK=1
```

```
//  Setup all read-only segments (PROM). Usually at zero
// 롬 시작 번지를 나타내고 있다.

-Z(CODE)INTVEC,RCODE,D_CDATA,B_CDATA,I_CDATA,P_CDATA,X_CDATA,C_ICALL,C_RECFN,CSTR,CCST
R,CODE,CONST=0

//  See configuration section concerning printf/sprintf
-e_small_write=_formatted_write

//  See configuration section concerning scanf/sscanf
-e_medium_read=_formatted_read

//  Load the 'C' library adapted for the selected memory model
// cl8051t , cl8051s, cl8051c, cl8051m, cl8051l

//  Code will now reside on file aout.a03 in INTEL-STANDARD format
```

4

C·H·A·P·T·E·R

89S51 하드웨어 기본 구성

구성

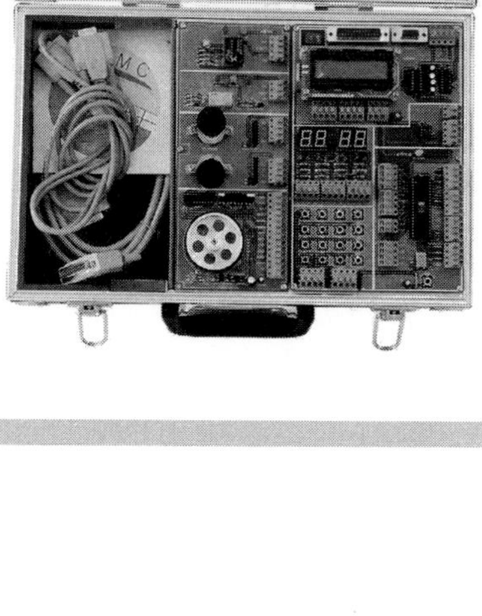

4.1 DCB(89S51)의 기본 설계

DCB(89S51)의 전체적인 회로도를 1장과 부록 A에 제시하였다.

직접 본 회로를 제작하고자 하는 사람은 회로를 조립하기 전에 DCB(89S51)의 PCB와 부록 A에 나와 있는 회로도를 서로 대조하면서 살펴보자. PCB에 표기 되어있는 U1은 회로도의 U1 즉, 89S51이다. PCB의 U4는 회로도의 U4 16V8, PCB의 R1는 회로도의 R2 4.7K 저항이다. 이렇게 PCB와 회로도를 대응해서 본다. 그래야만 PCB의 납땜뿐만 아니라 회로의 이해도 쉽게 되기 때문이다. 그러나 관찰력이 뛰어난 독자들은 한 가지 이상한 점을 발견하게 될 것이다. 회로도와 PCB 상에 쓸모없어 보이는 BC0, BC1, BC2, BC3, BC4가 있다. 이것은 노이즈 방지를 위하여 각 IC마다 0.1㎌의 세라믹 콘덴서를 달아준 것이다. 이것을 바이패스 콘덴서라 하는데, 이렇게 함으로써 제품의 신뢰성을 높일 수 있는 것이다. DCB(89S51)을 제작하기 위한 부품 리스트는 1장에서 예시하였다. 이 부품들은 시중에서 일반적으로 구할 수 있는 것들이다.

다음에는 마이크로프로세서 관련 기술정보 및 부품 정보에 관한 인터넷 주소를 나타내었다.

상 호	인터넷 주소	비 고
KMC	http://www.itkmc.com	마이크로 프로세서 교육장비 전문업체(KMC-51, KMC-196)
대덕대학 마이크로로봇 전공	http://www.ddc.ac.kr/robot	국내 최초 마이크로로봇 전문 학과
케이엠데이타	http://www.kmd.co.kr	
Chip114	http://www.chip114.com	
Icdevice	http://www.icdevice.co.kr	
반도체 기술자료	http://melab3.sogang.ac.kr/linksite.html	
Intel	http://www.maxim-ic.com/MaximProducts/products.htm	
Dalas Semiconductor	http://www.dalsemi.com/datasheets/pdfindex.html	
시스템베이스	http://www.sysbas.com	
샘플전자	http://www.sample.co.kr	
미니로봇	http://www.minirobot.co.kr	
마이크로 로봇	http://www.microrobot.com	
USB 자료	http://usb.org	

태백전자	http://tebekeng.co.kr
소스왕국	http://tebekeng.co.kr
엘섬스쿨	http://www.elsome.com
Blackart	http://www.blackart66.com
팀코리아	http://teamkorea.com
스캔로직	http://www.scanlogic.com
Dataheets	http://products.analog.com/products_html /list_gen_all.htm

DCB(89S51)의 구동을 위한 가장 기본적인 하드웨어의 설계와 디버깅 소프트웨어에 관하여 알아보기로 하자.

4.1.1 전원

제공되는 DCB(89S51)의 경우 전원은 외부에서 지원해 주어야 한다. 입력전원은 좌측 상단에 +5V, GND를 좌측상단에 -12V. +12V를 입력해준다.

4.1.2 크리스탈(오실레이터) 설계

본 DCB(89S51)에서는 그림 4-1과 같이 크리스탈 22.1184Mhz를 사용하여 설계하였다. 일반적으로 크리스털(수정발진자)은 그림 4-1과 같이 콘덴서와 같이 사용하지만, 오실레이터의 경우 CAN 타입으로 출시되기 때문에 그림 4-2와 같이 접속하면 된다. 아래 그림에는 크리스털 또는 오실레이터를 89S51에 연결하는 방법을 나타내고 있다. 그림 4-1의 C1과 C2는 30pF±10pF의 범위 안에서 달아 주면 된다.

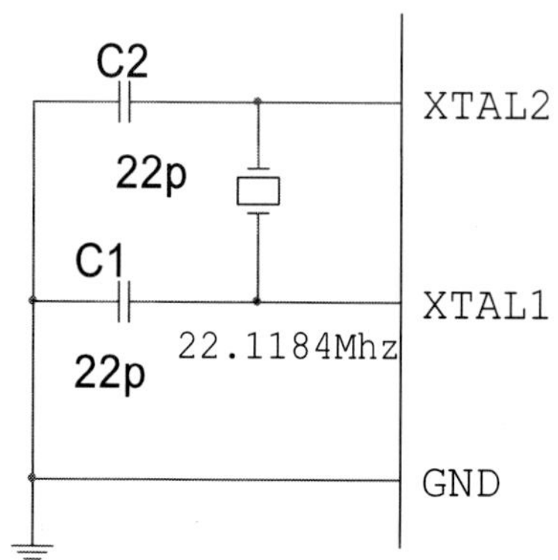

그림 4-1 크리스털 접속

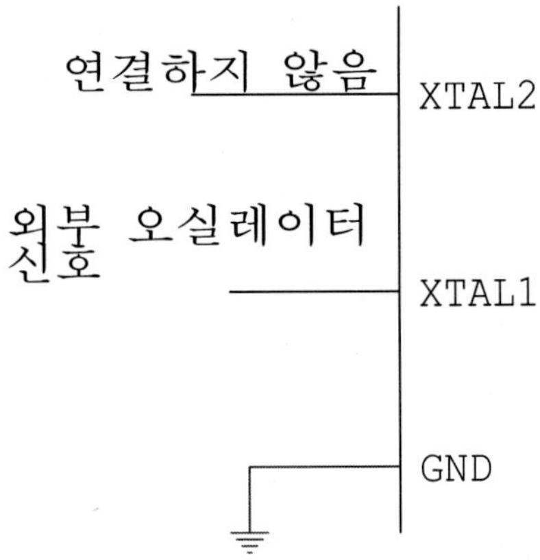

그림 4-2 외부클럭(오실레이터) 접속

4.1.3 리셋회로 설계

89S51의 리셋 회로는 그림 4-3과 같이 설계되어 있다. 아래의 NOT GATE는 GAL 16V8C에 로직으로 구성되어 있다. 따라서 리셋 신호는 U4의 GAL의 5번핀으로 입력되어 NOT GATE를 거친 후 89S51의 9번핀으로 입력된다.

GAL은 간단한 논리회로를 구성할 수 있는 Programmable IC이다.

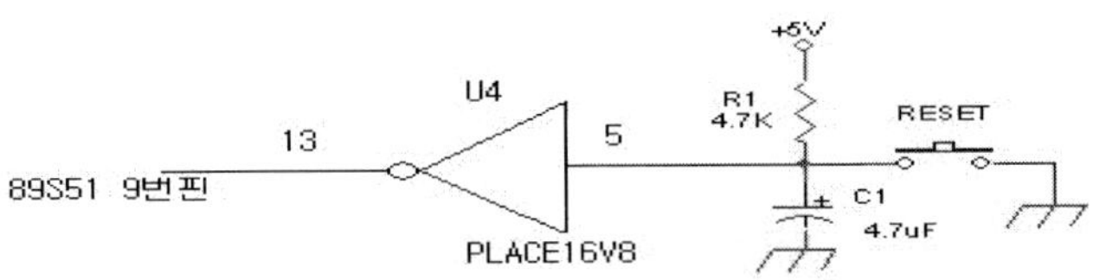

그림 4-3 89S51 리셋회로

4.1.4 RS-232C 인터페이스

DCB(89S51)에서는 기본적으로 RS-232C 포트를 제공하고 있다. 전자계산기제어 산업기사에서는 RS-232C 포트를 통하여 PC에 데이터를 송신 혹은 수신하는 실기 시험을 치루게 된다. 따라서 그림 4-4에서는 DCB(89S51)에서 채택하고 있는 RS-232C 통신

포트의 하드웨어 설계 부분을 나타내고 있다.

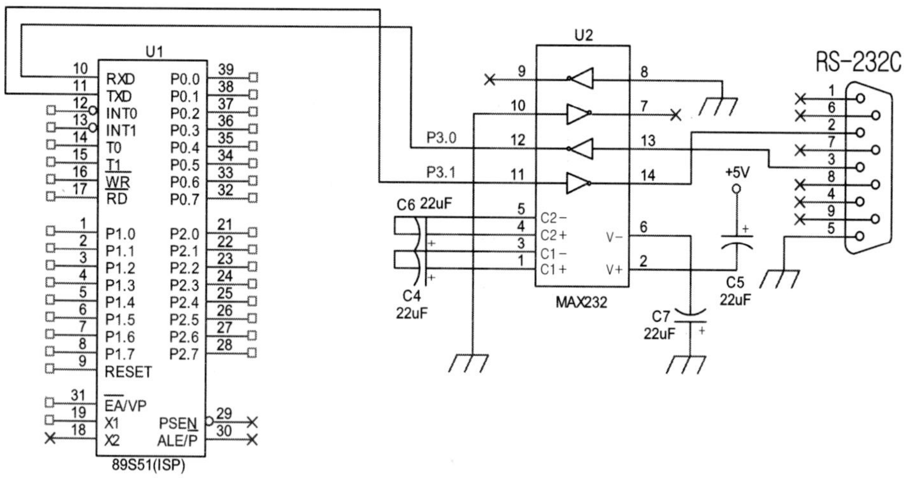

그림 4-4 RS-232C 인터페이스

4.1.5 ISP 회로설계

89S51은 2가지 방법으로 프로그램 할 수 있다.

① 롬 라이터를 이용해서 프로그램 하는 방법
② PC의 병렬프린터 포트를 이용하여 Serial ISP방식으로 프로그램 하는 방법

여기서 다루고 있는 DCB의 경우 ②번 방식으로 프로그램하고 있다. 그림 4-5에 ISP를 이용한 89S51의 Flash에 다운로딩 프로그램 하는 개략도와 그림 4-6에 본 교재에서 채택하고 있는 DCB 프로그램 회로를 나타내고 있다. 이 부분에 대해 자세한 내용은 본 교재에서 지향하고 있는 전자계산기제어 산업기사 실기 시험과는 무관하기 때문에 생략하기로 한다. 만약 이 부분에 대해서 자세히 알고자 한다면 마이컴 프로그래머 유틸리티 도움말 부분의 AT89S51의 Data Sheet 페이지 12~19까지를 참조하기 바란다.

그림 4-7은 전자계산기제어 산업기사 실기시험에서 채택하고있는 MPU(89S51) 부분의 회로도를 나타내고 있다. 아래 그림에서 BC0~BC4까지의 104(0.1uF) 콘덴서는 바이패스 콘덴서로 IC에서 발생할 수 있는 잡음을 최소화하기 위하여 각 IC마다 하나씩 달아 주는 것으로 본 회로도에서는 한꺼번에 모아서 그려 놓았다.

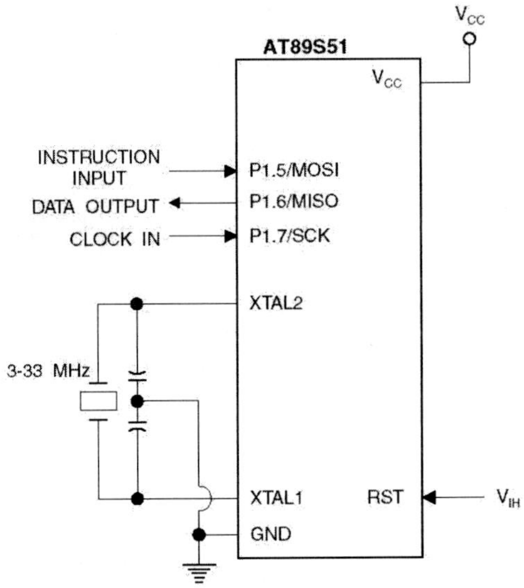

그림 4-5 ISP를 이용한 DCB 프로그램 회로

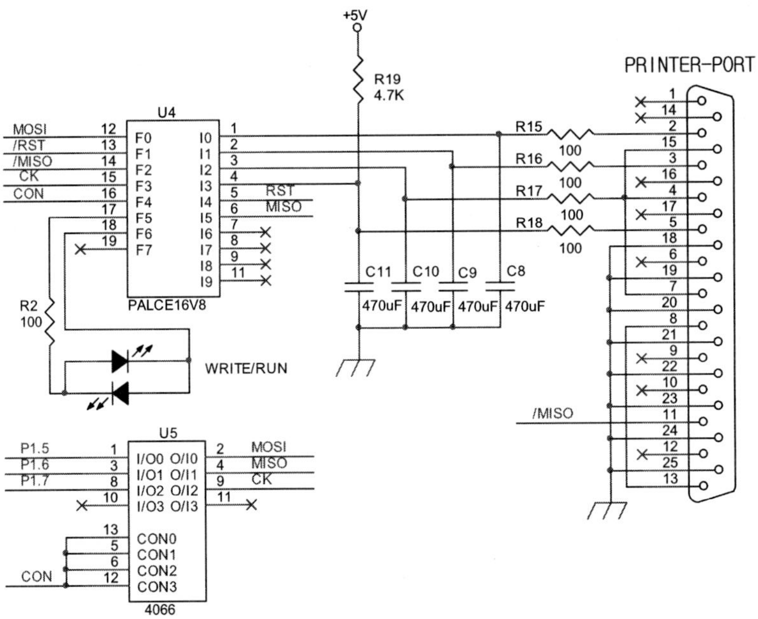

그림 4-6 ISP를 이용한 DCB 프로그램 회로

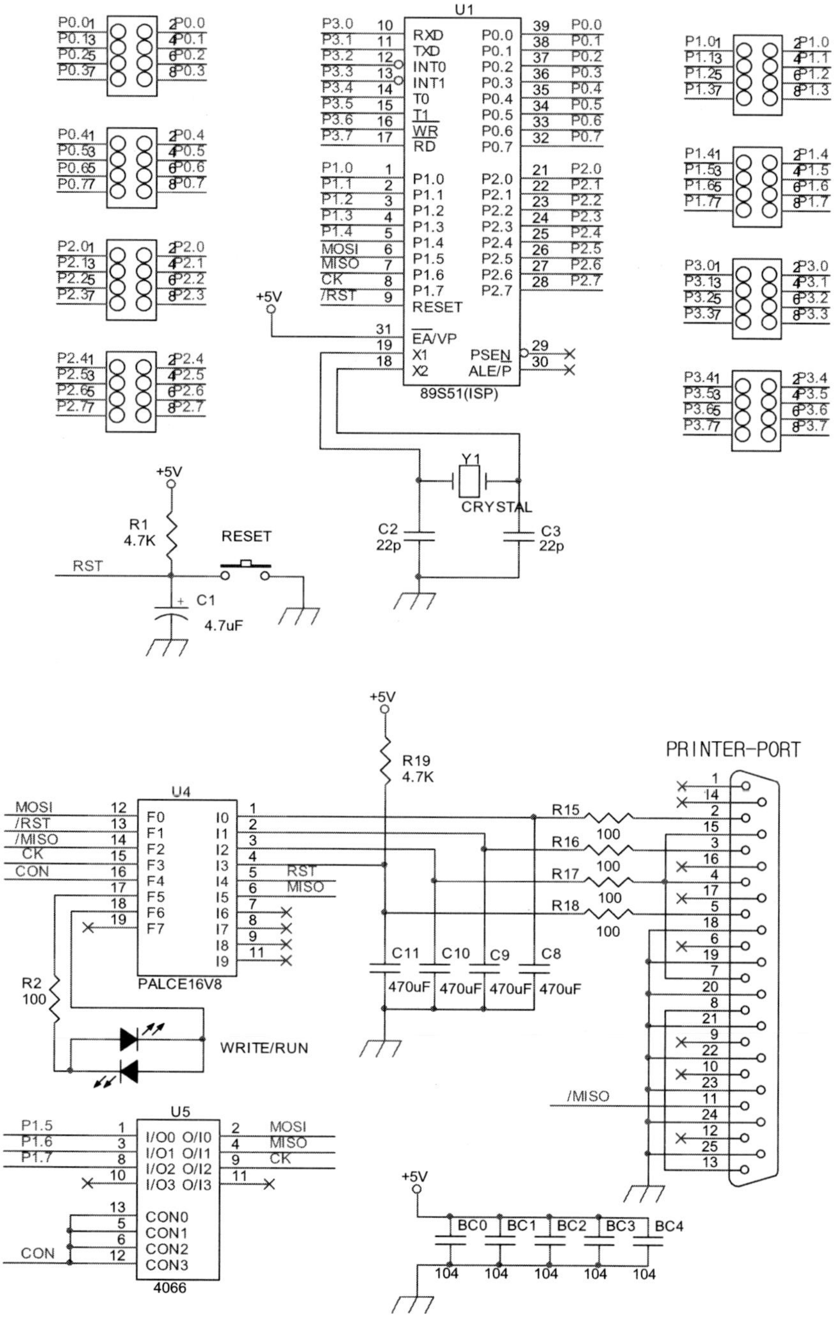
U1
89S51(ISP)
RXD
TXD
INT0
INT1
T0
T1
WR
RD
EA/VP
X1
X2
PSEN
ALE/P
RESET
+5V
Y1
CRYSTAL
C2 22p
C3 22p
R1 4.7K
RESET
RST
C1 4.7uF
R19 4.7K
PRINTER-PORT
U4
PALCE16V8
MOSI
/RST
/MISO
CK
CON
RST
MISO
R15 100
R16 100
R17 100
R18 100
C11 470uF
C10 470uF
C9 470uF
C8 470uF
R2 100
WRITE/RUN
/MISO
U5
4066
P1.5
P1.6
P1.7
CON0
CON1
CON2
CON3
BC0
BC1
BC2
BC3
BC4
104

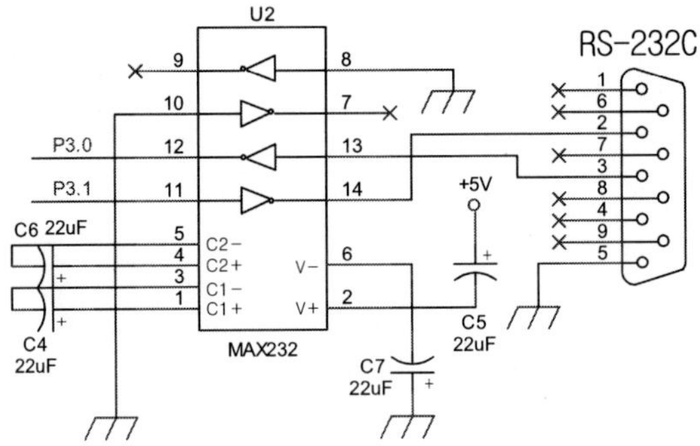

그림 4-7 전자계산기제어 산업기사 실기시험 MPU(89S51)부

4.2 89S51 프로그램 하는 방법

4.2.1 P1 포트 프로그래밍

기본적으로 전원(+5V, GND)과 오실레이터, 리셋부의 설계가 끝났으면 마이크로프로세서가 정상적으로 동작을 하는지 프로그램적으로 간단한 시험을 해 보아야 한다. 가장 간단하게 할 수 있는 시험으로는 포트(P0, P1, P2, P3) 중에서 하나를 선택하여 적당한 주기(약 1초)로 'high'---'low'를 무한히 되풀이하도록 하는 프로그램을 작성하면 오실로스코프 또는 LED 하나 정도만 달아도 마이크로프로세서의 동작 상태를 확인해 볼 수 있다. 단, 마이크로프로세서를 프로그램 할 때 반드시 주의할 점은 마이크로프로세서는 무한루프를 이용하여 프로그램이 종료되지 않도록 프로그램 해야 한다는 점이다. 만약 이렇게 하지 않고 사용자가 프로그램을 할 때 프로그램이 종료되도록 한다면 리셋이 걸리던지 혹은 이상한 번지로 뛰어 마이크로프로세서가 이상한 현상을 보이기 때문에 반드시 주의해야 한다.

실험 4-1 다음은 가장 간단한 프로그램으로 지금 구성되고 있는 하드웨어 즉, AT89S51 마이크로프로세서의 동작 여부를 확인하기 위한 프로그램으로서 P1포트 전체를 ON/OFF 시키도록 하는 프로그램이다.

```
#include <io51.h>

void main(void)
{
int i;
  for(;;){
/*
    P1 포트를 전부 1초 간격으로 high-low 펄스가 출력되게 하는 프로그램이
    다. ( P1은 io51.h에서 sfr로 선언되어 있으므로 1바이트를 입출력할 수
    있는 레지스터이다 ) */

      P1=0xff;                /* P1 포트 전체가 high */
      for(i=0;i<30000;i++);  /*  약 0.5초간의 delay */
      P1=0;                   /* P1 포트 전체가 low   */
      for(i=0;i<30000;i++);  /*  약 0.5초간의 delay */
  }
}
```

이 프로그램을 DCB(89S51)에 다운로딩하면 P1포트 전체가 1초 간격으로 'high-low'를 무한히 계속하게 된다. 반드시 본 시험에 들어가기 전에 이 부분을 테스트 해봐야 한다. 이 부분은 오실로스코프로 확인해 볼 수 있다. 만약 이 부분에서 제대로 펄스가 출력되지 않으면 두 가지 문제가 있을 수 있다.

① 컴파일러에서 무엇인가를 잘못했을 수 있다. 따라서 당황하지 말고 처음부터 컴파일러 옵션을 다시 주면서 컴파일하도록 하여 출력파일인 hex 파일이 제대로 출력되는가 확인한다.

② 첫 번째 사항에 문제가 없으면 그림 4-6과 같이 마이컴프로그래머 부분의 포트 부분

을 더블 클릭하여 시험용 DCB 보드가 제대로 동작하는지 다시 한 번 검사해 봐야 한다.

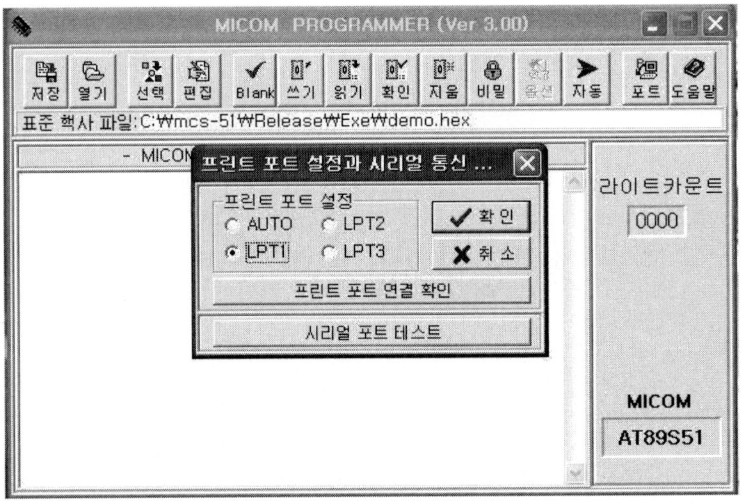

그림 4-8 DCB(89S51) 포트를 이용한 자기진단 방법

실기시험장에 입장했을 때 주의 사항

1. 전원 입력부에 잘못된 전원이 인가되면 89S51이 고장날 우려가 있으므로 이 부분을 유념하면서 확실하게 전원부분을 검증하고 전원을 인가한다.

2. DCB(89S51)을 수령하게 되면 컴퓨터와 연결하여 그림 4-8과 같이 자기진단 프로그램을 실행해 본다.

3. 실험 4-1의 예제를 프로그램 하여 P1포트에서 출력이 나오는가 확인한다.

4. 자기진단이 종료된 상태에서 P1포트에서 출력이 나오지 않으면 컴파일러 사용 방법에 문제가 있는 것이다. 이 경우 당황하지 말고 다시 한 번 천천히 컴파일러 옵션을 확인하면서 출력파일인 hex 파일이 나올 때까지 시도한다.

5

C·H·A·P·T·E·R

LCD 컨트롤러 (HD44780) 제어

구성

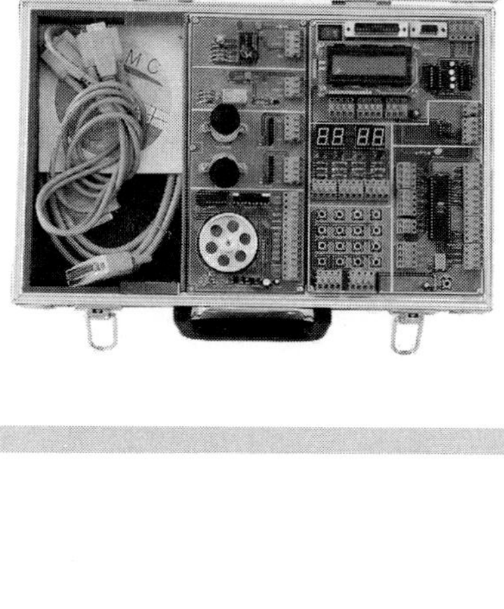

5.1 LCD 컨트롤러

LCD 컨트롤러는 여러 가지 종류가 있으나 대부분이 유사하여 한 가지를 사용해 보면 다른 것도 유사한 방법으로 적용할 수 있다. 이 장에서는 일반적으로 많이 사용되고 있는 히다찌(HITACHI)사의 HD44780를 내장하고 있는 모듈을 사용한다(HD44780, HD44780A는 거의 흡사한 LCD 컨트롤러이다).

5.1.1 HD44780, HD44780A의 특징

HD44780, HD44780A의 내부 블록도는 그림 5-1과 같다.

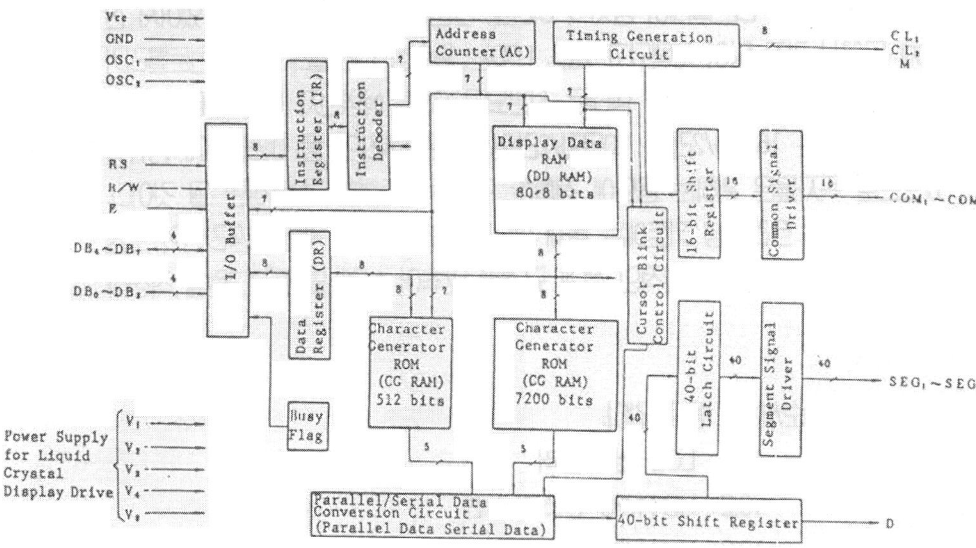

그림 5-1 HD44780 블록도

HD44780, HD44780A 특징은 다음과 같다.

▶ 5*7 도트, 5*10 도트의 디스플레이 폰트를 지니고 있다.

▶ 4비트, 8비트 마이크로프로세서와 간편하게 인터페이스 할 수 있다.

▶ 80*8비트의 D.D.RAM(Display Data RAM)을 내장하고 있다(최대 80 글자).

▶ C.G.ROM(Character generator ROM)을 내장하고 있다.

- 글자 폰트(Character Font) 5*7 도트 : 160 글자
- 글자 폰트(Character Font) 5*10 도트 : 32 글자

LCD 컨트롤러 HD44780, HD44780A를 사용한 모듈의 핀 번호는 그림 5-2와 같으며 각핀의 기능은 다음과 같다.

▶ VSS(입력) : 0V(GND)
▶ VDD(입력) : +5V
▶ Vo(입력) : 가변 저항 10K를 그림 10-3처럼 달아서 글자의 밝기를 조절해준다.
▶ RS (입력) : Read/Write 신호. LCD 자체 명령과 데이터 입력을 제어한다.
▶ R/W : Read/Write 신호를 관장한다.
▶ E(입력) : Enable 신호. 명령이 하나 입력될 때마다 펄스를 하나씩 내주어야 한다.
▶ DB0~DB7 : 데이터 버스이다.

핀 번호	기호
1	VSS
2	VDD
3	V0
4	RS
5	R/W
6	E
7	DB0
8	DB1
9	DB2
10	DB3
11	DB4
12	DB5
13	DB6
14	DB7

그림 5-2 LCD 모듈 핀 번호

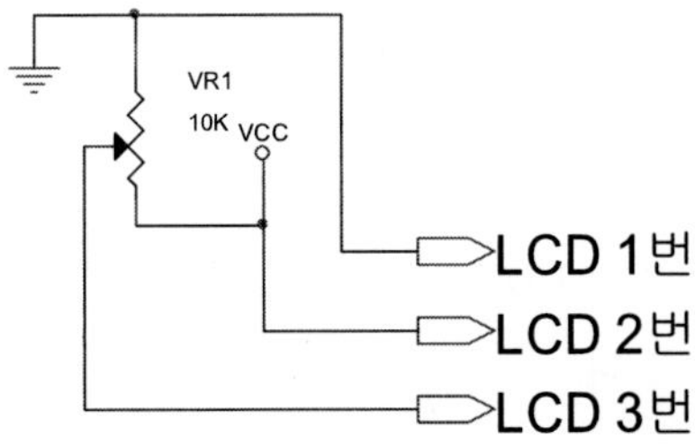

그림 5-3 LCD Vo(PIN 3) 접속법

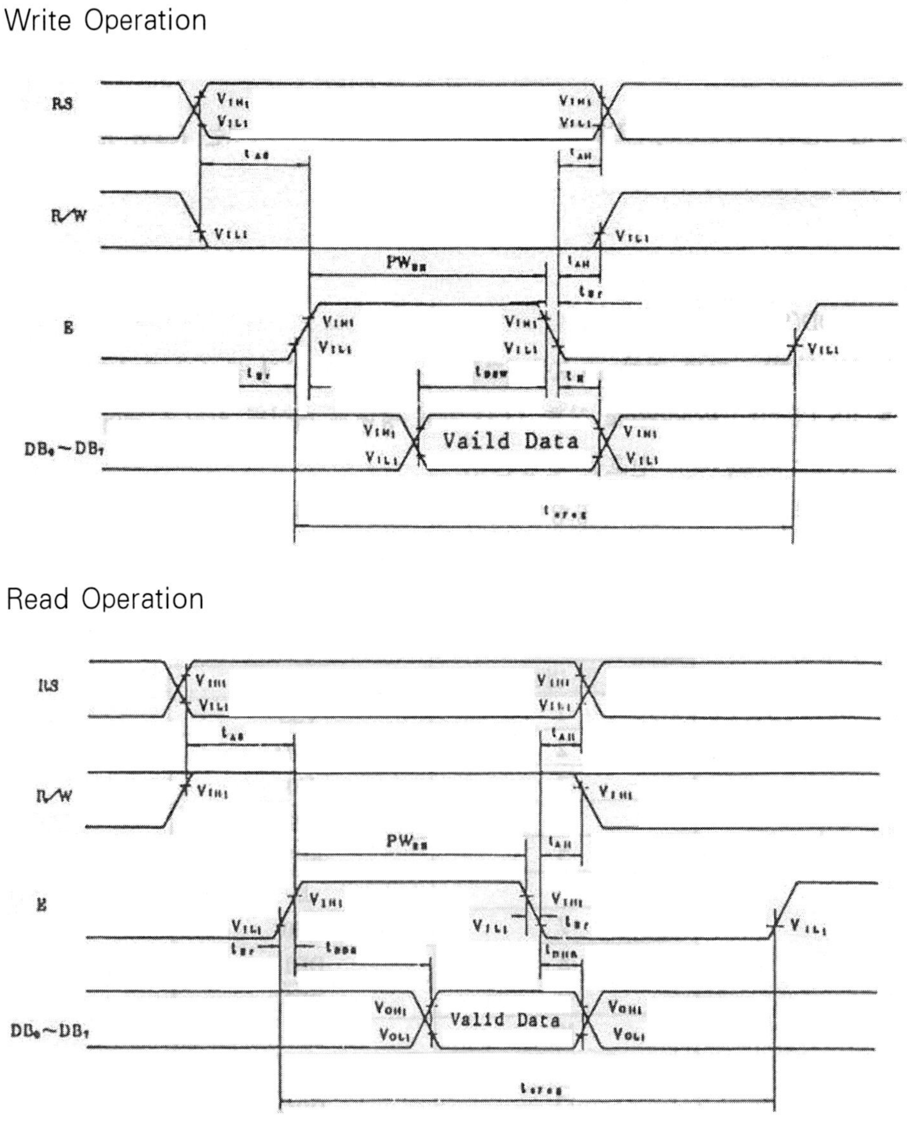

그림 5-4 HD44780 R/W 타이밍

5.1.2 HD44780, HD44780A 기본 동작

(1) 레지스터

HD44780, HD44780A는 8비트 레지스터인 인스트럭션 레지스터(IR)와 데이터 레지스터(DR)를 가지고 있다.

▶ 인스트럭션 레지스터(IR)

D.D.RAM과 C.G.RAM에 대한 어드레스 정보와 클리어, 커서 이동에 대한 명령 코드를 가지고 있다. IR은 써넣기만 가능하고 읽기는 되지 않는다.

▶ 데이터 레지스터(DR)

D.D.RAM, C.G.RAM에 써넣은 데이터나 읽어낸 데이터를 일시적으로 저장하는 역할을 한다.

마이크로프로세서에서 DR에 써넣은 데이터는 LCD 내부 동작에 의해 D.D.RAM과 C.G.RAM에 자동적으로 써지게 된다. D.D.RAM, C.G.RAM에서 데이터를 읽어낼 경우 읽어낸 데이터를 저장하는 역할을 한다. 또 IR에 어드레스 정보를 써넣으면 LCD 내부 동작에 의해서C.G.RAM, D.D.RAM으로부터 DR로 데이터가 전송된다. 마이크로프로세서의 데이터 전송은 마이크로프로세서가 DR에서 데이터를 읽어내는 것으로 이루어진다. 마이크로프로세서에서DR의 데이터를 읽어내면 D.D.RAM과 C.G.RAM의 다음 번지의 어드레스가 자동적으로 DR에 전송되어서 마이크로프로세서가 그 다음 번지를 읽어낼 수 있도록 하여 준다.

LCD 모듈 RS(4번 핀)와 R/W(5번 핀)의 관계는 표 5-1과 같다.

표 5-1 RS와 R/W의 관계

RS	R/W	동 작
0	0	IR write as internal operation(Display clear, etc.)
0	1	Read busy flag(DB7) and address counter(DB0~DB6)
1	0	DR write as internal operation(DR to DD or CG RAM)
1	1	DR read as internal operation(DD or CG RAM to DR)

(2) Busy Flag(BF)

- Busy flag가 '1'일 때 HD44780은 내부 동작 모드이므로 다음 명령을 받을 수 없다.

- Busy flag가 '0'일 때 다음 명령을 받아들일 수 있다.
- 표 10-1에 제시된 바와 같이 RS = 0, R/W = 1의 조건에서 DB7로 출력한다.

(3) Address Counter(AC)

- 어드레스 카운터(AC)는 D.D.RAM, C.G.RAM의 어드레스를 지정할 때 사용한다.
- IR에 어드레스 정보를 써넣으면 이것은 AC로 전송된다.
- D.D.RAM 또는 C.G.RAM은 인스트럭션에 의해서 선택된다.
- D.D.RAM 또는 C.G.RAM에 디스플레이 데이터를 써놓은 후에 AC는 자동적으로 +1 혹은 -1이 된다.
- AC의 내용은 RS=0, R/W=1일 때 DB0 ~ DB6으로 출력된다.

(4) Display Data RAM(D.D.RAM)

- D.D.RAM에는 8비트 글자 코드의 디스플레이 데이터를 가지고 있다.
- 최대 용량은 80*8비트, 80 글자이다.
- D.D.RAM 내에 글자 표시에 사용되지 않는 메모리 영역은 일반적인 데이터 RAM으로 사용될 수 있다.
- D.D.RAM 어드레스와 LCD상의 글자 위치간의 관계는 다음과 같다.
- D.D.RAM 어드레스(ADD)는 AC에서 세트하고 D.D.RAM 어드레스는 다음과 같이 16진법으로 표시된다.

	MSB						LSB
AC	AC6	AC5	AC4	AC3	AC2	AC1	AC0

【 예 】 D.D.RAM 어드레스 0x4E

1	0	0	1	1	1	0
4			E			

① 1라인 디스플레이(N = 0)

	1	2	3	4	5	……	79	80	(디스플레이 위치)
1라인	00	01	02	03	04	……	4E	4F	(D.D.RAM 어드레스)

▶ 표시되는 글자가 80보다 작으면 디스플레이는 맨 앞부터 시작된다.

- 예를 들면 8글자의 디스플레이는 다음과 같다.

1	2	3	4	5	6	7	8	(디스플레이 위치)
00	01	02	03	04	05	06	07	(D.D.RAM 어드레스)

- 디스플레이 시프트가 시행될 경우 D.D.RAM 드레스는 다음과 같이 움직인다.
- 왼쪽 시프트

01	02	03	04	05	06	07	08

- 오른쪽 시프트

4F	01	02	03	04	05	06	07

▶ HD44780과 HD44100H를 같이 사용한 16글자 문자 표시는 다음과 같다.

(디스플레이 위치)

1	2	3	4	5	6	7	8	9	10	11	12	13	14	15	16
00	01	02	03	04	05	06	07	08	09	0A	0B	0C	0D	0E	0F

(D.D.RAM 어드레스)

HD44780H Display (1~8) HD44100H Display (9~16)

- 디스플레이 시프트가 이루어지면 D.D.RAM 어드레스는 다음과 같이 변환한다.
- 왼쪽 시프트

01	02	03	04	05	06	07	08	09	0A	0B	0C	0D	0F	10

- 오른쪽 시프트

4F	00	01	02	03	04	05	06	07	08	09	0A	0B	0C	0D

▶ 1개의 HD44780과 두 개 이상의 HD44100H를 사용할 경우는 위의 확장으로 생각하면 된다.

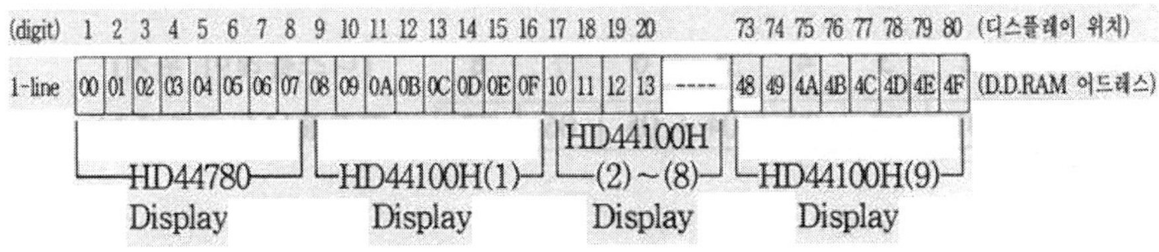

② 2라인 디스플레이(N = 1)

(digit)	1	2	3	4	5		39	40	(디스플레이 위치)
1-line	00	01	02	03	04	……	26	27	
2-line	40	41	42	43	44	……	66	67	(D.D.RAM 어드레스)

▶ 만약 디스플레이 되는 글자가 40*2보다 작으면 2라인은 처음을 기준으로 하여 표현된다. 따라서 첫 번째 라인의 마지막 어드레스와 두 번째 라인의 시작 어드레스가 연속되지 않는 것에 주의하라.

- 예를 들어 HD44780을 사용하였을 때 8문자*2라인의 디스플레이는 다음과 같다.

(digit)	1	2	3	4	5	6	7	8	(디스플레이 위치)
1-line	00	01	02	03	04	05	06	07	
2-line	40	41	42	43	44	45	46	47	(D.D.RAM 어드레스)

- 디스플레이가 수행되고 남는 D.D.RAM 어드레스는 다음과 같이 된다.

왼쪽 시프트 디스플레이	01	02	03	04	05	06	07	08
	41	42	43	44	45	46	47	47
오른쪽 시프트 디스플레이	27	00	01	02	03	04	05	06
	67	40	41	42	43	44	45	46

▶ 16문자×2라인의 디스플레이는 HD44780과 HD44100H를 사용할 때 다음과 같다.

(디스플레이 위치)

	1	2	3	4	5	6	7	8	9	10	11	12	13	14		
1-line	00	01	02	03	04	05	06	07	08	09	0A	0B	0C	0D	0E	0F
2-line	40	41	42	43	44	45	46	47	48	49	4A	4B	4C	4D	4E	4F

(D.D.RAM 어드레스)

HD44780 Display (1~8) HD44100H Display (9~14)

. 디스플레이 시프트가 이루어지고 나면 D.D.RAM 어드레스는 다음과 같이 된다.

왼쪽 시프트 디스플레이	01	02	03	04	05	06	07	08	09	0A	0B	0C	0D	0E	0F	10
	41	42	43	44	45	46	47	48	49	4A	4B	4C	4D	4E	4F	50
오른쪽 시프트 디스플레이	27	00	01	02	03	04	05	06	07	08	09	0A	0B	0C	0D	0E
	67	40	41	42	43	44	45	46	47	48	49	4A	4B	4C	4D	4E

▶ 1개의 HD44780과 두 개 이상의 HD44100H를 사용하여 디스플레이를 증가시키면 디스플레이 위치와 D.D.RAM 어드레스는 앞 항의 경우를 확대한 것과 같다.

(digit)	1	2	3	4	5	6	7	8	9	10	11	12	13	14	15	16	17	18	19	20		33	34	35	36	37	38	39	40	(디스플레이 위치)
1-line	00	01	02	03	04	05	06	07	08	09	0A	0B	0C	0D	0E	0F	10	11	12	13	----	20	21	22	23	24	25	26	27	(D.D.RAM 어드레스)
2-line	40	41	42	43	44	45	46	47	48	49	4A	4B	4C	4D	4E	4F	50	51	52	53	----	68	69	6A	6B	6C	6D	6E	6F	

HD44780 Display (1~8) HD44100H(1) Display (9~16) HD44100H (2)(3) Displ (17~) HD44100H(4) Display (33~40)

(5) Character Generator ROM(C.G.ROM)

글자 발생기(Character Generator ROM)는 8비트 코드로 5*7 도트, 5*10 도트의 글자를 발생시킨다. 그림 10-5에 C.G.ROM의 문자 코드를 제시한다.

(6) Character Generator RAM(C.G.RAM)

C.G.RAM은 사용자가 프로그램으로 새로운 글자의 패턴을 만들 경우에 사용되는 RAM이다. 5*7 도트는 8개, 5*10은 4개의 문자 패턴을 만들 수 있다.

그림 10-5의 오른쪽 칸의 글자 코드는 C.G.RAM에 저장된 글자 패턴을 나타내고 있다. 그림 10-6은 C.G.RAM 어드레스, 데이터, 디스플레이 패턴의 관계를 나타내고 디

스플레이에 사용될 수 없는 메모리를 일반적인 데이터 메모리로 사용됨을 보여주고 있다.

Character Codes (DD RAM Data) 7 6 5 4 3 2 1 0 ← Higher Order Bits / Loter Order Bits →	CG RAM Address 5 4 3 2 1 0 ← Higher Order Bits / Loter Order Bits →		Character Patterns (CG RAM Data) 7 6 5 4 3 2 1 0 ← Higher Order Bits / Loter Order Bits →		
0 0 0 0 * 0 0 0	0 0 0	0 0 0	* * *	1 1 1 1 0	Character Pattern Example (1)
		0 0 1	↑	1 0 0 0 1	
		0 1 0		1 0 0 0 1	
		0 1 1		1 1 1 1 0	
		1 0 0		1 0 1 0 0	
		1 0 1		1 0 0 1 0	
		1 1 0	↓	1 0 0 0 1	
		1 1 1	* * *	0 0 0 0 0	Cursor ← Position
0 0 0 0 * 0 0 1	0 0 1	0 0 0	* * *	1 0 0 0 1	Character Pattern Example (2)
		0 0 1	↑	0 1 0 1 0	
		0 1 0		1 1 1 1 1	
		0 1 1		0 0 1 0 0	
		1 0 0		1 1 1 1 1	
		1 0 1		0 0 1 0 0	
		1 1 0	↓	0 0 1 0 0	
		1 1 1	* * *	0 0 0 0 0	
0 0 0 0 * 1 1 1	1 1 1	0 0 0	* * *		* No effect
		0 0 1	↑		
		0 1 0			
		0 1 1			
		1 0 0			
		1 0 1			
		1 1 0	↓		
		1 1 1	* * *		

그림 5-5 5*7 도트의 경우

그림 5-6 C.G.ROM 문자 코드

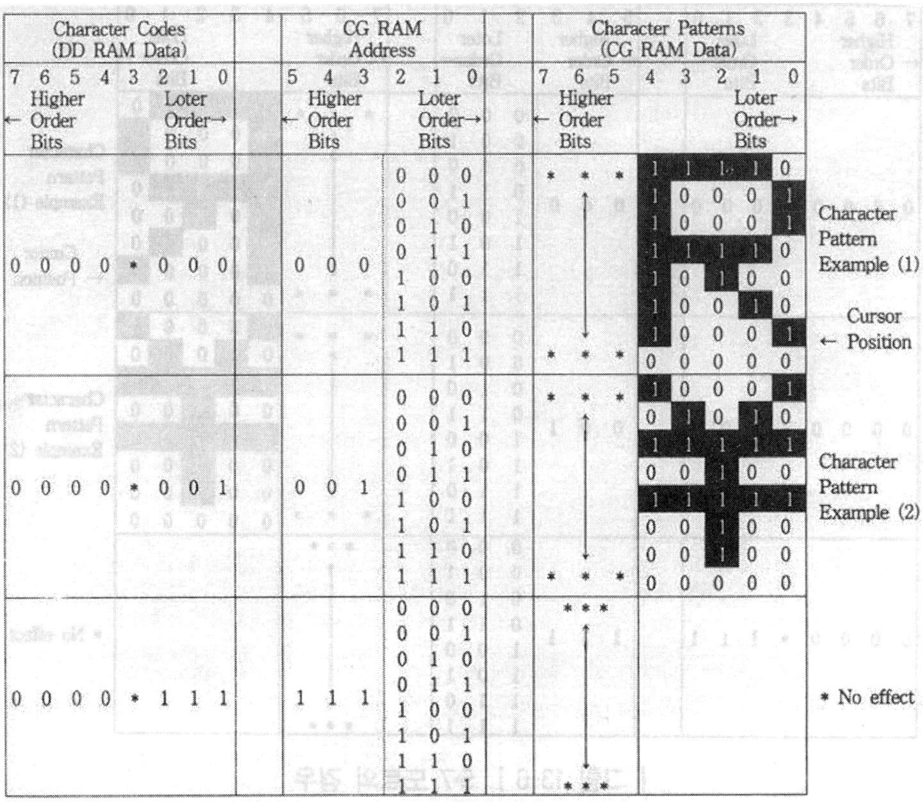

그림 5-7 5*10 도트의 경우 : C.G.RAM 어드레스, 문자 코드, 문자 패턴의 관계

5.2 HD44780 인스트럭션

5.2.1 클리어 디스플레이(Display Clear)

LCD 화면을 클리어하고 나서 커서 위치는 홈으로 돌아가고 D.D.RAM 어드레스 카운터는 0이 된다.

RS	R/W	DB7	DB6	DB5	DB4	DB3	DB2	DB1	DB0
0	0	0	0	0	0	0	0	0	1

실행 시간 : 1.64 ms

5.2.2 홈 리턴(Return Home)

D.D.RAM 어드레스 카운터를 0으로 만들어주고 디스플레이 시프트되었던 것들은 본래의 위치로 돌아간다. 커서의 위치는 홈에 위치하고 D.D.RAM 내용은 바뀌지 않는다.

RS	R/W	DB7	DB6	DB5	DB4	DB3	DB2	DB1	DB0
0	0	0	0	0	0	0	0	1	*

실행 시간 : 1.64 ms

5.2.3 엔트리 모드 세트(Entry Mode Set)

커서의 움직이는 방향과 디스플레이 시프트를 할 것인지를 결정한다. 이런 동작은 데이터 읽기, 쓰기 동안에 수행된다.

RS	R/W	DB7	DB6	DB5	DB4	DB3	DB2	DB1	DB0
0	0	0	0	0	0	0	1	I/D	S

실행 시간 : 40 µs

- S는 디스플레이 전체를 좌/우로 이동시키는 변수이다.
- S = 1, I/D = 1이면 디스플레이는 좌로 시프트 된다.
- S = 1, I/D = 0이면 디스플레이는 우로 시프트 된다.
- S = 0이면 디스플레이는 시프트 되지 않는다.

5.2.4 디스플레이 ON/OFF 제어

전체 디스플레이의 ON/OFF 제어, 커서의 ON/OFF 제어, 커서 위치가 있는 부분의 글자를 깜빡이게 하는 역할을 한다.

RS	R/W	DB7	DB6	DB5	DB4	DB3	DB2	DB1	DB0
0	0	0	0	0	0	1	D	C	B

실행 시간 : 40 µs

- D = 1이면 디스플레이 전체가 ON 되어 모든 글자가 나타난다.
- D = 0이면 디스플레이 전체가 OFF 되어 어떤 글자도 나타나지 않는다. 이 때 디스플레이 데이터는 D.D.RAM에 남아 있기 때문에 다시 D = 1을 해 주면 그 전의 디스플레이 데이터가 다시 표시된다.
- C = 1이면 커서가 나타난다.
- C = 0이면 커서가 나타나지 않는다. 커서는 5*7 도트의 폰트를 사용할 경우 8째 줄에 나타나고 5*10 도트의 폰트를 사용할 경우 11번 째 줄에 나타난다.
- B = 1이면 커서는 글자 위치에서 깜빡이게 된다.
- B = 0이면 커서는 깜빡이지 않는다.

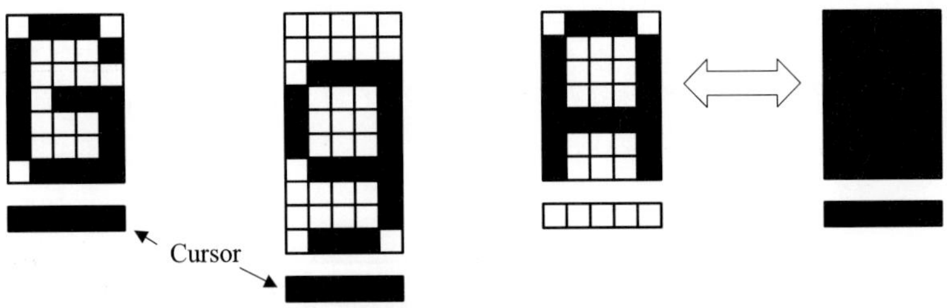

5X7 문자 폰트　　5X10 문자 폰트　　깜빡임이 연속되어 나타난다.

(a) 커서 디스플레이 예　　(b) 커서 깜빡임 예

그림 5.8

5.2.5 커서 디스플레이 시프트(Cursor Display Shift)

D.D.RAM의 내용을 변경시키지 않은 상태에서 커서를 움직이고 디스플레이를 시프트 한다. 2라인 디스플레이의 경우, 커서는 첫 번째 라인의 마지막 칸(40번째) 다음에 두 번째 라인으로 넘어간다. 첫째 라인과 두 번째 라인은 동시에 시프트된다. 디스플레이의 시프트는 단지 수평으로만 가능하고 두 번째 라인은 첫 번째 라인으로 시프트 되지 않는다.

RS	R/W	DB7	DB6	DB5	DB4	DB3	DB2	DB1	DB0
0	0	0	0	0	1	S/C	R/L	*	*

실행 시간 : 40 µs

S/C	R/L	
0	0	커서는 왼쪽으로 시프트된다(어드레스 카운터 하나 감소)
0	1	커서는 오른쪽으로 시프트된다(어드레스 카운터 하나 증가)
1	0	전체 디스플레이와 커서를 왼쪽으로 시프트 시킨다.
1	1	전체 디스플레이와 커서를 오른쪽으로 시프트 시킨다.

디스플레이의 시프트만 행해질 때는 어드레스 카운터는 변하지 않는다.

5.2.6 LCD 기능 설정(Function Set)

인터페이스되는 데이터 라인, 디스플레이 라인, 글자 폰트를 설정해 준다.

RS	R/W	DB7	DB6	DB5	DB4	DB3	DB2	DB1	DB0
0	0	0	0	1	DL	N	F	*	*

실행 시간 : 40 µs

- DL = 1일 때 8비트(DB0~DB7)를 인터페이스 할 수 있다.
- DL = 0일 때 4비트(DB0~DB3)를 인터페이스 할 수 있다. 4비트로 인터페이스 되었을 경우, HD44780에서 필요로 하는 데이터는 8비트이므로 데이터를 읽거나 쓸 때 4비트씩 두 번 동작되어야 한다.
- N : 디스플레이 라인을 설정한다.
- F : 글자 폰트를 결정한다.

N	F	디스플레이 라인	글자 폰트	듀티비	참 고
0	0	1	5*7 도트	1/8	
0	1	1	5*10 도트	1/11	
1	*	2	5*7 도트	1/16	5*10 도트는 2라인 디스플레이가 안됨

주 의

LCD 기능 설정(Function Set)는 "Busy flag/address read" 명령을 제외한 모든 명령보다 앞에서 실행되어야 한다. 다른 인스트럭션이 일단 실행되고 나면 인터페이스 데이터를 바꾸어 주는 것 이외에는 LCD 기능 설정(Function Set) 명령은 실행되지 않는다.

5.2.7 C.G.RAM 어드레스 설정

C.G.RAM 어드레스를 설정할 수 있다. 어드레스 설정 후 C.G.RAM에 데이터를 읽고 쓸 수 있다.

RS	R/W	DB7	DB6	DB5	DB4	DB3	DB2	DB1	DB0
0	0	0	1	ACG					

실행 시간 : 40 μs

- ACG는 6비트이므로 C.G.RAM 어드레스는 6비트까지 설정 가능하다.

5.2.8 D.D.RAM 어드레스 설정

D.D.RAM 어드레스를 설정할 수 있다. 어드레스 설정 후 D.D.RAM에 데이터를 읽고 쓸 수 있다.

RS	R/W	DB7	DB6	DB5	DB4	DB3	DB2	DB1	DB0
0	0	1	ACG						

실행 시간 : 40 μs

- ADD는 7비트이므로 D.D.RAM 어드레스는 7비트까지 설정 가능하다.
- 디스플레이 라인을 설정하는 N 값에 따라서 N = 0(1라인 디스플레이)이면 ADD는 0x00~0x4F이다. N = 1(2라인 디스플레이)이면 ADD는 첫 번째 라인이 0x00~0x27이고 두 번째 라인은 0x40~0x67이다.

5.2.9 비지 플래그와 어드레스 읽기(Read Busy Flag & Address)

HD44780 내부의 동작 상태를 알아볼 수 있는 비지 플래그(Busy Flag)와 어드레스 카운터의 내용을 읽어볼 수 있다.

RS	R/W	DB7	DB6	DB5	DB4	DB3	DB2	DB1	DB0
0	1	BF	AC						

실행 시간 : 40 μs

- BF = 1이면 내부 동작이 진행되고 있는 중이라 다음 명령을 받을 수 없다.
- BF = 0이면 다음 명령을 받을 준비가 되어 있다.
- 어드레스 카운터(AC)를 읽어낼 수 있다.

5.2.10 C.G.RAM과 D.D.RAM 데이터 쓰기(Write Data to C.G or D.D.RAM)

D.D.RAM 또는 C.G.RAM에 8비트 데이터를 쓸 수 있다. C.G.RAM 또는 D.D.RAM 선택은이전의 어드레스 설정에 따라서 결정된다. 데이터를 쓴 후에 어드레스는 엔트리 모드(Entry Mode)에 따라 +1 또는 -1이 된다.

RS	R/W	DB7	DB6	DB5	DB4	DB3	DB2	DB1	DB0
1	0	Write Data							

실행 시간 : 40 μs

5.2.11 C.G.RAM과 D.D.RAM 데이터 읽기(Read Data from C.G or D.D.RAM)

C.G.RAM 또는 D.D.RAM에서부터 8비트 데이터를 읽는다. 읽기 동작에 들어가기 이전에 반드시 D.D.RAM 또는 C.G.RAM 어드레스 설정 명령을 실행하여야 된다.

만약 어드레스 설정 명령이 읽기 동작 전에 실행되지 않으면 처음에 읽히는 데이터는 이상한 값으로 읽히게 되므로 처음 읽은 데이터는 버려야 한다. 그리고 두 번째 읽히는 데이터부터 진짜 데이터로 활용할 수 있다. 커서 시프트 명령에 의해서 커서를 시프트 시킨 후에는 어드레스 설정 명령이 "읽기" 명령바로 전에 실행될 필요는 없다. 왜냐하면 커서 시프트 명령은 D.D.RAM 어드레스 설정 명령과 같기 때문이다. 읽기 명령이 실행된 후에 엔트리 모드(Entry Mode)에 따라서 어드레스가 +1 또는 -1이 된다.

RS	R/W	DB7	DB6	DB5	DB4	DB3	DB2	DB1	DB0
1	1	Read Data							

주 의

C.G.RAM, D.D.RAM으로 데이터를 써 넣은 후에 어드레스 카운터는 엔트리 모드에 따라 자동적으로 +1이 되지만, 그 바로 다음에 읽기 명령을 실행해도 그때 어드레스 카운터가 가리키는 RAM의 내용은 읽혀지지 않는다. 따라서 읽기를 할 때는 반드시 다음과 같이 행해야 된다.

▶ 읽기 전에 어드레스 설정 명령을 실행한다.

▶ D.D.RAM의 경우는 읽기 전에 커서 시프트 명령을 실행한다.

5.3 HD44780의 초기화

HD44780의 초기화는 반드시 다음과 같은 과정을 거쳐야 된다.

5.3.1 8비트의 경우

전원 ON

↓

VDD가 4.5V 이상된 후
15 ms 이상을 기다린다.

↓

RS	R/W	DB7	DB6	DB5	DB4	DB3	DB2	DB1	DB0
0	0	0	0	1	1	*	*	*	*

↓

4.1 ms 이상을 기다린다.

↓

RS	R/W	DB7	DB6	DB5	DB4	DB3	DB2	DB1	DB0
0	0	0	0	1	1	*	*	*	*

↓

100μs 이상을 기다린다.

↓

RS	R/W	DB7	DB6	DB5	DB4	DB3	DB2	DB1	DB0
0	0	0	0	1	1	*	*	*	*

↓

RS	R/W	DB7	DB6	DB5	DB4	DB3	DB2	DB1	DB0
0	0	0	0	1	1	N	F	*	*
0	0	0	0	0	0	1	0	0	0
0	0	0	0	0	0	0	0	0	1
0	0	0	0	0	0	0	1	I/D	S

초기설정 완료

그림 5-9 HDD44780 초기 설정

5.4 HD44780 프로그램

다음은 8비트, 2라인 디스플레이의 예제이다.

5.4.1 전원 투입

- 동작

HD44780은 전원을 투입하면 내부 리셋 회로에 의해 자동적으로 초기화된다.

- 디스플레이

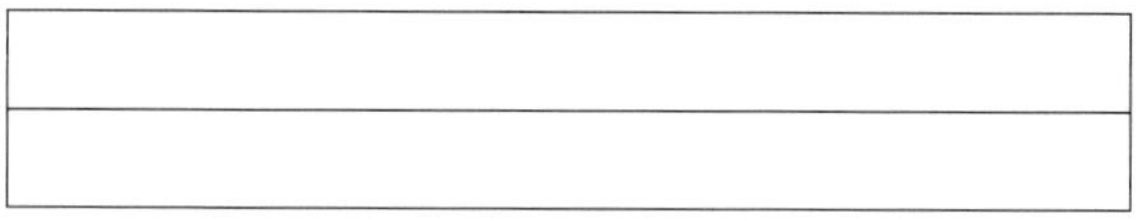

5.4.2 LCD 기능 설정(Function Set)

- 동작 : 데이터 라인을 8비트로 인터페이스, 2라인 디스플레이, 5*7 도트 글자 폰트를 사용하기 위하여 지정된 값을 설정한다.

- 명령

RS	R/W	DB7	DB6	DB5	DB4	DB3	DB2	DB1	DB0
0	0	0	0	1	1	1	0	*	*

- 디스플레이

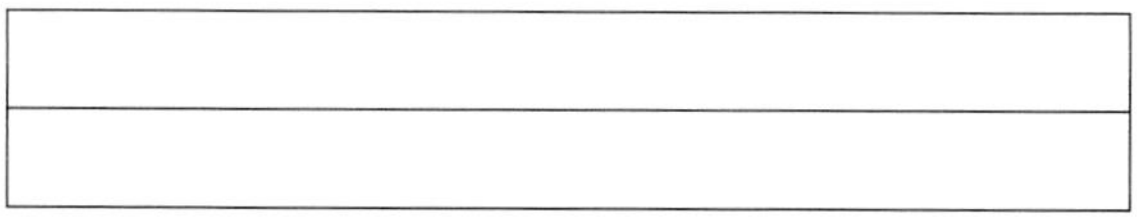

5.4.3 디스플레이 ON/OFF 제어

- 동작 : 디스플레이와 커서를 ON 시킨다. 하지만 이 때는 초기화시킨 직후이므로 어떤 글자도 나타나지 않는다.

- 명령

RS	R/W	DB7	DB6	DB5	DB4	DB3	DB2	DB1	DB0
0	0	0	0	0	0	1	1	1	0

- 디스플레이

_

5.4.4 엔트리 모드 세트(Entry Mode Set)

- 동작 : 쓰기 동작을 할 때마다 어드레스는 +1, 커서는 오른쪽으로 시프트하게 설정하고 이 때 디스플레이는 시프트하지 않게 설정한다.

- 명령

RS	R/W	DB7	DB6	DB5	DB4	DB3	DB2	DB1	DB0
0	0	0	0	0	0	0	1	1	0

- 디스플레이

_

5.4.5 C.G.RAM/D.D.RAM 데이터 쓰기 (Write Data to C.G.RAM/ D.D.RAM)

- 동작 : 'D'(0x44)를 쓴다. 전원 투입시 초기화에 의해서 D.D.RAM이 선택되었으므로 커서는 오른쪽으로 하나씩 시프트된다.

- 명령

RS	R/W	DB7	DB6	DB5	DB4	DB3	DB2	DB1	DB0
1	0	0	1	0	0	0	1	0	0

- 디스플레이

D_

5.4.6 DCB 5_를 쓴다

앞 항의 명령을 계속 사용하여 DCB 5_를 쓴다.

5.4.7 C.G.RAM/D/D/RAM 데이터 쓰기 (Write Data to C.G.RAM/D.D.RAM)

- 동작 : 마지막으로 '1'(0x31)를 쓴다.

- 명령

RS	R/W	DB7	DB6	DB5	DB4	DB3	DB2	DB1	DB0
1	0	0	0	1	1	0	0	0	1

- 디스플레이

DCB 51_

5.4.8 D.D.RAM 어드레스 설정(Set D.D.RAM Address)

- 동작 : D.D.RAM 어드레스를 설정하여 커서가 2번째 라인 제일 처음의 위치에 오게 한다.

- 명령

RS	R/W	DB7	DB6	DB5	DB4	DB3	DB2	DB1	DB0
0	0	1	1	0	0	0	0	0	0

- 디스플레이

KMC 51
_

5.4.9 C.G.RAM/D.D.RAM 데이터 쓰기 (Write Data to C.G.RAM/D.D.RAM)

- 동작 : 'M'(0x4d)를 쓴다.
- 명령

RS	R/W	DB7	DB6	DB5	DB4	DB3	DB2	DB1	DB0
1	0	0	1	0	0	1	1	0	1

- 디스플레이

KMC 51
M_

5.4.10 MCS51 KI를 쓴다.

앞 항의 명령을 계속 사용하여 MCS51 KI를 쓴다.

5.4.11 C.G.RAM/D.D.RAM 데이터 쓰기 (Write Data to C.G.RAM/D.D.RAM)

- 동작 : 'I'(0x49)를 쓴다.
- 명령

RS	R/W	DB7	DB6	DB5	DB4	DB3	DB2	DB1	DB0
1	0	0	1	0	0	1	0	0	1

- 디스플레이

DCB 51
MCS51 KI_

5.4.12 C.G.RAM/D.D.RAM 데이터 쓰기 (Write Data to C.G.RAM/D.D.RAM)

- 동작 : 마지막으로 'T'(0x54)를 쓴다.

- 명령

RS	R/W	DB7	DB6	DB5	DB4	DB3	DB2	DB1	DB0
1	0	0	1	0	1	0	1	0	0

- 디스플레이

DCB 51
MCS51 KIT_

5.4.13 홈 리턴(Return Home)

- 동작 : 디스플레이와 커서를 원래의 위치(Home)로 복귀시킨다.
- 명령

RS	R/W	DB7	DB6	DB5	DB4	DB3	DB2	DB1	DB0
0	0	0	0	0	0	0	0	1	0

- 디스플레이

DCB 51
MCS51 KIT

6

C·H·A·P·T·E·R

LCD 모듈 프로그램

구성

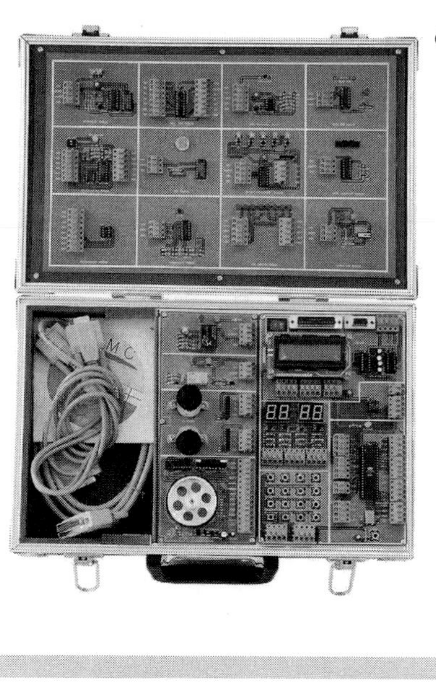

6.1 LCD 모듈 프로그램

제5장에서 HD44780의 특징과 각종 레지스터들의 동작에 관하여 알아보았다. 하지만 LCD를 처음 대하는 독자들에게는 이제까지 설명된 것들이 잘 이해되지 않으리라 본다. 하드웨어 또는 소프트웨어라는 것은 직접 실험을 해보지 않고는 자신의 것으로 만들 수 없다. 따라서 이제부터는 실제 LCD를 동작해 가면서 작동 방법을 설명하기로 한다. 그림 6-1에 전자계산기제어 산업기사 실기시험에서 제공하는 LCD 부분의 모듈과 CPU 부분의 모듈을 나타내고 있다.

전자계산기제어 산업기사에서는 89S51 주위에 있는 89S51 각 포트(P0, P1, P2, P3)의 PAD(납땜을 할 수 있게 만들어 놓은 빈 홀)와 LCD부의 PAD를 직접 납땜으로 연결하여 LCD를 제어하는 문제를 다루고 있기 때문에 이 장에서 다루고자 하는 LCD 구동 프로그램은 전자계산기제어 산업기사 실기시험을 보는데 필수적이라고 말할 수 있다.

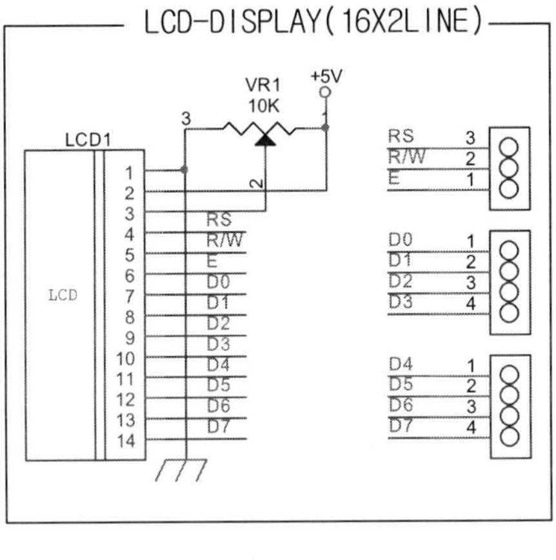

그림 6-1 LCD 디스플레이 부

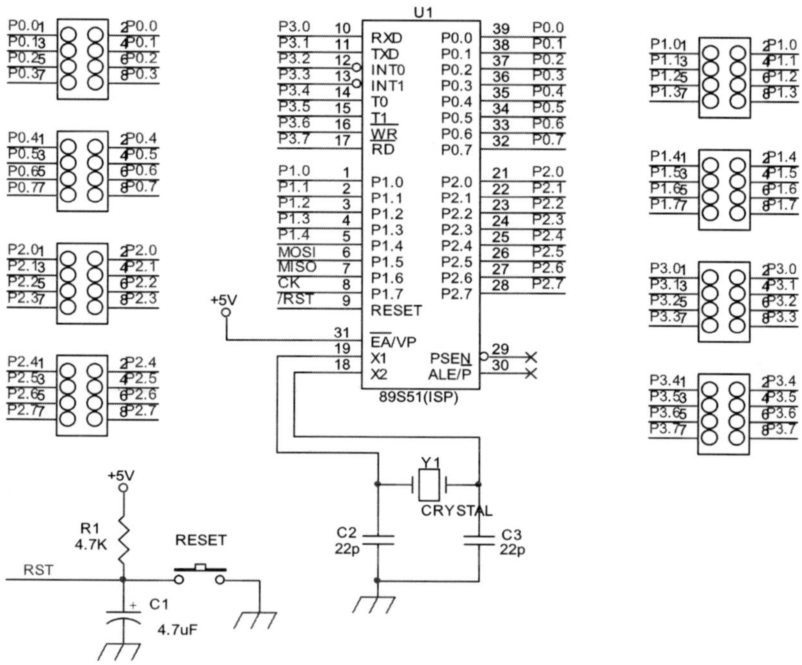

그림 6-2 DCB(89S51) 부

실험 6-1 먼저 LCD를 MPU(89S51)과 연결하여 LCD를 초기화하는 프로그램을 작성해 보기로 한다. 이 프로그램을 실행하면 LCD가 초기화되고 나서 커서는 홈 위치에 자리하게 될 것이다.

LCD를 구동하기 위해서는 먼저 89S51의 PAD와 LCD간의 PAD사이에 어떻게 연결할 것인가를 고민 해야한다. 89S51의 각 포트를 외부와 연결할 때 꼭 주의할 점이 하나 있는데 다음과 같다.

> DCB(89S51)에서는 P3.0과 P3.1이 RS-232C 통신 포트용 RXD, TXD로 사용되기 때문에 가능하면 이 핀은 외부와의 연결에서 제외되었다.

따라서 LCD를 구동하기 위해서 이번 실험에서는 다음과 같이 89S51과 LCD 부분을 연결하도록 한다.

PAD 연결 부위											
LCD	RS	RW	E	D0	D1	D2	D3	D4	D5	D6	D7
89S51	P1.0	P1.1	P1.2	P0.0	P0.1	P0.2	P0.3	P0.4	P0.5	P0.6	P0.7

위와 같이 연결한 후에 DCB(89S51)에 전원을 투입한다. LCD에 전원을 투입하면 다음과 같은 현상이 발생한다.

① DCB(89S51)에 전원을 넣었을 경우 LCD에 까만 줄이 1개(1라인) 나오면 제대로 접속된 것이다. DCB(89S51)에서는 16문자/2줄의 LCD 모듈을 사용하기 때문에 프로그램이 들어 있지 않은 상태에서 전원만 가하였을 경우 글자가 찍힐 자리 1줄이 까맣게 줄로써 나타난다. LCD가 아무런 변화를 보이지 않으면 접속되어 있는 가변 저항(VR1)을 이리 저리 돌려보면서 LCD 화면의 검은 줄이 나타나는가 확인한다.

② 만약 검은 줄이 전혀 나타나지 않으면 LCD에 전원부(+5V, GND) 입력이 정확한가 확인해 보고, 이상이 없으면 LCD 2번에 부착되어 있는 가변저항(VR1)을 다시 한 번 돌려본다.

위의 1번, 2번의 확인 작업을 거치면 아무리 말썽스러운 LCD일지라도 검은 줄의 표시가 나타날 것이다. 단, 여기서 LCD 모듈의 고장 여부에 대해서는 의심하지 않기 바란다. 왜냐하면 저자의 경험으로 보면 LCD 모듈이 고장날 확률은 거의 0%에 가깝기 때문이다.

```
 #include <io51.h>

bit P1_0    = 0x90;
bit P1_1    = 0x91;
bit P1_2    = 0x92;


#define  LCD_RS    P1_0
#define  LCD_RW    P1_1
#define  LCD_E     P1_2

#define  LCD_DATA  P0
```

```
void E_Pulse(void);
void Func_set(void);
void Init_Lcd(void);

  /* 앞장에서 알 수 있듯이 LCD로 데이터가 입력되려면 반드시 데이터를
    래치시킨 상태에서 LED Enable신호에 펄스 하나를 내주어야 된다. */
 void E_Pulse(void)
 {
 char i ;
               /* LCD Enable 신호 'HIGH' */
      LCD_E = 1 ;
              /* LCD Enable 펄스를 어느 시간 이상 지연해 준다.*/
      for (i=0; i< 10 ; i++) ;
              /*  LCD Enable 신호 'LOW' */
      LCD_E = 0 ;
    }
/*  LCD컨트롤러 HD44780의 기능을 설정하는 함수로 데이터 라인을 8비트 인
   터페이스, 2라인 디스플레이, 5*7글자 폰트를 설정한다.  */
 void Func_set(void)
 {

 /*  LCD R/W   */
 LCD_RW = 0 ;

 /*LCD RS   */
 LCD_RS = 0 ;

/*  LCD DB0~DB7까지의 값이다. */
 LCD_DATA = 0x38 ;
/* 모든 명령(데이터 입력)후 반드시 LCD Enable 펄스를 하나 내주어야 한다
*/
  E_Pulse() ;
  }
  /*  LCD를 초기화 함수이다.  */
  void Init_Lcd(void)
  {
  int i ;
  LCD_E = 0 ;

  /*  전원이 4.5V  이상으로 올라간 후에 15ms 이상을 기다려야 한다.  */
  for ( i=0 ; i<2000 ; i++); /*  i값 1000은 컴파일러마다 틀릴 수 있다. */
  Func_set() ;

  /*  4.1ms 이상 기다려야 한다.  */
  for ( i=0 ; i<1000 ; i++);  /*  i값 500은 컴파일러마다 틀릴 수 있다. */
```

```
  Func_set() ;
  /*  100us 이상 기다려야 한다.  */
  for ( i=0 ; i<200 ; i++) ;  /*  i값 100은 컴파일러마다 틀릴 수 있다. */
  Func_set() ;

  /*  디스플레이 ON/OFF 제어 : 디스플레이와 커서를 ON하고, 커서는 깜빡이
      게 된다. 초기화 직후이기 때문에 글자는 하나도 나타나지 않는다.  */

   LCD_DATA = 0x0f;
   E_Pulse() ;

   /*  엔트리 모드 세트 : 어드레스는 +1, D.D. /C.G.RAM 쓰기 후에 커서는
오른쪽으로 시프트하도록 한다.이때 디스플레이는 시프트하지 않는다 */
  LCD_DATA = 0x06 ;
  E_Pulse() ;
  }
void write_char(char s)
{
 LCD_RS = 1;
 LCD_DATA = s;
 E_Pulse();
}

  void main(void)
  {

   Init_Lcd() ;

  }
```

실험 6-1 마침

실험 6-2

이 실험에서는 LCD를 자유자재로 사용할 수 있게 하는 함수들을 만들어 본다.

① write_char() : 1 글자 디스플레이 함수

【 사 용 예 】

write_char(P) : → ‘P’를 LCD에 디스플레이 한다.

```
void write_char(char s)
{
 LCD_RS = 1;
 LCD_DATA = s;
 E_Pulse();
}
```

② lcd_disp() : LCD(16 by 2)에서 원하는 곳에 커서가 위치하기 위한 함수 LCD의 좌표는 다음과 같이 잡는다.

X : 0 Y : 0	X : 1 Y : 0	X : 2 Y : 0	…	X : 14 Y : 0	X : 15 Y : 0
X : 0 Y : 1	X : 1 Y : 1	X : 2 Y : 1	…	X : 14 Y : 1	X : 15 Y : 1

그림 6-3 lcd_disp( )에서 변환된 LCD 좌표(16×2)

【 사 용 예 】

lcd_disp(12,3) ; → 커서는 X:12, Y:3에 위치하며 다음에 오는 글자도 이 위치부터 디스플레이 된다.

```
void lcd_disp ( char x, char y )
{
  LCD_RS = 0 ;
  LCD_RW = 0 ;

 if (y==0) LCD_DATA = x +0x80 ;
 else if (y==1) LCD_DATA = x + 0xc0 ;
   E_Pulse() ;
}
```

③ write_string() : LCD 모듈상 원하는 위치에 스트링(string)을 디스플레이하는 함수 NULL 문자까지 스트링을 디스플레이한다.

【 사 용 예 】

write_lcd(0, 0, "MCS- 51!"); → "MCS- 51"를 LCD 좌표 (0,0)에 디스플레이 한다.

```
void write_lcd(char x, char y, char *str )
{
     lcd_disp(x, y) ;
          while(*str)
          write_char(*str++) ;
}
```

④ clrscr( ) : 디스플레이 전체를 클리어한다.

【 사 용 예 】

clrscr() : → LCD에 디스플레이 되어 있던 모든 글자를 클리어하는 함수

```
void clrscr(void)
{
int i ;

   LCD_RS = 0 ;
   LCD_RW = 0 ;
   LCD_DATA = 0x01 ;
   E_Pulse() ;

       /* 최소한 1.64ms의 시간 지연을 주어야 한다. */
    for (i = 0 ; i < 600 ; i++ ) ;

 }
```

⑤ move_display() : 디스플레이를 왼쪽 또는 오른쪽으로 시프트하는 함수

【 사 용 예 】

move_display(LEFT) ; move_display(RIGHT) ; → LCD에 디스플레이 되어 있던 모든 글자들을 왼쪽 또는 오른쪽으로 시프트하는 함수이다.

```
void move_display (char p)
 {

  LCD_RS = 0 ;
  LCD_RW = 0 ;

  if (p == LEFT)   LCD_DATA = 0x18 ;
  else if (p == RIGHT)   LCD_DATA = 0x1c ;

  E_Pulse() ;
 }
```

⑥ move_cursor() : 커서를 왼쪽 또는 오른쪽으로 시프트하는 함수

【 사 용 예 】

move_cursor(LEFT); move_cursor(RIGHT); → LCD에서 디스플레이 되어 있던 모든 글자들을 바꾸지 않고 커서만 왼쪽 또는 오른쪽으로 시프트시키는 함수이다.

```
void move_cursor(char p)
 {

   LCD_RS = 0 ;
   LCD_RW = 0 ;

   if(p==RIGHT)   LCD_DATA = 0x14 ;
   else if(p==LEFT)   LCD_DATA = 0x10 ;
   E_Pulse() ;
 }
```

⑦ Entry_shift() : 엔트리 모드를 바꾸어 글자를 쓸 때 왼쪽 또는 오른쪽으로 디스플레이를 시프트 시키는 함수이다.

【 사 용 예 】

Entry_shift(LEFT); Entry_shift(RIGHT); Entry_shift(NO); → LCD에 글자를 쓸 때 디스플레이가 왼쪽 시프트, 오른쪽 시프트 아니면 시프트 되지 않게 제어하는 함수이다.

```
void Entry_shift (char p)
 {
    LCD_RS = 0 ;
  LCD_RW = 0 ;

  if(p==RIGHT)  LCD_DATA = 0x05 ;
  else if (p==LEFT)  LCD_DATA = 0x07 ;
  else if (p==NO)   LCD_DATA = 0x06 ;
  E_Pulse() ;

 }
```

⑧ display_ON_OFF() : 디스플레이 ON/OFF, 커서 ON/OFF, 커서 깜빡임의 ON/OFF를 제어하는 함수

【 사 용 예 】

display_ON/OFF(ON, ON, ON); → 디스플레이 ON, 커서 ON, 커서 깜빡임 ON

display_ON_OFF(OFF, ON, ON); → 디스플레이 OFF, 커서 ON, 커서 깜빡임 ON

...

...

...

display_ON_OFF(ON, OFF, ON); → 디스플레이 ON, 커서 OFF, 커서 깜빡임 ON

display_ON_0FF(ON, ON, OFF);→ 디스플레이 ON, 커서 ON, 커서 깜빡임 OFF

```
void display_ON_OFF(char d, char c, char b)
  {

  unsigned char display = 0x08 ;

    LCD_RS = 0 ;
    LCD_RW = 0 ;

  if(d==ON) d = 0x04 ;
    else d = 0x00 ;

    if(c==ON) c = 0x02 ;
    else c = 0x00 ;

    if(b==ON) b = 0x01 ;
```

```
    else b = 0x00 ;

    LCD_DATA = display |d  |c |b ;

    E_Pulse() ;
  }
```

⑨ cursor_home() : display_ON_OFF() 함수 사용으로 시프트되었던 디스플레이를 원 상태로 복귀하고 커서를 초기 위치로 이동시킨다. 시프트되어 있지 않은 상태에서도 커서는 초기 위치로 간다.

【 사 용 예 】
cursor_home();

```
void cursor_home(void)
{
int i ;
    LCD_RS = 0 ;
    LCD_RW = 0 ;
    LCD_DATA = 0x02 ;

    /*최소 1.64 ms 지연 */
    for( i = 0 ; i < 600 ; i++) ;
    E_Pulse() ;
  }
```

실험 6-2 마침

실험 6-3 다음은 실험 6-2의 함수들을 이용하여 작성된 프로그램이다. 독자들이 직접 실행시켜 보고 LCD에 나타나는 현상들을 관찰하기 바란다.

```
#include <io51.h>

bit P1_0    = 0x90;
bit P1_1    = 0x91;
bit P1_2    = 0x92;

#define  LCD_RS    P1_0
#define  LCD_RW    P1_1
#define  LCD_E     P1_2

#define  LCD_DATA  P0

#define   ON        1
#define   OFF       2
#define   NO        0
#define   RIGHT    1
#define   LEFT     2

// 함수를 선언해 준다.
void E_Pulse(void);          void Func_set(void);
void Init_Lcd(void);         void delay (char);
void write_char(char);       void clrscr (void) ;
void lcd_disp ( char, char ) ;
void write_lcd(char, char, char *);  void move_display (char) ;
void Entry_shift (char);
void move_cursor(char);      void cursor_home(void) ;
void display_ON_OFF(char, char, char);
   void delay (char p)
  {
  int i, j ;

    for ( j = 0 ; j < p ; j++)

       for ( i = 0 ; i < 20000 ; i++) ;

  }

  /* 앞장에서 알 수 있듯이 LCD로 데이터가 입력되려면 반드시 데이터를
래치시킨 상태에서 LED Enable신호에 펄스 하나를 내주어야 된다. */
 void E_Pulse(void)
 {
 char i ;
              /* LCD Enable 신호 'HIGH' */
      LCD_E = 1 ;
             /* LCD Enable 펄스를 어느 시간 이상 지연해 준다.*/
      for (i=0; i< 20 ; i++) ;
             /*  LCD Enable 신호 'LOW' */
```

```
      LCD_E = 0 ;

    }

 /*  LCD컨트롤러 HD44780의 기능을 설정하는 함수로 데이터 라인을 8비트 인
    터페이스, 2라인 디스플레이, 5*7글자 폰트를 설정한다.  */
 void Func_set(void)
 {

 /*  LCD R/W   */
 LCD_RW = 0 ;

 /*LCD RS   */
 LCD_RS = 0 ;

/*  LCD DB0~DB7까지의 값이다. */
 LCD_DATA = 0x38 ;

/* 모든 명령(데이터 입력)후 반드시 LCD Enable 펄스를 하나 내주어야 한다
*/
  E_Pulse() ;
  }
 /*  LCD를 초기화 함수이다.  */
 void Init_Lcd(void)
 {
  int i ;
  LCD_E = 0 ;

  /*  전원이 4.5V  이상으로 올라간 후에 15ms 이상을 기다려야 한다.  */
  for ( i=0 ; i<2000 ; i++); /*  i값 2000의 딜레이는 컴파일러마다 틀릴 수
있다. */
  Func_set() ;

  /*  4.1ms 이상 기다려야 한다.  */
  for ( i=0 ; i<1000 ; i++);  /*  i값 1000의 딜레이는 컴파일러마다 틀릴
수 있다. */
  Func_set() ;
  /*  100us 이상 기다려야 한다.  */
  for ( i=0 ; i<200 ; i++) ;  /*  i값 200의 딜레이는  컴파일러마다 틀릴
수 있다. */
  Func_set() ;

  /*  디스플레이 ON/OFF 제어 : 디스플레이와 커서를 ON하고, 커서는 깜빡이
     게 된다. 초기화 직후이기 때문에 글자는 하나도 나타나지 않는다.  */

   LCD_DATA = 0x0f;
```

```
  E_Pulse() ;

  /*  엔트리 모드 세트 : 어드레스는 +1, D.D. /C.G.RAM 쓰기 후에 커서는
오른쪽으로 시프트하도록 한다.이때 디스플레이는 시프트하지 않는다 */
 LCD_DATA = 0x06 ;
 E_Pulse() ;
 }

void write_char(char s)
{
 LCD_RS = 1;
 LCD_DATA = s;
 E_Pulse();
}
 void clrscr(void)
{
int i ;

   LCD_RS = 0 ;
   LCD_RW = 0 ;
 LCD_DATA = 0x01 ;
   E_Pulse() ;

      /* 최소한 1.64ms의 시간 지연을 주어야 한다. */
    for (i = 0 ; i < 600 ; i++ ) ;

 }

void lcd_disp ( char x, char y )
{
  LCD_RS = 0 ;
  LCD_RW = 0 ;

 if (y==0) LCD_DATA = x +0x80 ;
 else if (y==1) LCD_DATA = x + 0xc0 ;
   E_Pulse() ;
}

void write_lcd(char x, char y, char *str )
{
     lcd_disp(x, y) ;
          while(*str)
          write_char(*str++) ;
}
 void display_ON_OFF(char d, char c, char b)
  {
```

```
  unsigned char display = 0x08 ;

    LCD_RS = 0 ;
    LCD_RW = 0 ;

    if(d==ON) d = 0x04 ;
    else d = 0x00 ;

if(c==ON) c = 0x02 ;
    else c = 0x00 ;

    if(b==ON) b = 0x01 ;
    else b = 0x00 ;

    LCD_DATA = display |d  |c |b ;

    E_Pulse() ;
  }

  void Entry_shift (char p)
  {
      LCD_RS = 0 ;
    LCD_RW = 0 ;

   if(p==RIGHT)  LCD_DATA = 0x05 ;
   else if (p==LEFT)  LCD_DATA = 0x07 ;
   else if (p==NO)   LCD_DATA = 0x06 ;
   E_Pulse() ;

  }

 void move_cursor(char p)
  {

    LCD_RS = 0 ;
    LCD_RW = 0 ;

    if(p==RIGHT)   LCD_DATA = 0x14 ;
    else if(p==LEFT)   LCD_DATA = 0x10 ;
    E_Pulse() ;
  }

 void move_display (char p)
  {

   LCD_RS = 0 ;
   LCD_RW = 0 ;
```

```
  if (p == LEFT)   LCD_DATA = 0x18 ;
  else if (p == RIGHT)   LCD_DATA = 0x1c ;

  E_Pulse() ;
 }

void cursor_home(void)
 {
int i ;
   LCD_RS = 0 ;
   LCD_RW = 0 ;
   LCD_DATA = 0x02 ;

   /*최소 1.64 ms 지연 */
   for( i = 0 ; i < 600 ; i++) ;
   E_Pulse() ;
 }

 void main(void)
 {
 char t ='A';
 int i ;
 Init_Lcd() ;
 clrscr();

write_lcd (0, 0, "MCS- 51") ;
write_lcd (0, 1, "Welcom MCS-51 ") ;

delay(5) ;

//커서를 초기 위치로
 lcd_disp(0,0);

 /* 디스플레이를 OFF시킨다. */
 display_ON_OFF(OFF, ON, ON) ;
 delay(10) ;
/* 디스플레이를 ON시킨다. */
 display_ON_OFF(ON, ON, ON) ;
 delay(10) ;

 /*커서를 오른쪽, 왼쪽으로 시프트 시킨다. */

 for (i = 0 ; i< 10 ; i++) {

     if(i<5) move_cursor(RIGHT) ;
     else move_cursor(LEFT) ;
```

```
        delay(2) ;
    }

/*디스플레이 전체를 오른쪽, 왼쪽으로 시프트시킨다. */
    for( i = 0 ; i <10 ; i++) {

        if(i<5) move_display(RIGHT) ;
        else move_display(LEFT) ;
        delay(2) ;
    }


    /* 커서 깜빡임을 OFF시킨다. */
    display_ON_OFF(ON, ON, OFF) ;
    delay(10) ;
    /*커서 깜빡임을 ON시킨다. */
    display_ON_OFF(ON, ON, ON) ;
    delay(10) ;

    clrscr() ;

    /* 엔트리 모드를 사용하여 글자를 쓰면서 디스플레이를
        왼쪽으로 시프트시킨다.*/
    lcd_disp(10,0);
    for(i = 0 ; i < 10 ; i++) {
      Entry_shift(LEFT) ;
        write_char(t++) ;
        if(t>'Z') t = 'A' ;
                delay(2) ;
    }

    /*
    엔트리 시프트를 본래대로 환원하고 디스플레이를 클리어한다.
    */
    Entry_shift(NO) ;
    clrscr() ;
    write_lcd(0, 1, "End Of Demo.") ;
    cursor_home();

    }
```

실험 6-3 마침

7

C·H·A·P·T·E·R

7-Segment와 키보드 제어

구성

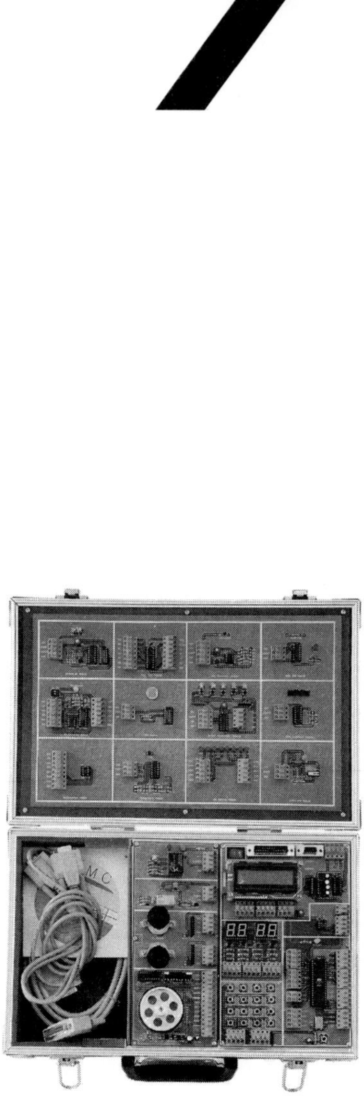

7.1 7-Segment 제어

마이크로프로세서에서 표시장치로 가장 많이 사용하는 소자가 7-Segment 이다. 7-Segment는 LED를 글자형태로 배열하여 간단한 포트 조작으로 사용자가 원하는 글자를 표시하도록 되어 있는 소자이다. 7-Segment에는 Common Cathode(음극을 공통으로 연결한 것)와 Common Anode(양극을 공통으로 연결한 것)이 있다.

전자계산기제어 산업기사에서는 Common Anode 타입의 7-Segment를 사용하여 실기 시험을 보기 때문에 이 장에서는 이 구동방법에 대한 하드웨어 설계 및 제어 프로그램에 대하여 알아보기로 한다.

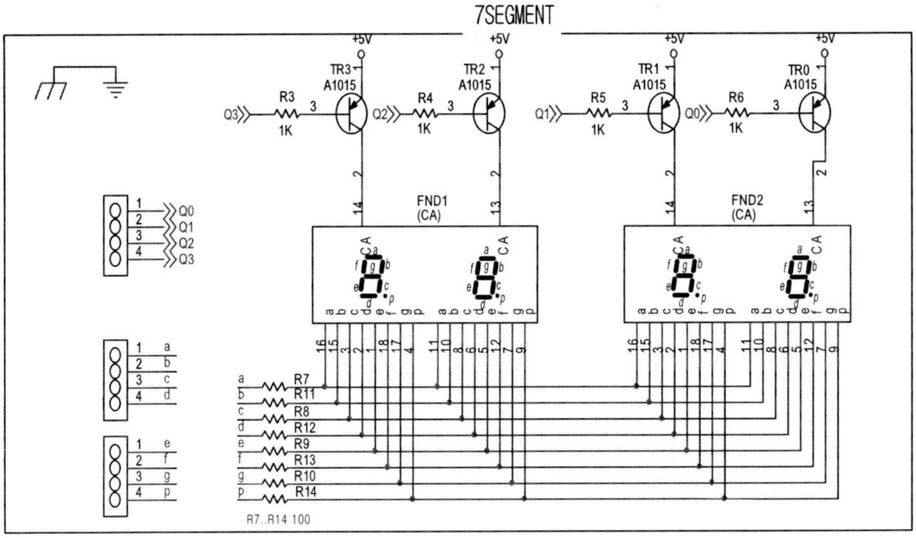

그림 7-1 7-Segment 회로

7-Segment 구동방식은 Dynamic 구동 방식과 Static 구동 방식이 있다. Dynamic 구동 방식이란 7-Segment 전체를 한꺼번에 켜는 것이 아니라 한 글자씩 번갈아 가면서 7-Segment를 켜는 방법이다. 이 방법은 사람의 눈의 착시 현상을 이용하여 여러 개의 7-Segment가 있을 경우 한 번에 하나씩 돌아가면서 빠르게 켜주는 방법이다. 이 방법의 장점은 한 번에 하나의 7-Segment만 켜게 되므로 7-Segment에서 소모되는 전류를 최소화할 수 있다는 장점이 있다. 반면에 프로그램적인 부담이 Static 방식보다 커진다(프로그램이 Static 방법보다 어렵다).

Static 방법은 모든 7-Segment를 포트 혹은 플립플롭을 통하여 한꺼번에 켜는 방법이다. 이 방법은 간단한 포트 조작만으로 이루어지기 때문에 프로그래밍하기는 쉬우나 모든 7-Segment를 한꺼번에 켜야하기 때문에 7-Segment의 전류 소모가 Dynamic 방식보다 많다.

실험 7-1 이번에는 7-Segment 4자리에 글자를 써보도록 하는 프로그램을 작성하도록 한다. 각각의 자리에 있는 모든 LED를 번갈아 가변서 1초 단위로 켜보도록 한다.

7-Segment PAD 연결 부위

7-Segment	Q0	Q1	Q2	Q3	a	b	c	d	e	f	g	p
89S51	P1.0	P1.1	P1.2	P1.3	P0.0	P0.1	P0.2	P0.3	P0.4	P0.5	P0.6	P0.7

```
#include <io51.h>

void delay (char);

 // 시간 지연을 주는 딜레이 함수이다.
 void delay (char p)
  {
  int i, j ;

 for ( j = 0 ; j < p ; j++)

      for ( i = 0 ; i < 20000 ; i++) ;
}

 void main(void)
  {

   for( ;; ) {

  /*  (Q0) P1.0 = 1, (Q1) P1.1 = 1, (Q2)P1.2 = 1, Q(3)P1.3 = 0
   이므로 PNP TR3가 구동되고 TR0, TR1, TR2는 구동되지 않는다.
   따라서  맨 왼쪽의 7-Segment의 모든 LED가 켜진다 . */
   P1 = 0x07 ;
   P0 = 0x00 ; // a,b,c,d,e,f,g,p를 모두 0으로 해주어 모든 LED가 켜지게 한다.
   delay(10); // 육안으로 확인할 수 있도록 약 1초 정도의 시간 딜레이를 준다 .*/
```

```
  /*  (Q0) P1.0 = 1, (Q1) P1.1 = 1, (Q2)P1.2 = 0, Q(3)P1.3 = 1
    이므로 PNP TR2가 구동되고 TR0, TR1, TR3는 구동되지 않는다.
    따라서  두번째 7-Segment의 모든 LED가 켜진다 . */
     P1 = 0x0b;
     P0 = 0x00;
     delay(10);

  /*  (Q0) P1.0 = 1, (Q1) P1.1 = 0, (Q2)P1.2 = 1, Q(3)P1.3 = 1
    이므로 PNP TR1 이 구동되고 TR0, TR2, TR3는 구동되지 않는다.
    따라서  세번째  7-Segment의 모든 LED가 켜진다 . */

     P1 = 0x0d ;
     P0 = 0x00 ;
     delay(10);

/*  (Q0) P1.0 = 0, (Q1) P1.1 = 1, (Q2)P1.2 = 1, Q(3)P1.3 = 1
    이므로 PNP TR0가 구동되고 TR1, TR2, TR3는 구동되지 않는다.
    따라서  네번째 7-Segment의 모든 LED가 켜진다 . */
     P1 = 0x0e ;
     P0 = 0x00 ;
     delay(10);

   }
  }
```

실험 7-1 마침

실험 7-2

a,b,c,d,e,f,g,p 가 7-Segment의 어느 LED를 구동하는 지를 알아보기 위하여 맨 왼쪽의 7-Segment에서 각 LED를 하나씩 켜는 프로그램을 작성하도록 한다.

```
#include <io51.h>

void delay (char);

 void delay (char p)
  {
  int i, j ;

    for ( j = 0 ; j < p ; j++)

       for ( i = 0 ; i < 20000 ; i++) ;

  }
```

```
void main(void)
 {

  for( ;; ) {

    P1 = 0x07 ; // 맨 왼쪽의 7-Segment 만 키도록 한다.
    P0 = 0xfe ; //a 만 키도록 한다.
    delay(10); // 눈으로 확인하도록 약 1초 정도의 시간딜레이를 준다 .*/

    P1 = 0x07 ;
    P0 = 0xfd ; //b 만 키도록 한다.
    delay(10); // 눈으로 확인하도록 약 1초 정도의 시간딜레이를 준다 .*/

    P1 = 0x07 ;
    P0 = 0xfb ; //c 만 키도록 한다.
    delay(10); // 눈으로 확인하도록 약 1초 정도의 시간딜레이를 준다 .*/

    P1 = 0x07 ;
    P0 = 0xf7 ; //d 만 키도록 한다.
    delay(10); // 눈으로 확인하도록 약 1초 정도의 시간딜레이를 준다 .*/

    P1 = 0x07 ;
    P0 = 0xef ; //e 만 키도록 한다.
    delay(10); // 눈으로 확인하도록 약 1초 정도의 시간 딜레이를 준다 .*/

    P1 = 0x07 ;
    P0 = 0xdf ; //f 만 키도록 한다.
    delay(10); // 눈으로 확인하도록 약 1초 정도의 시간 딜레이를 준다 .*/

    P1 = 0x07 ;
    P0 = 0xbf ; //g 만 키도록 한다.
    delay(10); // 눈으로 확인하도록 약 1초 정도의 시간 딜레이를 준다 .*/

    P1 = 0x07 ;
    P0 = 0x7f ; //p 만 키도록 한다.
    delay(10); // 눈으로 확인하도록 약 1초 정도의 시간 딜레이를 준다 .*/


        }
  }
```

위의 프로그램을 DCB(89S51)에 넣어보면 7-Segment가 그림 7-2와 같은 구조로 되어 있음을 알 수 있다.

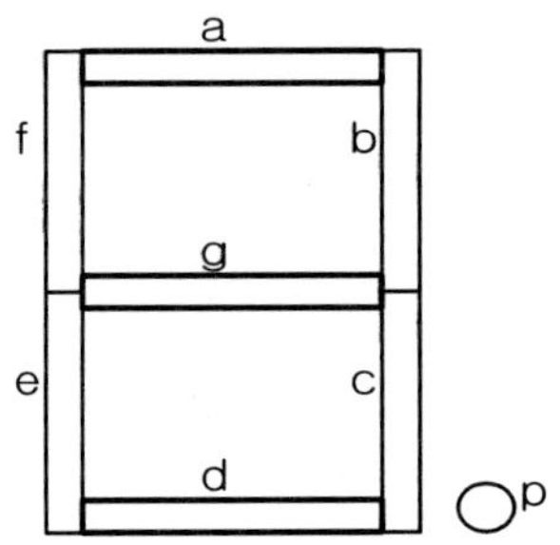

그림 7-2 7-Segment 구성

예제 7-2를 돌려보아서 우리는 7-Segment의 구성을 알아냈다. 이것을 기초로 0~F까지의 글자 폰트를 만들어 보면 표 7-1과 같이 나온다는 것을 알 수 있다.

표 7-1 7-Segment 폰트 구성

표시 숫자	P0.7 (p)	P0.6 (g)	P0.5 (f)	P0.4 (e)	P0.3 (d)	P0.2 (c)	P0.1 (b)	P0.0 (a)	Hex 값
0	1	1	0	0	0	0	0	0	0xC0
1	1	1	1	1	1	0	0	1	0xF9
2	1	0	1	0	0	1	0	0	0xA4
3	1	0	1	1	0	0	0	0	0xB0
4	1	0	0	1	1	0	0	1	0X99
5	1	0	0	1	0	0	1	0	0X92
6	1	0	0	0	0	0	1	0	0X82
7	1	1	1	1	1	0	0	0	0XF8
8	1	0	0	0	0	0	0	0	0X80
9	1	0	0	1	0	0	0	0	0X90
A	1	0	0	0	1	0	0	0	0X88
b	1	0	0	0	0	0	1	1	0X83
C	1	1	0	0	0	1	1	0	0XC6
d	1	0	1	0	0	0	0	1	0XA1
E	1	0	0	0	0	1	1	0	0X86
F	1	0	0	0	1	1	1	0	0X8E
.	0	1	1	1	1	1	1	1	0X7F

실험 7-2 마침

실험 7-3

두 번째 7-Segment에 '0'~'F' 그리고 '.'을 표시하는 프로그램을 작성해 보도록 한다.

```
#include <io51.h>

void delay (char);

 void delay (char p)
  {
  int i, j ;

    for ( j = 0 ; j < p ; j++)

       for ( i = 0 ; i < 20000 ; i++) ;

  }

 void main(void)
  {

   for( ;; ) {

     P1 = 0x0b ;  // 두번째 7-Segment를 켜준다.
     P0 = 0xc0 ;  // '0'을 써 준다.
     delay(10); // 눈으로 확인하도록 약 1초 정도의 시간 딜레이를 준다 .*/

     P1 = 0x0b ;
     P0 = 0xf9 ; // '1'을 써 준다.
     delay(10);

     P1 = 0x0b ;
     P0 = 0xa4 ; // '2'를  써 준다.
     delay(10); //

     P1 = 0x0b ;
     P0 = 0xb0 ; // '3'을 써 준다.
     delay(10);

     P1 = 0x0b ;
     P0 = 0x99 ; // '4'를  써 준다.
     delay(10);

     P1 = 0x0b ;
     P0 = 0x92 ; // '5'를  써 준다.
     delay(10);
```

```
    P1 = 0x0b ;
    P0 = 0x82 ; // '6'을 써 준다.
    delay(10);

    P1 = 0x0b ;
    P0 = 0xf8 ; // '7'을 써 준다.
    delay(10);

    P1 = 0x0b ;
    P0 = 0x80 ; // '8'을 써 준다.
    delay(10);

    P1 = 0x0b ;
    P0 = 0x90 ; // '9'를  써 준다.
    delay(10);

    P1 = 0x0b ;
    P0 = 0x88 ; // 'A'를 써 준다.
    delay(10);

    P1 = 0x0b ;
    P0 = 0x83 ; // 'b'를  써 준다.
    delay(10);

    P1 = 0x0b ;
    P0 = 0xc6 ; // 'C'를  써 준다.
    delay(10);

    P1 = 0x0b ;
    P0 = 0xa1 ; // 'd'를  써 준다.
    delay(10);

    P1 = 0x0b ;
    P0 = 0x86 ; // 'E'를  써 준다.
    delay(10);

    P1 = 0x0b ;
    P0 = 0x8e ; // 'F'를  써 준다.
    delay(10);

    P1 = 0x0b ;
    P0 = 0x7f ; // '.'를  써 준다.
    delay(10);

        }
}
```

실험 7-3 마침

실험 7-4

왼쪽에서 세 번째 네 번째 7-Segment를 이용하여 '0'부터 'F'까지 약 1초 단위로 변하는 프로그램을 작성해 보도록 한다.

```
#include <io51.h>

#define S7_1   0x07 // 첫 번째 7-Segment 드라이빙 신호 TR3 도통
#define S7_2   0x0b // 두 번째 7-Segment 드라이빙 신호 TR2 도통
#define S7_3   0x0d // 세 번째 7-Segment 드라이빙 신호 TR1 도통
#define S7_4   0x0e // 네 번째 7-Segment 드라이빙 신호 TR0 도통

/* P0 포트에서 7-Segment 글자를 써주기 위한 데이터이다. const char로 선언
하면 아래 데이터가 89S51의 내부 FLASH ROM으로 들어가고, char로 선언하면
내부 RAM으로 들어가게 된다. 이 선언은 작성할 프로그램의 양과 데이터 사용
량에 따라 사용자가 적절하게 선언하면 된다. */

const char Font[17]  = {  0xc0, 0xf9, 0xa4, //'0', '1', '2'
                        0xb0, 0x99, 0x92, // '3', '4', '5'
                        0x82, 0xf8, 0x80, // '6', '7', '8'
                        0x90, 0x88, 0x83, // '9', 'A', 'b'
                        0xc6, 0xa1, 0x86, // 'C', 'd', 'E'
                        0x8e, 0x7f } ;    // 'F', '.'

void Control_7Seg(char);

/* 3, 4번째 7-Segment의 경우  DCB(89S51)이 한번에 하나밖에 켜지 못하므로
   눈의 착시현상을 이용해서 연속적으로 켜 주어야 두 개가 모두 켜 있는 것
   처럼 보인다. 7000은 1초 정도의 딜레이가 된다. */

void Control_7Seg(char N)
{
  unsigned int  i , d ;
   for ( i = 0 ; i < 7000 ; i ++ ) {
             P1 = S7_3;      // 세번째  7-Segment를 켜준다.
             P0 = Font[N];  // '0'을 써 준다.
            /*  7-Segment의 P1출력에 의해 TR1이 구동되는 시간이 있기 때문
에 약간의 딜레이를 준다. 또 이 딜레이를 줌으로써 7-Segment의 밝기가 일정
해 진다.*/
             for(d= 0 ; d < 10 ; d ++ );

             P1 = S7_4 ;      // 네번째  7-Segment를 켜준다.
             P0 = Font[N] ; // '0'을 써 준다.
```

```
            for(d = 0 ; d < 10 ; d ++);
    }
}

void main(void)
 {
   unsigned char Number =0 ;

     for( ;; ) {
                Control_7Seg(Number);
                Number ++ ;
                if(Number > 0x0f )
                        Number = 0 ;

    }
 }
```

실험 7-4 마침

실험 7-5 왼쪽에서 세 번째 네 번째 7-Segment를 이용하여 '0'부터 '99'까지 약 1초 단위로 카운트하는 프로그램을 작성해 보도록 한다.

```
#include <io51.h>

#define S7_1   0x07 // 첫 번째 7-Segment 드라이빙 신호 TR3 도통
#define S7_2   0x0b // 두 번째 7-Segment 드라이빙 신호 TR2 도통
#define S7_3   0x0d // 세 번째 7-Segment 드라이빙 신호 TR1 도통
#define S7_4   0x0e // 네 번째 7-Segment 드라이빙 신호 TR0 도통

/* P0 포트에서 7-Segment 글자를 써주기 위한 데이터이다. const char로 선언
하면 아래 데이터가 89S51의 내부 FLASH ROM으로 들어가고, char로 선언하면
내부 RAM으로 들어가게 된다. 이 선언은 작성할 프로그램의 양과 데이터 사용
량에 따라 사용자가 적절하게 선언하면 된다. */

const char Font[17]  = {  0xc0, 0xf9, 0xa4, //'0', '1', '2'
                          0xb0, 0x99, 0x92, // '3', '4', '5'
                          0x82, 0xf8, 0x80, // '6', '7', '8'
                          0x90, 0x88, 0x83, // '9', 'A', 'b'
                          0xc6, 0xa1, 0x86, // 'C', 'd', 'E'
                          0x8e, 0x7f } ;    // 'F', '.'

void Control_7Seg(char);
```

```
/* 3, 4번째 7-Segment의 경우  DCB(89S51)이 한번에 하나밖에 켜지 못하므로
   눈의 착시현상을 이용해서 연속적으로 켜 주어야 두 개가 모두 켜 있는 것
   처럼 보인다. 7000은 1초 정도의 딜레이가 된다. */

 void Control_7Seg(char N)
{
  unsigned int  i, d;
  unsigned char N10, N1 ;

  N10 = N / 10 ;  // 10의 자리를 계산한다.
  N1 =  N % 10 ; // 1의 자리를 계산한다.

 for ( i = 0 ; i < 7000 ; i ++ ) {
          P1 = S7_3;      // 세번째  7-Segment를 켜준다.
          P0 = Font[N10]; // 십의 자리를  써 준다.
          for(d = 0 ; d < 10; d++ ) ;

          P1 = S7_4 ;     // 네번째  7-Segment를 켜준다.
          P0 = Font[N1] ; // 일의 자리를 을 써 준다.
          for(d = 0 ; d < 10; d++ ) ;
   }
 }

 void main(void)
  {
    unsigned char Number =0 ;

          for( ;; ) {
                 Control_7Seg(Number);
                 Number ++ ;
                 if(Number > 99)
                             Number = 0 ;

     }
  }
```

실험 7-5 마침

실험 7-6 이번에는 4개의 7-Segment를 모두 이용해서 0~9999까지 빠르게 카운트하는 프로그램을 작성해 보도록 한다.

```
#include <io51.h>

#define S7_1    0x07
#define S7_2    0x0b
#define S7_3    0x0d
#define S7_4    0x0e

 const char Font[17]  = {   0xc0, 0xf9, 0xa4, //'0', '1', '2'
                           0xb0, 0x99, 0x92, // '3', '4', '5'
                           0x82, 0xf8, 0x80, // '6', '7', '8'
                           0x90, 0x88, 0x83, // '9', 'A', 'b'
                           0xc6, 0xa1, 0x86, // 'C', 'd', 'E'
                           0x8e, 0x7f } ;    // 'F', '.'

void Control_7Seg(int);

/* 0~9999 까지이므로 1바이트 자리 변수인 char를 사용하면 안 된다.
   따라서 int로 N을 선언해야 한다 .*/
void Control_7Seg(int N)
{
  unsigned int  i, d , Buff;
  unsigned char N1000, N100, N10, N1  ;

  N1000 = N / 1000;
  Buff =  N % 1000 ;

  N100 = Buff / 100 ;
  Buff = Buff % 100;

  N10 = Buff / 10 ;
  N1 =  Buff % 10 ;

 for ( i = 0 ; i < 100 ; i ++ ) {
      P1 = S7_1 ;          // 첫번째  7-Segment를 켜준다.
      P0 = Font[N1000] ;   // 천의 자리를  써 준다.
      for(d = 0 ; d < 10; d++ ) ;

      P1 = S7_2 ;          // 두번째  7-Segment를 켜준다.
      P0 = Font[N100] ;    // 백의 자리를  써 준다.
      for(d = 0 ; d < 10; d++ ) ;

      P1 = S7_3;           // 세번째  7-Segment를 켜준다.
      P0 = Font[N10];      // 십의 자리를  써 준다.
      for(d = 0 ; d < 10; d++ ) ;

      P1 = S7_4 ;          // 네번째  7-Segment를 켜준다.
      P0 = Font[N1] ;      // 일의 자리를 써 준다.
      for(d = 0 ; d < 10; d++ ) ;
```

```
    }
  }

  void main(void)
   {
     int Number =0 ;

           for( ;; ) {
                  Control_7Seg(Number);
                  Number ++ ;
                  if(Number > 9999)
                              Number = 0 ;

       }
   }
```

실험 7-6 마침

7.2 4×4 키보드 제어

마이크로프로세서를 응용한 시스템에서 키보드는 필수적으로 사용된다. 따라서 마이크로프로세서를 이용하여 키보드를 구동하는 것은 꼭 알고 넘어가야 한다. 전자계산기제어 산업기사의 실기시험 장치인 DCB(89S51)에서도 키보드를 이용하여 여러 가지 장치를 제어할 수 있도록 시스템을 구성하고 있다. 따라서 본 절에서는 키보드를 활용할 수 있는 방안에 대하여 알아보기로 한다. DCB(89S51)의 키보드 구성은 그림 7-3과 같이 되어 있다.

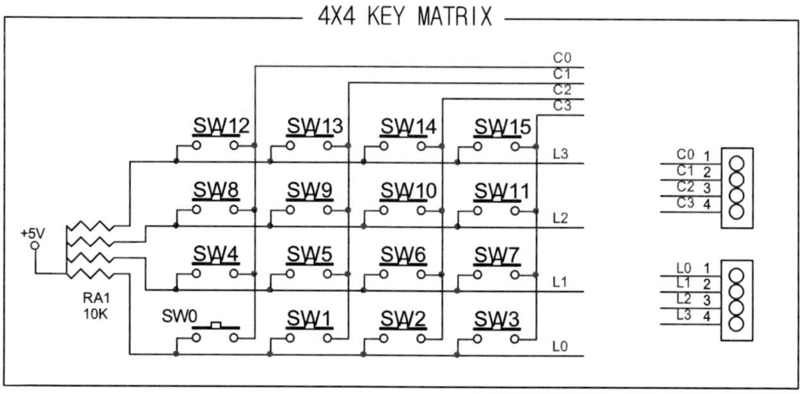

그림 7-3 DCB(89S51) 키보드 구성

키보드를 구동하는 키보드 스캔 알고리즘은 방법은 생각 보다 간단하다. 그림 7-2에서 보면 C0, C1, C2, C3는 마이크로프로세서의 출력포트와 연결하고, L0, L1, L2, L3는 마이크로 프로세서 입력포트와 연결하여 사용한다.

마이크로프로세서가 키 스캔을 할 때는 한 줄씩 키를 인식한다. 처음에 SW0, SW4, SW8, SW12를 인식하기 위하여 C0=0, C1=1, C2=1, C3=1을 출력한다. 그리고 나서 L0, L1, L2, L3를 읽어들인다. 이 때 만약 SW0가 눌리면 L0=0, L1=1, L2=1, L3=1이 나온다. 이것을 마이크로프로세서에서 인식하여 SW0가 눌린 것을 알게 되는 것이다. 표 7-2에 이와 같은 관계를 나타내고 있다.

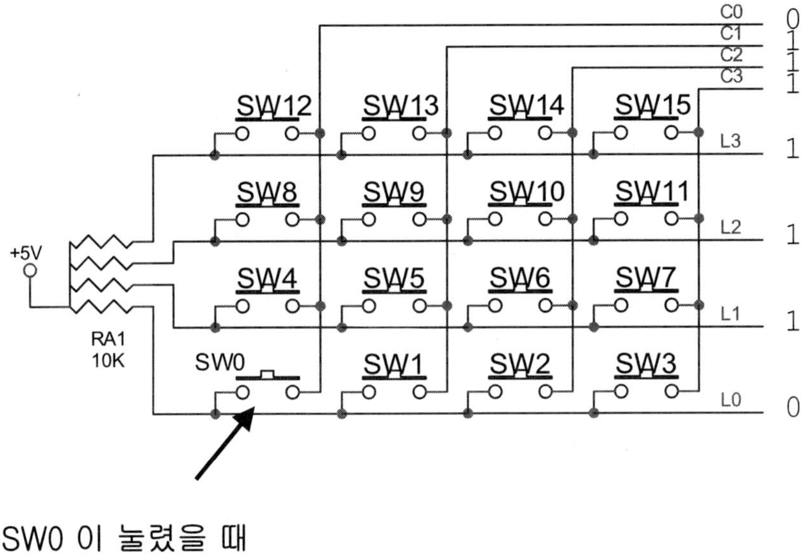

그림 7-4 SW0이 눌린 경우

표 7-2 키보드 입출력 테이블

<table>
<tr><th colspan="4">출력포트 (출력값)</th><th colspan="4">인식할 수 있는 키
OK : 눌림, X : 눌리지 않음</th><th colspan="4">입력포트(입력값)</th></tr>
<tr><td>C3</td><td>C2</td><td>C1</td><td>C0</td><td>SW12</td><td>SW8</td><td>SW4</td><td>SW0</td><td>L3</td><td>L2</td><td>L1</td><td>L0</td></tr>
<tr><td rowspan="4">1</td><td rowspan="4">1</td><td rowspan="4">1</td><td rowspan="4">0</td><td>X</td><td>X</td><td>X</td><td>OK</td><td>1</td><td>1</td><td>1</td><td>0</td></tr>
<tr><td>X</td><td>X</td><td>OK</td><td>X</td><td>1</td><td>1</td><td>0</td><td>1</td></tr>
<tr><td>X</td><td>OK</td><td>X</td><td>X</td><td>1</td><td>0</td><td>1</td><td>1</td></tr>
<tr><td>OK</td><td>X</td><td>X</td><td>X</td><td>0</td><td>1</td><td>1</td><td>1</td></tr>
</table>

출력포트 (출력값)				인식할 수 있는 키 OK : 눌림, X : 눌리지 않음				입력포트(입력값)			
C3	C2	C1	C0	SW13	SW9	SW5	SW1	L3	L2	L1	L0
1	1	0	1	X	X	X	OK	1	1	1	0
				X	X	OK	X	1	1	0	1
				X	OK	X	X	1	0	1	1
				OK	X	X	X	0	1	1	1

출력포트 (출력값)				인식할 수 있는 키 OK : 눌림, X : 눌리지 않음				입력포트(입력값)			
C3	C2	C1	C0	SW14	SW10	SW6	SW2	L3	L2	L1	L0
1	0	1	1	X	X	X	OK	1	1	1	0
				X	X	OK	X	1	1	0	1
				X	OK	X	X	1	0	1	1
				OK	X	X	X	0	1	1	1

출력포트 (출력값)				인식할 수 있는 키 OK : 눌림, X : 눌리지 않음				입력포트(입력값)			
C3	C2	C1	C0	SW15	SW11	SW7	SW3	L3	L2	L1	L0
0	1	1	1	X	X	X	OK	1	1	1	0
				X	X	OK	X	1	1	0	1
				X	OK	X	X	1	0	1	1
				OK	X	X	X	0	1	1	1

실험 7-7

키보드와 4개의 7-Segment를 활용해서 첫 번째 스캔 라인(SW0, SW4, SW8, SW12)만 인식해 보도록 한다. SW0을 누르면 0000, SW4을 누르면 4444, SW8을 누르면 8888, SW 12를 누르면 CCCC가 7-Segment에 나타나는 프로그램을 작성해 보기로 한다.

위와 같은 프로그램을 작성하기 위해서는 89S51과 KEY보드 사이에 연결을 아래와 같이 해주어야 한다.

주 의

P0, P1, P2, P3 포트를 일부 혹은 전체를 입력포트로 사용할 때는 반드시 프로그램 초기에 0xff 출력을 한 번 내주어 입력으로 설정해야 한다. 왜냐하면 각 포트들이 입출력 공용으로 사용하기 때문에 입력으로 사용 시 이러한 설정을 반드시 해 주어야 한다.

KEY PAD 연결 부위

KEY	C0	C1	C2	C3	L0	L1	L2	L3
89S51	P2.0	P2.1	P2.2	P2.3	P2.4	P2.5	P2.6	P2.7

```
#include <io51.h>

 /* 키보드 입출력 포트를 정의 한다. */
bit C0    = 0xA0;
bit C1    = 0xA1;
bit C2    = 0xA2;
bit C3    = 0xA3;

bit L0    = 0xA4;
bit L1    = 0xA5;
bit L2    = 0xA6;
bit L3    = 0xA7;

#define S7_1   0x07
#define S7_2   0x0b
#define S7_3   0x0d
#define S7_4   0x0e

const char Font[17]  = {  0xc0, 0xf9, 0xa4, //'0', '1', '2'
                         0xb0, 0x99, 0x92, // '3', '4', '5'
                         0x82, 0xf8, 0x80, // '6', '7', '8'
                         0x90, 0x88, 0x83, // '9', 'A', 'b'
                         0xc6, 0xa1, 0x86, // 'C', 'd', 'E'
                         0x8e, 0x7f } ;    // 'F', '.'

unsigned char KeyValue;
```

```
void Control_7Seg(int); char KeyScan(void);

void Control_7Seg(int N)
{
  unsigned int  i, d ;

   for ( i = 0 ; i < 100 ; i ++ ) {
       P1 = S7_1 ;           // 첫번째  7-Segment를 켜준다.
       P0 = Font[N] ;
       for(d = 0 ; d < 10; d++ ) ;

       P1 = S7_2 ;          // 두번째  7-Segment를 켜준다.
       P0 = Font[N] ;
       for(d = 0 ; d < 10; d++ ) ;

       P1 = S7_3;           // 세번째  7-Segment를 켜준다.
       P0 = Font[N];
       for(d = 0 ; d < 10; d++ ) ;

       P1 = S7_4 ;         // 네번째  7-Segment를 켜준다.
       P0 = Font[N] ;
       for(d = 0 ; d < 10; d++ ) ;
   }
 }

char KeyScan(void)
{
 unsigned char InKey = 0, key = 0; ;

  // 첫 번째 라인 SW0, SW4, SW8, SW12를 인식하기 위한 출력
   C0 = 0; C1 = 1; C2 = 1; C3= 1;

 // 키 값을 읽어 들인다.
   InKey = L3 ; key =InKey << 3;
   InKey = L2 ; key = key | (InKey << 2 ) ;
   InKey = L1 ; key = key | (InKey << 1 ) ;
   InKey = L0 ; key = key | InKey ;

  //  각각의 키 값을 보내준다.
   if(Key==0x0e) return 0;          // SW0
   else if (Key==0x0d) return 4 ;     // SW4
   else if (Key == 0x0b) return 8;    // SW8
   else if (Key == 0x07) return 12 ; // SW12
   else return 0xff ;  // 키 값이 없을 때는 0xff를 보내 준다.
  }
```

```
void main(void)
{

 /* P2포트의 일부분을 입력으로 사용하기 위해서는 반드시 처음에 0xff를
출력해 주어 P2포트가 입력으로 설정되도록 초기화해 준다. */
   P2 = 0xff ;

        for( ;; ) {
                KeyValue = KeyScan( );
                Control_7Seg(KeyValue);

   }
}
```

실험 7-7 마침

실험 7-8

이번에는 실험 7-7의 프로그램을 좀 더 다듬어서 나중에 16개의 키보드를 전부 사용할 때 활용할 수 있도록 함수화 해 보기로 한다. 내용은 실험 7-7과 같다.

```
#include <io51.h>

bit C0    = 0xA0;
bit C1    = 0xA1;
bit C2    = 0xA2;
bit C3    = 0xA3;

bit L0    = 0xA4;
bit L1    = 0xA5;
bit L2    = 0xA6;
bit L3    = 0xA7;


#define S7_1   0x07
#define S7_2   0x0b
#define S7_3   0x0d
#define S7_4   0x0e


 const char Font[17]  = { 0xc0, 0xf9, 0xa4, // '0', '1', '2'
                          0xb0, 0x99, 0x92, // '3', '4', '5'
                          0x82, 0xf8, 0x80, // '6', '7', '8'
                          0x90, 0x88, 0x83, // '9', 'A', 'b'
```

```
                          0xc6, 0xa1, 0x86, // 'C', 'd', 'E'
                          0x8e, 0x7f } ;     // 'F', '.'

unsigned char KeyValue;

void Control_7Seg(int); char KeyScan(void); void KeyOut(char );
     char KeyIn(void);

 void Control_7Seg(int N)
{
  unsigned int  i, d ;

 /* 만약 N이 0xff 면 키가 입력되지 않은 것이므로 7-Segment를 모두 끄고 함
수를 실행하지 않는다.*/
       if(N==0xff)  {   P1 = 0x0f ;
                    return ;
      }

       for ( i = 0 ; i < 100 ; i ++ ) {
               P1 = S7_1 ;            // 첫번째  7-Segment를 켜준다.
               P0 = Font[N] ;
               for(d = 0 ; d < 10; d++ ) ;

               P1 = S7_2 ;            // 두번째  7-Segment를 켜준다.
               P0 = Font[N] ;
               for(d = 0 ; d < 10; d++ ) ;

               P1 = S7_3;             // 세번째  7-Segment를 켜준다.
               P0 = Font[N];
               for(d = 0 ; d < 10; d++ ) ;

               P1 = S7_4 ;           // 네번째  7-Segment를 켜준다.
               P0 = Font[N] ;
               for(d = 0 ; d < 10; d++ ) ;
       }
 }

 // C0, C1, C2, C3로 출력을 내보내기 위한 함수이다.
void KeyOut(char ot)
{
  C0 = ot;
  ot = ot >> 1;

  C1 = ot;
  ot = ot >> 1;

  C2 = ot;
  ot = ot >> 1;
```

```
  C3 = ot ;

 }

/* L0, L1, L2, L3로 입력된 키 값을 함수 KeyScan으로 보내주기 위한 함수이
다. */
char KeyIn(void)
{
 unsigned char InKey, NibbleP2 ;

   InKey = L3 ; NibbleP2 = InKey << 3;
   InKey = L2 ; NibbleP2 |= (InKey << 2 ) ;
   InKey = L1 ; NibbleP2 |= (InKey << 1 ) ;
   InKey = L0 ; NibbleP2 |= InKey ;

   return NibbleP2 ;
 }

char KeyScan(void)
{
 unsigned char  Key = 0;
 unsigned char OTKey = 0x0e ;

   KeyOut(OTKey);
   Key = KeyIn();

    if(Key==0x0e) return 0;
   else if (Key==0x0d) return 4 ;
   else if (Key == 0x0b) return 8;
   else if (Key == 0x07) return 12 ;
   else return 0xff ;

 }

 void main(void)
  {

    P2 = 0xff ;

          for( ;; ) {
                 KeyValue = KeyScan();
                 Control_7Seg(KeyValue);

     }
  }
```

실험 7-8 마침

실험 7-9

이번에는 키보드 16개를 전부 활용하여 누르는 키 값이 4개의 7-Segment에 출력되도록 프로그램 해보도록 한다. (예 SW0 : 0000 ~ SW15 : FFFF)

```
#include <io51.h>

bit C0    = 0xA0;
bit C1    = 0xA1;
bit C2    = 0xA2;
bit C3    = 0xA3;

bit L0    = 0xA4;
bit L1    = 0xA5;
bit L2    = 0xA6;
bit L3    = 0xA7;

#define S7_1   0x07
#define S7_2   0x0b
#define S7_3   0x0d
#define S7_4   0x0e

 const char Font[17]  = { 0xc0, 0xf9, 0xa4, //'0', '1', '2'
                          0xb0, 0x99, 0x92, // '3', '4', '5'
                          0x82, 0xf8, 0x80, // '6', '7', '8'
                          0x90, 0x88, 0x83, // '9', 'A', 'b'
                          0xc6, 0xa1, 0x86, // 'C', 'd', 'E'
                          0x8e, 0x7f } ;    // 'F', '.'

unsigned char KeyValue;

void Control_7Seg(int); char KeyScan(void); void KeyOut(char );
     char KeyIn(void);

void Control_7Seg(int N)
{
  unsigned int  i, d ;

   if(N==0xff)  {  P1 = 0x0f ;
                  return ;
   }

  for ( i = 0 ; i < 100 ; i ++ ) {
             P1 = S7_1 ;           // 첫번째  7-Segment를 켜준다.
             P0 = Font[N] ;
             for(d = 0 ; d < 10; d++ ) ;
```

```
            P1 = S7_2 ;          // 두번째  7-Segment를 켜준다.
            P0 = Font[N] ;
            for(d = 0 ; d < 10; d++ ) ;

            P1 = S7_3;           // 세번째  7-Segment를 켜준다.
            P0 = Font[N];
            for(d = 0 ; d < 10; d++ ) ;

            P1 = S7_4 ;         // 네번째  7-Segment를 켜준다.
            P0 = Font[N] ;
            for(d = 0 ; d < 10; d++ ) ;
        }
    }

void KeyOut(char ot)
{
  C0 = ot;
  ot = ot >> 1;

  C1 = ot;
  ot = ot >> 1;

  C2 = ot;
  ot = ot >> 1;

  C3 = ot ;
 }

/* L0, L1, L2, L3로 입력된 키 값을 함수 KeyScan으로 보내주기 위한 함수이
다. */
char KeyIn(void)
{
 unsigned char InKey, NibbleP2 ;

   InKey = L3 ; NibbleP2 = InKey << 3;
   InKey = L2 ; NibbleP2 |= (InKey << 2 ) ;
   InKey = L1 ; NibbleP2 |= (InKey << 1 ) ;
   InKey = L0 ; NibbleP2 |= InKey ;

   return NibbleP2 ;
 }

/* 키 16개를 모두 스캔하는 프로그램이다 . SW0를 눌렀으면 0이 , SW1을 눌렀
으면 1이 SW15를 눌렀으면 0x0f가 리턴되는 함수이다. */

char KeyScan(void)
{
```

```
unsigned char  Key = 0, Key_cnt;
unsigned char OTKey = 0x0e ;

  for (Key_cnt = 0 ; Key_cnt < 4 ; Key_cnt ++ ) {

         KeyOut(OTKey);
         Key = KeyIn();

         if(Key==0x0e) return (0 + Key_cnt);
         else if (Key==0x0d) return (4 + Key_cnt) ;
         else if (Key == 0x0b) return (8 + Key_cnt);
         else if (Key == 0x07) return (12 + Key_cnt) ;
         OTKey = (OTKey << 1) + 1 ;
  }

  return (0xff) ;

}

 void main(void)
 {
  /* P2포트의 일부분을 입력으로 사용하기 위해서는 반드시 처음에 0xff를
출력해 주어  P2포트의 일부가 입력으로 설정되도록 초기화해 준다. */
   P2 = 0xff ;

         for( ;; ) {
                KeyValue = KeyScan();
                Control_7Seg(KeyValue);

   }
 }
```

실험 7-9 마침

실험 7-10

이전까지의 실험에서는 키보드를 누르고 있을때만 7-Segment가 켜지게 되어있었다. 그러나 이번 실험에서는 일단 특정키를 누르면 다른 키를 누르기 전까지 그 키 값을 7-Segment에서 계속 표시하도록 하는 프로그램을 작성해 보도록 한다.

```
#include <io51.h>

bit C0    = 0xA0;
bit C1    = 0xA1;
bit C2    = 0xA2;
bit C3    = 0xA3;

bit L0    = 0xA4;
bit L1    = 0xA5;
bit L2    = 0xA6;
bit L3    = 0xA7;


#define S7_1   0x07
#define S7_2   0x0b
#define S7_3   0x0d
#define S7_4   0x0e

/* 키가 들어오지 않았을 때 (초기에) 갖는 키 값으로 0xff면 키가 들어오지
않은 것으로 간주한다.  */
#define NoKey  0xff

 const char Font[17]  = { 0xc0, 0xf9, 0xa4, //'0', '1', '2'
                          0xb0, 0x99, 0x92, // '3', '4', '5'
                          0x82, 0xf8, 0x80, // '6', '7', '8'
                          0x90, 0x88, 0x83, // '9', 'A', 'b'
                          0xc6, 0xa1, 0x86, // 'C', 'd', 'E'
                          0x8e, 0x7f } ;    // 'F', '.'

unsigned char KeyValue = NoKey

// KeyScan 함수를 void로 변경하였다.
void Control_7Seg(int); void KeyScan(void); void KeyOut(char );
    char KeyIn(void);

void Control_7Seg(int N)
{
  unsigned int  i, d ;

 if(N==NoKey)  { P1 = 0x0f ;
                 return ;
   }

 for ( i = 0 ; i < 100 ; i ++ ) {
              P1 = S7_1 ;           // 첫번째  7-Segment를 켜준다.
              P0 = Font[N] ;
              for(d = 0 ; d < 10; d++ ) ;
```

```
                P1 = S7_2 ;          // 두번째  7-Segment를 켜준다.
                P0 = Font[N] ;
                for(d = 0 ; d < 10; d++ ) ;

                P1 = S7_3;           // 세번째  7-Segment를 켜준다.
                P0 = Font[N];
                for(d = 0 ; d < 10; d++ ) ;

                P1 = S7_4 ;         // 네번째  7-Segment를 켜준다.
                P0 = Font[N] ;
                for(d = 0 ; d < 10; d++ ) ;
        }
 }

void KeyOut(char ot)
{
  C0 = ot;
  ot = ot >> 1;

  C1 = ot;
  ot = ot >> 1;

  C2 = ot;
  ot = ot >> 1;

  C3 = ot ;
 }

char KeyIn(void)
{
 unsigned char InKey, NibbleP2 ;

   InKey = L3 ; NibbleP2 = InKey << 3;
   InKey = L2 ; NibbleP2 |= (InKey << 2 ) ;
   InKey = L1 ; NibbleP2 |= (InKey << 1 ) ;
   InKey = L0 ; NibbleP2 |= InKey ;

   return NibbleP2 ;
}

//  이부분을 void 함수로 수정 하였다. */

void KeyScan(void)
{
 unsigned char  Key = 0, Key_cnt;
 unsigned char OTKey = 0x0e, KeyBuff ;
```

```
KeyBuff = NoKey;

  for (Key_cnt = 0 ; Key_cnt < 4 ; Key_cnt ++ ) {

         KeyOut(OTKey);
         Key = KeyIn();

         if(Key==0x0e) KeyBuff =  0 + Key_cnt;
         else if (Key==0x0d) KeyBuff = 4 + Key_cnt ;
         else if (Key == 0x0b) KeyBuff = 8 + Key_cnt;
         else if (Key == 0x07) KeyBuff = 12 + Key_cnt ;
         OTKey = (OTKey << 1) + 1 ;
  }

   // 만약 키가 들어오면 해당 키 값을 KeyValue 에 대피시킨다.
  if(KeyBuff != NoKey)
          KeyValue = KeyBuff ;

}

void main(void)
 {

   P2 = 0xff ;

         for( ;; ) {
                KeyScan();
                Control_7Seg(KeyValue);
    }
 }
```

실험 7-10 마침

8

C·H·A·P·T·E·R

타이머/카운터 모드 0, 모드 1 인터럽트 제어

구성

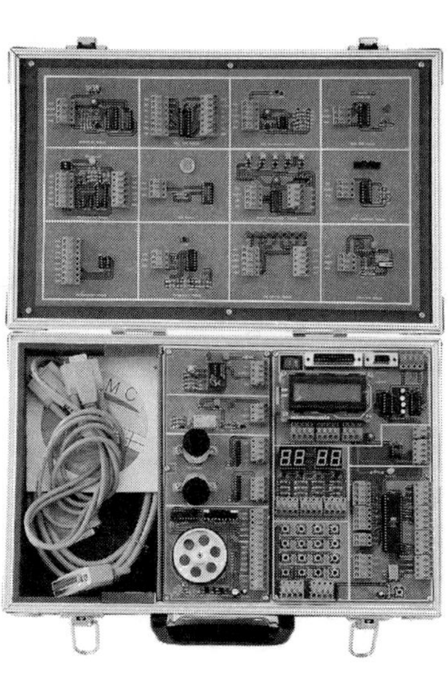

8.1 타이머/카운터 0, 1
8.2 TMOD 레지스터
8.3 TCON 레지스터(88H)
8.4 IE(A8H) 레지스터
8.5 IP(B8H) 레지스터
8.6 타이머/카운터 모드 0
8.7 타이머/카운터 모드 1

8.1 타이머/카운터 0, 1

89S51은 타이머/카운터를 2개 내장하고 있다. 타이머/카운터에 사용되는 입력 클록은 내부클록, 즉 클록 발진자를 1/12(1 머신 사이클)로 하는 것이 있고 외부의 T0(P3.4 핀), T1(P3.5)에 펄스를 입력시켜 계수하는 방식이 있다. 내부의 클록 발진자를 1/12(1 머신 사이클)해서 계수하는 것을 타이머라고 하고, 외부의 펄스 입력을 받아 계수하는 것을 카운터라고 한다. 이 때 사용되는 타이머/카운터 0은 TH0와 TL0를 사용한다. 또 타이머/카운터 1은 TH1과 TL1이 사용된다.

타이머/카운터 0, 1의 기본 동작은 8비트로 타이머 또는 카운터로 설정하였을 때 TH 레지스터가 0xff에서 0x00이 되는 시기에 TF(Timer over flow)가 1로 되어 오버플로가 발생하게 되고, 16비트 타이머 또는 카운터로 설정하였을 때는 0xffff에서 0x0000으로 되는 시기에서 TF 가 1로 된다.

타이머/카운터 0, 1은 모드 0부터 모드 3까지 전부 네 개의 모드를 가지고 있다. 그 개략적인 내용은 다음과 같다.

▶ 모드 0 : 13 Bit 타이머/카운터

▶ 모드 1 : 16 Bit 타이머/카운터

▶ 모드 2 : 오토 리로드(Auto-Reload) 8비트 타이머/카운터

▶ 모드 3 : 2개의 8bit 타이머/카운터(타이머 0), 시리얼 포트로 출력되는 타이머/카운터(타이머 1)

타이머/카운터 0, 1의 설정 방법은 TMOD 내의 $C/\overline{T}$비트를 설정함에 따라 정해지게 된다. 즉 이 비트를 1로 하면 카운터가 되고 이 비트를 0으로 하면 타이머가 되는 것이다. 모드 역시 TMOD의 M1, M0 비트를 설정함에 따라 모드 0부터 모드 3까지 결정된다. 또한 TCON(타이머 컨트롤 레지스터), IE(인터럽트 인에이블 레지스터) 및 IP(인터럽트 프라이어리티 레지스터)를 함께 사용하여 프로그램하게 되는 것이다.

8.2 TMOD 레지스터

TMOD 레지스터는 타이머/카운터 0, 1의 입력 클록 및 모드 설정과 타이머/카운터 ON/OFF제어를 외부에서 해줄 것인가 아니면 내부에서 해줄 것인가를 결정해 주는 역할을 하는 레지스터이다.

	D7	D6	D5	D4	D3	D2	D1	D0
TMOD(89H)	GATE	$C/\overline{T}$	M1	M0	GATE	$C/\overline{T}$	M1	M0
	타이머/카운터 1				타이머/카운터 0			

8.2.1 타이머/카운터 1

(1) GATE(D7) : 타이머/카운터 1 제어 비트(외부에서 제어할 때 사용됨)

GATE가 '1'일 때는 외부에서 카운터를 제어한다. 즉, 외부에 카운터 스타트 스위치와 스톱 스위치가 있다고 생삭하면 편리할 것이다. 이 스타트 스위치 역할을 해주는 것이 INT1(13번 핀)에 HIGH 입력을 주는 것이고(카운트 시작) 스톱 스위치 역할을 하는 것이 INT1(13번 핀)에 LOW 입력을 주는 것이다(카운트 정지).

GATE가 '0'일 때는 외부 핀의 제어 명령을 받지 않게 된다.

(2) $C/\overline{T}$(D6) : 타이머/카운터 1의 입력 클록을 결정하는 비트

입력 클록으로 내부 클록을 사용할 것인가 아니면, T1(15번 핀)에서 입력되는 외부 클록을 사용할 것인가를 결정하는 비트이다. 이 비트가 '0'이면 타이머 모드가 되어 내부클록 즉 '발진 주기/12'의 머신 사이클을 계수하게 되는 것이다.

이 비트가 '1'이면 카운터 모드가 되어 T1(15번 핀)에서 입력되는 클록을 계수하게 된다.

(3) M1, M0(D5, D4) : 타이머/카운터 1의 모드를 설정하는 비트

각 모드에 따른 M1, M0는 다음과 같다.

M1	M0	모드
0	0	0
0	1	1
1	0	2
1	1	3

8.2.2 타이머/카운터 0

(1) GATE(D3) : 타이머/카운터 0 제어 비트(외부에서 제어할 때 사용됨)

GATE가 '1'일 때는 외부에서 카운터를 제어한다. 즉, 외부에 카운터 스타트 스위치와 스톱 스위치가 있다고 생각하면 편리할 것이다. 이 스타트 스위치 역할을 해주는 것이 INT0(12번 핀)에 HIGH 입력을 주는 것이고(카운트 시작) 스톱 스위치 역할을 하는 것이 INT0(12번 핀)에 LOW 입력을 주는 것이다(카운트 정지).

GATE가 '0'일 때는 외부 핀의 제어 명령을 받지 않게 된다.

(2) C/T(D2) : 타이머/카운터 0의 입력 클록을 결정하는 비트

입력 클록으로 내부 클록을 사용할 것인가 아니면, T0(14번 핀)에서 입력되는 외부 클록을 사용할 것인가를 결정하는 비트이다. 이 비트가 '0'이면 타이머 모드가 되어 내부 클록 즉 '발진 주기/12'의 머신 사이클을 계수하게 되는 것이다. 이 비트가 '1'이면 카운터 모드가 되어 T0(14번 핀)에서 입력되는 클록을 계수하게 된다.

(3) M1, M0(D1,D0) : 타이머/카운터 0의 모드를 설정하는 비트

각 모드에 따른 M1, M0는 타이머/카운터 1과 같다.

8.3 TCON 레지스터(88H)

TCON 레지스터는 타이머/카운터 제어에 상위 4비트가 사용되고 외부 인터럽트 제어에 하위 4비트가 사용된다.

	D7	D6	D5	D4	D3	D2	D1	D0
TCON(88H)	TF1	TR1	TF0	TR0	IE1	IT1	IE0	IT0

(1) TF1 : 타이머/카운터 오버플로 플래그 비트

타이머 /카운터가 오버플로 되었을 때 자동적으로 '1'로 되고 프로그램이 인터럽트 서브루틴 안으로 점프해 들어갔을 때 자동적으로 '0'이 된다. 따라서 우리는 이 비트를 건드릴 필요가 없다.

(2) TR1 : 타이머 카운터 1동작 제어 비트

이 비트가 '1'이면 카운트 시작, '0'이면 카운트 정지한다.

(3) TF0 : 타이머 카운터 0 오버플로 플래그 비트

TF1의 경우와 같이 작동한다.

(4) TR0 : 타이머 카운터 0 동작 제어 비트

TR1의 경우와 같이 작동한다.

(5) IE1 : INT1(13번 핀) 에지 플래그 비트

INT1이 에지 트리거 모드로 되어있을 때만 입력 펄스의 하강 에지에서 '1'로 되고 인터럽트가 처리될 때 '0'으로 된다.

(6) IT1 : INT1(13번 핀) 인터럽트 타입 제어 비트

이 비트가 '1'이 되면 INT1으로 입력되는 펄스의 에지에서 인터럽트를 발생시키겠다는 것이고 '0'이 되면 INT1으로 LOW가 입력될 때 인터럽트를 발생시키겠다는 것이다.

만약 IT1이 '0' 즉, LOW 레벨 인터럽트 발생으로 프로그램 되어 있으면 IE1은 에지 트리거일 때만 쓰이므로 IE1은 아무런 영향도 받지 않는다. 에지 트리거 인터럽트의 경우 각 명령의 10클록 때 내부에 래치되기 때문에 최저 12클록 이상 LOW 레벨을 유지할 필요가 있다. 12클록 이상 LOW 레벨을 유지한 후에는 HIGH 레벨로 계속 유지시켜 주는 것이 좋다. 그러나 HIGH 레벨에서 LOW 레벨로 떨어질 때까지는 최저 12클록 이상 유지시켜 주어야 한다.

(7) IE0 : INT0(12번 핀) 에지 플래그 비트

IE1의 경우와 같이 작동한다.

(8) IT0 : INT0(12번 핀) 인터럽트 타입 제어 비트

IT1의 경우와 같이 작동한다.

8.4 IE(A8H) 레지스터

각 인터럽트를 사용할 것인가 아니면 무시할 것인가를 결정하는 레지스터이다.

	D7	D6	D5	D4	D3	D2	D1	D0
IE(A8H)	EA	-	ET2	ES	ET1	EX1	ET0	EX0

(1) EA(D7) : 전체 인터럽트 인에이블 비트

전체 인터럽트를 사용할 것인가 아니면 사용하지 않을 것인가를 결정하는 비트로 '0'이면 전체 인터럽트를 사용하지 못하게 되고 '1'이면 인터럽트를 선별적으로 사용할 수 있게 된다.

(2) -(D6)

일반적으로 사용하지 않는 비트이다.

(3) ET2(D5) : 타이머 2 인터럽트 제어 비트

8052에서만 사용하므로 우리는 사용할 필요가 없다.

(4) ES(D4) : 시리얼 포트 인터럽트 제어 비트

시리얼 통신을 하기 위한 인터럽트로 '1'일 경우에는 시리얼 통신시 인터럽트가 발생하지만, '0'일 경우에는 시리얼 통신시 인터럽트가 발생하지 않는다. 하지만 일반적으로 시리얼 통신을 할 때에는 항상 '1'로 하여 인터럽트를 사용한다.

(5) ET1(D3) : 타이머/카운터 1 인터럽트 제어 비트

'1'일 경우에는 오버플로 발생시 인터럽트가 발생한다.

'0'일 경우에는 오버플로 발생시에도 인터럽트가 발생하지 않는다.

(6) EX1(D2) : INT1(외부 인터럽트 1) 제어 비트

INT1 인터럽트를 사용할 경우에는 '1'로 놓는다. '0'일 경우에는 인터럽트가 발생하지 않는다.

(7) ET0(D1) : 타이머/카운터 0 인터럽트 제어 비트

ET1의 경우와 같다.

(8) EX0(D0) : INT0(외부 인터럽트 0) 제어 비트

EX1의 경우와 같다.

즉 이것들은 모두 '0'이면 인터럽트를 사용하지 않겠다는 것이고 (Disable) '1'이면 인터럽트를 사용하겠다는 것이다(Enable).

그림 8-1에 인터럽트 제어 레지스터(IE)와 각 인터럽트의 관계를 제시하였다.

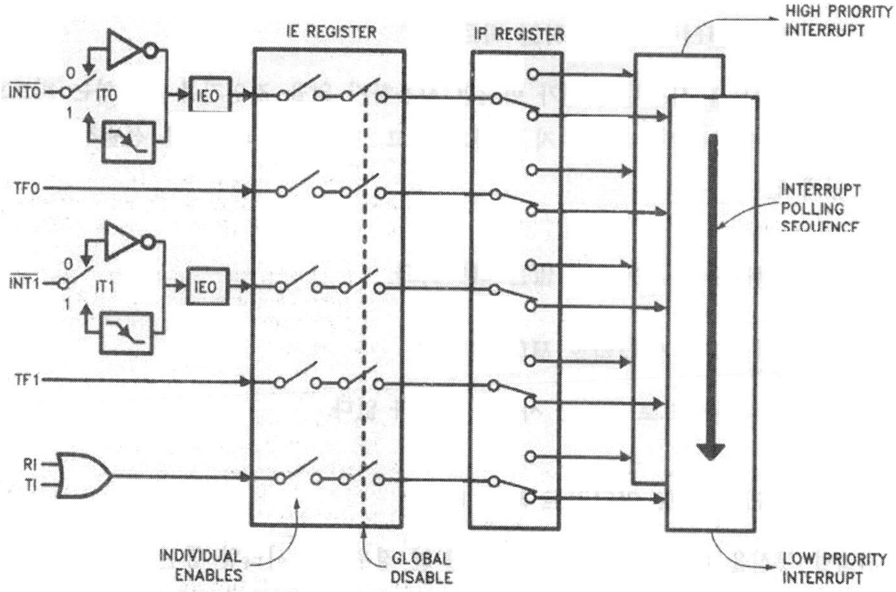

그림 8-1 IE 레지스터와 각 인터럽트

8.5 IP(B8H) 레지스터

IP 레지스터는 한 마디로 말해서 인터럽트 우선 순위를 결정하는 레지스터이다. 즉 동시에 2개 이상의 인터럽트 요청이 들어올 경우 어느 것을 우선적으로 처리하고 어느 것을 후에 처리하겠는가 하는 것을 결정해 주는 레지스터이다.

우선 순위가 높은 인터럽트와 낮은 인터럽트 신호 두개가 동시에 입력되었을 경우 우선 순위가 높은 인터럽트 서부루틴을 먼저 수행하고 다음에 우선 순위가 낮은 인터럽트 서브루틴을 수행하게 된다. 이 때 우선 순위가 높은 인터럽트가 수행될 동안 낮은 것은 대기 상태로 있게 된다. 각각의 인터럽트들은 우선 순위를 IP 레지스터의 해당 비트를 '1'로 하면 우선 순위가 높게 되고 '0'으로 하면 우선 순위가 낮게 된다.

	D7	D6	D5	D4	D3	D2	D1	D0
IP(B8H)	-	-	PT2	PS	PT1	PX1	PT0	PX0

① D7, D6 : 예약되어 있는 비트로 독자들은 신경쓸 필요가 없다.

② PT2(D5) : 타이머/카운터 2의 인터럽트 설정 비트이나 8032/8052에만 있으므로 이 역시 독자들은 신경쓸 필요가 없다.

③ PS(D4) : 시리얼 포트 인터럽트, '1'로 하면 인터럽트 우선 순위가 높아진다.

④ PT1(D3) : 타이머/카운터 1 인터럽트, '1'로 하면 인터럽트 우선 순위가 높아진다.

⑤ PX1(D2) : 외부 인터럽트 1, '1'로 하면 인터럽트 우선 순위가 높아진다.

⑥ PT0(D1) : 타이머/카운터 0 인터럽트, '1'로 하면 인터럽트 우선 순위가 높아진다.

⑦ PX0(D0) : 외부 인터럽트 0, '1'로 하면 인터럽트 우선 순위가 높아진다.

독자들이 이것을 공부하다보면 대부분 의문점을 갖게 될 것이다. "그럼 모두 '0'으로 했을 때 또는 모두 '1'로 했을 때는 어느 것이 인터럽트 우선 순위가 높을 것인가?" 마이크로프로세서 설계자들은 이러한 점도 고려하여 마이크로 프로세서를 설계하였다. 표 8-1을 보면 이러한 의문점이 풀릴 것이다.

만약 독자들이 IP 레지스터의 D0부터 D4까지 모두 '0'으로 해 놓으면 인터럽트들은 위와 같은 우선 순위를 갖게 된다. 또 모두 '1'로 설정을 해 놓아도 위와 같은 우선 순위를 갖는다. 그런데 만약 RI+TI(D4)비트만 '1'로 설정해 놓으면 시리얼 인터럽트가 가장 높은 우선 순위를 갖게 된다.

표 8-1 인터럽트 우선 순위

인터럽트 우선 순위 레벨	인터럽트 SOURCE	내 용
1	IE0	외부 인터럽트 0
2	TF0	타이머/카운터 0
3	IE1	외부 인터럽트 1
4	TF1	타이머/카운터 1
5	RI+TI	시리얼 인터럽트

여기서 한 가지 참고할 것은 일반적으로 시리얼 통신 인터럽트의 경우는 비교적 높은 인터럽트를 갖도록 설정해 주는 것이 좋다. 왜냐하면 시리얼 통신(수신)의 경우, 외부에서 전송되는 데이터가 입력되었을 때 시리얼 인터럽트가 바로 수행되지 않으면 외부에서 전송되는 데이터를 잃어버릴 수 있기 때문이다.

이제 다시 TMOD로 돌아가서 타이머/카운터 0, 1의 모드에 대해서 공부해 보자.

8.6 타이머/카운터 모드 0

먼저 타이머/카운터 0, 1의 두 경우 모두 모드 0인 경우 13비트 타이머/카운터가 된다.

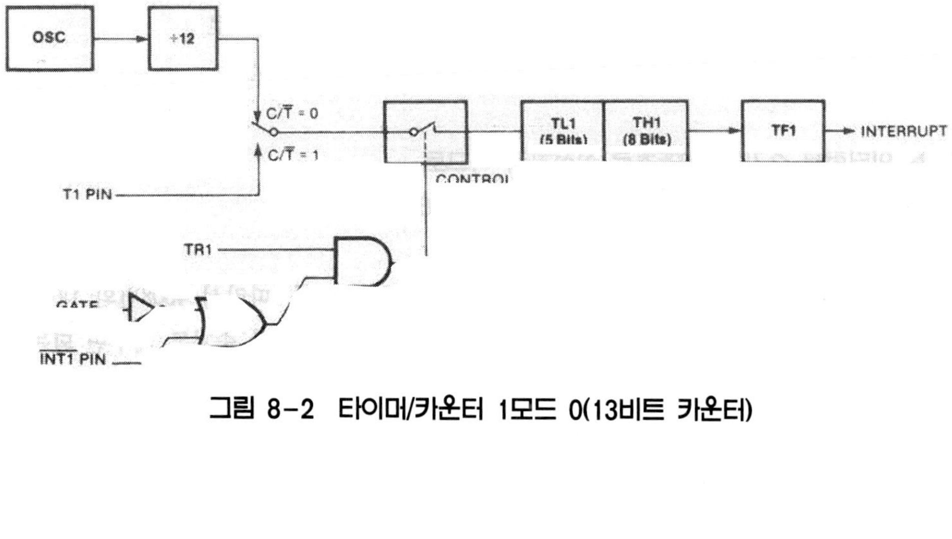

그림 8-2 타이머/카운터 1모드 0(13비트 카운터)

모드 0에서 TL의 상위 3비트(D7, D6, D5)를 못쓰게 된다. 그래서 TL의 경우는 32분주용으로 되고 TH는 8비트 모두를 사용하여 전부 13비트로 된다. 위의 그림을 자세히 보면 좀 더 잘 이해할 수 있을 것이다.

이제 직접 프로그램을 작성해 나가면서 89S51의 타이머/카운터를 공부해 보기로 하자.

실험 8-1

타이머/카운터 0, 모드 0을 사용하고 내부 클록을 이용해서 0.004초 타이머 인터럽트 서브루틴을 작성하고 이를 이용하여 7-Segment에 1초에 한 번씩 '0000'이 켜졌다 꺼졌다 하는 프로그램을 작성해 보자.

먼저 TH0와 TL0에 설정할 값을 계산해야 할 것이다. 이를 계산하는 방법은 다음과 같다.

▶ T = 1/f이고 머신 사이클(내부 클록) 주파수는 22118400/12이므로
내부 클록 1개당 주기 = 1/머신 사이클 = 0.00000054253초

▶ 인터럽트 주기를 0.004초로 설정하려 하므로
내부 클록수 = 0.004/0.00000054253 = 7372.864

반올림하여 보면 7373개의 내부 클록이 발생해야 0.004초가 된다. 따라서 7373번의 내부 클록이 입력되면 오버플로가 발생하도록 하기 위해 13비트 타이머에 이 숫자를 빼주면 되는 것이다.

잘 이해되지 않는 독자를 위해서 다시 한 번 설명하면 13비트 타이머/카운터는 0x1fff가 되고 나서 그 다음 클록이 입력되면 오버플로가 발생하여 TF0가 '1'이 된다. 그러면 프로그램은 인터럽트 처리루틴으로 점프하게 되는 것이다. 따라서 우리가 내부 클록 1개가 발생될 때마다 즉, 0.00000054253초마다 인터럽트를 발생시키고자 하면 TH0와 TL0에 0x1fff를 설정하면 되는 것이다. 만약 내부 클록 2개 발생될 때마다 인터럽트를 발생시키려면 TH0와 TL0에 0x1ffe를 설정하면 된다. 그러면 이제 간단한 공식이 나올 것이다.

n개의 클록이 발생될 때 인터럽트를 발생시키려고 한다면

THO, TL0 설정 개수 = (0x1fff+1)-n개 내부 클록 발생수

따라서 7373개의 내부 클록 발생 후 인터럽트가 발생되게 프로그램 하려면 그 식은 다음과 같다. 7373의 Hex값은 0x1ccd이므로

▶ THO, TL0 설정 개수 = (0x1fff + 1)- 0x1ccd = 0x0333
따라서 THO, TL0 설정 개수는 0x0333이 된다.
0x0333을 2진법으로 표시하면 아래와 같다.

D15	D14	D13	D12	D11	D10	D9	D8
0	0	0	0	0	0	1	1

D7	D6	D5	D4	D3	D2	D1	D0
0	0	1	1	0	0	1	1

이제 우리는 이것을 TH0와 TL0에 옮겨 놓아야 한다. 여기서 또 하나의 문제가 발생한다. 왜냐하면 TL0의 상위 3비트를 우리가 사용하지 못하기 때문이다. 따라서 우리는 이것을 고려하여 조심스럽게 D0부터 D12까지를 TL0와 TH0에 옮겨 놓아야 할 것이다. 아래 그림이 이것을 옮겨 놓은 모습이다.

TH0

D12	D11	D10	D9	D8	D7	D6	D5

TL0

X	X	X	D4	D3	D2	D1	D0

또한 이것을 다시 2진법으로 표시하면 다음과 같다.

TH0

0	0	0	1	1	0	0	1

TL0

X	X	X	1	0	0	1	1

이것을 HEX로 표시하면 TH0는 0x19, TL0는 0x13이다. 물론 TL0 경우 상위 3비트가 Don't Care이므로 사용자 마음대로 정의할 수 있다. 그러나 우리는 일단 이것을 0으로 생각하고 TL0를 0x13이라 하자.

그러면 이제까지 우리가 계산하고 고려했던 것들을 프로그램으로 옮겨보자.

```
#include <io51.h>

bit C0    = 0xA0;
bit C1    = 0xA1;
bit C2    = 0xA2;
bit C3    = 0xA3;

bit L0    = 0xA4;
bit L1    = 0xA5;
bit L2    = 0xA6;
bit L3    = 0xA7;

#define S7_1   0x07
#define S7_2   0x0b
#define S7_3   0x0d
#define S7_4   0x0e

 const char Font[17]  = { 0xc0, 0xf9, 0xa4, //'0', '1', '2'
                          0xb0, 0x99, 0x92, // '3', '4', '5'
                          0x82, 0xf8, 0x80, // '6', '7', '8'
                          0x90, 0x88, 0x83, // '9', 'A', 'b'
                          0xc6, 0xa1, 0x86, // 'C', 'd', 'E'
                          0x8e, 0x7f } ;    // 'F', '.'


unsigned char count = 0 ;
unsigned char SecondFlag = 0;

void Control_7Seg(int);

void Control_7Seg(int N)
{
  unsigned int  i, d ;

   if(N==0xff)  { P1 = 0x0f ;
                  return ;
   }
       for ( i = 0 ; i < 100 ; i ++ ) {
               P1 = S7_1 ;           // 첫번째  7-Segment를 켜준다.
               P0 = Font[N] ;
               for(d = 0 ; d < 10; d++ ) ;

               P1 = S7_2 ;           // 두번째  7-Segment를 켜준다.
               P0 = Font[N] ;
               for(d = 0 ; d < 10; d++ ) ;
```

```
                P1 = S7_3;           // 세번째  7-Segment를 켜준다.
                P0 = Font[N];
                for(d = 0 ; d < 10; d++ ) ;

                P1 = S7_4 ;          // 네번째  7-Segment를 켜준다.
                P0 = Font[N] ;
                for(d = 0 ; d < 10; d++ ) ;
        }
 }

/* ET0의 인터럽트 절대 번지는 0x0b이다. 따라서
    인터럽트 서브루틴은 아래와 같다 */

  interrupt[0x0b] void T0_int(void)
  {

   /* 일단 오버플로가 되면 TH0와 TL0가 다시 0이 되므로
      처음 값을 다시 LOAD시킨다 */
   TH0 = 0x19;
   TL0 = 0x13;
   count++;

   /* 만약 0.004초 인터럽트 루틴인 이 함수를 250번 CALL했다면
  즉 이 뜻은 0.004*250 = 1초가 되면 */
   if(count >=250){
        count =0;

        /* 이전에 7-Segment가 OFF되어 있으면 ON되게끔
           7-Segment제어 플래그를 '1'로 한다  */
   if(SecondFlag==0) SecondFlag=1;

      /* 이전에 7-Segment가 ON되어 있으면 OFF되게끔
           7-Segment제어 플래그를 '0'로 한다  */
   else if(SecondFlag==1) SecondFlag=0;

 }
}

 void main(void)
  {

     /* 우리는 Timeer/Counter 0만 사용하나 TMOD에서는 Timer/Counter 1도
     설정하게 되어 있으므로 일단 TMOD의 상위 4비트를 0으로 해놓자.
     Timer/Counter 0의 GATE=0 : 외부 핀의 영향을 받지 않는다.
     =0 : 내부 클록을 계수한다. M1,M0=0 모드 0 13비트 타이머이다  */
   TMOD = 0x00;
```

```
/* 위의 계산한 값을 설정한다 */
 TH0 = 0x19;
 TL0 = 0x13;

   /* 타이머 0 카운터 시작( TR0는 io51.h에 1비트로 선언되어 있다.
   따라서 이 변수는 0 또는 1밖에 사용하지 못한다.또한 TR0는 TCON
   내에 있는 비트이므로 TCON = 0x10으로 사용하여도 무방하다) */
 TR0 =1;

 /* 아래에서 사용하는 EA,ET 변수 또한 io51.h에서 1 비트변수로 선언
    되어 있다.또한 EA와 ET는 1E 레지스터 내에 있는 비트이므로
     IE = 0x82로 사용하여도 무방하다. */

 /*인터럽트를 사용하기 위하여 먼저 EA 비트를 Enable시키고*/
EA = 1;

 /* Timer/Counter 0의 오버플로 인터럽트를 사용하겠다. */
ET0 = 1;

     while(1) {
         // 7-Segment를 모두 0000 으로 켜준다.
         if(SecondFlag ==1 ) Control_7Seg(0);

        // 7-Segment를 모두 꺼준다.
         else if(SecondFlag==0) Control_7Seg(0xff) ;

     }
}
```

실험 8-1 마침

8.7 타이머/카운터 모드 1

타이머/카운터 모드 1인 경우는 타이머/카운터 모드 0의 경우와 모든 것이 흡사하다. 모드 0과 모드 1의 한 가지 차이점이라면 모드 0은 13비트 타이머/카운터이고 모드 1은 16비트 타이머/카운터라는 점이다. 따라서 모드 0에서 사용하지 못했던 TL의 상위 3비트까지 사용할 수 있어 전부 16비트가 되는 것이다.

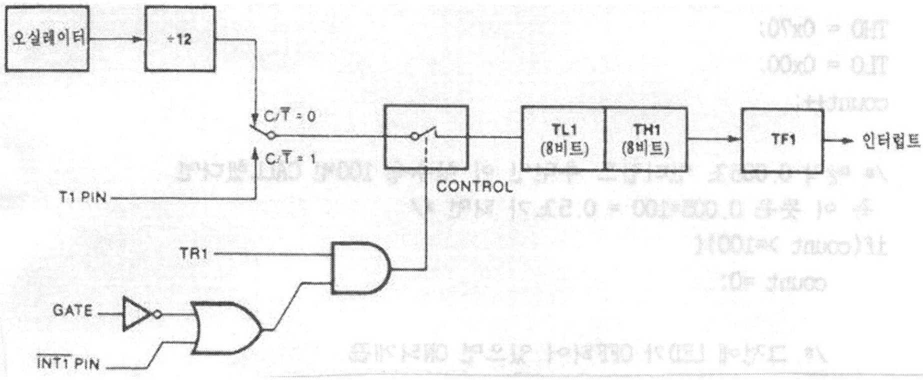

그림 8-3 타이머/카운터 1 모드 1(16비트 카운터)

실험 8-2 타이머/카운터1, 모드 1을 사용하고 내부 클록을 이용해서 0.02초 타이머 인터럽트서브루틴을 작성하고 이를 사용하여 7-Segment에 '0000'을 1초에 한번씩 깜빡이는 프로그램을 작성해보자.

이 경우에도 실험 8-1과 마찬가지로 가장 먼저 TH1과 TL1에 설정할 값을 계산하여야 할 것이다. 이를 계산하는 방법은 다음과 같다.

내부 클록 1개당 주기는 앞서의 계산값이 0.00000054253이고 인터럽트 주기가 0.02초이므로 내부 클록수는 0.02/0.0000054253 = 36864.3208 즉, 36864개의 내부 클록이 발생되어야 인터럽트 주기가 0.02초가 된다. 따라서 우리는 (36864)번의 내부 클록이 입력되면 오버플로가 발생하도록 하기 위해 16비트 타이머에다 이 숫자를 빼주면 되는 것이다.

16비트 타이머/카운터는 0xffff가 되고 나서 그 다음 클록이 입력되면 오버플로가 발생하여 TF1(타이머/카운터 1일 경우)이 '1'이 된다. 그러면 프로그램은 인터럽트 처리루틴으로 점프하게 되는 것이다. 따라서 우리가 내부 클록 1개가 발생될 때마다 즉, 0.00000054253초마다 인터럽트를 발생시키려 한다면 모드 0과는 달리 모드 1에서는 0xffff를 초기값으로 설정하면 된다. 또한 n개의 클록이 발생될 때 인터럽트를 발생시키려고 한다면

▶ TH1, TL1 설정 개수 = (0xffff +1)- n개 내부 클록 발생 수

따라서 36864개의 내부 클록 발생 후 인터럽트가 발생되게 프로그램 하려면 그 식은 다음과 같다. 36864의 Hex값은 0x9000이므로

▶ TH1, TL1 설정 개수 = (0xffff + 1) - 0x9000 = 0x7000

0x7000을 2진법으로 표시하면 아래와 같다.

D15	D14	D13	D12	D11	D10	D9	D8
0	1	1	1	0	0	0	0

D7	D6	D5	D4	D3	D2	D1	D0
0	0	0	0	0	0	0	0

따라서 TH1과 TL1의 값이 위의 값은 그대로이므로

TH1

0	1	1	1	0	0	0	0

TL1

0	0	0	0	0	0	0	0

이것을 HEX로 표시하면 TH1은 0x70 TL1은 0x00이다.

이제까지 모드 1에 대하여 기술된 것들을 모드 0과 계산방법이 거의 흡사하다. 그러나 독자들의 혼란을 방지하기 위하여 다시 한번 자세히 계산과정을 설명한 것이다. 모드 0은 13비트 타이머/카운터, 모드 1은 16비트 타이머/카운터 이 두 가지를 혼동하지 않기를 바라면서……. 이제 지금까지 우리가 계산하고 생각했던 것들을 프로그램으로 옮겨보자.

```
#include <io51.h>

bit C0    = 0xA0;
bit C1    = 0xA1;
bit C2    = 0xA2;
bit C3    = 0xA3;

bit L0    = 0xA4;
bit L1    = 0xA5;
bit L2    = 0xA6;
bit L3    = 0xA7;


#define S7_1    0x07
#define S7_2    0x0b
#define S7_3    0x0d
#define S7_4    0x0e


 const char Font[17]  = { 0xc0, 0xf9, 0xa4, //'0', '1', '2'
```

```
                        0xb0, 0x99, 0x92, // '3', '4', '5'
                        0x82, 0xf8, 0x80, // '6', '7', '8'
                        0x90, 0x88, 0x83, // '9', 'A', 'b'
                        0xc6, 0xa1, 0x86, // 'C', 'd', 'E'
                        0x8e, 0x7f } ;    // 'F', '.'

unsigned char count = 0 ;
unsigned char SecondFlag = 0;

void Control_7Seg(int);

void Control_7Seg(int N)
{
  unsigned int  i, d ;

   if(N==0xff)  { P1 = 0x0f ;
                  return ;
   }

for ( i = 0 ; i < 100 ; i ++ ) {
              P1 = S7_1 ;          // 첫번째  7-Segment를 켜준다.
              P0 = Font[N] ;
              for(d = 0 ; d < 10; d++ ) ;

              P1 = S7_2 ;          // 두번째  7-Segment를 켜준다.
              P0 = Font[N] ;
              for(d = 0 ; d < 10; d++ ) ;

              P1 = S7_3;           // 세번째  7-Segment를 켜준다.
              P0 = Font[N];
              for(d = 0 ; d < 10; d++ ) ;

              P1 = S7_4 ;          // 네번째  7-Segment를 켜준다.
              P0 = Font[N] ;
              for(d = 0 ; d < 10; d++ ) ;
       }
   }

/* ET1의 인터럽트 절대 번지는 0x1b이다. 따라서
     인터럽트 서브루틴은 아래와 같다 */

  interrupt[0x1b] void T1_int(void)
  {

   /* 일단 오버플로가 되면 TH1와 TL1가 다시 0이 되므로
      처음 값을 다시 LOAD시킨다 */
```

```
    TH1 = 0x70;
    TL1 = 0x00;
    count++;
   /* 만약 0.02초 인터럽트 루틴인 이 함수를 50번 CALL했다면
   즉 이 뜻은 0.02*50 = 1초가 되면 */
    if(count >=50){
         count =0;

         /* 이전에 7-Segment가 OFF되어 있으면 ON되게끔
            7-Segment제어 플래그를 '1'로 한다  */
    if(SecondFlag==0) SecondFlag=1;

       /* 이전에 7-Segment가 ON되어 있으면 OFF되게끔
            7-Segment제어 플래그를 '0'로 한다  */
    else if(SecondFlag==1)SecondFlag=0;

  }

}

 void main(void)
  {

   /* 우리는 Timer/Counter 1만 사용하나 TMOD에서는 Timer/Counter 0도
      설정하게 되어 있으므로 일단 TMOD의 하위 4비트를 0으로 해놓자 */
    TMOD = 0x10;

   /* 위의 계산한 값을 설정한다 */
    TH1 = 0x70;
    TL1 =0x00;

  /* 타이머 1 카운터 시작 */
    TR1 =1;

   /* 인터럽트를 사용하기 위하여 먼저 EA 비트를 Enable시키고 */
    EA = 1;

   /* Timer/Counter 1의 오버플로 인터럽트를 사용하겠다. */
  ET1 = 1;


        while(1) {
           // 7-Segment를 모두 OFF
           if(SecondFlag ==1 ) Control_7Seg(0);
           // 7-Segment를 모두 ON
           else if(SecondFlag==0) Control_7Seg(0xff) ;
```

```
        }
    }
```

실험 8-2 마침

실험 8-3 타이머/카운터 0, 1을 전부 사용하여 프로그램을 작성해 보도록 하자. 왼쪽 두 자리 7-Segment는 타이머 0를 이용하여 0.5초마다 카운트가 '1'씩 증가하도록 하고, 3,4번째 자리의 7-Segment는 타이머 1을 이용하여 1초에 한번씩 카운트가 증가하도록 한다. 단, 타이머 0은 0.004초의 인터럽트 주기를 사용하여 작성하고 타이머 1은 0.02초 인터럽트 주기를 사용한다. 또한 인터럽트 우선 순위는 타이머 1이 타이머 0보다 높아야 된다.

```
#include <io51.h>

bit C0    = 0xA0;
bit C1    = 0xA1;
bit C2    = 0xA2;
bit C3    = 0xA3;

bit L0    = 0xA4;
bit L1    = 0xA5;
bit L2    = 0xA6;
bit L3    = 0xA7;


#define S7_1   0x07
#define S7_2   0x0b
#define S7_3   0x0d
#define S7_4   0x0e

 const char Font[17]  = { 0xc0, 0xf9, 0xa4, //'0', '1', '2'
                          0xb0, 0x99, 0x92, // '3', '4', '5'
                          0x82, 0xf8, 0x80, // '6', '7', '8'
                          0x90, 0x88, 0x83, // '9', 'A', 'b'
                          0xc6, 0xa1, 0x86, // 'C', 'd', 'E'
                          0x8e, 0x7f } ;    // 'F', '.'

unsigned char count0 = 0, count1 = 0;
unsigned char SevenFlag0 = 0, SevenFlag1 = 0 ;
```

```
void Control_7Seg(unsigned char, unsigned char );

void Control_7Seg(unsigned char N1, unsigned char N2)
{
  unsigned int  i, d ;
  unsigned char N1_10, N1_1, N2_10, N2_1  ;

  N1_10 = N1 / 10 ;
  N1_1 =  N1 % 10 ;
  N2_10 = N2 / 10 ;
  N2_1 =  N2 % 10 ;

   for ( i = 0 ; i < 100 ; i ++ ) {
       P1 = S7_1 ;          // 첫번째  7-Segment를 켜준다.
       P0 = Font[N1_10] ;   // 십의 자리를 써준다.
       for(d = 0 ; d < 10; d++ ) ;

       P1 = S7_2 ;          // 두번째  7-Segment를 켜준다.
       P0 = Font[N1_1] ;    // 일의 자리를 써준다.
       for(d = 0 ; d < 10; d++ ) ;

       P1 = S7_3;           // 세번째  7-Segment를 켜준다.
       P0 = Font[N2_10];      // 십의 자리를 써준다.
       for(d = 0 ; d < 10; d++ ) ;

       P1 = S7_4 ;         // 네번째  7-Segment를 켜준다.
       P0 = Font[N2_1] ;    // 일의 자리를 써준다.
       for(d = 0 ; d < 10; d++ ) ;
   }
 }

interrupt[0x0b] void T0_int(void)
  {

   /* 일단 오버플로가 되면 TH0와 TL0가 다시 0이 되므로
      처음 값을 다시 LOAD시킨다 */
   TH0 = 0x19;
   TL0 = 0x13;
   count0++;

 /* 만약 0.004초 인터럽트 루틴인 이 함수를 125번 CALL했다면
  즉 이 뜻은 0.004*125 = 0.5초가 되면 */
   if(count0 >=125){
        count0 =0;
        SevenFlag0 ++;
        if(SevenFlag0 > 99 ) SevenFlag0 = 0 ;
    }
```

```
}

/* ET1의 인터럽트 절대 번지는 0x1b이다. 따라서
     인터럽트 서브루틴은 아래와 같다 */

  interrupt[0x1b] void T1_int(void)
  {

   /* 일단 오버플로가 되면 TH1와 TL1가 다시 0이 되므로
      처음 값을 다시 LOAD시킨다 */
   TH1 = 0x70;
   TL1 = 0x00;
   count1++;

   /* 만약 0.02초 인터럽트 루틴인 이 함수를 50번 CALL했다면
  즉 이 뜻은 0.02*50 = 1초가 되면 */
   if(count1 >=50){
        count1 =0;
        SevenFlag1 ++;
        if(SevenFlag1 > 99 ) SevenFlag1 = 0 ;
 }
}

void main(void)
  {

   /* 타이머 1은 모드 1(16비트 타이머)로 설정하고 타이머 0은 모드 0(13비
      트 타이머)로 설정한다 */
    TMOD = 0x10;

     /* 앞의 실험 8-1, 8-2에서  계산한 값을 설정한다 */
    TH0 = 0x19;
    TL0 = 0x13;
    TH1 = 0x70;
    TL1 =0x00;

  /* 타이머0,  1 카운터 시작 */
    TR0 =1 ;
    TR1 =1;

   /* 인터럽트를 사용하기 위하여 먼저 EA 비트를 Enable시키고 */
    EA = 1;

   /* Timer/Counter 0, 1의 오버플로 인터럽트를 사용하겠다. */

  ET0 = 1 ;
```

```
ET1 = 1;

/* 타이머 1의 우선순위를 높이겠다.*/
PT1 = 1 ;

      while(1) {
          Control_7Seg(SevenFlag0, SevenFlag1);
      }
}
```

실험 8-3 마침

9

C·H·A·P·T·E·R

타이머/카운터 모드 2, 모드 3 인터럽트 제어

구성

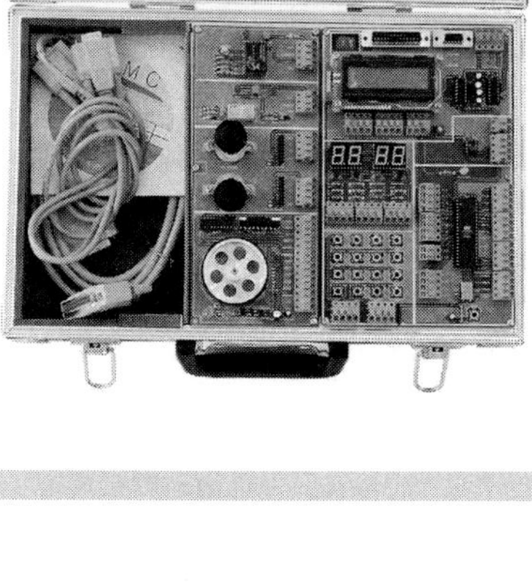

9.1 타이머/카운터 모드 2

타이머/카운터 모드 2가 다른 모드와 크게 차이나는 점은 오토 리로드(Auto Reload) 된다는 점이다. 그림 9-1에 제시된 것과 같이 TL을 8비트 카운터로 사용하고 오버플로가 발생되면 TH에 설정되어 있던 값은 리로드(Reload)된 후에도 변하지 않는다.

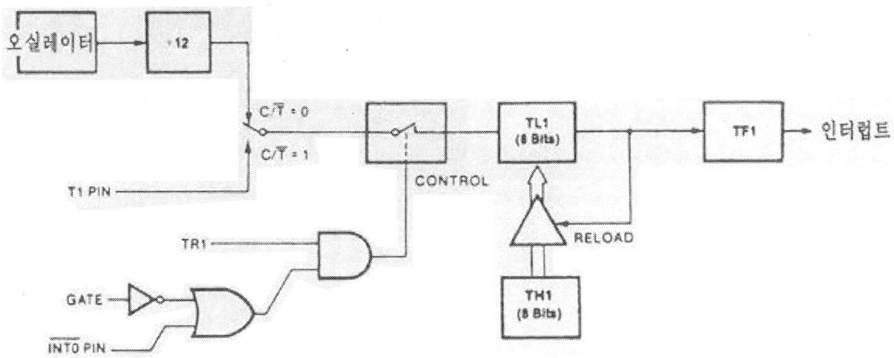

그림 9-1 타이머/카운터 1모드 2(8비트 오토 리로드)

타이머/카운터 1은 시리얼 포트와 연결되어 있다. 시리얼 통신을 하기 위해서는 뒤에 다시 언급되겠지만, 보레이트(Baud rate)를 발생시켜야 한다. 보레이트를 발생시킬 때 만약 모드 0, 1, 3을 사용한다면 시리얼 통신에 에러가 발생할 수 있다. 왜냐하면 모드 0, 1, 3을 사용하면 오버플로가 발생되고 TH, TL 레지스터에 초기값을 프로그램 상에서 리로드시켜 주어야 한다(실험 8-3의 인터럽트 함수 내에서 오버플로 된 후 TH, TL 값을 다시 설정해 준다. 이 때 이 프로그램 명령 TH, TL 값을 프로그램상에서 리로드)을 마이크로프로세서가 실행하고 있는 사이에 발생되는 시리얼 통신 중에는 보레이트가 정확하게 제공되지 않으므로 에러가 발생되는 것이다. 따라서 시리얼 통신용 보레이트 발생은 타이머/카운터 모드 2(오토로드 모드)를 주로 사용하여 통신을 한다.

보레이트 발생에 대해서는 시리얼 통신부에서 다시 한 번 공부하기로 하고 여기서는 8비트 오토 리로드 프로그램을 어떻게 작성하는가를 생각해 보자.

실험 9-1 가장 간단한 형태의 프로그램으로 타이머/카운터 0을 모드 2로 사용하여 0.1 ms마다 인터럽트가 발생하게 해서 7-Segment에서 1초마다 하나씩 카운트하는 프로그램을 작성하여 보자.

8장에서 계산된 바와 같이 내부 클록 1개의 주기는 0.000000542534초이므로 0.1 ms 마다 인터럽트를 발생시키면 0.0001/0.00000054253 = 184.3216 즉, 184개의 내부 클록이 입력되면 인터럽트가 발생된다. 이것을 16진 HEX 값으로 변환시키면 0xb8이다.

모드 2는 8비트 타이머/카운터이므로 내부 클록을 레지스터가 0xff까지 계수된 그 다음 순간 (0xff+1)에서 오버플로가 발생된다. 따라서 레지스터에 설정할 값은 (0xff +1)-0xb8 = 0x48이다. 여기서는 타이머/카운터 0을 모드 2로 사용하므로 TH0에 0x48을 설정하면 되는 것이다. 이 값은 모드 2가 오토 리로드이므로 앞의 프로그램들과는 달리 인터럽트 함수 내에서 프로그램적으로 로드(Load)해 줄 필요는 없다. 왜냐하면 이것은 하드웨어적으로 자동적으로 로드되기 때문이다. 그래서 이런 모드를 오토 리로드 모드라고 한다.

```
#include <io51.h>

bit C0    = 0xA0;
bit C1    = 0xA1;
bit C2    = 0xA2;
bit C3    = 0xA3;

bit L0    = 0xA4;
bit L1    = 0xA5;
bit L2    = 0xA6;
bit L3    = 0xA7;


#define S7_1   0x07
#define S7_2   0x0b
#define S7_3   0x0d
#define S7_4   0x0e

const char Font[17]  = { 0xc0, 0xf9, 0xa4, //'0', '1', '2'
                         0xb0, 0x99, 0x92, // '3', '4', '5'
                         0x82, 0xf8, 0x80, // '6', '7', '8'
```

```
                        0x90, 0x88, 0x83, // '9', 'A', 'b'
                        0xc6, 0xa1, 0x86, // 'C', 'd', 'E'
                        0x8e, 0x7f } ;    // 'F', '.'

unsigned int count0 = 0, SevenFlag = 0;

void Control_7Seg(unsigned int );

void Control_7Seg(unsigned int N)
{
  unsigned int  i, d , Buff;
  unsigned char N1000, N100, N10, N1  ;

  N1000 = N / 1000;
  Buff =  N % 1000 ;

  N100 = Buff / 100 ;
  Buff = Buff % 100;

  N10 = Buff / 10 ;
  N1 =  Buff % 10 ;

   for ( i = 0 ; i < 100 ; i ++ ) {
       P1 = S7_1 ;           // 첫번째  7-Segment를 켜준다.
       P0 = Font[N1000] ;    // 천의 자리를  써 준다.
       for(d = 0 ; d < 10; d++ ) ;

       P1 = S7_2 ;          // 두번째  7-Segment를 켜준다.
       P0 = Font[N100] ;    // 백의 자리를  써 준다.
       for(d = 0 ; d < 10; d++ ) ;

       P1 = S7_3;           // 세번째  7-Segment를 켜준다.
       P0 = Font[N10];      // 십의 자리를  써 준다.
       for(d = 0 ; d < 10; d++ ) ;

       P1 = S7_4 ;         // 네번째  7-Segment를 켜준다.
       P0 = Font[N1] ;     // 일의 자리를 을 써 준다.
       for(d = 0 ; d < 10; d++ ) ;
   }
 }

 interrupt[0x0b] void T0_int(void)
{
/* 일단 오버플로가 발생하여 인터럽트가 생성되면 count0를 증가하라.
   실험 8-3과 다른 점은 이 부분에서 다시 레지스터값을 LOAD하지
   않아도 모드 2에서는 하드웨어적으로 자동 리로드 된다는 것이다 */

   count0++;
```

```
/* 만약 증가한 count0값이 10000을 넘으면 즉 1초가 되면 */
if(count0>10000) {
          count0 =0;
          SevenFlag ++ ;
          if(SevenFlag > 9999 ) SevenFlag = 0;
  }
}

void main(void)
 {

/* 타이머/카운터 1을 모드 0으로 설정하고
    타이머/카운터 0을 모드 2(AUTO-RELAOD)로 설정  */
  TMOD = 0x02;

 /* 8비트 타이머 이므로 위에서 계산된 값을 가지고 THO 값만 설정했다. */
  THO = 0x48;

 /* 타이머 0 카운터 시작 */
  TRO =1 ;

  /* 인터럽트를 사용하기 위하여 먼저 EA 비트를 Enable시키고 */
  EA = 1;

  /* Timer/Counter 0의 오버플로 인터럽트를 사용하겠다. */
 ETO = 1 ;
      while(1) {
           Control_7Seg(SevenFlag);

      }
 }
```

실험 9-1 마침

9.2 타이머/카운터 모드 3

타이머/카운터 모드3에서는 타이머 0과 타이머 1의 동작이 서로 다르다.

타이머 0의 경우 TH0과 TL0이 서로 독립된 두 개의 카운터로 동작한다. 이 때 상위 8비트(TH0) 타이머/카운터 제어는 타이머/카운터 1에서 사용하던 TF1과 TR1을 사용하고 하위 8비트(TL0)의 타이머/카운터 제어는 타이머/카운터 0에서 사용되었던 TF0와 TR0을 사용한다.

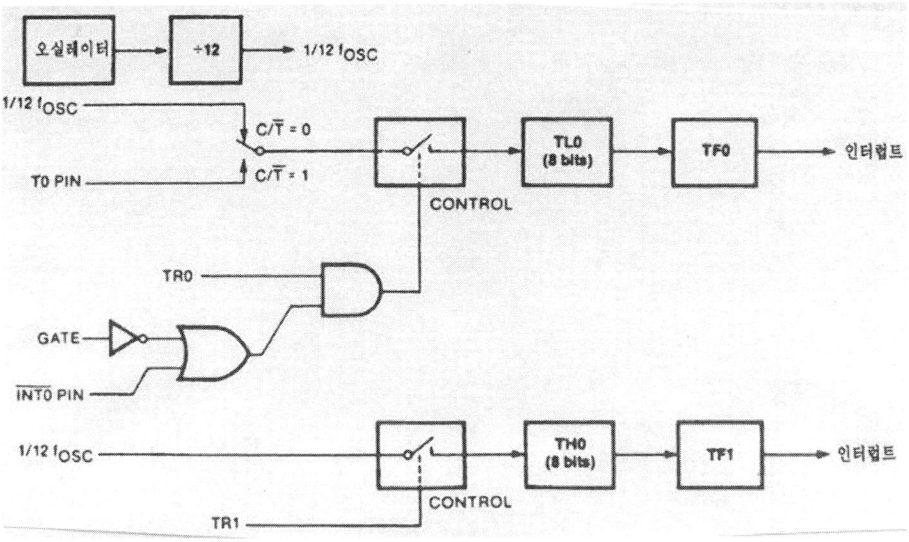

그림 9-2 타이머/카운터 모드 3(두개의 8비트 카운터)

타이머/카운터 1의 경우는 타이머/카운터 0을 모드 3으로 설정할 때 TH0의 제어비트로 TF1과 TR1 이 사용되기 때문에 타이머/카운터 1에서는 이를 사용할 수 없게 된다. 따라서 타이머/카운터 1에서는 동작을 제어할 비트들이 없어서 직접적으로 타이머/카운터 1을 제어할 수 없다.

한 가지 유의할 점은 타이머/카운터 1이 시리얼 포트와 연결되어 있고 보레이트 설정에서 인터럽트가 필요하지 않다고 해서 타이머/카운터 0을 모드 3으로 설정한 상태에서 타이머/카운터 1을 보레이트와 같은 용도로 사용한다면 이것은 큰 잘못이다. 왜냐하면 앞에서 기술되었던 것과 같이 시리얼 통신을 하는데 필수적인 보레이트 발생장치는 오토 리로드가 되어야 통신 에러가 발생되지 않는다. 따라서 타이머/카운터 0을 모드 3로 한 상태에서 타이머/카운터 1을 보레이트 발생 장치로 사용하는 오류는 범하지 않는 것이 좋다.

실험 9-2

타이머/카운터 0을 모드 3으로 설정한 상태에서 상위 8비트(TH0)는 0.1ms마다 인터럽트를 발생시켜 0.5초 주기로 첫 번째 두 번째 7-Segment를 카운트하고 하위 8비트(TL0)는 0.05ms마다 인터럽트를 발생시켜 마찬가지로 1초 주기로 세 번째 네 번째 7-Segment에서 카운트 하도록 해보자.

DCB의 내부 클록이 0.000000542534이므로 TH0의 경우 0.1ms이면 0.0001/0.00000054253 = 184.3216 즉, 184개의 내부 클록이 입력되면 인터럽트가 발생된다. 이것을 16진 HEX 값으로 변환시키면 0xb8이다. 또한 TL0의 경우 0.05ms이면 0.00005/0.00000054253 = 92.1608 즉, 92개의 내부 클록이 입력되면 인터럽트가 발생된다. 이것을 16진 HEX 값으로 변환시키면 0x5c이다. 따라서 이 값들을 TH0와 TL0에 넣어주면 된다.

```
#include <io51.h>

bit C0    = 0xA0;
bit C1    = 0xA1;
bit C2    = 0xA2;
bit C3    = 0xA3;

bit L0    = 0xA4;
bit L1    = 0xA5;
bit L2    = 0xA6;
bit L3    = 0xA7;

#define S7_1   0x07
#define S7_2   0x0b
#define S7_3   0x0d
#define S7_4   0x0e

const char Font[17]  = { 0xc0, 0xf9, 0xa4, //'0', '1', '2'
                          0xb0, 0x99, 0x92, // '3', '4', '5'
                          0x82, 0xf8, 0x80, // '6', '7', '8'
                          0x90, 0x88, 0x83, // '9', 'A', 'b'
                          0xc6, 0xa1, 0x86, // 'C', 'd', 'E'
                          0x8e, 0x7f } ;    // 'F', '.'

unsigned int count0 = 0, count1 = 0;
unsigned char SevenFlag0 = 0 , SevenFlag1 = 0;

void Control_7Seg(unsigned char, unsigned char );

void Control_7Seg(unsigned char N1, unsigned char N2)
{
  unsigned int  i, d ;
  unsigned char N1_10, N1_1, N2_10, N2_1  ;

  N1_10 = N1 / 10 ;
```

```
  N1_1 =  N1 % 10 ;
  N2_10 = N2 / 10 ;
  N2_1 =  N2 % 10 ;

   for ( i = 0 ; i < 100 ; i ++ ) {
       P1 = S7_1 ;           // 첫번째  7-Segment를 켜준다.
       P0 = Font[N1_10] ;    // 십의 자리를  써 준다.
       for(d = 0 ; d < 10; d++ ) ;

       P1 = S7_2 ;          // 두번째  7-Segment를 켜준다.
       P0 = Font[N1_1] ;    // 일의 자리를  써 준다.
       for(d = 0 ; d < 10; d++ ) ;

       P1 = S7_3;           // 세번째  7-Segment를 켜준다.
       P0 = Font[N2_10];      // 십의 자리를  써 준다.
       for(d = 0 ; d < 10; d++ ) ;

       P1 = S7_4 ;         // 네번째  7-Segment를 켜준다.
       P0 = Font[N2_1] ;    // 일의 자리를 써 준다.
       for(d = 0 ; d < 10; d++ ) ;
   }
 }

 /* 타이머/카운터 0의 모드 3에서 하위 바이트(TL0),
     0.1ms 인터럽트를 사용하기 위한 함수이다 */
interrupt[0x0b] void T0_int(void)
{

/* 초기값을 다시 리로드(RELOAD)시키고 */
TL0 = 0x5c;
count0++;

/* 만약 0.1ms 인터럽트가 5000번 발생하면, 즉 0.5초가 되면 */
if ( count0> 5000) {
       count0 = 0;

       SevenFlag0++ ;
       if(SevenFlag0 > 99 ) SevenFlag0 = 0 ;

  }

}

 /* 타이머/카운터 0의 모드 3에서 상위 바이트(TH0),
    0.02ms 인터럽트를 사용하기 위한 함수이다  */

 interrupt[0x1b] void T1_int(void)
```

```
 {

/* 초기값을 다시 리로드(RELOAD)시키고 */
  TH0 = 0xb8;

  count1++;

 /* 만약 0.02ms인터럽트가 20000번 발생하면, 즉 1초가 되면  */
  if(count1 >= 20000) {

       count1 = 0;

      SevenFlag1++ ;
      if(SevenFlag1 > 99 ) SevenFlag1 = 0 ;
   }

 }

void main(void)
 {

/* 타이머/카운터 0을 모드 3으로 설정하고
  타이머/카운터 1을 Don't Care로 놓는다 */
TMOD = 0x03;

/* 0.02ms 주기에 맞추어 TH0값을 설정한다. */
TH0 = 0xb8;

/* 0.01ms 주기에 맞추어 TL0값을 설정한다. */
TL0 = 0x5c;

/* 타이머/카운터 0의 하위 바이트(TL0) 카운트 시작 */
TR0 = 1;

/* 타이머/카운터 1의 상위 바이트(TH0) 카운트 시작 */
TR1 = 1;

 /* 상위 바이트(TH0), 하위 바이트(TL0) 인터럽트 enable */
 ET0 = 1;
 ET1 = 1;

       /* 인터럽트 사용하기 위해 EA 비트를 Enable시키고 */
 EA = 1;

  while( 1) {
          Control_7Seg(SevenFlag0, SevenFlag1 );
```

```
                }
}
```

실험 9-2 마침

10

C·H·A·P·T·E·R

외부 인터럽트 및 파워 절약 응용 모드

구성

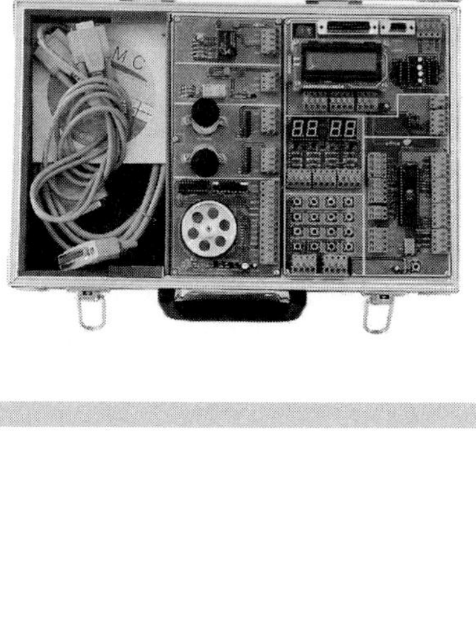

10.1 외부 인터럽트
10.2 파워 절약 모드

10.1 외부 인터럽트

89S51은 두 개의 외부 인터럽트 입력(INT0, INT1)을 가지고 있다. 이 두 개의 외부 인터럽트 핀은 TCON 레지스터의 하위 4비트의 설정에 따라 입력 펄스의 하강에지 또는 입력 펄스의 레벨(LOW 레벨)을 선택해서 받을 수 있다는 것은 제8장의 TCON 레지스터를 공부할 때 자세히 다루었다.

이 절에서는 외부 인터럽트를 직접 제어할 수 있는 TCON 레지스터(하위 4비트)의 실제 프로그램 및 프로그램에 따른 실험에 대하여 공부하기로 한다.

실험 10-1

그림 10-1과 같이 외부에 스위치를 설치하고 스위치와 INT0 (P3.2)를 연결한다. 스위치를 누를 때마다 스위치에서 출력되는 펄스의 하강에지에서 외부인터럽트를 발생시켜 신호의 누계만큼 7-Segment에 표시하는 프로그램을 작성하도록 한다. (TCON 레지스터의 IE0 비트는 인터럽트 발생시 하드웨어상에서 자동적으로 '1'로 되었다가 인터럽트 함수 수행이 끝나면 자동적으로 '0'이 되므로 프로그램상에서 이 비트를 건드릴 필요가 없다는 점에 유의한다.)

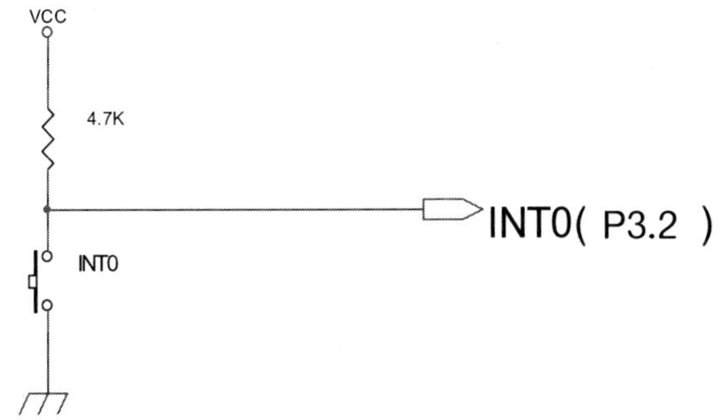

그림 10-1 INT0에 연결된 스위치

```
#include <io51.h>

bit C0    = 0xA0;
bit C1    = 0xA1;
bit C2    = 0xA2;
bit C3    = 0xA3;

bit L0    = 0xA4;
bit L1    = 0xA5;
bit L2    = 0xA6;
bit L3    = 0xA7;

#define S7_1   0x07
#define S7_2   0x0b
#define S7_3   0x0d
#define S7_4   0x0e

const char Font[17]  = { 0xc0, 0xf9, 0xa4, //'0', '1', '2'
                          0xb0, 0x99, 0x92, // '3', '4', '5'
                          0x82, 0xf8, 0x80, // '6', '7', '8'
                          0x90, 0x88, 0x83, // '9', 'A', 'b'
                          0xc6, 0xa1, 0x86, // 'C', 'd', 'E'
                          0x8e, 0x7f } ;    // 'F', '.'

/* 외부 인터럽트가 몇 번 입력되었는가를 카운팅하기 위해 지정된 변수 */
unsigned int SevenFlag= 0 ;

void Control_7Seg(unsigned int );

void Control_7Seg(unsigned int N)
{
  unsigned int  i, d , Buff;
  unsigned char N1000, N100, N10, N1  ;

  N1000 = N / 1000;
  Buff =  N % 1000 ;

  N100 = Buff / 100 ;
  Buff = Buff % 100;

  N10 = Buff / 10 ;
  N1 =  Buff % 10 ;

   for ( i = 0 ; i < 100 ; i ++ ) {
       P1 = S7_1 ;          // 첫번째  7-Segment를 켜준다.
```

```
        P0 = Font[N1000] ;   // 천의 자리를  써 준다.
        for(d = 0 ; d < 10; d++ ) ;

        P1 = S7_2 ;          // 두번째  7-Segment를 켜준다.
        P0 = Font[N100] ;    // 백의 자리를  써 준다.
        for(d = 0 ; d < 10; d++ ) ;

        P1 = S7_3;           // 세번째  7-Segment를 켜준다.
        P0 = Font[N10];      // 십의 자리를  써 준다.
        for(d = 0 ; d < 10; d++ ) ;

        P1 = S7_4 ;          // 네번째  7-Segment를 켜준다.
        P0 = Font[N1] ;      // 일의 자리를 써 준다.
        for(d = 0 ; d < 10; d++ ) ;
    }
 }
   /* EX0의 인터럽트 절대 번지는 0x03.
   따라서 인터럽트 서브루틴은 아래와 같다 */

interrupt [0x03] void EX0_int (void)
{
     /* 인터럽트 함수 안에서는 단지 외부 인터럽트가 몇 번 입력
      되었는가만 카운트한다. */
      SevenFlag++;
}

void main(void)
{

      /* INT0의 입력이 하강에지가  될때마다 인터럽트를 발생시켜 준다.
         이것 대신 비트 변수 IT0=1으로 처리해도 무방하다 */
       TCON=0x01;

         /* 인터럽트를 사용하기 위하여 해당 인터럽트를 인에이블(Enable)시
           켜준다. 이것대신 바이트 변수 IE=0x81로 처리해도 무방하다.
           왜냐하면 EA는 IE의 D7비트, EX0는 IE의 D0 비트이기 때문이다. */
         EA=1;
         EX0=1;
         SevenFlag = 0;
      /* 처음에 외부 인터럽트가 하나도 입력되지 않았을 때는 0으로 표시되
        다 외부인터럽트가 들어오면 외부 인터럽트 회수만큼 7-Segment에 표
        시한다 */
 for(;;) {

         Control_7Seg(SevenFlag);
```

```
    }
}
```

실험 10-1 마침

실험 10-1을 실행시키다 보면 한 가지 의문점이 생길 것이다. 분명히 외부 인터럽트 스위치를 한 번씩 눌렀는데 가끔 7-Segment의 표시는 1 이상의 값이 증가한다. 7-Segment의 값이 이상하게 증가한다는 것은 SevenFlag가 이상하게 증가한다는 것과 같은 말이기 때문에 당연히 의문점을 갖게 될 것이다. 그 이유는 채터링 현상 때문이다.

그림 10-2에서 실제 사람은 스위치를 한 번 누르는 것 같지만 전기적으로는 때로 여러 번 스위치가 눌려지게 된다. 따라서 이렇게 채터링이 발생되어 스위칭 회수만큼 인터럽트가 발생된다. 채터링을 방지하기 위해서는 채터링 방지회로를 설계해야 되는데, 그림 10-1에서는 채터링 방지회로가 장착되어 있지 않다. 따라서 우리는 채터링을 방지할 수 있는 알고리즘을 생각해 보기로 하자.

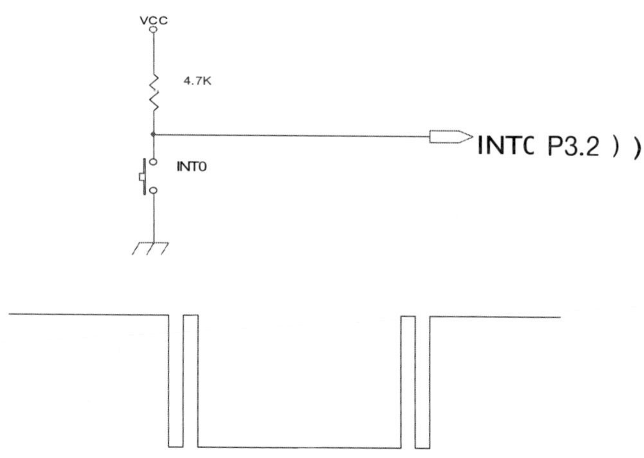

그림 10-2 채터링 현상

실험 10-2 이번에는 외부 인터럽트 신호의 LOW 레벨을 검출하여 보자. 인터럽트 스위치에서 입력되는 LOWf레벨을 감지하여 7-Segment에 표시해 보도록 한다.

```
#include <io51.h>

bit C0    = 0xA0;
bit C1    = 0xA1;
bit C2    = 0xA2;
bit C3    = 0xA3;

bit L0    = 0xA4;
bit L1    = 0xA5;
bit L2    = 0xA6;
bit L3    = 0xA7;

#define S7_1   0x07
#define S7_2   0x0b
#define S7_3   0x0d
#define S7_4   0x0e

const char Font[17]  = { 0xc0, 0xf9, 0xa4, //'0', '1', '2'
                         0xb0, 0x99, 0x92, // '3', '4', '5'
                         0x82, 0xf8, 0x80, // '6', '7', '8'
                         0x90, 0x88, 0x83, // '9', 'A', 'b'
                         0xc6, 0xa1, 0x86, // 'C', 'd', 'E'
                         0x8e, 0x7f } ;    // 'F', '.'

/* 외부 인터럽트가 몇 번 입력되었는가를 카운팅하기 위해 지정된 변수 */
unsigned int SevenFlag= 0 ;

void Control_7Seg(unsigned int );

void Control_7Seg(unsigned int N)
{
  unsigned int  i, d , Buff;
  unsigned char N1000, N100, N10, N1  ;

  N1000 = N / 1000;
  Buff =  N % 1000 ;

  N100 = Buff / 100 ;
  Buff = Buff % 100;

  N10 = Buff / 10 ;
  N1 =  Buff % 10 ;

   for ( i = 0 ; i < 100 ; i ++ ) {
       P1 = S7_1 ;           // 첫번째  7-Segment를 켜준다.
       P0 = Font[N1000] ;   // 천의 자리를  써 준다.
```

```
            for(d = 0 ; d < 10; d++ ) ;

            P1 = S7_2 ;          // 두번째  7-Segment를 켜준다.
            P0 = Font[N100] ;    // 백의 자리를  써 준다.
            for(d = 0 ; d < 10; d++ ) ;

            P1 = S7_3;           // 세번째  7-Segment를 켜준다.
            P0 = Font[N10];      // 십의 자리를  써 준다.
            for(d = 0 ; d < 10; d++ ) ;

            P1 = S7_4 ;         // 네번째  7-Segment를 켜준다.
            P0 = Font[N1] ;     // 일의 자리를 써 준다.
            for(d = 0 ; d < 10; d++ ) ;
    }
 }

/* EX0의 인터럽트 절대 번지는 0x03.
   따라서 인터럽트 서브루틴은 아래와 같다 */

interrupt [0x03] void EX0_int (void)
{

     /* 인터럽트 함수 안에서는 단지 외부 인터럽트가 몇 번 입력
      되었는가만 카운트한다. */
      SevenFlag++;

}

void main(void)
{

      /* INT0의 입력이 LOW 레벨이  될때 계속해서 인터럽트를 발생시켜 준
        다.  이것 대신 비트 변수 IT0=0으로 처리해도 무방하다 */
       TCON=0x00;

         /* 인터럽트를 사용하기 위하여 해당 인터럽트를 인에이블(Enable)시
          켜준다. 이것대신 바이트 변수 IE=0x81로 처리해도 무방하다.
          왜냐하면 EA는 IE의 D7비트, EX0는 IE의 D0 비트이기 때문이다. */

         EA=1;
         EX0=1;
         SevenFlag = 0;

      /* 처음에 외부 인터럽트가 하나도 입력되지 않았을 때는 0으로 표시되
      다 외부인터럽트가 들어오면 외부 인터럽트 회수 만큼 7-Segment에 표
      시한다 */
 for(;;) {
```

```
        Control_7Seg(SevenFlag);
    }
```

실험 10-2 마침

실험 10-2는 실험 10-1과 TCON 값만 0x00으로 바뀌고 나머지는 완벽하게 똑같다. 또한 실험 10-2를 구동시켜 보면 상당히 많은 숫자가 변함을 알 수 있다. 그 이유는 INT0에 입력되는 신호가 Low 레벨일 때 계속해서 인터럽트가 발생하기 때문이다.

10.2 파워 절약 모드

파워 절약 모드에는 아이들 모드(Idle Mode)와 파워 다운 모드(Power Down Mode)가 있다. 이것들은 PCON(power control register)의 IDL 비트를 1로 하면 아이들 모드로, PD 비트를 1로 하면 파워 다운 모드가 된다. PCON 레지스터는 아래와 같이 구성되어 있다.

	D7	D6	D5	D4	D3	D2	D1	D0
PCON(87H)	SMOD	-	-	-	GF1	GF2	PD	IDL

▶ SMOD(D7) : 더블 보레이트 비트

'1'로 세트하면 타이머 1은 시리얼 통신의 보레이트를 발생시키는데 사용되고 타이머1에서 발생시키는 보레이트를 2배로 해준다.

▶ GF1(D3) : 범용 플래그 비트

▶ GF2(D2) : 범용 플래그 비트

▶ PD(D1) : 파워 다운 비트

이 비트를 '1'로 하면 파워 다운 모드가 동작된다.

▶ IDL(D0) : 아이들 모드 비트

이 모드를 '1'로 하면 아이들 모드가 동작된다.

만약 PD비트와 IDL 비트 2비트를 모두'1'로 하면 파워 다운 모드가 동작된다.

그림 10-3은 아이들 모드 및 파워 절약 모드의 하드웨어에 대해 나타내고 있다.

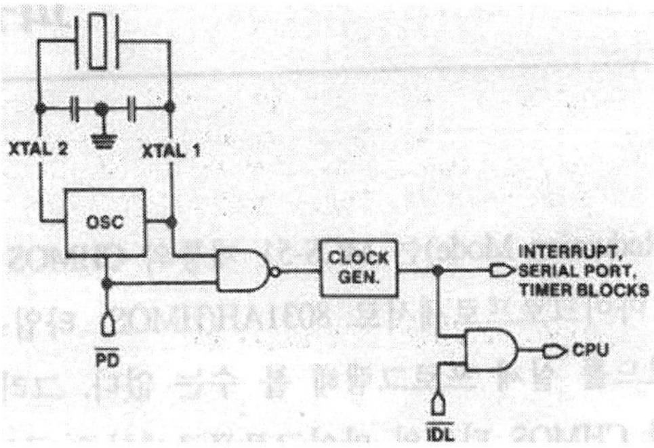

그림 10-3 아이들 모드 및 파워 다운 모드

10.2.1 아이들 모드(Idle Mode)

아이들 모드는 PCON 레지스터의 IDL 비트를 '1'로 세트함으로써 동작된다. 아이들 모드에서는 그림 10-3에 나타낸 것과 같이 CPU로 입력되는 내부 클록을 차단할 수 있으나 타이머, 시리얼 포트, 인터럽트를 발생할 수 있기 때문에 어떤 외부 입력에 대해서도 인터럽트를 발생시킬 수 있다. 아이들 모드를 끝내는 방법에는 두 가지가 있다.

첫째, 아이들 모드에서 인터럽트 발생시 하드웨어적으로 IDL 비트를 '0'으로 해주므로 인터럽트가 발생만 되면 아이들 모드를 탈출할 수 있다.

둘째, 하드웨어 리셋으로 아이들 모드에서 탈출할 수 있다. 단, 아이들 모드에서는 오실레이터가 발진 동작을 하고 있으므로 최소 2 머신 사이클(24 오실레이터주기) 만큼만 리셋을 유지시켜 주면 된다.

플래그 비트 GF0과 GF1은 인터럽트가 아이들 모드에서 발생되었는지 아니면 보통 모드에서 발생되었는지를 지적해 주는 비트이다. 아이들 모드에서 인터럽트가 발생되면 GF0, GF1 중의 하나 또는 모두 '1'로 세트된다. 따라서 아이들 모드를 사용하지 않을 때에는 일반적인 비트 변수로 사용할 수 있다.

10.2.2 파워 다운 모드(Power Down Mode)

파워 다운 모드는 PCON 비트의 PD 비트를 '1'로 함으로써 동작한다. 파워다운 모드에서는 그림 8-2에 나타낸 것과 같이 CPU 칩 내부의 오실레이터 자체를 OFF 시키므로 모든 동작이 멈추게 된다. 그러나 외부 RAM과 외부 주변장치의 값만은 그대로 유지된다.

따라서 출력포트의 값은 이전 값을 계속 유지하게 되나, ALE와 PSEN의 출력은 LOW가 되어 소비 전류를 보통의 10% 정도로 억제할 수 있지만, 이 모드에서의 탈출 방법은 리셋(Reset) 단자에 의한 하드웨어적인 리셋만 가능하다. 이 모드는 전원 등에 이상이 있을 때 정상적인 상태로 될 때까지 외부 RAM 및 주변장치의 값을 보존할 때 사용된다.

11

C·H·A·P·T·E·R

30ms 키보드 스캔 알고리즘 및 Dynamic 7-Segment 구현 및 실험

구성

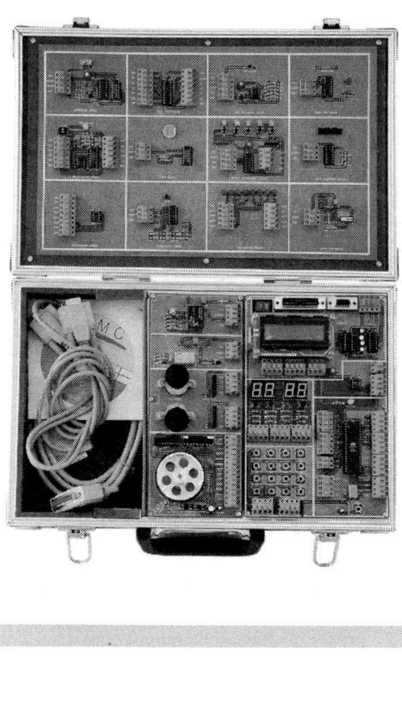

11.1 30ms 키보드 스캔 알고리즘

앞장에서 우리는 키보드 스캔 알고리즘에 대하여 실험한 바 있다. 그러나 7장에서 배운 키보드 스캔 알고리즘의 경우 main( ) 루틴에서 실행하기 때문에 마이크로프로세서는 항시 키보드만을 감시하게 된다. 따라서 마이크로프로세서가 할 수 있는 일에 제한을 주는 결과를 초래하게 된다.

일반적으로 산업체 또는 마이크로프로세서 회로를 개발하는 연구실 등에서는 이러한 단점을 없애기 위해 키보드 스캔 알고리즘을 타이머 인터럽트 안에 포함시켜서 일정한 시간마다 한번씩 키보드를 스캔하여 키보드가 눌렸는가, 눌리지 않았는가를 감시하여 키 값을 검출하게된다.

그러나 이런 프로그램을 작성하려면 키보드 스캔 주기를 얼마로 잡아야 가장 적절한가 하는 문제가 발생하게 된다. 만약 키보드 스캔 주기를 너무 짧게 즉, 타이머 인터럽트 주기를 너무 짧게 잡으면 마이크로프로세서는 키보드 스캔에만 매달려 다른 일을 할 수가 없을 뿐 아니라 노이즈에도 매우 약한 시스템이 되기 쉽다. 그렇다고 너무 길게 즉, 타이머 인터럽트주기를 너무 길게 잡으면 눌린 키 값을 잃어버릴 염려가 있다. 따라서 키보드 스캔을 얼마마다 한 번씩 할 것인가를 결정하는 일은 매우 중요하다.

산업체 연구실 또는 마이크로프로세서 관련 연구실에서 실험을 토대로 한 결과에 따르면 사람이 누르는 키를 가장 적절하게 받아들일 수 있는 마이크로프로세서의 키 스캔 주기는 30ms~50ms 주기이다. 따라서 독자들은 키 스캔 주기를 30ms~50ms 내로 설정하여야 한다. 따라서 본 실험에서는 30ms 키보드 스캔알고리즘을 이용하여 마이크로프로세서 수행에 큰 무리를 주지 않는 범위 내에서 키 스캔을 하도록 하였다.

실험 11-1 제7장의 키보드 인식 실험인 실험 7-8과 타이머 0(모드 1)을 이용하여 30ms 타이머 인터럽트 함수 내에 키보드를 인식하는 프로그램을 작성해 보자. 7-Segment의 카운트가 1초 간격으로(정확히 0.99초) 간격으로 증가하다가 SW0 ~SW15를 누르면 0으로 초기화되는 프로그램을 작성해 보기로 하자.

이 때 본 프로그램의 경우 키의 레벨을 인식하기 때문에 누르고 있는 동안은 카운트가 증가하지 않는다는 점을 유의하자.

이 경우에도 실험 8-1과 마찬가지로 가장 먼저 TH0과 TL0에 설정할 값을 계산하여야 할 것이다. 이를 계산하는 방법은 다음과 같다.

내부 클록 1개당 주기는 앞서의 계산값이 0.00000054253이고 인터럽트 주기가 0.03초이므로 내부 클록수는 0.03/0.0000054253 = 55296.4813 즉, 55296개의 내부 클록이 발생되어야 인터럽트 주기가 0.03초가 된다. 따라서 우리는 (55296)번의 내부 클록이 입력되면 오버플로가 발생하도록 하기 위해 16비트 타이머에다 이 숫자를 빼주면 되는 것이다.

16비트 타이머/카운터는 0xffff가 되고 나서 그 다음 클록이 입력되면 오버플로가 발생하여 TF0(타이머/카운터 0일 경우)이 '1'이 된다. 그러면 프로그램은 인터럽트 처리루틴으로 점프하게 되는 것이다. 따라서 우리가 내부 클록 1개가 발생될 때마다 즉, 0.00000054253초마다 인터럽트를 발생시키려 한다면 모드 0과는 달리 모드 1에서는 0xffff를 초기값으로 설정하면 된다. 또한 n개의 클록이 발생될 때 인터럽트를 발생시키려고 한다면

▶ TH0, TL0 설정 개수 = (0xffff +1)- n개 내부 클록 발생 수

따라서 55296개의 내부 클록 발생 후 인터럽트가 발생되게 프로그램 하려면 그 식은 다음과 같다. 55296의 Hex값은 0xd800이므로

▶ TH0, TL0 설정 개수 = (0xffff + 1) - 0xd800 = 0x2800

이것을 TH0와 TL0에 표시하면 TH0은 0x28 TL0은 0x00이다.

```
#include <io51.h>

bit C0    = 0xA0;
bit C1    = 0xA1;
bit C2    = 0xA2;
bit C3    = 0xA3;

bit L0    = 0xA4;
bit L1    = 0xA5;
bit L2    = 0xA6;
bit L3    = 0xA7;

#define S7_1   0x07
```

```
#define S7_2   0x0b
#define S7_3   0x0d
#define S7_4   0x0e

#define NoKey  0xff

 const char Font[17]  = { 0xc0, 0xf9, 0xa4, //'0', '1', '2'
                          0xb0, 0x99, 0x92, // '3', '4', '5'
                          0x82, 0xf8, 0x80, // '6', '7', '8'
                          0x90, 0x88, 0x83, // '9', 'A', 'b'
                          0xc6, 0xa1, 0x86, // 'C', 'd', 'E'
                          0x8e, 0x7f } ;    // 'F', '.'

unsigned char KeyValue= NoKey;
unsigned char M30sec= 0 ;
unsigned int  Count = 0;

void KeyScan(void); void KeyOut(char ); char KeyIn(void);
void Control_7Seg(unsigned int );

void Control_7Seg(unsigned int N)
{
  unsigned int  i, d , Buff;
  unsigned char N1000, N100, N10, N1  ;

  N1000 = N / 1000;
  Buff =  N % 1000 ;

  N100 = Buff / 100 ;
  Buff = Buff % 100;

  N10 = Buff / 10 ;
  N1 =  Buff % 10 ;

   for ( i = 0 ; i < 100 ; i ++ ) {
       P1 = S7_1 ;          // 첫번째  7-Segment를 켜준다.
       P0 = Font[N1000] ;   // 천의 자리를  써 준다.
       for(d = 0 ; d < 10; d++ ) ;

       P1 = S7_2 ;          // 두번째  7-Segment를 켜준다.
       P0 = Font[N100] ;   // 백의 자리를  써 준다.
       for(d = 0 ; d < 10; d++ ) ;

       P1 = S7_3;           // 세번째  7-Segment를 켜준다.
       P0 = Font[N10];      // 십의 자리를  써 준다.
       for(d = 0 ; d < 10; d++ ) ;
```

```
        P1 = S7_4 ;         // 네번째  7-Segment를 켜준다.
        P0 = Font[N1] ;     // 일의 자리를 써 준다.
        for(d = 0 ; d < 10; d++ ) ;
    }
 }

void KeyOut(char ot)
{
  C0 = ot;
  ot = ot >> 1;

  C1 = ot;
  ot = ot >> 1;

  C2 = ot;
  ot = ot >> 1;

  C3 = ot ;

 }

 char KeyIn(void)
{
 unsigned char InKey, NibbleP2 ;

   InKey = L3 ; NibbleP2 = Inkey << 3;
   InKey = L2 ; NibbleP2 |= (InKey << 2 ) ;
   InKey = L1 ; NibbleP2 |= (InKey << 1 ) ;
   InKey = L0 ; NibbleP2 |= InKey ;

   return NibbleP2 ;
 }

 void KeyScan(void)
{
 unsigned char  key = 0, key_cnt;
 unsigned char OTKey = 0x0e, KeyBuff ;

 KeyBuff = NoKey;

   for (key_cnt = 0 ; key_cnt < 4 ; key_cnt ++ ) {

          KeyOut(OTKey);
          key = KeyIn();
```

```
            if(Key==0x0e) KeyBuff =  0 + Key_cnt;
            else if (Key==0x0d) KeyBuff = 4 + Key_cnt ;
            else if (Key == 0x0b) KeyBuff = 8 + Key_cnt;
            else if (Key == 0x07) KeyBuff = 12 + Key_cnt ;
            OTKey = (OTKey << 1) + 1 ;
    }

    if(KeyBuff != NoKey)
            KeyValue = KeyBuff ;
 }

interrupt [0x0b] void T0_int(void)
{

  TH0=0x28;
  TL0=0x00;

  M30sec++;

  if(M30sec >33 ) {
              Count ++;
              M30sec = 0 ;
   }
   KeyScan();
}

 void main(void)
  {

    P2 = 0xff ;
    /* 타이머 1(모드 0),타이머 0(모드 1). 여기서 타이머 0만 사용되나
    TMOD에서는 타이머 1도 설정하게 되어 있으므로 일단
    TMOD의 상위  4비트를 0으로 세트해 놓자 */
     TMOD=0x01;

/* 타이머 0(모드 1)의 30ms 인터럽트 주기를 설정키 위한 TH0,TL0 레지스터*/
     TH0=0x28;
     TL0=0x00;

/* 타이머 0 카운터 시작 */
     TR0=1;
     ET0=1;
     EA=1;

        for( ;; ) {
```

```
            if(KeyValue>= 0 && KeyValue <=15) {
                        Count = 0;
                        M30sec = 0;
                        KeyValue = NoKey ;
            }
            Control_7Seg(Count);
    }
}
```

실험 11-1 마침

이제 여러분들은 키보드 인식프로그램을 30ms 인터럽트 함수 내에서 실행시켰으므로 훌륭한 키 인식 프로그램에 대하여 충분히 이해했으리라고 본다.

실험 11-2

이번에는 실험 11-1과 같이 7-Segment에서 카운트를 하되, 카운트 시점을 지정하는 키 값을 타이머 인터럽트에서 LOW 레벨 체크하지 말고 키가 눌리는 시점 즉, 키의 하강에지에서 키 값을 체크하는 프로그램을 작성해 보도록 하자.
앞의 실험과 다른 점은 실험 11-1에서는 키를 누르고 있는 동안은 7-Segment에서 계속 '0'을 표시하고 카운트하지 않지만, 이번 실험에서는 키를 계속 누르고 있어도 키를 누르는 시점에서 만 '0'이 되고 키를 누르고 있는 상태에서도 카운트가 계속 된다는 점이다.

이번 실험에서는 타이머 인터럽트 부분에서 키의 과거 값과 현재 키 값의 변화를 exclusive OR 하여 키의 눌림이 있는 부분 즉, 키 값의 하강에지를 소프트웨어적으로 검출하였다. 타이머 인터럽트 부분에서 실험 11-1의 KeyScan 함수에서 key 변수를 key[4]의 배열로 바꾸었고 old_key[4]와 new_key의변수를 새로이 도입하였다. key[4]와 old_key[4]를 4개의 배열로 선언한 것은 키의 스캔 라인이 4개이기 때문이다. 타이머 인터럽트 내의 for(key_cnt=0;key_cnt <4;key_cnt++) 문에서 for 루프를 4번 돌면서

- ▶ key_cnt가 '0'일 때 SW0,4,8,12을 스캔하여 key[0]에 스캔값을 저장하고
- ▶ key_cnt가 '1'일 때 SW1,5,9,13를 스캔하여 key[1]에 스캔값을 저장하고
- ▶ key_cnt가 '2'일 때 SW2,6,10,14를 스캔하여 key[2]에 스캔값을 저장하고
- ▶ key_cnt가 '3'일 때 SW3,7,11,15를 스캔하여 key[3]에 스캔값을 저장하도록

하기 위해서이다. old_key[4]에서는 key[4]의 바로 직전 값을 저장하도록 하여 바로 직전 값과 차이가 있으면 새로운 키가 입력되었다는 것을 알기 위함이다.

이제 아래의 프로그램을 작성하면 실험 11-1과 같은 결과가 7-Segment에 출력될 것이나 . 그러나 실험 11-1에서는 키를 레벨로 체크하기 때문에 키를 누르고 있는 상태에서는 카운트가 증가되지 않고 '0'을 표시하지만 이번 실험에서는 키를 누르는 시점에서만 '0'이 되고 키를 누르고 있는 상태에서도 카운트가 증가된다. 그 이유는 실험 11-1과 달리 이번 실험에서는 키의 에지를 체크하기 때문이다.

```
void KeyScan(void)
{
unsigned char  Key[4], Key_cnt, new_Key;
unsigned char OTKey = 0x0e, KeyBuff ;-------------------------------(1)

KeyBuff = NoKey;                ------------------------------------(2)

  for (Key_cnt = 0 ; Key_cnt < 4 ; Key_cnt ++ ) { ------------------(3)

     KeyOut(OTKey); ------------------------------------------------(4)
     Key[Key_cnt] = KeyIn(); ---------------------------------------(5)
     new_Key = old_Key[Key_cnt] ^ Key[Key_cnt] ; -------------------(6)

     if(new_Key !=0) { ---------------------------------------------(7)
          old_Key[Key_cnt] = Key[Key_cnt] ; ------------------------(8)
          if(Key[Key_cnt]==0x0e) -----------------------------------(9)
                    KeyBuff =  0 + Key_cnt;
           else if (Key[Key_cnt]==0x0d) ----------------------------(10)
                    KeyBuff = 4 + Key_cnt ;
           else if (Key[Key_cnt] == 0x0b) --------------------------(11)
                     KeyBuff = 8 + Key_cnt;
           else if (Key[Key_cnt] == 0x07) --------------------------(12)
                     KeyBuff = 12 + Key_cnt ;

          if(KeyBuff != NoKey) -------------------------------------(13)
                          KeyValue = KeyBuff ;
          return ;  ------------------------------------------------(14)
         }
        OTKey = (OTKey << 1) + 1 ;    ------------------------------(15)
  }

}
```

전원 투입 후 타이머 인터럽트 함수를 처음 실행할 때의 old_key[4], key[4], new_key의 초기값은 다음과 같다.

```
old_Key[0]=0, old_Key[1]=0, old_Key[2]=0, old_Key[3]=0,
Key[0]=0, Key[1]=0, Key[2]=0, Key[3]=0, new_Key=0
```

① Line(1) : OTkey = 0x0e 로 초기화 한 것은 SW0, 4, 8, 11를 처음에 스캔하기 위함이라는 것은 이미 앞장에서 언급된 바 있다.

② Line(2) : KeyBuff = NoKey(0xff)로 초기설정 하였다. 키 가 입력되지 않았을 때를 0xff 로 한다.

③ Line(3) : for 루트 내에서 key_cnt가 '0'일 때

④ Line(4) : OTkey 값(0x0e)을 키번지인 KeyOut()을 통해 출력하고

⑤ Line(5) : 이 때의 키 상태를 KeyIN()을 통해 74HC245로 읽어들여서 key[0](key_cnt가 '0'이므로)에 저장하고(전원을 투입함과 동시에 스위치를 누르는 순발력이 없다면 즉, 키가 눌리지 않았다면 key[0]=0x0f;

⑥ Line(6) : old_key[0]=0이므로 key[0]=0x0f와 XOR 시켜주면 new_key=0x0f가 되므로 (7)번의 조건문으로 진입할 수 있다.

⑦ Line(8) : (8)번의 조건문 내로 들어오자마자 key[0]의 값을 old_key[0]에 입력한다.

⑧ Line(9), (10), (11), (12) : 해당 사항이 없으므로 실제 키값을 저장하는 KeyBuff에는 아무 값도 저장하지 못하고 key_cnt를 '1' 증가한다.

```
old_Key[0]=0x0f, old_Key[1]=0, old_Key[2]=0, old_Key[3]=0,
Key[0]=0x0f, Key[1]=0, Key[2]=0, Key[3]=0
```

key_cnt=1일 때도 (9), (10), (11), (12)에 해당 사항이 없으므로 실제 키 값에는 아무것도 저장하지 못하고 key_cnt 가 '2'가 된다. 이 때 key[4]와 old_key[4]의 값은 다음과 같다.

```
old_Key[0]=0x0f, old_Key[1]=0x0f, old_Key[2]=0, old_Key[3]=0,
Key[0]=0x0f, Key[1]=0x0f, Key[2]=0, Key[3]=0
```

key_cnt=2일 때도 실제 키값은 없고 단지 key[4]와 old_key[4]의 변수값만 다음과 같이 변한다.

```
old_Key[0]=0x0f, old_Key[1]=0x0f, old_Key[2]=0x0f, old_Key[3]=0,
Key[0]=0x0f, Key[1]=0x0f, Key[2]=0x0f, Key[3]=0
```

key_cnt==3일 때는

```
old_Key[0]=0x0f, old_Key[1]=0x0f, old_Key[2]=0x0f, old_Key[3]=0x0f,
Key[0]=0x0f, Key[1]=0x0f, Key[2]=0x0f, Key[3]=0x0f
```

역시 이 때도 실제 키값은 없다.

스위치를 누르지 않은 상태에서는 For loop가 실행되어도 (7)에서 new_key의 변수값이 '0'이 되므로 다음과 같은 마지막 변수값이 계속 유지된다. Line(13)은 키 값이 있을 때 키 값을 KeyValue에 저장하기 위한 라인이다.

```
old_Key[4]={0x0f, 0x0f, 0x0fx, 0x0f}
Key[4]={0x0f, 0x0f, 0x0f, 0x0f}
```

이 상태에서 'SW0'을 눌렀다고 가정해 보자. 그러면

① Line(3) : for 루프에서 key_cnt가 '0'일 때
② Line(4), (5) : 실행하면서 'SW1'이 눌렸으므로 key[0]=0x0e가 된다.
③ Line(6) : old_key[0]=0x0f와 key[0]=0x0e가 XOR 되므로 new_key=0x01이 되어서 (7)의 조건문 안으로 진입하게 된다.
④ Line(8) : key[0]의 0x0e를 old_key[0]로 저장된다. 즉, 스위치 스캔 라인값이 변하자마자 키 값을 인정하겠다는 것으로 스위치를 누름과 동시(하강 에지)에 키값을 검출하겠다는 것이다.

⑤ Line(9) : 이 조건을 만족하므로 키의 실제 값인 KeyBuff에 '0'을 저장한다

⑥: Line(15) :인터럽트 함수를 종료하고 다시 본래의 프로그램인 main( )으로 귀환한다.

독자들은 위의 일련의 과정을 공부해 보고 다음 프로그램 예제와 같이 다른 스위치들이 눌려질 때도 생각해 보기 바란다.

```
#include <io51.h>

bit C0    = 0xA0;
bit C1    = 0xA1;
bit C2    = 0xA2;
bit C3    = 0xA3;

bit L0    = 0xA4;
bit L1    = 0xA5;
bit L2    = 0xA6;
bit L3    = 0xA7;

#define S7_1   0x07
#define S7_2   0x0b
#define S7_3   0x0d
#define S7_4   0x0e

#define NoKey  0xff

 const char Font[17]  = { 0xc0, 0xf9, 0xa4, //'0', '1', '2'
                          0xb0, 0x99, 0x92, // '3', '4', '5'
                          0x82, 0xf8, 0x80, // '6', '7', '8'
                          0x90, 0x88, 0x83, // '9', 'A', 'b'
                          0xc6, 0xa1, 0x86, // 'C', 'd', 'E'
                          0x8e, 0x7f } ;    // 'F', '.'

unsigned char KeyValue= NoKey;
unsigned char old_Key[4];
unsigned char M30sec= 0 ;
unsigned int  Count = 0;

void KeyScan(void); void KeyOut(char ); char KeyIn(void);

void Control_7Seg(unsigned int );

void Control_7Seg(unsigned int N)
{
  unsigned int  i, d , Buff;
```

```
  unsigned char N1000, N100, N10, N1  ;
  N1000 = N / 1000;
  Buff =  N % 1000 ;

  N100 = Buff / 100 ;
  Buff = Buff % 100;

  N10 = Buff / 10 ;
  N1 =  Buff % 10 ;

   for ( i = 0 ; i < 100 ; i ++ ) {
       P1 = S7_1 ;          // 첫번째  7-Segment를 켜준다.
       P0 = Font[N1000] ;   // 천의 자리를  써 준다.
       for(d = 0 ; d < 10; d++ ) ;

       P1 = S7_2 ;          // 두번째  7-Segment를 켜준다.
       P0 = Font[N100] ;    // 백의 자리를  써 준다.
       for(d = 0 ; d < 10; d++ ) ;

       P1 = S7_3;           // 세번째  7-Segment를 켜준다.
       P0 = Font[N10];      // 십의 자리를  써 준다.
       for(d = 0 ; d < 10; d++ ) ;

       P1 = S7_4 ;          // 네번째  7-Segment를 켜준다.
       P0 = Font[N1] ;      // 일의 자리를 써 준다.
       for(d = 0 ; d < 10; d++ ) ;
   }
 }

void KeyOut(char ot)
{
  C0 = ot;
  ot = ot >> 1;

  C1 = ot;
  ot = ot >> 1;
  C2 = ot;
  ot = ot >> 1;

  C3 = ot ;
}
char KeyIn(void)
{
 unsigned char InKey, NibbleP2 ;

   InKey = L3 ; NibbleP2 = InKey << 3;
```

```
    InKey = L2 ; NibbleP2 |= (InKey << 2 ) ;
    InKey = L1 ; NibbleP2 |= (InKey << 1 ) ;
    InKey = L0 ; NibbleP2 |= InKey ;

    return NibbleP2 ;
  }

  void KeyScan(void)
 {
  unsigned char  Key[4], Key_cnt, new_Key;
  unsigned char OTKey = 0x0e, KeyBuff ;

  KeyBuff = NoKey;

    for (Key_cnt = 0 ; Key_cnt < 4 ; Key_cnt ++ ) {

           KeyOut(OTKey);
           Key[Key_cnt] = KeyIn();
           new_Key = old_Key[Key_cnt] ^ key[Key_cnt] ;

           if(new_Key !=0) {
                   old_Key[Key_cnt] = key[Key_cnt] ;
                   if(Key[Key_cnt]==0x0e) KeyBuff =  0 + Key_cnt;
                   else if (Key[Key_cnt]==0x0d) KeyBuff = 4 + Key_cnt ;
                   else if (Key[Key_cnt] == 0x0b) KeyBuff = 8 + Key_cnt;
                   else if (Key[Key_cnt] == 0x07) KeyBuff = 12 + Key_cnt ;

                   if(KeyBuff != NoKey)
                             KeyValue = KeyBuff ;
                  return ;
            }
           OTKey = (OTKey << 1) + 1 ;
    }

  }

interrupt [0x0b] void T0_int(void)
{

  TH0=0x28;
  TL0=0x00;

  M30sec++;
  if(M30sec >33 ) {
                Count ++;
                M30sec = 0 ;
   }
```

```
   KeyScan();
}

 void main(void)
  {

    P2 = 0xff ;
    /* 타이머 1(모드 0),타이머 0(모드 1). 여기서 타이머 0만 사용되나
    TMOD에서는 타이머 1도 설정하게 되어 있으므로 일단
    TMOD의 상위  4비트를 0으로 세트해 놓자 */
     TMOD=0x01;

/* 타이머 0(모드 1)의 30ms 인터럽트 주기를 설정키 위한 TH0,TL0 레지스터*/
     TH0=0x28;
     TL0=0x00;

/* 타이머 0 카운터 시작 */
     TR0=1;
     ET0=1;
     EA=1;

          for( ;; ) {

                 if(KeyValue>= 0 && KeyValue <=15) {
                               Count = 0;
                               M30sec = 0;
                               KeyValue = NoKey ;
                }
                Control_7Seg(Count);
     }
  }
```

실험 11-2 마침

실험 11-3 실험 11-2에서는 키가 눌릴 때(하강에지) 7-Segment에서 구동되고 있는 카운트 값이 '0'가 되었다. 하지만 이번에는 키가 눌렸다가 손을 놓을 때 즉, 키 값의 상승에지에서 7-Segment값을 '0'으로 초기화 해 보기로 한다.

```
#include <io51.h>

bit C0    = 0xA0;
bit C1    = 0xA1;
bit C2    = 0xA2;
bit C3    = 0xA3;

bit L0    = 0xA4;
bit L1    = 0xA5;
bit L2    = 0xA6;
bit L3    = 0xA7;

#define S7_1   0x07
#define S7_2   0x0b
#define S7_3   0x0d
#define S7_4   0x0e

#define NoKey  0xff

 const char Font[17]  = { 0xc0, 0xf9, 0xa4, //'0', '1', '2'
                          0xb0, 0x99, 0x92, // '3', '4', '5'
                          0x82, 0xf8, 0x80, // '6', '7', '8'
                          0x90, 0x88, 0x83, // '9', 'A', 'b'
                          0xc6, 0xa1, 0x86, // 'C', 'd', 'E'
                          0x8e, 0x7f } ;    // 'F', '.'

unsigned char KeyValue= NoKey;
unsigned char old_Key[4];
unsigned char M30sec= 0 ;
unsigned int  Count = 0;

void KeyScan(void); void KeyOut(char ); char KeyIn(void);
void Control_7Seg(unsigned int );

void Control_7Seg(unsigned int N)
{
  unsigned int  i, d , Buff;
  unsigned char N1000, N100, N10, N1  ;

  N1000 = N / 1000;
  Buff =  N % 1000 ;

  N100 = Buff / 100 ;
  Buff = Buff % 100;

  N10 = Buff / 10 ;
  N1 =  Buff % 10 ;
```

```
  for ( i = 0 ; i < 100 ; i ++ ) {
       P1 = S7_1 ;           // 첫번째  7-Segment를 켜준다.
       P0 = Font[N1000] ;   // 천의 자리를  써 준다.
       for(d = 0 ; d < 10; d++ ) ;

       P1 = S7_2 ;          // 두번째  7-Segment를 켜준다.
       P0 = Font[N100] ;   // 백의 자리를  써 준다.
       for(d = 0 ; d < 10; d++ ) ;

       P1 = S7_3;           // 세번째  7-Segment를 켜준다.
       P0 = Font[N10];     // 십의 자리를  써 준다.
       for(d = 0 ; d < 10; d++ ) ;

       P1 = S7_4 ;         // 네번째  7-Segment를 켜준다.
       P0 = Font[N1] ;    // 일의 자리를 써 준다.
       for(d = 0 ; d < 10; d++ ) ;
  }
 }

void KeyOut(char ot)
{
  C0 = ot;
  ot = ot >> 1;

  C1 = ot;
  ot = ot >> 1;

  C2 = ot;
  ot = ot >> 1;

  C3 = ot ;
 }

char KeyIn(void)
{
 unsigned char InKey, NibbleP2 ;

   InKey = L3 ; NibbleP2 = InKey << 3;
   InKey = L2 ; NibbleP2 |= (InKey << 2 ) ;
   InKey = L1 ; NibbleP2 |= (InKey << 1 ) ;
   InKey = L0 ; NibbleP2 |= InKey ;

   return NibbleP2 ;
 }

 void KeyScan(void)
```

```
{
 unsigned char  key[4], key_cnt, new_key;
 unsigned char OTKey = 0x0e, KeyBuff ;

 KeyBuff = NoKey;

   for (Key_cnt = 0 ; Key_cnt < 4 ; Key_cnt ++ ) {

      KeyOut(OTKey);
      key[Key_cnt] = KeyIn();
      new_key = old_key[Key_cnt] ^ Key[Key_cnt] ;

      if(new_key !=0) {
              /* 이 부분이 Key에서 old_Key 로 바뀐다. */
              if(old_Key[Key_cnt]==0x0e) KeyBuff =  0 + Key_cnt;
              else if (old_Key[Key_cnt]==0x0d) KeyBuff = 4 + Key_cnt ;
              else if (old_Key[Key_cnt] == 0x0b) KeyBuff = 8 + Key_cnt;
              else if (old_Key[Key_cnt] == 0x07) KeyBuff = 12 + Key_cnt ;

              if(KeyBuff != NoKey)
                          KeyValue = KeyBuff ;
              old_Key[Key_cnt] = key[Key_cnt] ;
              return ;
           }
         OTKey = (OTKey << 1) + 1 ;
   }

 }

interrupt [0x0b] void T0_int(void)
{

  TH0=0x28;
  TL0=0x00;

  M30sec++;
  if(M30sec >33 ) {
             Count ++;
             M30sec = 0 ;
   }
   KeyScan();
}

 void main(void)
  {
```

```
    P2 = 0xff ;
    /* 타이머 1(모드 0),타이머 0(모드 1). 여기서 타이머 0만 사용되나
    TMOD에서는 타이머 1도 설정하게 되어 있으므로 일단
    TMOD의 상위 4비트를 0으로 세트해 놓자 */
     TMOD=0x01;

/* 타이머 0(모드 1)의 30ms 인터럽트 주기를 설정키 위한 TH0,TL0 레지스터*/
     TH0=0x28;
     TL0=0x00;

/* 타이머 0 카운터 시작 */
     TR0=1;
     ET0=1;
     EA=1;

       for( ;; ) {
                 if(KeyValue>= 0 && KeyValue <=15) {
                               Count = 0;
                               M30sec = 0;
                               KeyValue = NoKey ;
                }
                Control_7Seg(Count);
       }
  }
```

실험 11-3 마침

실험 11-4

이번 실험에서는 키보드 뿐만 아니라 7-Segment도 타이머 인터럽트 함수 내에서 구동시켜 보기로 한다. DCB(89S51)에서는 7-Segment를 Dynamic 방식으로 설계하였으므로 이번 실험에서와 같이 프로그램 하는 것이 앞 실험들에서 사용했던 것보다 훨씬 효율적이라 할 수 있다.
이번 실험에서는 실험 11-3에서와 같이 상승에지에서 키를 인식하도록 하고, 또한 5ms 타이머 인터럽트를 이용하여 7-Segment를 Dynamic하게 구동하도록 한다.
단, 키보드 인식 알고리즘은 50ms마다 실행하도록 한다.

내부 클록 1개당 주기는 앞서의 계산값이 0.00000054253이고 인터럽트 주기가 0.005초이므로 내부 클록수는 0.005/0.0000054253 = 9216.0802 즉, 9216개의 내부 클록이 발생되어야 인터럽트 주기가 0.005초가 된다. 따라서 우리는 (9216)번의 내부 클록이 입력되면 오버플로가 발생하도록 하기 위해 16비트 타이머에다 이 숫자를 빼주면 되는

것이다.

16비트 타이머/카운터는 0xffff가 되고 나서 그 다음 클록이 입력되면 오버플로가 발생하여 TF0(타이머/카운터 0일 경우)이 '1'이 된다. 그러면 프로그램은 인터럽트 처리 루틴으로 점프하게 되는 것이다. 따라서 우리가 내부 클록 1개가 발생될 때마다 즉, 0.00000054253초마다 인터럽트를 발생시키려 한다면 모드 0과는 달리 모드 1에서는 0xffff를 초기값으로 설정하면 된다. 또한 n개의 클록이 발생될 때 인터럽트를 발생시키려고 한다면

▶ TH0, TL0 설정 개수 = (0xffff +1)- n개 내부 클록 발생 수

따라서 9216개의 내부 클록 발생 후 인터럽트가 발생되게 프로그램 하려면 그 식은 다음과 같다. 9216의 Hex값은 0x2400이므로

▶ TH0, TL0 설정 개수 = (0xffff + 1) - 0x2400 = 0xDC00

이것을 TH0와 TL0에 표시하면 TH0은 0xdc TL0은 0x00이다.

```
#include <io51.h>
bit C0    = 0xA0;
bit C1    = 0xA1;
bit C2    = 0xA2;
bit C3    = 0xA3;

bit L0    = 0xA4;
bit L1    = 0xA5;
bit L2    = 0xA6;
bit L3    = 0xA7;

#define S7_1   0x07
#define S7_2   0x0b
#define S7_3   0x0d
#define S7_4   0x0e

#define NoKey  0xff

 const char Font[17]  = { 0xc0, 0xf9, 0xa4, //'0', '1', '2'
                         0xb0, 0x99, 0x92, // '3', '4', '5'
                         0x82, 0xf8, 0x80, // '6', '7', '8'
                         0x90, 0x88, 0x83, // '9', 'A', 'b'
                         0xc6, 0xa1, 0x86, // 'C', 'd', 'E'
```

```
                    0x8e, 0x7f } ;    // 'F', '.'

unsigned char KeyValue= NoKey;
unsigned char old_Key[4];
unsigned char M30sec= 0 ;
unsigned char Display7Seg;
unsigned int  Count = 0;

void KeyScan(void); void KeyOut(char ); char KeyIn(void);
void Control_7Seg(unsigned int , unsigned char );

/* 이 함수를 타이머 인터럽트 내에서 구동한다.
 unsigned char d는 타이머 인터럽트 내에서 7-segment를 4개 한꺼번에 구동하
지 않고 하나씩 구동하기 위한 파라미터 이다. */
void Control_7Seg(unsigned int N, unsigned char d)
{
  unsigned int  Buff;
  unsigned char N1000, N100, N10, N1  ;

   N1000 = N / 1000;
  Buff =  N % 1000 ;

  N100 = Buff / 100 ;
  Buff = Buff % 100;

  N10 = Buff / 10 ;
  N1 =  Buff % 10 ;

    // 처음 5ms 인터럽트에서는  첫 번째 자리만 표시한다.
     if(d==0) {
               P1 = S7_1 ;          // 첫번째  7-Segment를 켜준다.
               P0 = Font[N1000] ;   // 천의 자리를  써 준다.
     }
     // 두 번째 5ms 인터럽트에서는 두 번째 자리만 표시한다.
     else if(d==1) {
               P1 = S7_2 ;          // 두번째  7-Segment를 켜준다.
               P0 = Font[N100] ;    // 백의 자리를  써 준다.
     }
 // 세 번째 5ms 인터럽트에서는 세 번째 자리만 표시한다.
     else if(d==2) {
               P1 = S7_3;           // 세번째  7-Segment를 켜준다.
               P0 = Font[N10];      // 십의 자리를  써 준다.
     }
 // 네 번째 5ms 인터럽트에서는 네 번째 자리만 표시한다.
     else if(d==3) {
               P1 = S7_4 ;          // 네번째  7-Segment를 켜준다.
```

```
            P0 = Font[N1] ;    // 일의 자리를  써 준다.
    }
}

void KeyOut(char ot)
{
 C0 = ot;
 ot = ot >> 1;

 C1 = ot;
 ot = ot >> 1;

  C2 = ot;
 ot = ot >> 1;

 C3 = ot ;
}

char KeyIn(void)
{
 unsigned char InKey, NibbleP2 ;

   InKey = L3 ; NibbleP2 = InKey << 3;
   InKey = L2 ; NibbleP2 |= (InKey << 2 ) ;
   InKey = L1 ; NibbleP2 |= (InKey << 1 ) ;
   InKey = L0 ; NibbleP2 |= InKey ;

   return NibbleP2 ;
}

void KeyScan(void)
{
 unsigned char  Key[4], key_cnt, new_Key;
 unsigned char OTKey = 0x0e, KeyBuff ;

 KeyBuff = NoKey;

   for (Key_cnt = 0 ; Key_cnt < 4 ; key_cnt ++ ) {

         KeyOut(OTKey);
         Key[Key_cnt] = KeyIn();
         new_Key = old_Key[Key_cnt] ^ key[Key_cnt] ;

         if(new_Key !=0) {
             if(old_Key[Key_cnt]==0x0e) KeyBuff =  0 + Key_cnt;
              else if (old_Key[Key_cnt]==0x0d) KeyBuff = 4 + Key_cnt ;
```

```
            else if (old_Key[Key_cnt] == 0x0b) KeyBuff = 8 + Key_cnt;
            else if (old_Key[Key_cnt] == 0x07) KeyBuff = 12 + Key_cnt ;

            if(KeyBuff != NoKey)
                        KeyValue = KeyBuff ;
             old_Key[Key_cnt] = Key[Key_cnt] ;
               return ;
          }
        OTKey = (OTKey << 1) + 1 ;
  }
 }

 interrupt [0x0b] void T0_int(void)
{
  unsigned char Dis ;
  TH0=0xDC;
  TL0=0x00;

// 한번에 7-Segment 하나씩 만 구동하도록 하기 위해서 %4를 하여 나머지가
//   '0'이면 첫 번째, '1'이면 두 번째, '2'이면 세 번째, '3'이면 네 번째가
// 구동하도록 하기위한 프로그램이다.
  Display7Seg++ ;
  if(Display7Seg ==4)
          Display7Seg = 0;
  Dis = Display7Seg % 4 ;

   Control_7Seg(Count, Dis);

  M30sec++;
  if(M30sec >200 ) { // 1초에 한번씩 Count 증가
             Count ++;
             M30sec = 0 ;
   }
   // 5ms x 10 = 50ms 마다 키 스캔을 하도록 한다.
   if( ( M30sec % 10 ) == 0 )
                  KeyScan();
}

 void main(void)
  {

    P2 = 0xff ;
    /* 타이머 1(모드 0),타이머 0(모드 1). 여기서 타이머 0만 사용되나
    TMOD에서는 타이머 1도 설정하게 되어 있으므로 일단
    TMOD의 상위  4비트를 0으로 세트해 놓자 */
     TMOD=0x01;
```

```
/* 타이머 0(모드 1)의 5ms 인터럽트 주기를 설정키 위한 TH0,TL0 레지스터*/
    TH0=0xDC;
    TL0=0x00;

/* 타이머 0 카운터 시작 */
    TR0=1;
    ET0=1;
    EA=1;


        for( ;; ) {

                if(KeyValue>= 0 && KeyValue <=15) {
                                Count = 0;
                                M30sec = 0;
                                KeyValue = NoKey ;
                }

    }
  }
```

실험 11-4 마침

12
C·H·A·P·T·E·R
A/D 변환기

구성

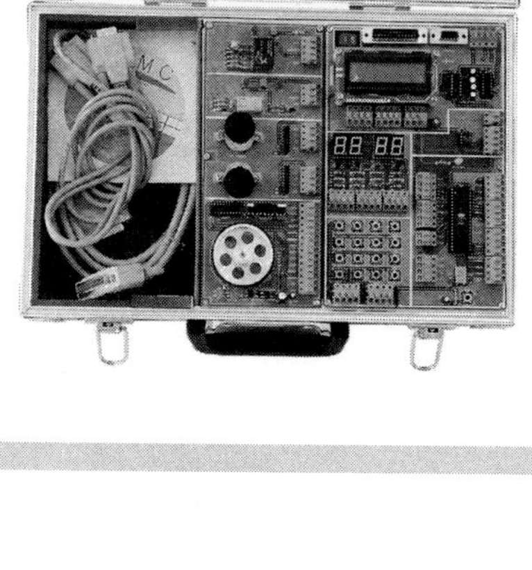

12.1 A/D, D/A 변환기 개념

A/D 또는 ADC는 아날로그/ 디지털 변환기(Analog to Digital Convertor)이고 D/A 또는 DAC는 디지털 /아날로그 변환기(Digital to Analog Convertor)를 말한다. A/D 변환기를 AC(교류)를 DC(직류)로 변환시켜 주는 장치, D/A 변환기를 DC를 AC로 변환시키는 장치라고 생각하는 사람들이 있는데 이는 잘못된 생각이다.

아날로그 값은 연속적인 양으로서 전류, 온도, 시간, 거리 등 우리가 보통 접하는 자연계의 양이며 디지털 값은 불연속적인 값으로서 코드화(Code)된 수치이다. 연속적인 양, 예를 들어1부터 2까지를 연속해서 손으로 써 내려가 보자. 1, 1.00…01, 1.00…02, …, 이렇게 써 나간다면 영원히 써도 불가능하다. 그러나 이를 0.1 간격으로 쓴다면 1.0, 1.1, …, 2.0이다. 이와 같이 어떠한 양을 끊어서 나타낸 것을 불연속적인 양이라 한다. 한편 거의 모든 컴퓨터는 디지털 컴퓨터이고 디지털 컴퓨터는 0과 1만을 구별할 수 있으므로 1.0, 1.1, …, 2.0을 컴퓨터가 알게 하기 위해서는 이 값들을 0과 1만을 이용해서 표현해야 된다. 이렇게 표현하는 것을 코드화 한다고 한다. 컴퓨터는 코드로 표시된 값만을 인식할 수 있다. 이와 같이 아날로그값을 코드 값으로 변환시켜주는 장치를 ADC라 하고 반대 기능의 장치를 DAC라 한다.

예를 들어 -5V～+5V까지의 입력 전압을 인가할 수 있는 8비트 A/D 변환기가 있다고 생각해 보자. 8비트는 0～0xff까지이므로 이 A/D 변환기는 -5V에서 +5V까지의 전압을 0에서 0xff까지의 디지털 값으로 인식할 수 있다. 이 A/D 변환기 입력 단자에 -5V를 가해주면 출력되는 디지털 값은 0이 될 것이고 입력 단자에 +5V를 가해주면 0xff가 디지털 값으로 출력될 것이다. 만약 입력단에 0V를 가해주면 0~0xff까지의 중간 값인 0x80이 출력될 것이다. 따라서 입력되는 전압이 직류가 되었든 교류가 되었든 간에 A/D 변환기는 마이크로프로세서가 인식하고자 하는 순간에 입력되는 아날로그 전압 값을 디지털 값으로 변환시켜 준다.

예를 들어 -10V～+10V까지 아날로그 전압을 출력할 수 있는 8비트 D/A 변환기가 있다고 생각해 보자. 출력 전압이 -10V～+10V까지이므로 이 D/A 변환기에 0xff의 디지털 데이터를 주게 되면 출력되는 전압은 +10V가 될 것이고 0의 디지털 데이터를 주게 되면 출력되는 전압은 -10V가 될 것이다. 만약 0x80의 디지털 데이터를 주게 되면 출력되는 전압은 0V가 될 것이다.

이 장에서는 A/D 변환기인 MCP3202를 중심으로 A/D 변환기의 모든 것을 익히기로 한다.

12.2 A/D 변환기 MCP3202

MCP3202는 MicroChip에서 나오는 2.7V Dual Channel 12비트 A/D 변환기로 SPI (Serial Peripheral Interface) 방식을 사용하는 Serial Interface IC이다. DCB(89S51)에는 AVR90S8535나 PIC16F877 내에 소장하고 있는 A/D 변환기가 없기 때문에 MCP3202를 외부에 부착하여 사용하고 있다. 따라서 전자계산기제어 산업기사 실기시험을 준비하고자 하는 사람은 반드시 MCP3202에 대하여 자세히 알고 있어야 한다. MCP 3202의 특성은 다음과 같다.

12.2.1 MCP3202의 특성

(1) 모터롤라 표준 Protocol인 SPI(Serial Peripheral Interface) 방식을 사용한다.

(2) 12비트의 분해능을 가지고 있다. (아날로그 신호를 12비트의 디지털 신호로 출력시킨다.)

(3) 2가지 종류의 아날로그 입력을 받을 수 있다.

- AD변환기와 Ground를 공통으로 사용하고 입력 전압만 두 채널로 받을 수 있다.
- AD 변환기와 Ground를 공통으로 사용하지 않고 Ground와 전압을CH0와 CH1에 연결하여 받을 수 있다.

(4) 아날로그 신호를 Sample 하는 기능과 Hold 하는 기능이 내장되어 있다.

(5) 2.7V~5.5V 단일 전원을 사용한다.

(6) 전원 전압이 5.5V일 때 100ksps(kilo sampling per second)의 변환 속도까지 나올 수 있다.

(7) 전원 전압이 2.7V일 때 50ksps(kilo sampling per second)의 변환 속도까지 나올 수 있다.

그림 12-1, 그림 12-2 및 그림 12-3은 각각 MCP 3202의 핀 배치도, 블록도, 타이밍도를 나타낸다.

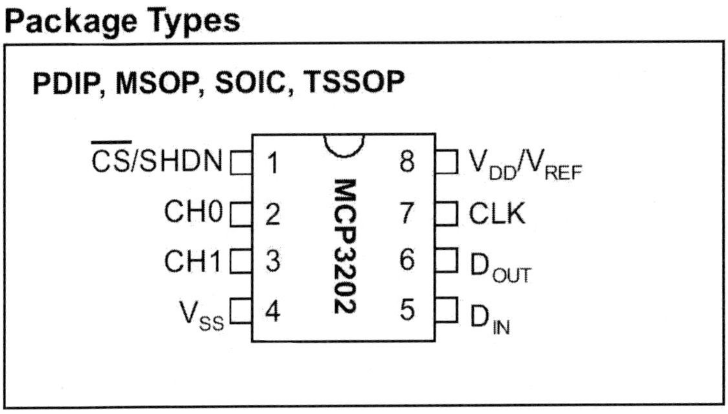

그림 12-1 MCP3202의 핀 배치도

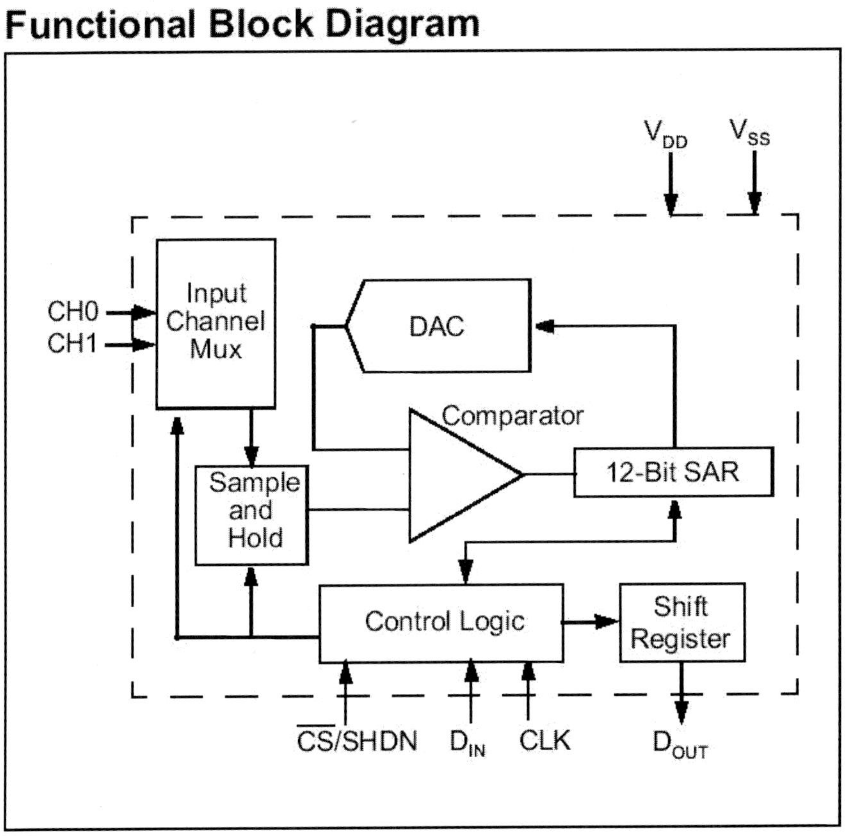

그림 12-2 MCP3202의 블럭도

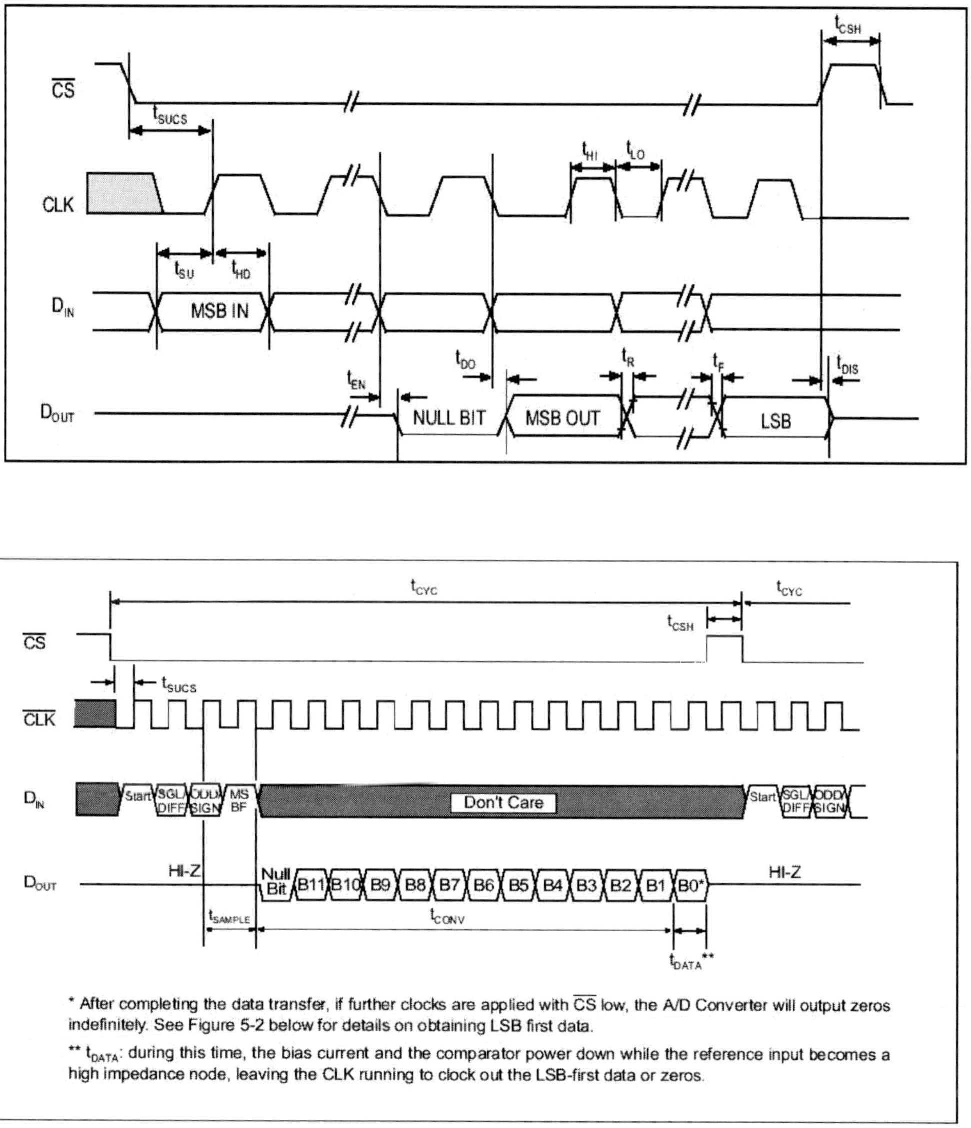

그림 12-3 MCP3202의 타이밍 도

MCP3202의 각 핀의 기능은 다음과 같다.

▶ 아날로그 입력 CH0/CH1 ------- (입력)

각가 채널 0과 1두개의 아날로그 입력을 받을 수 있다. 이 두 채널은 Ground를 외부 입력과 A/D 변환기 공통으로 사용하는 Single ended-mode로 사용하거나, 또는 A/D

변환기와 Ground를 공통으로 사용하지 않는 single pseudo-differential 로 사용할 수 있다. 이 경우 IN+와 IN-를 각 채널에 연결한다.

▶ $\overline{\text{Chip Select}}$/Shutdown ($\overline{\text{CS}}$/SHDN) ------- **(입력)**

이 핀은 'low' 신호를 주면 A/D 변환기를 초기화하고 나서 A/D변환을 시작·종료한다. 또한 이 신호를 'high'로 주면 전기를 적게 먹는 low Power 모드로 들어가게 되어서 전력소모를 최소화 할 수 있도록 설계되어 있다.

▶ Serial Clock(CLK) -------- **(입력)**

A/D 변환 종료 후 직렬데이터로 A/D 값을 마이크로 프로세서에서 읽어 낼 때 이 클록을 MCP3202에 입력시키면 A/D 값이 직렬로 출력된다.

▶ Serial Data INPUT(DIN) ----- **(입력)**

A/D 변환기의 Configuration을 설정할 때 사용되는 핀이다.

▶ Serial Data Output(Dout) ----- **(출력)**

A/D 변환이 끝난 후에 디지털 값을 CLK의 하강에지에서 직렬로 이 핀을 통하여 출력해 준다.

▶ VDD / Vref

전원 입력 핀이다 2.7V～ 5.5V까지 사용할 수 있다.

▶ Vss

Ground 입력 핀이다.

DCB(89S51)에서는 MCP 3202가 다음과 같이 설치되어 있다.

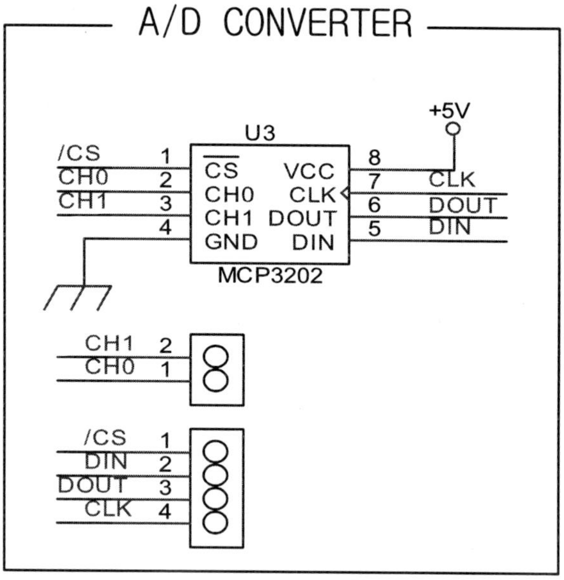

그림 12-4 DCB(89S51)에서의 MCP3202

먼저 MCP 3202를 DCB(89S51)에서 사용하기 위해서는 89S51의 각 포트와 연결해야 한다. 본 책에서는 아래 표와 같이 연결하여 사용하였다.

MCP3202 PAD 연결 부위				
MCP3202	CS/	DIN	DOUT	CLK
89S51	P3.2	P3.3	P3.4	P3.5

12.2.2 MCP3202의 인터페이스

이번 절에서는 MCP 3202의 인터페이스 방법과 프로그램 기법 등을 알아보기로 한다.

실험 12-1 A/D 변환기인 MCP3202의 CH0에 가변저항을 달고 이 가변 저항을 통하여 0~5V까지를 가변적으로 입력시키고 이 값을 7-Segment로 출력되게 한다. 단, Signgle ended-mode를 사용하기로 한다.

MCP 3202는 전원 전압을 5V를 주었을 때 100ksps의 변환시간이 걸린다. 이것은 다시 말하면 1초에 100,000번 AD변환을 할 수 있다는 뜻이므로 한 번 AD변환을 하는데 걸리는 시간은 10us가 소요된다.

CH0는 다음과 같이 연결한다 .

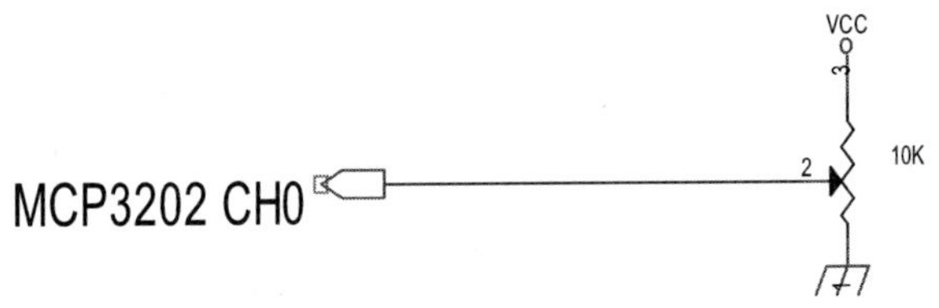

MCP 3202를 사용하여 Single ended-mode로 A/D 변환해야 하기 때문에 MCP3202의 Configuration을 설정하여야 한다. Configuration은 아래 표와 같이 설정해 주면 된다.

표 12-1 MCP3202의 Configuration Bit

	Config Bits		Channel Selection		GND
	Sgl/Diff	Odd/sign	0	1	
Single Ended Mode	1	0	+	—	-
	1	1	—	+	-
Pseudo-DifferentiaL Mode	0	0	IN+	IN-	
	0	1	IN-	IN+	

```
#include <io51.h>

bit C0    = 0xA0;
bit C1    = 0xA1;
bit C2    = 0xA2;
bit C3    = 0xA3;

bit L0    = 0xA4;
bit L1    = 0xA5;
bit L2    = 0xA6;
bit L3    = 0xA7;
```

```
bit CS    = 0xB2;
bit DIN   = 0xB3;
bit DOUT  = 0xB4;
bit CLK   = 0xB5;

#define S7_1   0x07
#define S7_2   0x0b
#define S7_3   0x0d
#define S7_4   0x0e

#define NoKey  0xff

 const char Font[17]  = { 0xc0, 0xf9, 0xa4, //'0', '1', '2'
                          0xb0, 0x99, 0x92, // '3', '4', '5'
                          0x82, 0xf8, 0x80, // '6', '7', '8'
                          0x90, 0x88, 0x83, // '9', 'A', 'b'
                          0xc6, 0xa1, 0x86, // 'C', 'd', 'E'
                          0x8e, 0x7f } ;    // 'F', '.'

unsigned char Display7Seg;

void Control_7Seg(unsigned int );
unsigned int MCP3202(void);

void Control_7Seg(unsigned int N)
{
  unsigned int  i, d , Buff;
  unsigned char N1000, N100, N10, N1  ;

  N1000 = N / 1000;
  Buff =  N % 1000 ;
  N100 = Buff / 100 ;
  Buff = Buff % 100;

  N10 = Buff / 10 ;
  N1 =  Buff % 10 ;

   for ( i = 0 ; i < 100 ; i ++ ) {
       P1 = S7_1 ;          // 첫번째  7-Segment를 켜준다.
       P0 = Font[N1000] ;   // 천의 자리를  써 준다.
       for(d = 0 ; d < 10; d++ ) ;

       P1 = S7_2 ;          // 두번째  7-Segment를 켜준다.
       P0 = Font[N100] ;    // 백의 자리를  써 준다.
       for(d = 0 ; d < 10; d++ ) ;

       P1 = S7_3;           // 세번째  7-Segment를 켜준다.
```

```
        P0 = Font[N10];      // 십의 자리를  써 준다.
        for(d = 0 ; d < 10; d++ ) ;

        P1 = S7_4 ;          // 네번째  7-Segment를 켜준다.
        P0 = Font[N1] ;      // 일의 자리를 써 준다.
        for(d = 0 ; d < 10; d++ ) ;
    }
  }

unsigned int MCP3202(void)
{
    unsigned char Count;
    unsigned int ADdata = 0;

    CS = 0;
    DIN = 1;        //START bit
    CLK = 0;
    CLK = 1;
    CLK = 0;

    DIN = 1;        //Sgl/Diff  표 12-1 참조
    CLK = 1;
    CLK = 0;

    DIN = 0; // CH0의 경우 '0', CH1의 경우 '1'을 설정 해준다.
    CLK = 1;       //Odd/sign 표 12-1 참조
    CLK = 0;

/* DIN = 1  'high'를 DIN에 입력한다.
 만약 이 비트가 'high' 이면 AD변환된 데이터 중 MSB가 먼저 출력된다.
 DIN = 0  'low'를 DIN에 입력하면 AD변환된 데이터 중 LSB 가 먼저 출력된다.
 */
    DIN = 1;
    CLK = 1;
    CLK = 0;

    // 한 클럭을 입력 시켜 주어야 데이터가 출력된다. 그림 12-3 참조
    CLK = 1;
    CLK = 0;

    for( Count = 0; Count <= 11; Count ++ ){
                        ADdata = ADdata << 1;
                        CLK = 1;
                        if( DOUT == 1 ) ADdata = ADdata | 0x01;
                        CLK = 0;
    }
```

```
    CS = 1;
    CLK = 1;

    return ADdata;
}

 void main(void)
{
  unsigned int ADvalue=0;
  unsigned int i = 0 ;

            for( ;  ;i++ ){
                  if(i > 10 ){
                          i = 0;
                          ADvalue = MCP3202() ;
                  }
               Control_7Seg(ADvalue);

            }
  }
```

실험 12-1 마침

실험 12-2 이번에는 CH1에서 입력되는 전압을 0.0~5.0까지의 Voltage로 표시해 보기로 한다.

5.0[V] 입력이 CH1로 입력되었을 때 AD값은 4096이 출력된다. 이것을 가지고 식을 만들면 다음과 같다.

5.0 [V]: 4096 = X[V] : 12비트 A/D 값

여기서 X[V]는 CH1에 입력되는 [V]이다. 하지만 89S51에서는 floating 포인트 연산을 하는 기능을 지원해주지 않는다. 따라서 소수점 계산을 하고자 한다면 컴파일러에서 소프트웨어적으로 부담이 되므로 여기서는 간단하게 식을 변형하여 소수점 계산을 하도록 한다.

50 [V]: 4096 = X[V] : 12비트 A/D 값

따라서

$$X = 12비트AD값 \times \frac{50}{4096}$$

으로 계산하고 7-Segment에 표시할 때 십의 자리와 일의 자리 가운데 소수점을 찍어 주면 된다.

```
#include <io51.h>

bit C0    = 0xA0;
bit C1    = 0xA1;
bit C2    = 0xA2;
bit C3    = 0xA3;

bit L0    = 0xA4;
bit L1    = 0xA5;
bit L2    = 0xA6;
bit L3    = 0xA7;

bit CS    = 0xB2;
bit DIN   = 0xB3;
bit DOUT  = 0xB4;
bit CLK   = 0xB5;

#define S7_1   0x07
#define S7_2   0x0b
#define S7_3   0x0d
#define S7_4   0x0e

#define NoKey  0xff

 const char Font[17]  = { 0xc0, 0xf9, 0xa4, //'0', '1', '2'
                          0xb0, 0x99, 0x92, // '3', '4', '5'
                          0x82, 0xf8, 0x80, // '6', '7', '8'
                          0x90, 0x88, 0x83, // '9', 'A', 'b'
                          0xc6, 0xa1, 0x86, // 'C', 'd', 'E'
                          0x8e, 0x7f } ;    // 'F', '.'

unsigned char Display7Seg;

void Control_7Seg(unsigned int );
unsigned int MCP3202(void);
```

```
void Control_7Seg(unsigned int N)
{
  unsigned int  i, d ;
  unsigned char  N10, N1  ;

  N10 = N / 10 ;
  N1 =  N % 10 ;

   for ( i = 0 ; i < 100 ; i ++ ) {
       P1 = S7_1 ;           // 첫번째  7-Segment를 켜준다.
       P0 = Font[N10] ;   // 일의 자리를  써 준다.
       for(d = 0 ; d < 10; d++ ) ;

        P1 = S7_2 ;           // 두번째  7-Segment를 켜준다.
       P0 = Font[16] ;   // 소수점 »  써 준다.
       for(d = 0 ; d < 10; d++ ) ;

 P1 = S7_3;           // 세번째  7-Segment를 켜준다.
       P0 = Font[N1];      // 소수점 첫번째 자리를  써 준다.
       for(d = 0 ; d < 10; d++ ) ;

         }
 }

unsigned int MCP3202(void)
{
    unsigned char Count;
    unsigned int ADdata = 0;

    CS = 0;
    DIN = 1;       //START bit
    CLK = 0;
    CLK = 1;
    CLK = 0;

    DIN = 1;       //Sgl/Diff  표 12-1 참조
    CLK = 1;
    CLK = 0;

    //Odd/sign 표 12-1 참조
    DIN = 1;      // CH0의 경우 '0', CH1의 경우 '1'을 설정 해준다.
    CLK = 1;
    CLK = 0;

/* DIN = 1  'high'를 DIN에 입력한다.
```

```
   만약 이 비트가 'high' 이면 AD변환된 데이터 중 MSB가 먼저 출력된다.
   DIN = 0  'low'를 DIN에 입력하면 AD변환된 데이터 중 LSB 가 먼저 출력된
   다.
 */
    DIN = 1;
    CLK = 1;
    CLK = 0;

    // 한 클럭을 입력 시켜 주어야 데이터가 출력된다. 그림 12-3 참조
    CLK = 1;
    CLK = 0;
  for( Count = 0; Count <= 11; Count ++ ){
                  ADdata = ADdata << 1;
                  CLK = 1;
                  if( DOUT == 1 ) ADdata = ADdata | 0x01;
                  CLK = 0;
    }
    CS = 1;
    CLK = 1;

    return ADdata;

}

 void main(void)
{
  unsigned long ADvalue=0;
  unsigned int i = 0 ;

          for( ;  ;i++ ){
                if(i > 10 ){
                      i = 0;
                      ADvalue = MCP3202() ;
                      ADvalue = (ADvalue *50)/4096 ;

                }
              Control_7Seg(ADvalue);

          }
   }
```

실험 12-2 마침

실험 12-3

이번 실험에서는 CH0, CH1을 두 개 모두 AD 변환을 하여 보기로 한다. CH0를 이용해서 나온 AD값은 00~50까지(0.0~ 5.0[V] 까지에서 소수점을 제외하고) 1, 2번째 7-Segment에 표시하고, CH1에서 나온 AD 값은 3, 4번째 7-Segment에 표시하도록 한다.

```
#include <io51.h>
bit C0    = 0xA0;
bit C1    = 0xA1;
bit C2    = 0xA2;
bit C3    = 0xA3;

bit L0    = 0xA4;
bit L1    = 0xA5;
bit L2    = 0xA6;
bit L3    = 0xA7;

bit CS    = 0xB2;
bit DIN   = 0xB3;
bit DOUT  = 0xB4;
bit CLK   = 0xB5;

#define S7_1   0x07
#define S7_2   0x0b
#define S7_3   0x0d
#define S7_4   0x0e

#define NoKey  0xff

 const char Font[17]  = { 0xc0, 0xf9, 0xa4, //'0', '1', '2'
                         0xb0, 0x99, 0x92, // '3', '4', '5'
                         0x82, 0xf8, 0x80, // '6', '7', '8'
                         0x90, 0x88, 0x83, // '9', 'A', 'b'
                         0xc6, 0xa1, 0x86, // 'C', 'd', 'E'
                         0x8e, 0x7f } ;    // 'F', '.'

unsigned char Display7Seg;
void Control_7Seg(unsigned char, unsigned char );
unsigned int MCP3202(char);

 void Control_7Seg(unsigned char N1, unsigned char N2)
{
  unsigned int  i, d ;
```

```
  unsigned char N1_10, N1_1, N2_10, N2_1  ;

  N1_10 = N1 / 10 ;
  N1_1 =  N1 % 10 ;
  N2_10 = N2 / 10 ;
  N2_1 =  N2 % 10 ;

   for ( i = 0 ; i < 100 ; i ++ ) {
       P1 = S7_1 ;          // 첫번째  7-Segment를 켜준다.
       P0 = Font[N1_10] ;   // 십의 자리를  써 준다.
       for(d = 0 ; d < 10; d++ ) ;

       P1 = S7_2 ;          // 두번째  7-Segment를 켜준다.
       P0 = Font[N1_1] ;    // 일의 자리를  써 준다.
       for(d = 0 ; d < 10; d++ ) ;

       P1 = S7_3;           // 세번째  7-Segment를 켜준다.
       P0 = Font[N2_10];      // 십의 자리를  써 준다.
       for(d = 0 ; d < 10; d++ ) ;

       P1 = S7_4 ;          // 네번째  7-Segment를 켜준다.
       P0 = Font[N2_1] ;     // 일의 자리를 써 준다.
       for(d = 0 ; d < 10; d++ ) ;
   }
 }

unsigned int MCP3202(char ch)
{
    unsigned char Count;
    unsigned int ADdata = 0;

    CS = 0;
    DIN = 1;      //START bit
    CLK = 0;
    CLK = 1;
    CLK = 0;

    DIN = 1;      //Sgl/Diff  표 12-1 참조
    CLK = 1;
    CLK = 0;

    //Odd/sign 표 12-1 참조
   if (ch== 0 ) DIN = 0; // CH0의 경우 '0', CH1의 경우 '1'을 설정 해준다.
    else if(ch==1) DIN = 1 ;
    CLK = 1;
    CLK = 0;
```

```
    /* DIN = 1  'high'를 DIN에 입력한다.
      만약 이 비트가 'high' 이면 AD변환된 데이터 중 MSB가 먼저 출력된다.
      DIN = 0  'low'를 DIN에 입력하면 AD변환된 데이터 중 LSB 가 먼저 출력
      된다.     */
    DIN = 1;
    CLK = 1;
    CLK = 0;

    // 한 클럭을 입력 시켜 주어야 데이터가 출력된다. 그림 12-3 참조
    CLK = 1;
    CLK = 0;

    for( Count = 0; Count <= 11; Count ++ ){
                    ADdata = ADdata << 1;
                    CLK = 1;
                    if( DOUT == 1 ) ADdata = ADdata | 0x01;
                    CLK = 0;
    }
    CS = 1;
    CLK = 1;

    return ADdata;

}
void main(void)
{
  unsigned long Channel0=0, Channel1 = 0;
  unsigned int i = 0 ;

            for( ;  ;i++ ){
                  if(i > 10 ){
                         i = 0;
                         Channel0 = MCP3202(0) ;
                         Channel0 = (Channel0 *50)/4096 ;

                         Channel1 = MCP3202(1) ;
                         Channel1 = (Channel1 *50)/4096 ;

                  }
                Control_7Seg(Channel0, Channel1);

            }
  }
```

실험 12-3 마침

실험 12-4 이번 실험에서는 CH0, CH1의 A/D 변환값을 LCD에 표시하기로 한다. 단, LCD에 표시할 때 LCD 커서는 보이지 않는 모드로 설정한다.

▶ LCD에 표시하기 위해서는 앞의 실험에서 7-Segment 쪽 PAD에 연결되었던 것을 LCD 쪽 PAD로 다시 연결해야 한다.

PAD 연결 부위

LCD	RS	RW	E	D0	D1	D2	D3	D4	D5	D6	D7
89S51	P1.0	P1.1	P1.2	P0.0	P0.1	P0.2	P0.3	P0.4	P0.5	P0.6	P0.7

```
#include <io51.h>

bit P1_0    = 0x90;
bit P1_1    = 0x91;
bit P1_2    = 0x92;

bit CS      = 0xB2;
bit DIN     = 0xB3;
bit DOUT    = 0xB4;
bit CLK     = 0xB5;

#define  LCD_RS    P1_0
#define  LCD_RW    P1_1
#define  LCD_E     P1_2

#define  LCD_DATA  P0

#define  ON        1
#define  OFF       2

unsigned char ItoA[4] ;

void E_Pulse(void);      void Func_set(void);    void Init_Lcd(void);
void delay (char);       void write_char(char);  void clrscr (void) ;
void lcd_disp ( char, char ) ;  void write_lcd(char, char, char *);
void display_ON_OFF(char , char , char );
void write_lcdAD( char ,  char  );
void InteToASCII(unsigned char ) ;
unsigned int MCP3202(char );
```

```
void delay (char p)
 {
 int i, j ;

   for ( j = 0 ; j < p ; j++)

      for ( i = 0 ; i < 20000 ; i++) ;

 }

/* 앞장에서 알 수 있듯이 LCD로 데이터가 입력되려면 반드시 데이터
   를 래치시킨 상태에서 LED Enable신호에 펄스 하나를 내주어야 된다. */
void E_Pulse(void)
{
char i ;
              /* LCD Enable 신호 'HIGH' */
      LCD_E = 1 ;
             /* LCD Enable 펄스를 어느 시간 이상 지연해 준다.*/
      for (i=0; i< 20 ; i++) ;
             /*  LCD Enable 신호 'LOW' */
      LCD_E = 0 ;
 }

/*  LCD컨트롤러 HD44780의 기능을 설정하는 함수로 데이터 라인을 8비트 인
    터페이스, 2라인 디스플레이, 5*7글자 폰트를 설정한다.  */
void Func_set(void)
{
/*  LCD R/W   */
LCD_RW = 0 ;

/*LCD RS   */
LCD_RS = 0 ;

/*  LCD DB0~DB7까지의 값이다. */
LCD_DATA = 0x38 ;

/* 모든 명령(데이터 입력)후 반드시 LCD Enable 펄스를 하나 내주어야 한다
*/
 E_Pulse() ;
 }

 /*  LCD를 초기화 함수이다.  */
void Init_Lcd(void)
{
 int i ;
 LCD_E = 0 ;

 /*  전원이 4.5V  이상으로 올라간 후에 15ms 이상을 기다려야 한다.  */
```

```
 /*  i값 2000 에 해당되는 딜레이는  컴파일러마다 틀릴 수 있다. */
  for ( i=0 ; i<2000 ; i++);
  Func_set() ;
 /*  4.1ms 이상 기다려야 한다.  i값 1000의 딜레이는  컴파일러마다 틀릴 수
있다. */
  for ( i=0 ; i<1000 ; i++);
  Func_set() ;
   /*  100us 이상 기다려야 한다.  */
/*  i값 200에 해당되는 딜레이는  컴파일러마다 틀릴 수 있다. */
  for ( i=0 ; i<200 ; i++) ;
  Func_set() ;

  /*  디스플레이 ON/OFF 제어 : 디스플레이와 커서를 ON하고, 커서는 깜빡이
      게 된다. 초기화 직후이기 때문에 글자는 하나도 나타나지 않는다.  */

   LCD_DATA = 0x0f;
   E_Pulse() ;

   /*  엔트리 모드 세트 : 어드레스는 +1, D.D. /C.G.RAM 쓰기 후에 커서는
   오른쪽으로 시프트하도록 한다.이때 디스플레이는 시프트하지 않는다 */
  LCD_DATA = 0x06 ;
  E_Pulse() ;
  }

void write_char(char s)
{
 LCD_RS = 1;
 LCD_DATA = s;
 E_Pulse();
}
void clrscr(void)
{
int i ;

   LCD_RS = 0 ;
   LCD_RW = 0 ;
   LCD_DATA = 0x01 ;
   E_Pulse() ;
      /* 최소한 1.64ms의 시간 지연을 주어야 한다. */
    for (i = 0 ; i < 600 ; i++ ) ;
}
void lcd_disp ( char x, char y )
{
  LCD_RS = 0 ;
  LCD_RW = 0 ;
  if (y==0) LCD_DATA = x +0x80 ;
 else if (y==1) LCD_DATA = x + 0xc0 ;
```

```
   E_Pulse() ;
}

 void display_ON_OFF(char d, char c, char b)
  {
   unsigned char display = 0x08 ;

    LCD_RS = 0 ;
    LCD_RW = 0 ;

    if(d==ON) d = 0x04 ;
    else d = 0x00 ;

    if(c==ON) c = 0x02 ;
    else c = 0x00 ;

    if(b==ON) b = 0x01 ;
    else b = 0x00 ;

    LCD_DATA = display |d  |c |b ;
    E_Pulse() ;
 }

void write_lcd( char x,  char y, char  *str )
{
     lcd_disp(x, y) ;
          while(*str)
          write_char(*str++) ;
}
// 아래 InteToASCII 함수에서 출력된 ASCII를 LCD에 표시해 준다.
void write_lcdAD( char x,  char y )
{
char  i ;

     lcd_disp(x, y) ;
     for( i = 0 ;i < 4 ; i ++ ) write_char(ItoA[i]);
 }

// 숫자를 ASCII로 변환해 주는 함수이다
void InteToASCII(unsigned char c)
{
 unsigned char  Buff ;

  ItoA[0] = c / 100 + 0x30 ;
  Buff = c % 100 ;
  ItoA[1] = Buff / 10 +0x30;
  ItoA[2] = '.';
```

```
  ItoA[3] = Buff % 10 +0x30 ;
 }
unsigned int MCP3202(char ch)
{
    unsigned char Count;
    unsigned int ADdata = 0;

    CS = 0;
    DIN = 1;       //START bit
    CLK = 0;
    CLK = 1;
    CLK = 0;

    DIN = 1;       //Sgl/Diff  표 12-1 참조
    CLK = 1;
    CLK = 0;

 // CH0의 경우 '0', CH1의 경우 '1'을 설정 해준다.
    if (ch== 0 ) DIN = 0;
    else if(ch==1) DIN = 1 ;
    CLK = 1;     //Odd/sign 표 12-1 참조
    CLK = 0;

    /* DIN = 1  'high'를 DIN에 입력한다.
      만약 이 비트가 'high' 이면 AD변환된 데이터 중 MSB가 먼저 출력된다.
      DIN = 0  'low'를 DIN에 입력하면 AD변환된 데이터 중 LSB 가 먼저 출력
      된다.
    */
    DIN = 1;
    CLK = 1;
    CLK = 0;

    // 한 클럭을 입력 시켜 주어야 데이터가 출력된다. 그림 12-3 참조
    CLK = 1;
    CLK = 0;

    for( Count = 0; Count <= 11; Count ++ ){
                    ADdata = ADdata << 1;
                    CLK = 1;
                    if( DOUT == 1 ) ADdata = ADdata | 0x01;
                    CLK = 0;
    }
    CS = 1;
    CLK = 1;

    return ADdata;
}
```

```
void main(void)
{
  unsigned long Advalue;
  unsigned  char Adchar = 0;

  Init_Lcd() ;
  display_ON_OFF(ON , OFF , OFF );
  clrscr();

 write_lcd (0, 0, "CH0 :     [V]") ;
 write_lcd (0, 1, "CH1 :     [V]") ;

 delay(5) ;

            for( ;  ; ){
                     // CH0를 AD변환한다.
                         Advalue = MCP3202(0) ;
                         Advalue = (Advalue *50)/4096 ;
                         Adchar = (unsigned char) Advalue ;
                         InteToASCII(Adchar);
                         write_lcdAD(5,0);
                     // CH1을 AD 변환한다.
                         Advalue = MCP3202(1) ;
                         Advalue = (Advalue *50)/4096 ;
                         Adchar = (unsigned char) Advalue ;
                         InteToASCII(Adchar) ;
                         write_lcdAD(5,1);

                }
}
```

실험 12-4 마침

실험 12-5 지금까지의 실험에서는 외부신호의 Ground와 MCP3202의 Ground를 연결하여 공통 Ground를 갖고 외부에서 입력되는 전압신호를 A/D 변환하였다. 그러나 이번 실험에서는 외부신호와 MCP3202의 Ground를 연결하지 않고 외부에서 입력되는 전압 신호의 Ground를 CH1에 연결하고, 외부에서 입력되는 전압을 CH0에 연결하여 CH0와 CH1의 전위 차를 A/D 변환하여 보도록 한다.

▶ 외부 Ground를 CH1에 연결

▶ 외부 전압 신호를 CH0에 연결

```
#include <io51.h>

bit P1_0    = 0x90;
bit P1_1    = 0x91;
bit P1_2    = 0x92;

bit CS      = 0xB2;
bit DIN     = 0xB3;
bit DOUT    = 0xB4;
bit CLK     = 0xB5;

#define  LCD_RS    P1_0
#define  LCD_RW    P1_1
#define  LCD_E     P1_2

#define  LCD_DATA  P0

#define  ON        1
#define  OFF       2

unsigned char ItoA[4] ;
void E_Pulse(void);      void Func_set(void);    void Init_Lcd(void);
void delay (char);       void write_char(char);  void clrscr (void) ;
void lcd_disp ( char, char ) ; void write_lcd(char, char, char *);
void display_ON_OFF(char , char , char );
void write_lcdAD( char ,  char  );
void InteToASCII(unsigned char ) ;
unsigned int MCP3202(void);

 void delay (char p)
  {
  int i, j ;

    for ( j = 0 ; j < p ; j++)
       for ( i = 0 ; i < 20000 ; i++) ;

  }

  /* 앞장에서 알 수 있듯이 LCD로 데이터가 입력되려면 반드시 데이터를 래치
     시킨 상태에서 LED Enable신호에 펄스 하나를 내주어야 된다. */
 void E_Pulse(void)
 {
 char i ;
               /* LCD Enable 신호 'HIGH' */
      LCD_E = 1 ;
              /* LCD Enable 펄스를 어느 시간 이상 지연해 준다.*/
```

```
      for (i=0; i< 20 ; i++) ;
              /*  LCD Enable 신호 'LOW' */
      LCD_E = 0 ;
  }

/*  LCD컨트롤러 HD44780의 기능을 설정하는 함수로 데이터 라인을 8비트 인
   터페이스, 2라인 디스플레이, 5*7글자 폰트를 설정한다.  */
void Func_set(void)
{

/*  LCD R/W   */
LCD_RW = 0 ;

/*LCD RS   */
LCD_RS = 0 ;
/*  LCD DB0~DB7까지의 값이다. */
LCD_DATA = 0x38 ;

/* 모든 명령(데이터 입력)후 반드시 LCD Enable 펄스를 하나 내주어야 한다
*/
 E_Pulse() ;
 }

 /*  LCD를 초기화 함수이다.  */
void Init_Lcd(void)
{
 int i ;
 LCD_E = 0 ;

 /*  전원이 4.5V  이상으로 올라간 후에 15ms 이상을 기다려야 한다.  */
 for ( i=0 ; i<2000 ; i++); /*  i값 2000은 컴파일러마다 틀릴 수 있다. */
 Func_set() ;

 /*  4.1ms 이상 기다려야 한다.  */
 for ( i=0 ; i<1000 ; i++);  /* i값 1000은 컴파일러마다 틀릴 수 있다. */
 Func_set() ;
 /*  100us 이상 기다려야 한다.  */
 for ( i=0 ; i<200 ; i++) ;  /*  i값 200은 컴파일러마다 틀릴 수 있다. */
 Func_set() ;

 /*  디스플레이 ON/OFF 제어 : 디스플레이와 커서를 ON하고, 커서는 깜빡이
     게 된다. 초기화 직후이기 때문에 글자는 하나도 나타나지 않는다.  */

  LCD_DATA = 0x0f;
  E_Pulse() ;

  /*  엔트리 모드 세트 : 어드레스는 +1, D.D. /C.G.RAM 쓰기 후에 커서는
```

```
 오른쪽으로 시프트하도록 한다.이때 디스플레이는 시프트하지 않는다 */
  LCD_DATA = 0x06 ;
  E_Pulse() ;
  }

void write_char(char s)
{
 LCD_RS = 1;
 LCD_DATA = s;
 E_Pulse();
}
void clrscr(void)
{
int i ;

   LCD_RS = 0 ;
   LCD_RW = 0 ;
   LCD_DATA = 0x01 ;
   E_Pulse() ;

       /* 최소한 1.64ms의 시간 지연을 주어야 한다. */
    for (i = 0 ; i < 600 ; i++ ) ;

 }

void lcd_disp ( char x, char y )
{
  LCD_RS = 0 ;
  LCD_RW = 0 ;

 if (y==0) LCD_DATA = x +0x80 ;
 else if (y==1) LCD_DATA = x + 0xc0 ;
   E_Pulse() ;
}

 void display_ON_OFF(char d, char c, char b)
  {
  unsigned char display = 0x08 ;

    LCD_RS = 0 ;
    LCD_RW = 0 ;

    if(d==ON) d = 0x04 ;
    else d = 0x00 ;

    if(c==ON) c = 0x02 ;
```

```
    else c = 0x00 ;

    if(b==ON) b = 0x01 ;
    else b = 0x00 ;

    LCD_DATA = display |d  |c |b ;

    E_Pulse() ;
 }
void write_lcd( char x,  char y, char  *str )
{
     lcd_disp(x, y) ;
          while(*str)
          write_char(*str++) ;
}

void write_lcdAD( char x,  char y )
{
char  i ;

     lcd_disp(x, y) ;
     for( i = 0 ;i < 4 ; i ++ ) write_char(ItoA[i]);

 }

void InteToASCII(unsigned char c)
{
  unsigned char  Buff ;

  ItoA[0] = c / 100 + 0x30 ;
  Buff = c % 100 ;

  ItoA[1] = Buff / 10 +0x30;
  ItoA[2] = '.';
  ItoA[3] = Buff % 10 +0x30 ;

 }

 unsigned int MCP3202(void)
 {
     unsigned char Count;
     unsigned int ADdata = 0;

     CS = 0;
     DIN = 1;      //START bit
```

```
    CLK = 0;
    CLK = 1;
    CLK = 0;

    DIN = 0;       //Sgl/Diff  표 12-1 참조 ( ① IN+, IN- 설정 )
    CLK = 1;
    CLK = 0;

    DIN = 0;       // CH0 = IN+, CH1 = IN-  ( ② IN+, IN- 설정 )
    CLK = 1;      //Odd/sign 표 12-1 참조
    CLK = 0;

    /* DIN = 1  'high'를 DIN에 입력한다.
      만약 이 비트가 'high' 이면 AD변환된 데이터 중 MSB가 먼저 출력된다.
      DIN = 0  'low'를 DIN에 입력하면 AD변환된 데이터 중 LSB 가 먼저 출력
      된다.
    */
    DIN = 1;
    CLK = 1;
    CLK = 0;

    // 한 클럭을 입력 시켜 주어야 데이터가 출력된다. 그림 12-3 참조
    CLK = 1;
    CLK = 0;

    for( Count = 0; Count <= 11; Count ++ ){
                    ADdata = ADdata << 1;
                    CLK = 1;
                    if( DOUT == 1 ) ADdata = ADdata | 0x01;
                    CLK = 0;
    }
    CS = 1;
    CLK = 1;

    return ADdata;
}

void main(void)
{
  unsigned long Advalue;
  unsigned  char Adchar = 0;

  Init_Lcd() ;
  display_ON_OFF(ON , OFF , OFF );
```

```
  clrscr();

 write_lcd (0, 0, "CH0=IN+,CH1=IN-") ;
 write_lcd (0, 1, "           [V]") ;
   delay(5) ;

   for( ;  ; ){
                  Advalue = MCP3202() ;
                  Advalue = (Advalue *50)/4096 ;
                  Adchar = (unsigned char) Advalue ;
                  InteToASCII(Adchar);
                  write_lcdAD(8,1);
     }

}
```

실험 12-5 마침

과제 12-1 실험 12-5에서는 외부 Ground를 CH1에 연결하고, 외부 전압신호를 CH0에 연결하였다. 그러나 이번 실험에서는 반대로 외부 Ground를 CH0에 연결하고, 외부 전압신호를 CH1에 연결하여 A/D 변환된 전압을 LCD에 출력해 보기로 한다.

▶ 외부 Ground를 CH0에 연결

▶ 외부 전압 신호를 CH1에 연결

▶ 실험 12-5와 프로그램은 모두 똑같으나 unsigned int MCP3202(void)함수의 ②항을 DIN = 1 로 바꾸어 주어야 한다.

13

C·H·A·P·T·E·R

직렬통신(Serial)

구성

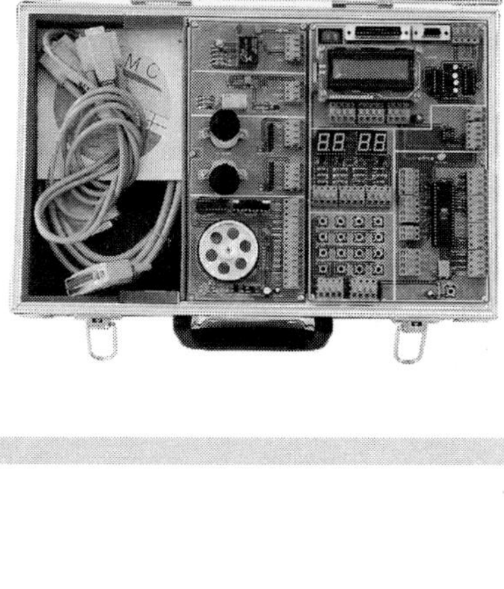

13.1 시리얼 통신
13.2 보레이트(Baud Rates)
13.3 RS-232 통신

13.1 시리얼 통신

MCS-51 계열 마이크로프로세서의 시리얼 포트는 동시에 송수신할 수 있는 전 이중(Full Duplex) 시리얼 포트를 내장하고 있다. 이 시리얼 포트의 송수신은 io51.h에 선언되어 있는 sfr(Special Function Register) SBUF를 통하여 이루어진다. 데이터를 송신할 때는 보내려는 데이터를 SBUF에 써넣고 수신하고자 할 때에는 받은 데이터를 SBUF에서 읽어들이면 된다. 따라서 MCS-51 계열의 마이크로프로세서는 송수신 모두 SBUF 레지스터를 거쳐서 이루어진다.

시리얼 포트에는 4개의 동작 모드가 있어서 사용자가 소프트웨어로 동작 모드를 설정할 수 있다.

▶ 모드 0(Mode 0)

I/O 확장용의 동기식 통신 모드, 8 데이터 비트 통신이며 보레이트는 입력 오실레이터의 1/12로 고정됨(그림 13-1 참조).

▶ 모드 1(Mode 1)

10비트 프레임(Frame)이며 보레이트를 가변시킬 수 있다(그림 13-2 참조). 스타트 비트(1)+8데이터 비트(LSB first)+스톱 비트(1)

▶ 모드 2(Mode 2)

11비트 프레임(Frame)이며 보레이트가 고정되어 있는 비동기식 통신 모드임(그림 13-3 참조). 스타트 비트(1)+8데이터 비트(LSB first)+9번째 데이터 비트(프로그램 될 수 있는 비트)+스톱 비트(1)

▶ 모드 3(Mode 3)

11비트 프레임(Frame)이며 보레이트를 가변 가능한 비동기식 통신 모드임(그림 13-4 참조). 스타트 비트(1)+8데이터 비트(LSB first)+9번째 데이터 비트(프로그램 될 수 있는 비트)+스톱 비트(1)

이 중에서 모드 2와 모드 3은 멀티프로세서 통신을 위하여 제공되는 모드이다. 모드 2, 3의 11비트 프레임의 9번째 비트를 이용해서 시리얼 통신을 이용한 멀티프로세서 시스템을 구성할 수 있다.

시리얼 포트는 sfr(Special Function Register) 내의 SBUF(Serial Port Buffer Register), SCON (Serial Port Control Register), PCON(Power Control Register)의 3개의 레지스터를 소프트웨어적으로 제어한다.

13.1.1 SBUF 레지스터

SBUF는 송신할 데이터와 수신한 데이터를 일시적으로 저장하는 레지스터이다. SBUF는 송신용과 수신용이 같은 번지를 지니고 있으나 서로 다른 두 개의 레지스터이다. 즉, WR (Write), RD(Read)명령으로 송수신 SBUF를 지정하게 된다.

'A'(HEX : 0x41)라는 데이터를 송신하고자 할 때는

```
SBUF = 'A' ;    (송신용 SBUF 지정)
```

로 하면 송신부의 SBUF가 지정되어 'A'(HEX : 0x41)라는 데이터는 송신 포트를 통하여 송신되게 된다. 수신된 데이터를 r이란 변수로 읽고자 할 때는

```
r = SBUF ;                 (수신용 SBUF 지정)
```

로 하면 수신부의 SBUF가 지정되어 수신 포트로 입력된 데이터를 r이란 변수로 읽게 되는 것이다. 수신부의 SBUF는 2중 구조로 되어 있어서 다음 프레임의 수신시작 전에 CPU가 수신 인터럽트에 응답하지 않아서 데이터를 읽어내지 못해도 오버런(over run) 에러를 방지할 수 있다.

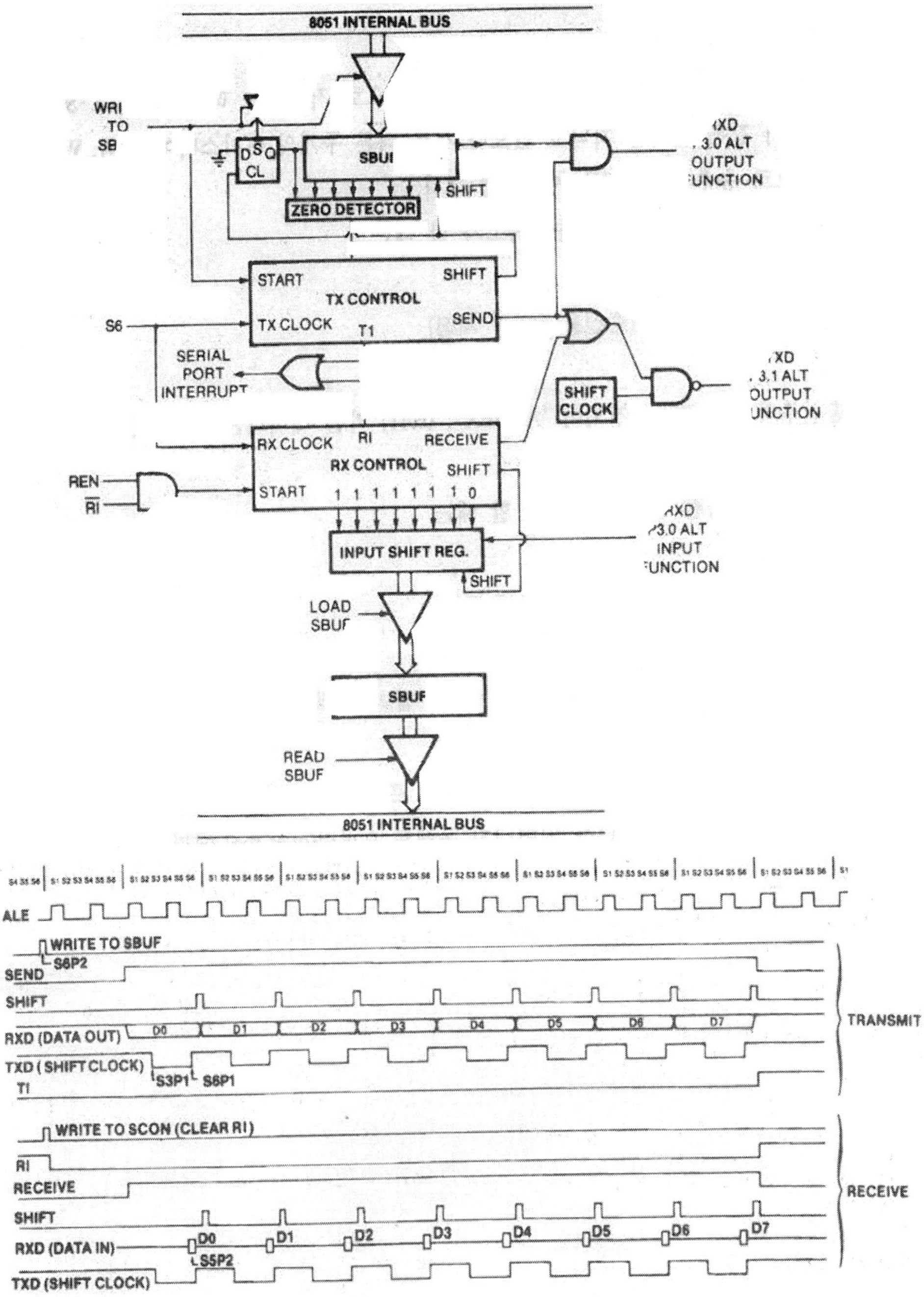

그림 13-1 직렬 통신 모드 0

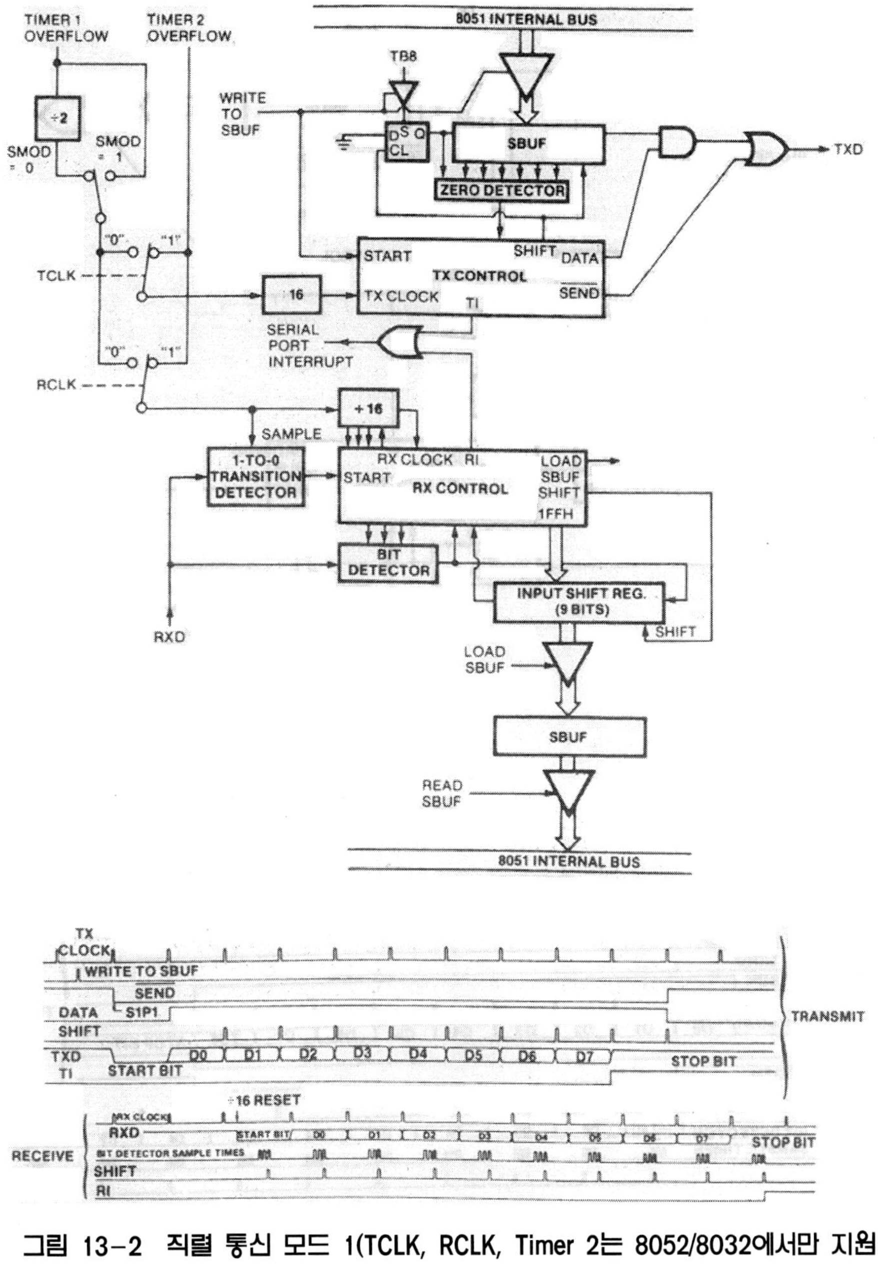

그림 13-2 직렬 통신 모드 1(TCLK, RCLK, Timer 2는 8052/8032에서만 지원됨)

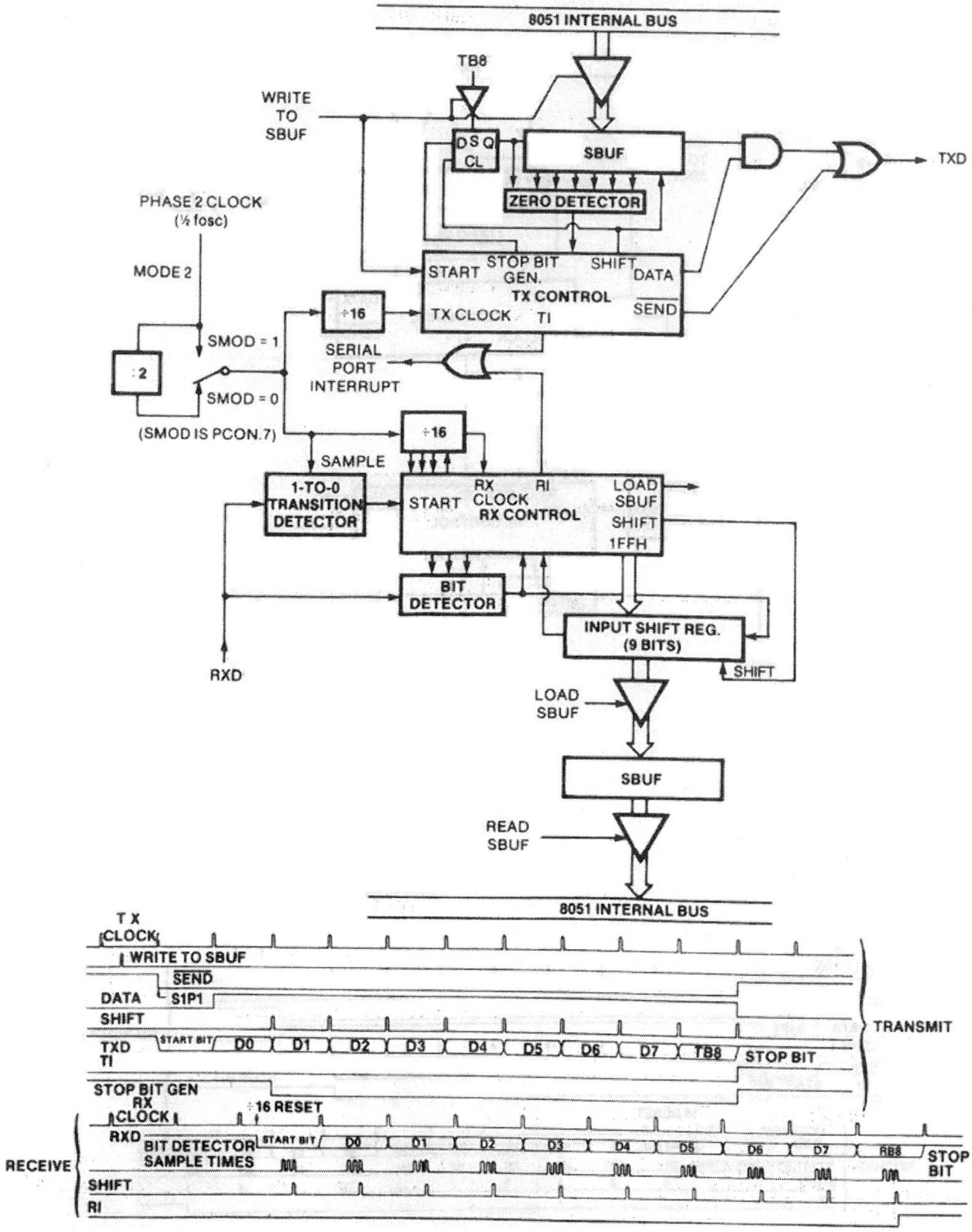

그림 13-3 직렬 통신 모드 2

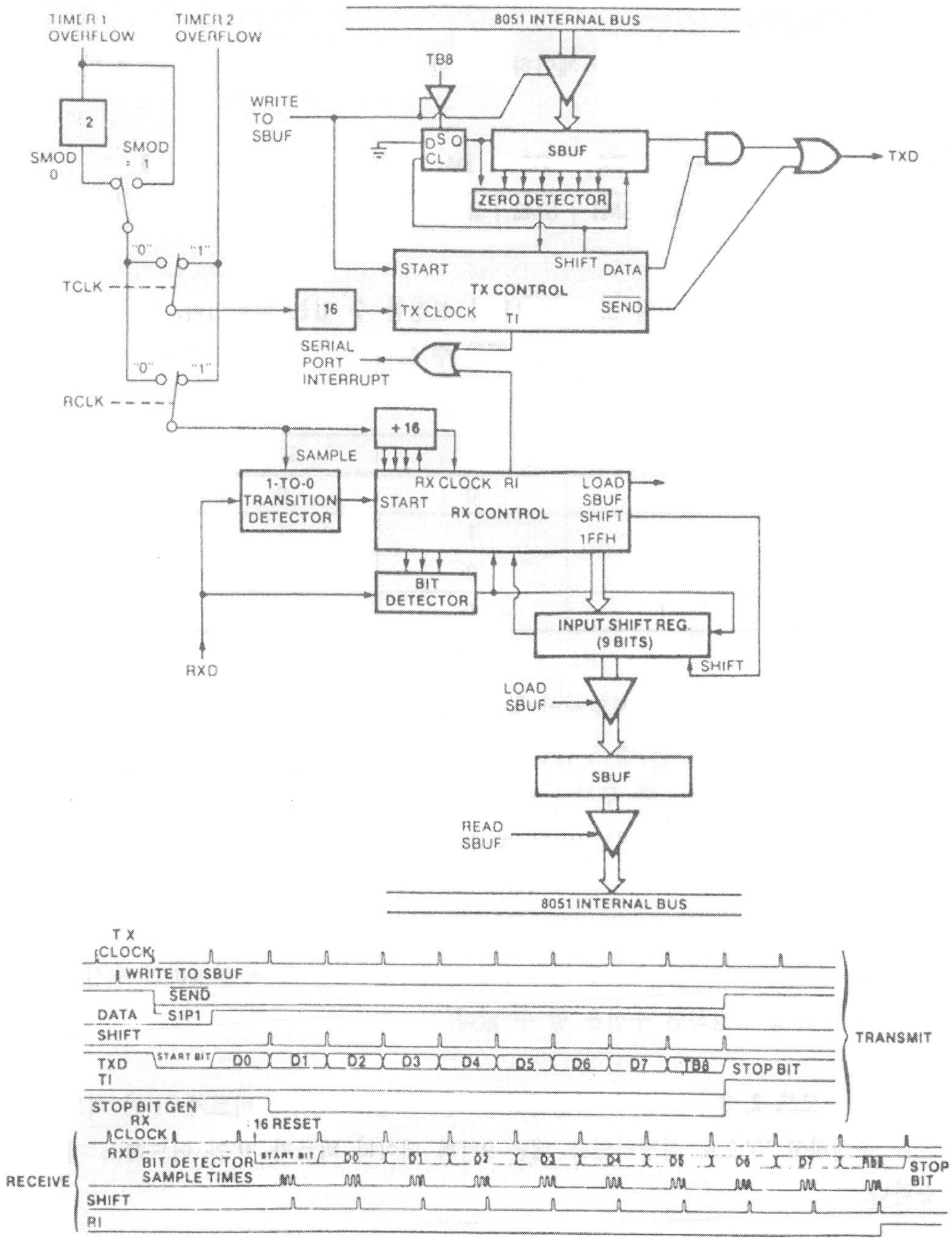

그림 13-4 직렬 통신 모드 3(TCLK, RCLK, Timer 2는 8052/8032에서만 지원됨)

13.1.2 SCON 레지스터

SCON 레지스터는 시리얼 포트를 제어하기 위한 레지스터로 각 비트의 기능은 다음과 같다.

	D7	D6	D5	D4	D3	D2	D1	D0
SCON	SM0	SM1	SM2	REN	TB8	RB8	T1	R1

① SM0(D7), SM1(D6) : 시리얼 포트의 모드를 설정할 수 있는 비트이다. 이 비트들의 조합에 따라 다음과 같이 네 개의 모드를 설정할 수 있다.

SM0	SM1	모드
0	0	0
0	1	1
1	0	2
1	1	3

② SM2(D5) : 모드 2, 3의 멀티프로세서 통신에서는 SM2가 '1'로 설정되고 수신 데이터의 9번째 비트가 '1'이면 데이터를 수신할 수 있다. SM2가 '1'로 설정되고 수신 데이터의 9번째 비트가 '0'이면 데이터를 무시한다. 모드 1에서는 SM2가 '1'이고 약속된 스톱 비트가 수신되지 않으면 수신 인터럽트(RI)가 발생되지 않는다. 모드 0에서는 'SM2가 0'으로 설정되어야 한다.

③ REN(D4) : 시리얼 포트의 수신을 가능하게 하는 비트이다. '1'로 설정하면 수신을 가능하게 하고 '0'으로 설정하면 수신을 할 수 없다.

④ TB8(D3) : 모드 2, 3에서 '1'로 설정하였을 때는 9번째 데이터 비트가 '1'인 어드레스 정보를 송신하고 '0'으로 설정하였을 때는 9번째 데이터 비트가 '0'인 어드레스 정보를 전송한다.

⑤ RB8(D2) : 모드 2, 3에서 '1'로 설정하였을 때는 9번째 데이터 비트가 '1'인 어드레스 정보를 수신하고 '0'으로 설정하였을 때는 9번째 데이터 비트가 '0'인 어드레스 정보를 수신한다. 모드 1에서는 SM2가 '0'일 때는 RB8은 스톱 비트의 수신을 나타낸다. 모드 0에서는 사용되지 않는다.

⑥ TI(D1) : 송신 완료 인터럽트 플래그이다. 이 비트는 데이터 송신 후 반드시 소프

트웨어적으로 '0'을 만들어 주어야 한다.

⑦ RI(D0) : 수신 완료 인터럽트 플래그이다. 이 비트는 데이터 수신 후 반드시 소프트웨어적으로 '0'을 만들어 주어야 한다.

13.1.3 PCON 레지스터

PCON 레지스터는 보레이트를 조정할 수 있는 레지스터이며 각 비트 기능은 다음과 같다.

	D7	D6	D5	D4	D3	D2	D1	D0
PCON	SMOD	-	-	-	-	-	-	-

① SMOD(D7) : 2배 보레이트 플래그. SMOD를 '1'로 하면 보레이트가 2배로 된다.

13.2 보레이트(Baud Rates)

각 모드에 따른 보레이트는 다음과 같다.

① 모드 0 : 보레이트는 고정되어 있어서 가변시킬 수 없다.
   모드 0 보레이트 = (1/12)×오실레이터 주파수

② 모드 2 : SFR(Special Function Register) PCON의 SMOD 비트의 값에 따라 두 가지로 설정될 수 있다.
   - SMOD가 '0' : 모드 2의 보레이트 = (1/64)×오실레이터 주파수
   - SMOD가 '1' : 모드 2의 보레이트 = (1/32)×오실레이터 주파수

③ 모드 1, 3 : 89S51에서 모드 1, 모드3의 보레이트는 시리얼 포트와 연결되어 있는 타이머 1의 오버플로를 이용해 보레이트를 발생시킨다. 모드 1, 3에서의 보레이트 발생은 PCON 레지스터의 SMOD와 타이머 1의 오버플로 설정값에 따라 결정된다.
   - SMOD가 '0' : 모드 1, 3의 보레이트 = (1/32)×타이머 1 오버플로비(Rate)
   - 이 때 타이머 1은 오토리로드 모드로 설정되어야 한다. 이런 경우 위의 식은 아래와 같이 다시 쓸 수 있다.

모드 1, 3의 보레이트 = (1/32)×오실레이터 주파수/[12×(256-TH1의 설정값)]

- SMOD 가 '1' : 모드 1, 3의 보레이트 = (1/16)×타이머 1 오버플로 비(rate)
- 이 때 타이머 1은 오토 리로드 모드로 설정되어야 한다. 이런 경우 위의 식은 아래와 같이 다시 쓸 수 있다.

모드 1,3의 보레이트 = (1/16)×오실레이터 주파수/ [12×(256-TH1의 설정값)]

13.3 RS-232 통신

전자계산기제어 산업기사 실기시험에서는 RS-232C 통신이 하나의 아이템으로 자리 잡고 있다. 따라서 우리는 DCB(89S51)에서 RS-232C 통신을 자유자재로 사용할 수 있어야 한다.

RS-232C는 병렬 전송보다 전송 속도가 느리고 비평형 회로에 의한 전송 회로로서 대잡음 성능이 나쁘다는 결점을 가지고 있다. 이 회로의 규격은 EIA(미국전자공업회 : Electronic Industries Association)가 DTE(Data Terminal Equipment)와 DCE(Data Circuit Terminating Equipment)와의 인터페이스 조건으로 1969년에 정하였다. 이후 시리얼 인터페이스의 표준 규격으로 모뎀, 퍼스컴 주변기기의 입출력 인터페이스로 널리 사용되고 있는 것이다. 그러나 규격 제정으로부터 10년 이상이 경과되면서 여러 가지 결점이 지적되어 왔다.

RS-232C의 3가지 주요 특성은 다음과 같다.

▶ 전송 거리가 짧다 : 15 m 이하
▶ 전송 속도가 늦다 : 20 Kbit/s 이하
▶ 내잡음성이 좋지 않다

위와 같은 결점에도 불구하고 배선수가 적고 접속이 용이하다는 점등으로 표준 인터페이스의 하나로서 널리 사용되고 있다.

89S51에서 출력되는 시리얼 데이터는 TTL(5V) 레벨로 되어 있다. 이것을 EIA 레벨로 변환시키려면 75188(혹은 MC1488), 75189(MC1489), MAX232(AD232) 등의 IC가 필요하다. KMC-51에서는 현재 RS-232C용 IC로 가장 많이 사용되는 MAX232를 사용하

였다.

여기서 사용되는 MAX232의 내부 구조 및 핀 배열은 그림 13-5와 같으며 또한 통신 연결 관계와 사용 방법은 각각 그림 13-6와 그림 13-7에 제시된 회로도와 같다.

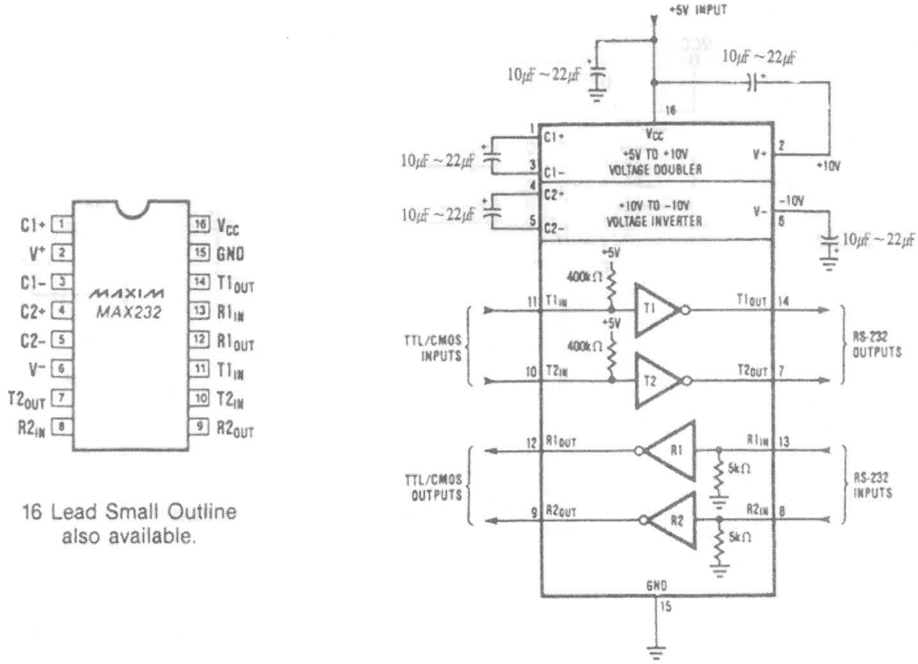

그림 13-5 MAX232 내부 구조 및 핀 배열

그림 13-6 MAX232를 이용한 통신 연결 관계

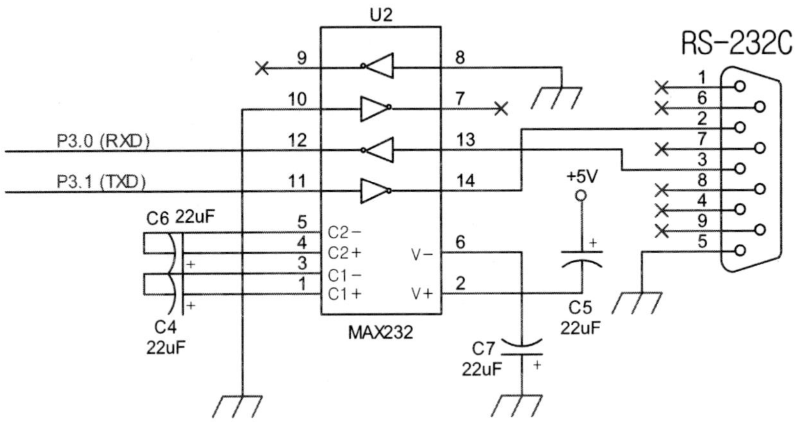

그림 13-7 MAX232 사용 방법

실험 13-1 1장에서 이미 언급한대로 DCB(89S51)을 가지고 컴퓨터에 설치된 마이컴프로그래머와 통신을 시도해 보자.

통신을 하기 위해서는 먼저 DCB(89S51)의 직렬통신 포트와 PC의 직렬통신포트를 연결하고 나서 마이컴프로그래머 자기진단 프로그램을 구동해 본다.

☞ 마이컴프로그래머의 위쪽에 위치한 단축 아이콘 을 실행시키면 그림 8-8과 같은 화면이 디스플레이 되며 그림 13-8, 13-9와 같이 테스트한다.

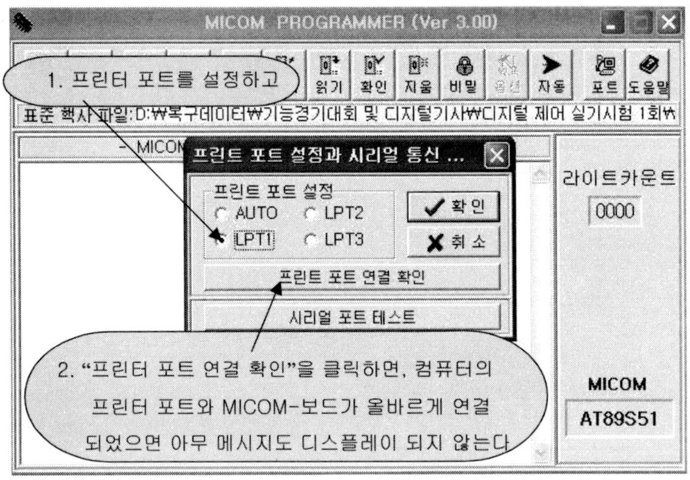

그림 13-8 컴퓨터와 프린터 포트 연결 관계를 체크하기 위한 화면

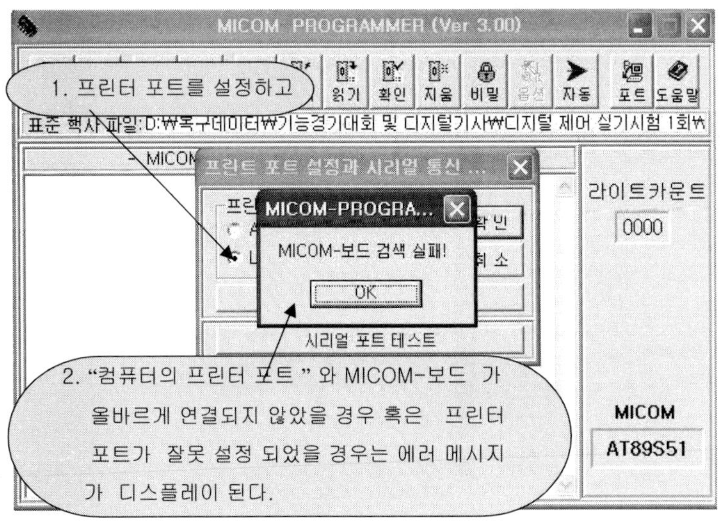

그림 13-9 컴퓨터와 MICOM-보드 통신을 검사하기 위한 화면

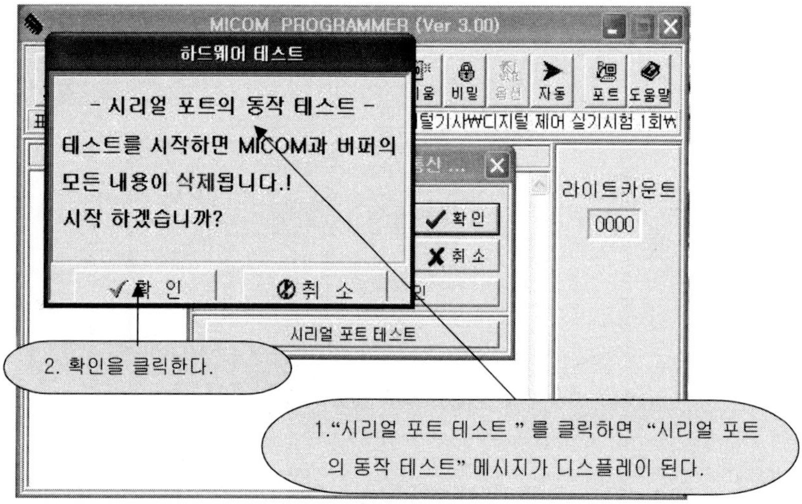

그림 13-10 컴퓨터와 MICOM-보드 통신을 검사하기 위한 화면

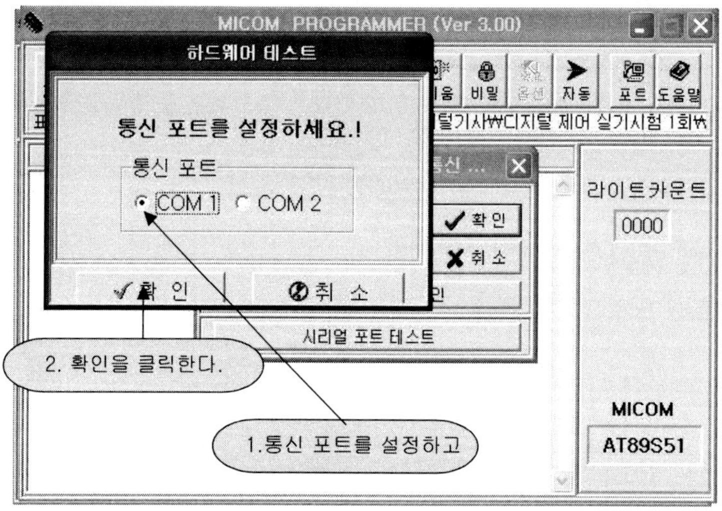

그림 13-11 컴퓨터와 MICOM-보드 통신을 검사하기 위해서 통신포트를 설정하는 화면

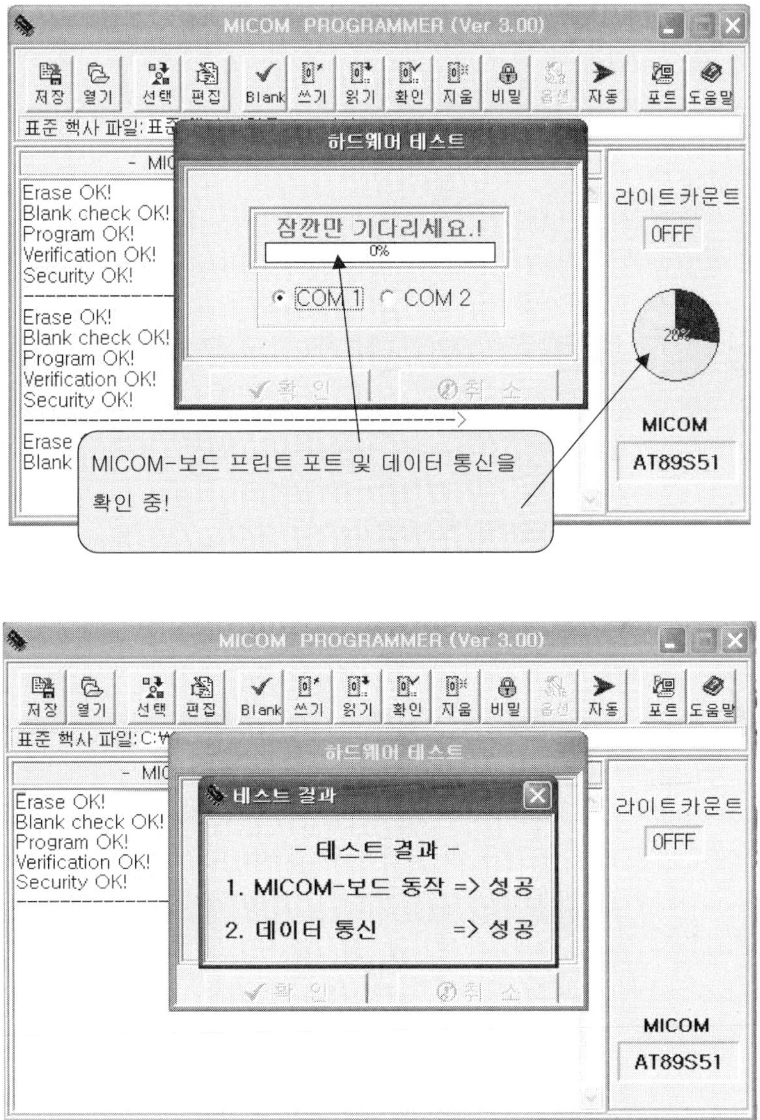

그림 13-12 컴퓨터와 MICOM-보드와 통신 점검 화면

실험 13-2 이제까지 공부한 시리얼 포트 (모드 1)의 동작 방법과 보레이트 발생을 이용하여 실제로 시리얼 통신을 시도해 보자. 'A'~'Z'까지 PC로 송신하는 프로그램을 작성해 보기로 한다.(단, 보레이트는 9600으로 설정한다).

이 실험은 DCB(89S51)과 PC에 인스톨되어있는 마이컴 프로그래머만 가지고 간단하게 통신 실험을 할 수 있도록 구성된다. PC용 소프트웨어인 마이컴프로그래머는 자체 통신 실험을 할 수 있도록 구성될 수 있다. 여기서는 DCB(89S51)을 9600bps로 프로그램 하도록 한다. 따라서 우리는 마이컴 프로그래머에서는 보레이트를 9600으로 설정해주고 또한 마이컴 프로그래머의 아래창을 아래 그림와 같이 통신용으로 전환해 주어야 한다.

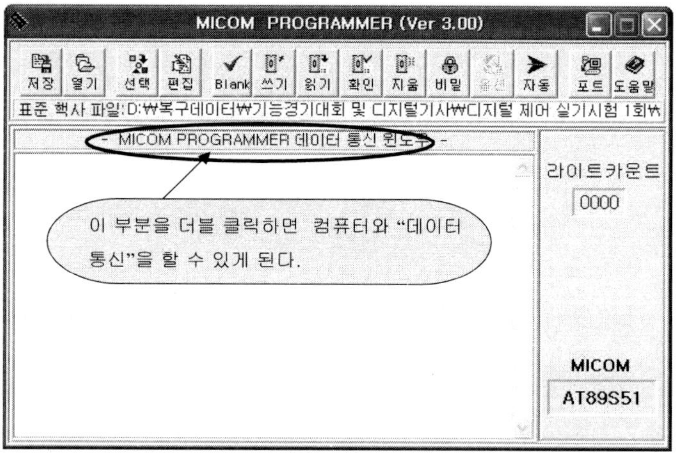

그림 13-13 컴퓨터와 데이터 통신을 하기 위한 화면

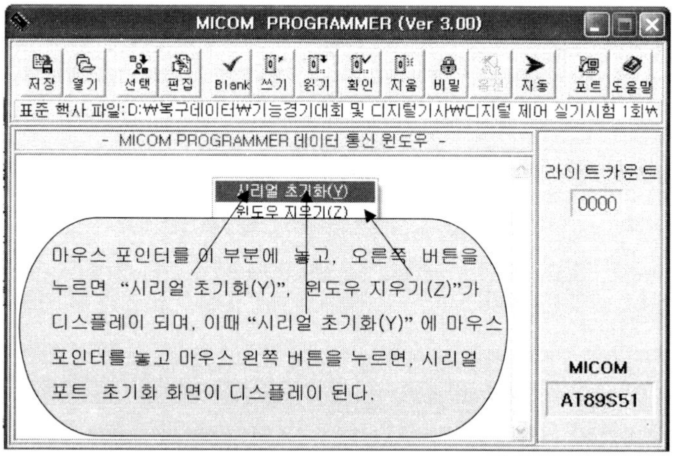

그림 13-14 시리얼 포트 초기화 및 데이터 통신 화면을 지우기 위한 화면

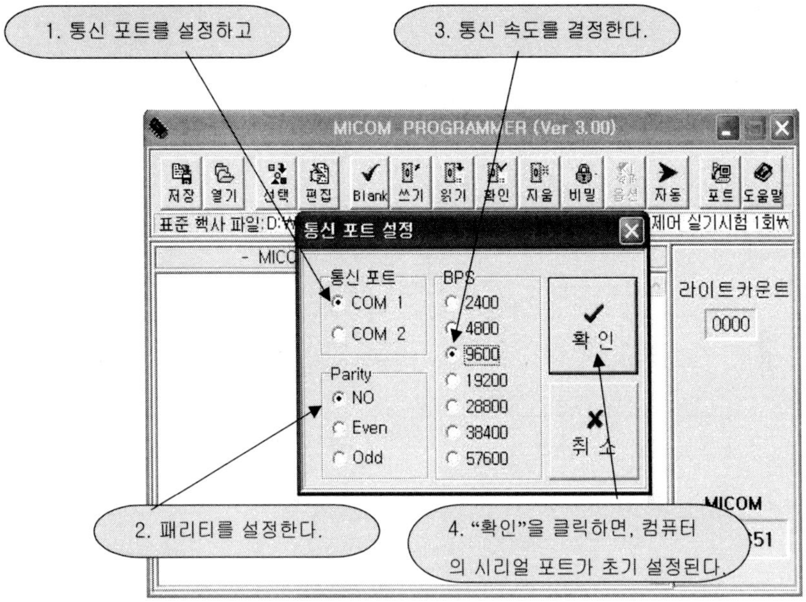

그림 13-15 컴퓨터 시리얼 포트를 초기 설정하기 위한 화면

실험에 들어가기 앞서 통신 보레이트를 설정해야 한다. 통신 보레이트의 앞에서 언급한 것처럼 SMOD가 '0'인 경우와 '1'인 경우가 있다.

- SMOD가 '0' : 모드 1, 3의 보레이트 = (1/32)×타이머 1 오버플로비(Rate)

  이 때 타이머 1은 오토리로드 모드로 설정되어야 한다. 이런 경우 위의 식은 아래와 같이 다시 쓸 수 있다.

  모드 1, 3의 보레이트 = (1/32)×오실레이터 주파수/[12×(256-TH1의 설정값)]

- SMOD 가 '1' : 모드 1, 3의 보레이트 = (1/16)×타이머 1 오버플로 비(rate)

  이 때 타이머 1은 오토 리로드 모드로 설정되어야 한다. 이런 경우 위의 식은 아래와 같이 다시 쓸 수 있다.

  모드 1,3의 보레이트 = (1/16)×오실레이터 주파수/ [12×(256-TH1의 설정값)]

여기서는 SMOD을 '0'으로 해놓고 보레이트를 계산하기로 한다. 따라서 DCB(89S51)에서는 외부 주파수가 22.1184Mhz이고 우리는 9600bps를 사용하기로 하였으므로

$$9600 = \frac{1}{32} \times \frac{22118400}{12\times[256 - \text{TH1의 설정값}]}$$

따라서

$$TH1 = 256 - \frac{22118400}{9600 \times 32 \times 12}$$

그러므로 $TH1 = 0xFA$이다.

통신할 때 실험이 잘 안되면 마이컴 프로그래머의 통신포트를 다시 초기화 해 본다.

```
#include <io51.h>

void delay(int );

void delay(int t )
{
 int i, j ;

  for( i = 0 ; i < t ; i++ )
     for(j = 0 ; j < 30000; j++ );
}

void main(void)
{
 unsigned char Data = 'A' ;

  TMOD = 0x20  ;
  TH1 = 0xfa  ;  // 9600 bps
  TR1 = 1       ; // 보레이트 생성을 위한 타이머 1 ON
  ET1 = 0       ; // 인터럽트는 사용하지 않는다.

  PCON =  0x00 ;

  SCON = 0x50  ;

  for(;;) {
      SBUF = Data ++ ;
      if(Data > 'Z') Data = 'A';
      delay(1);

  }
 }
```

실험 13-2 마침

실험 13-3

이번 실험에서는 인터럽트를 이용하여 '0'~'9'까지 송신하고 Carrige Return ↵을 보내고, 또다시 '0'~'9'까지 송신하도록 하는 프로그램을 작성해 보도록 한다.

```
#include <io51.h>

#define RECE_        0
#define SEND_        1

unsigned char serial_flag = RECE_;
unsigned char CommBuff ;

void delay( int) ;

void delay(int t)
{
 int i, j ;

 for(i = 0 ; i < t ;i++ )
  for(j = 0 ; j < 30000; j++ );
}

void Serial_Send(unsigned char SS_buff)
{
 char i ;

 serial_flag = SEND_;
 SBUF = SS_buff;

 while(serial_flag);

 for( i = 0 ; i< 80 ;i++ );

 }

interrupt [0x23] void SCON_int (void)
 {
 if(serial_flag==RECE_) {
     CommBuff = SBUF ;
 }
 TI = 0; RI = 0;
 serial_flag = RECE_;
 }
```

```
void main(void)
{
 unsigned char d = 'A' ;

  TMOD = 0x20  ;
  TH1 = 0xfa  ;

  TR1 = 1       ;
  ET1 = 0       ;
  ES = 1        ;
  PS = 1        ;
  EA = 1        ;

  PCON =  0x00 ;

  SCON = 0x50  ;

  for ( ;;) {

         for(d = 0x30; d <= 0x39; d++) {
                          Serial_Send(d);
                          delay(1);
        }
         Serial_Send(0x0a);
         Serial_Send(0x0d);

  }
 }
```

실험 13-3 마침

실험 13-4

'SW0'~'SW15'까지 누르면 그에 대응되는 숫자를 PC로 전송해 보도록 한다. 예를 들어 'SW0'를 누르면 '0'이, 'SW1'을 누르면 '1'이 ~'SW14'를 누르면 'E'가, 'SW15'를 누르면 'F'가 전송되도록 해 보자. (이번 실험은 키를 누르고 있는 상태에서는 계속해서 키 값이 송신되도록 한다.)

```
#include <io51.h>

bit C0    = 0xA0;
bit C1    = 0xA1;
```

```
bit C2     = 0xA2;
bit C3     = 0xA3;

bit L0     = 0xA4;
bit L1     = 0xA5;
bit L2     = 0xA6;
bit L3     = 0xA7;

#define RECE_        0
#define SEND_        1
#define NoKey        0xff

unsigned char serial_flag = RECE_;
unsigned char CommBuff ;
unsigned char KeyValue;

void delay( int) ; void KeyOut(char ); char KeyIn(void);
void KeyScan(void);

void delay(int t)
{
 int i, j ;

 for(i = 0 ; i < t ;i++ )
  for(j = 0 ; j < 30000; j++ );
}

void KeyOut(char ot)
{
  C0 = ot;
  ot = ot >> 1;
  C1 = ot;
  ot = ot >> 1;

  C2 = ot;
  ot = ot >> 1;

  C3 = ot ;

 }

char KeyIn(void)
{
 unsigned char InKey, NibbleP2 ;

   InKey = L3 ; NibbleP2 = InKey << 3;
```

```
   InKey = L2 ; NibbleP2 |= (InKey << 2 ) ;
   InKey = L1 ; NibbleP2 |= (InKey << 1 ) ;
   InKey = L0 ; NibbleP2 |= InKey ;

   return NibbleP2 ;
 }

void KeyScan(void)
{
 unsigned char  Key = 0, Key_cnt;
 unsigned char OTKey = 0x0e, KeyBuff ;

 KeyBuff = NoKey;

   for (Key_cnt = 0 ; Key_cnt < 4 ; Key_cnt ++ ) {

          KeyOut(OTKey);
          Key = KeyIn();

          if(Key==0x0e) KeyBuff =  0 + Key_cnt;
          else if (Key==0x0d) KeyBuff = 4 + Key_cnt ;
          else if (Key == 0x0b) KeyBuff = 8 + Key_cnt;
          else if (Key == 0x07) KeyBuff = 12 + Key_cnt ;
          OTKey = (OTKey << 1) + 1 ;
   }

   if(KeyBuff != NoKey)
           KeyValue = KeyBuff ;

 }

void Serial_Send(unsigned char SS_buff)
{
 char i ;

 serial_flag = SEND_;
 SBUF = SS_buff;

 while(serial_flag);

 for( i = 0 ; i< 80 ;i++ );

 }
interrupt [0x23] void SCON_int (void)
 {
 if(serial_flag==RECE_) {
     CommBuff = SBUF ;
```

```
 }
 TI = 0; RI = 0;
 serial_flag = RECE_;
 }


void main(void)
{

  P2 = 0xff ;

  TMOD = 0x20  ;
  TH1 = 0xfa  ;

  TR1 = 1      ;
  ET1 = 0      ;
  ES = 1       ;
  PS = 1       ;
  EA = 1       ;
  PCON =  0x00 ;

  SCON = 0x50  ;
  KeyValue = NoKey ;
  for( ;; ) {
          KeyScan(); //키 값을 KeyValue에 넣어 준다
          if(KeyValue !=0xff) {
                           if(KeyValue <10 ) KeyValue = KeyValue + 0x30;
                           else if( KeyValue >= 10)
                                       KeyValue = (KeyValue-10) + 0x41  ;
                           Serial_Send(KeyValue);
                           KeyValue = NoKey;
          }
          delay(1);

    }

 }
```

실험 13-4 마침

실험 13-5

앞의 실험 13-4에서는 키를 누르고 있으면 해당 키 값이 계속해서 PC로 전송한다. 그 이유는 키 입력이 Low 레벨일 때를 인식하여 키 값을 읽어 들이기 때문이다. 이번 실험에서는 키의 하강 에지(edge)에서 키 값을 인식하여 PC로 송신해 보도록 하자.

```
#include <io51.h>

bit C0    = 0xA0;
bit C1    = 0xA1;
bit C2    = 0xA2;
bit C3    = 0xA3;

bit L0    = 0xA4;
bit L1    = 0xA5;
bit L2    = 0xA6;
bit L3    = 0xA7;

#define RECE_       0
#define SEND_       1
#define NoKey       0xff

unsigned char serial_flag = RECE_;
unsigned char CommBuff ;

unsigned char KeyValue= NoKey;
unsigned char old_Key[4];

void KeyOut(char ); char KeyIn(void); void KeyScan(void);

void KeyOut(char ot)
{
  C0 = ot;
  ot = ot >> 1;

  C1 = ot;
  ot = ot >> 1;

  C2 = ot;
  ot = ot >> 1;

  C3 = ot ;
 }

char KeyIn(void)
{
 unsigned char InKey, NibbleP2 ;

   InKey = L3 ; NibbleP2 = InKey << 3;
   InKey = L2 ; NibbleP2 |= (InKey << 2 ) ;
```

```
    InKey = L1 ; NibbleP2 |= (InKey << 1 ) ;
    InKey = L0 ; NibbleP2 |= InKey ;

    return NibbleP2 ;
  }

void KeyScan(void)
{
 unsigned char  Key[4], Key_cnt, new_Key;
 unsigned char OTKey = 0x0e, KeyBuff ;

 KeyBuff = NoKey;
 for (Key_cnt = 0 ; Key_cnt < 4 ; Key_cnt ++ ) {

          KeyOut(OTKey);
          Key[Key_cnt] = KeyIn();
          new_Key = old_Key[Key_cnt] ^ Key[Key_cnt] ;

          if(new_Key !=0) {
                  old_Key[Key_cnt] = Key[Key_cnt] ;
                  if(Key[Key_cnt]==0x0e) KeyBuff =  0 + Key_cnt;
                  else if (Key[Key_cnt]==0x0d) KeyBuff = 4 + Key_cnt ;
                  else if (Key[Key_cnt] == 0x0b) KeyBuff = 8 + Key_cnt;
                  else if (Key[Key_cnt] == 0x07) KeyBuff = 12 + Key_cnt ;

                  if(KeyBuff != NoKey)
                            KeyValue = KeyBuff ;
                 return ;
           }
          OTKey = (OTKey << 1) + 1 ;
   }
 }

interrupt [0x0b] void T0_int(void)
{
  TH0=0x28;
  TL0=0x00;

  KeyScan();
}

void Serial_Send(unsigned char SS_buff)
{
 char i ;
```

```
 serial_flag = SEND_;
 SBUF = SS_buff;

 while(serial_flag);

 for( i = 0 ; i< 80 ;i++ );

 }
interrupt [0x23] void SCON_int (void)
 {
 if(serial_flag==RECE_) {
     CommBuff = SBUF ;
 }
 TI = 0; RI = 0;
 serial_flag = RECE_;
 }

void main(void)
{
  P2 = 0xff ;

  TMOD = 0x21  ; //타이머 0는 키 스캔, 타이머 1은 통신용

   TH0=0x28;  // 30ms 타이머 인터럽트 설정
   TL0=0x00;
   TH1 = 0xfa  ;  // 9600 보레이트

   TR0=1; // 타이머 0 카운터 시작
   ET0=1;

  TR1 = 1 ;// 타이머 1 카운터 시작
  ET1 = 0 ;
  ES = 1  ;
  PS = 1  ;
  EA = 1  ;

  PCON =  0x00 ;
  SCON = 0x50  ;

  KeyValue = NoKey ;

  for( ;; ) {
        if(KeyValue !=0xff) {
```

```
                                if(KeyValue <10 ) KeyValue = KeyValue + 0x30;
                                else if( KeyValue >= 10)
                                        KeyValue = (KeyValue-10) + 0x41   ;
                                Serial_Send(KeyValue);
                                KeyValue = NoKey;
                }
        }
}
```

실험 13-5 마침

실험 13-6

[실험 13-5]에서는 DCB(89S51)가 '0'~'F'까지를 마이컴 프로그래머에게 송신하여 프로그래머 통신창에서 데이터들을 확인할 수 있었다. 그러나 이번 실험에서는 실험 13-5의 프로그램을 그대로 사용하고 PC쪽에서 Visual Basic으로 DCB(89S51)에서 송신하는 데이터를 수신해 보기로 한다. Visual Basic의 기본은 알고 있다고 가정한 상태에서 설명을 시작하도록 한다.)

> Visual Basic으로 통신을 하기 위해서는 반드시 Micom Programmer의 실행을 중지시켜야 한다. 그 이유는 Micon-Programmer가 활성화 되어 있는 상태에서는 시리얼 포트를 마이컴 프로그래머가 확보하고 있기 때문이다.

처음에 Visual Basic 6.0을 띄우면 다음과 같은 초기 화면이 나타난다.
다음 화면에서 표준EXE를 더블클릭 또는 열기를 이용하여 선택한다.

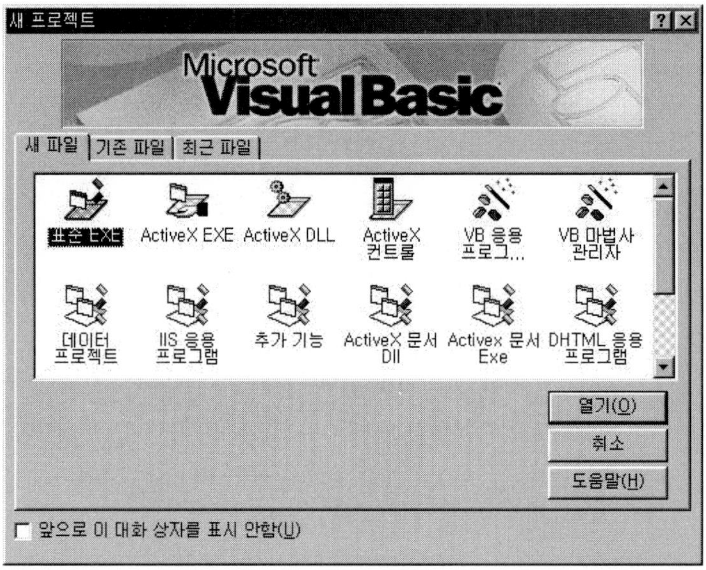

그러면 다음과 같이 초기 Form이 나타나게 된다.

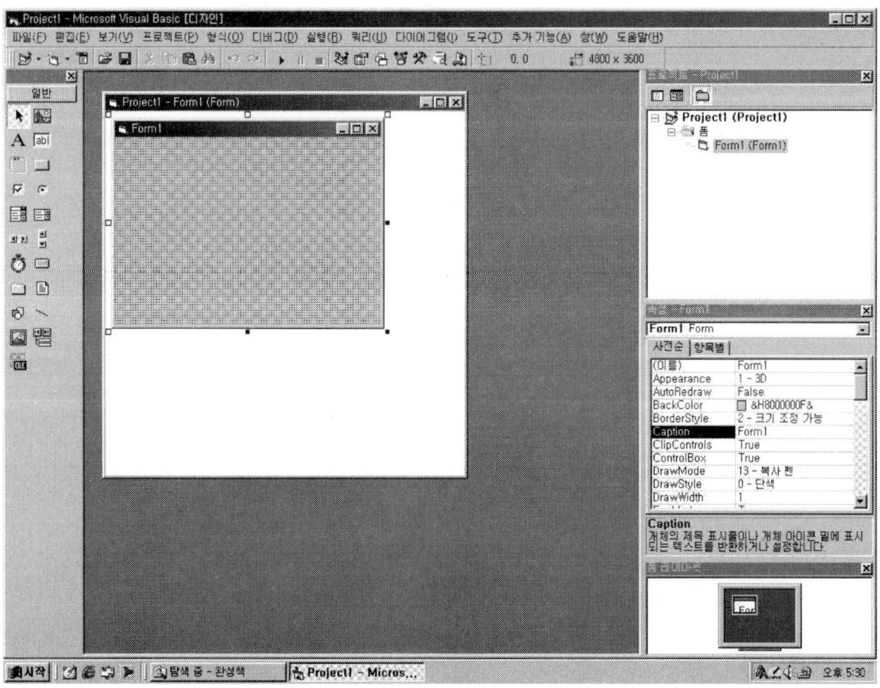

Visual Basic에서 직렬통신 컨트롤은 초기화면에서는 지원하지 않으므로 직렬통신을 하기 위해서는 위 그림의 왼쪽에 있는 도구상자(Tool Box)에서 통신용 컨트롤을 추가

해야 한다. 통신용 컨트롤을 추가하는 방법은 다음과 같이 도구상자(Tool Box)들이 모여있는 곳에서 특정 버튼을 선택하지 않고 배경에다 마우스 포인트를 두고 오른쪽 버튼을 누르면 다음과 같은 메뉴가 나타난다. 이 때 구성요소를 선택하면 된다.

위의 메뉴에서 구성요소를 선택하면 아래와 같은 메뉴가 나타나게 된다. 여기서 우리가 직렬통신을 하기 위해서는 Microsoft Comm Control을 체크해주고 확인버튼을 눌러주면 왼쪽의 도구상자에 전화기 모양의 컨트롤이 추가된다.

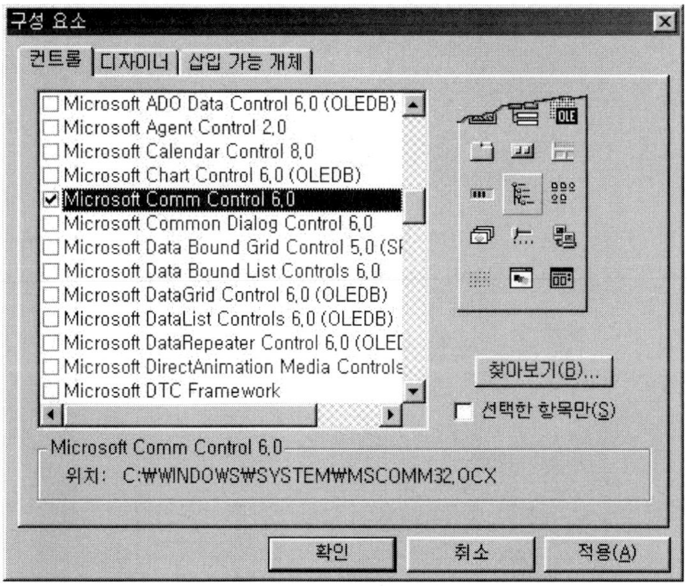

이제 통신을 위한 기본적인 컨트롤은 Tool Box에 꺼내놓았다. 여기서부터는 자유롭게 각종 컨트롤들을 이용하여 프로그램을 작성하면 된다. 먼저 기본폼에다 왼쪽의 Tool Box에서 이전에 생성한 전화기 컨트롤을 위치시키고 또한 KMC-196에서 직렬 전송되어 오는 데이터를 화면에 나타내기 위하여 Text 컨트롤을 위치시킨다. 이 때 Text 컨트롤의 속성에서 전송되어온 데이터를 선명하게 프린트하기 위하여 Enable은 False로 맞추어 놓는다

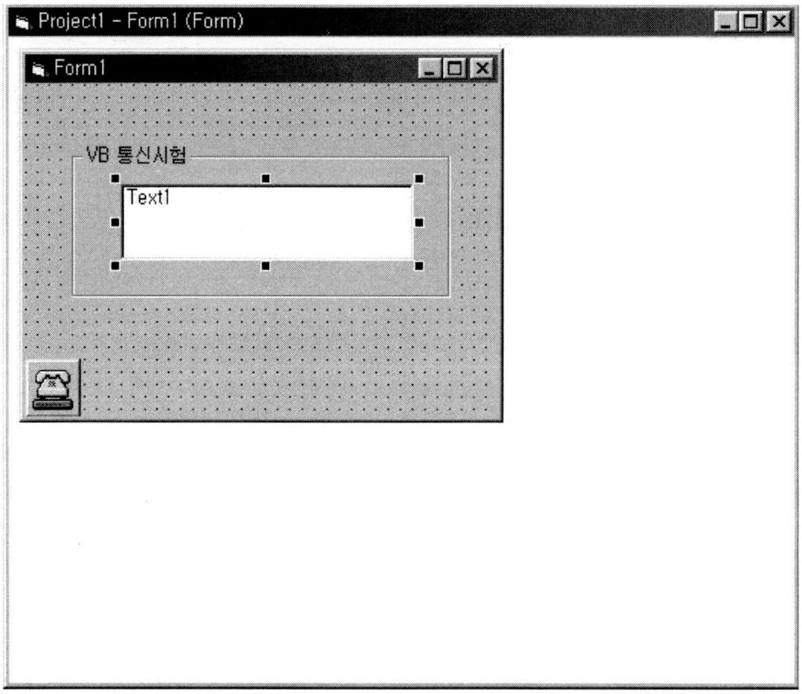

이제 위에서 설명한 컨트롤과 폼 등을 이용하여 통신프로그램을 작성하면 다음과 같다.

```
Option Explicit
Dim Data_Temp As Integer
Dim Data_S As String

Private Sub Form_Load()

With MSComm1
  .CommPort = 1 '컴포트 1을 지정한다.
  .HandshaKing = 2 - comRTS
  .RThreshold = 1
  .RTSEnable = True ' RTS 신호를 인에이블 해준다.
  .Settings = "9600,n,8,1" ' 보레이트와 통신프로토콜을 정의
  .SThreshold = 1
  .InputLen = 1 ' 통신 바이트 (1바이트 단위로 함)
  .PortOpen = True '통신포트를 열어준다.
End With
End Sub

Private Sub Form_Unload(Cancel As Integer)
' 윈도우 종료시 자동으로 컴포트를 닫도록 해준다.
MSComm1.PortOpen = False
End Sub

Private Sub MSComm1_OnComm()
          Select Case MSComm1.CommEvent

            Case comEvReceive

              Data_Temp = Asc(MSComm1.Input) '입력되는 데이터를 AscII 값으로 변환.
              Data_S = Hex$(Data_Temp) 'AscII 값인 숫자를 String으로 변환

              Text1.Text = Data_S  '위에서 변환된 String을 Text1에 프린트한다.

          End Select
End Sub
```

실험 13-6 마침

실험 13-7

이번 실험에서는 DCB(89S51)에서 MCP3202의 실험 12-1에서 했던 것과 같이 CH0에 연결되어 있는 가변저항의 전압값을 MCP3202로 A/D 변환하여 이 값을 약간의 통신 프로토몰을 첨가하여 PC로 송신하도록 한다. 통신 프로토몰 구성방법은 아래에

설명하고 있다.

MCP3202는 12비트의 분해능을 가진 A/D 변환기이다. 따라서 A/D 변환값을 저장하기 위해서는 최소한 2바이트 이상이 필요하다. 또한 A/D 변환을 하여 받은 데이터를 날(Raw)로 보내는 것이 아니라 약간 가공을 하여 ASCII로 보내기로 한다. 데이터 가공방법은 다음과 같다.

예를 들어 MCP3202에서 AD변환한 값이 [0x1AF7]라면

0x02	+	0x31	+	0x3A	+	0x3F	+	0x37

① 진짜 데이터를 보내기 전에 0x02를 먼저 보내준다. 0x02를 먼저 보내주는 이유는 데이터 통신이 시작된다는 의미로 미리 알려주는 것이다. 이것을 스타트 코드라고도 한다.

② 보내야할 진짜 데이터는 0x1AF7이다. 지금 여기서는 0x1AF7을 예로 들었지만 가변성이 있는 데이터이기 때문에 0x0000~0x1FFF까지 임의의 수가 될 수 있다. 예를 들어 만약 PC에 보내야할 진짜 데이터가 0x02가 된다면 스타트 코드와 겹치게 된다. 따라서 이러한 점을 방지하기 위해 한 바이트를 두 개로 나누어 보낸다. 앞의 예에서 제시했던 0x1A3F를 생각해 보면 앞의 0x1A를 앞의 4비트와 뒤의 4비트를 서로 분리하여 2바이트로 보내준다. 뒤의 '3F'도 마찬가지로 두 바이트로 나누어 보낸다. 보내는 데이터의 앞에 0x30을 첨부한 것은 ASCII 문자로 만들어 주어 일반 PC용 유틸리티에서도 확인 가능하도록 하기 위해서이다.

```
  #include <io51.h>

bit CS      = 0xB2;
bit DIN     = 0xB3;
bit DOUT    = 0xB4;
bit CLK     = 0xB5;

#define RECE_       0
#define SEND_       1
```

```
unsigned char serial_flag = RECE_;
unsigned char CommBuff ;

void delay(char); unsigned int MCP3202(void) ;

void delay( char t)
{
 int i, j ;

 for( i = 0 ; i < t ; i ++ )
   for(j = 0 ; j < 30000; j++ );
}

unsigned int MCP3202(void)
{
    unsigned char Count;
    unsigned int ADdata = 0;

    CS = 0;
    DIN = 1;       //START bit
    CLK = 0;
    CLK = 1;
    CLK = 0;

    DIN = 1;       //Sgl/Diff  표 12-1 참조
    CLK = 1;
    CLK = 0;

    DIN = 0; // CH0의 경우 '0', CH1의 경우 '1'을 설정 해준다.
    CLK = 1;      //Odd/sign 표 12-1 참조
    CLK = 0;

 /* DIN = 1  'high'를 DIN에 입력한다.
    만약 이 비트가 'high' 이면 AD변환된 데이터 중 MSB가 먼저 출력된다.
     DIN = 0  'low'를 DIN에 입력하면 AD변환된 데이터 중 LSB 가 먼저 출력
    된다.
 */
    DIN = 1;
    CLK = 1;
    CLK = 0;

 // 한 클럭을 입력 시켜 주어야 데이터가 출력된다. 그림 12-3 참조
    CLK = 1;
    CLK = 0;

    for( Count = 0; Count <= 11; Count ++ ){
                       ADdata = ADdata << 1;
```

```
                    CLK = 1;
                    if( DOUT == 1 ) ADdata = ADdata | 0x01;
                    CLK = 0;
    }
    CS = 1;
    CLK = 1;

    return ADdata;
}

void Serial_Send(unsigned char SS_buff)
{
 char i ;

 serial_flag = SEND_;
 SBUF = SS_buff;

 while(serial_flag);

 for( i = 0 ; i< 80 ;i++ );
 }

interrupt [0x23] void SCON_int (void)
 {
    if(serial_flag==RECE_) {
        CommBuff = SBUF ;
     }
     TI = 0; RI = 0;
    serial_flag = RECE_;
 }

void main(void)
{

 unsigned char H1Nibble, L1Nibble, H2Nibble, L2Nibble ;
 unsigned int ADvalue=0;
 unsigned char hibyte, lobyte ;

  TMOD = 0x20  ;
  TH1 = 0xfa  ;

  TR1 = 1       ;
  ET1 = 0       ;
  ES = 1        ;
  PS = 1        ;
  EA = 1        ;
```

```
    PCON =  0x00 ;
    SCON = 0x50  ;

    while(1) { // PC에서 0x02를 수신하면 이 Loop를 탈출한다.
         if(CommBuff == 0x02) break ;
    }

    for( ;; ) {

       ADvalue = MCP3202() ;

       lobyte = (unsigned char ) ADvalue ;
       hibyte = (unsigned char ) (ADvalue >> 8) ;
       H1Nibble = ((hibyte & 0xf0) >> 4 ) | 0x30;
       L1Nibble = (hibyte & 0x0f) | 0x30 ;

       H2Nibble = ((lobyte & 0xf0) >> 4 ) | 0x30;
       L2Nibble = ( lobyte & 0x0f) | 0x30 ;

       Serial_Send(0x02);
       Serial_Send(H1Nibble);
       Serial_Send(L1Nibble);
       Serial_Send(H2Nibble);
       Serial_Send(L2Nibble);
       delay(1);
    }
  }
```

실험 13-7 마침

실험 13-8

DCB(89S51)에서 실험 13-7을 실행했을 때 PC에서 데이터를 수신하는 Visual Basic 프로그램을 작성하라.

▶ 폼은 다음과 같이 작성하도록 한다.

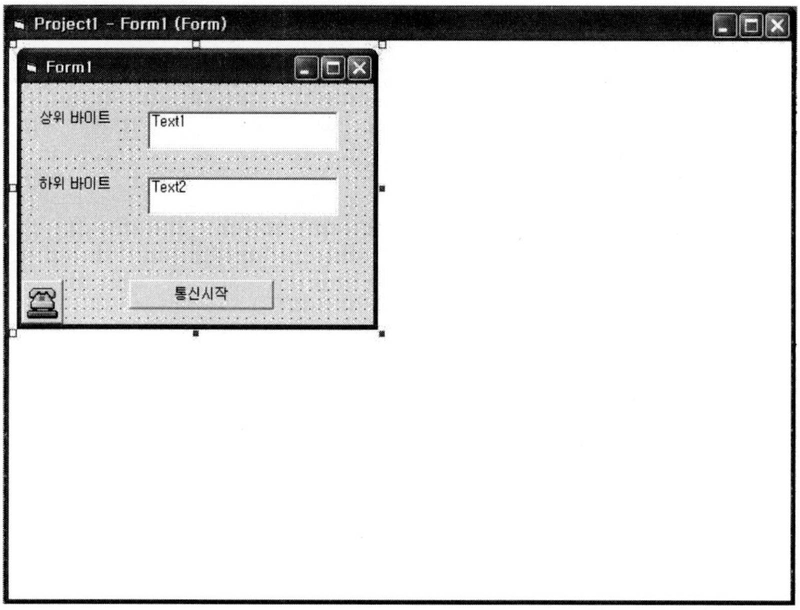


```
Option Explicit
Dim Data_Temp As Integer
Dim Data_S     As String

Dim bufCnt As Byte
Dim H1Nibble As Byte
Dim L1Nibble As Byte
Dim H2Nibble As Byte
Dim L2Nibble As Byte
Dim retBuf    As Byte

Private Sub Command1_Click()
    MSComm1.Output = Chr(&H2)
End Sub

Private Sub Form_Load()

With MSComm1

.CommPort = 1 '컴포트 1을 지정한다.
.Handshaking = 2 - comRTS
.RThreshold = 1
.RTSEnable = True 'RTS 신호를 인에이블 해준다.
.Settings = "9600,n,8,1" '보레이트와 통신프로토콜을 정의
.SThreshold = 1
.InputLen = 1 '통신 바이트(1 바이트 단위로 함)
.PortOpen = True '통신포트를 열어준다
```

```
End With

End Sub

Private Sub Form_Unload(Cancel As Integer)
' 윈도우 종료시 자동으로 컴포트를 닫도록 해준다.
MSComm1.PortOpen = False

End Sub
   Private Sub MSComm1_OnComm()

         Select Case MSComm1.CommEvent

                Case comEvReceive
                ' 입력되는 데이터를 AscII 값으로 변환.
                   Data_Temp = Asc(MSComm1.Input)
                'AscII 값인 숫자를 String 으로 변환
                   Data_S = Hex$(Data_Temp)

                   If Data_Temp = 2 Then
                      bufCnt = 0
                   Else
    '스타트 코드 0x02 다음에 들어오는 ASCII데이터들을 원 데이터로 가공
                      If bufCnt = 0 Then
                             H1Nibble = (Data_Temp And &HF) * (2 ^ 4)

                       ElseIf bufCnt = 1 Then
                            L1Nibble = (Data_Temp And &HF)
                            retBuf = H1Nibble + L1Nibble
                            Text1.Text = Hex$(retBuf)

                       ElseIf bufCnt = 2 Then
                             H2Nibble = (Data_Temp And &HF) * (2 ^ 4)

                       ElseIf bufCnt = 3 Then
                             L2Nibble = (Data_Temp And &HF)
                             retBuf = H2Nibble + L2Nibble
                             Text2.Text = Hex$(retBuf)
                       End If
                     bufCnt = bufCnt + 1

                    End If
          End Select
End Sub
```

실험 13-8 마침

실험 13-9

이번 실험에서는 DCB(89S51)에서 MCP3202의 실험 12-30에서 했던 것과 같이 CH0, CH1에 연결되어 있는 가변저항의 전압값을 MCP3202로 A/D 변환하여 실험 13-8과 같은 프로토콜로 PC로 송신하기로 한다.

```
#include <io51.h>

bit CS      = 0xB2;
bit DIN     = 0xB3;
bit DOUT    = 0xB4;
bit CLK     = 0xB5;

#define RECE_        0
#define SEND_        1
#define NoKey        0xff

unsigned char serial_flag = RECE_;
unsigned char CommBuff ;

unsigned int MCP3202(char ) ;

unsigned int MCP3202(char ch)
{
    unsigned char Count;
    unsigned int ADdata = 0;

    CS = 0;
    DIN = 1;      //START bit
    CLK = 0;
    CLK = 1;
    CLK = 0;

    DIN = 1;      //Sgl/Diff
    CLK = 1;
    CLK = 0;

// CH0의 경우 '0', CH1의 경우 '1'을 설정 해준다.
    if (ch== 0 ) DIN = 0;
    else if(ch==1) DIN = 1 ;
    CLK = 1;     //Odd/sign
    CLK = 0;
   /* DIN = 1  'high'를 DIN에 입력한다.
      만약 이 비트가 'high' 이면 AD변환된 데이터 중 MSB가 먼저 출력된다.
      DIN = 0  'low'를 DIN에 입력하면 AD변환된 데이터 중 LSB 가 먼저 출력
       된다.
    */
```

```
    DIN = 1;
    CLK = 1;
    CLK = 0;

   // 한 클럭을 입력 시켜 주어야 데이터가 출력된다. 그림 12-3 참조
    CLK = 1;
    CLK = 0;

    for( Count = 0; Count <= 11; Count ++ ){
                        ADdata = ADdata << 1;
                        CLK = 1;
                        if( DOUT == 1 ) ADdata = ADdata | 0x01;
                        CLK = 0;
    }

    CS = 1;
    CLK = 1;

    return ADdata;

}

void Serial_Send(unsigned char SS_buff)
{
 char i ;

 serial_flag = SEND_;
 SBUF = SS_buff;

 while(serial_flag);

 for( i = 0 ; i< 80 ;i++ );

 }

interrupt [0x23] void SCON_int (void)
 {
 if(serial_flag==RECE_) {
     CommBuff = SBUF ;
 }
 TI = 0; RI = 0;
 serial_flag = RECE_;
 }

void main(void)
{
```

```
unsigned char H1Nibble, L1Nibble, H2Nibble, L2Nibble ;
unsigned int ADvalue=0;
unsigned char hibyte, lobyte ;

 TMOD = 0x20  ; //타이머 1을 보레이트로 사용
 TH1 = 0xfa  ; //9600 bps

 TR1 = 1      ;
 ET1 = 0      ;
 ES = 1       ;
 PS = 1       ;
 EA = 1       ;

 PCON =  0x00 ;

 SCON = 0x50  ;

   // PC에서 0x02가 수신되면 while 문을 탈출한다.
 while(1) {
      if(CommBuff == 0x02) break ;
 }

for( ;; ) {
     // CH0를 A/D 변환한다.  12비트이므로 2바이트 변수인 unsigned int
     //  로 받는다.
     ADvalue = MCP3202(0) ;

     lobyte = (unsigned char ) ADvalue ;
     hibyte = (unsigned char ) (ADvalue >> 8) ;
     H1Nibble = ((hibyte & 0xf0) >> 4 ) | 0x30;
     L1Nibble = (hibyte & 0x0f) | 0x30 ;
     H2Nibble = ((lobyte & 0xf0) >> 4 ) | 0x30;
     L2Nibble = ( lobyte & 0x0f) | 0x30 ;

     Serial_Send(0x02);     // 스타트 코드이다.
     Serial_Send(H1Nibble); // 첫 번째 바이트 상위 Nibble
     Serial_Send(L1Nibble); // 첫 번째 바이트 하위 Nibble
     Serial_Send(H2Nibble); // 두 번째 바이트 상위 Nibble
     Serial_Send(L2Nibble); // 두 번째 바이트 하위 Nibble

     // CH1를 A/D 변환한다.  12비트이므로 2바이트 변수인 unsigned int
     //  로 받는다.
     ADvalue = MCP3202(1) ;

     lobyte = (unsigned char ) ADvalue ;
     hibyte = (unsigned char ) (ADvalue >> 8) ;
```

```
        H1Nibble = ((hibyte & 0xf0) >> 4 ) | 0x30;
        L1Nibble = (hibyte & 0x0f) | 0x30 ;

        H2Nibble = ((lobyte & 0xf0) >> 4 ) | 0x30;
        L2Nibble = ( lobyte & 0x0f) | 0x30 ;

        Serial_Send(H1Nibble); // 세 번째 바이트 상위 Nibble
        Serial_Send(L1Nibble); // 세 번째 바이트 하위 Nibble
        Serial_Send(H2Nibble); // 네 번째 바이트 상위 Nibble
        Serial_Send(L2Nibble); // 네 번째 바이트 하위 Nibble

    }

  }
```

실험 13-9 마침

실험 13-1

실험 13-9에서 수신되는 CH0, CH1의 A/D 변환값을 PC쪽에서 Visula Basic을 이용하여 수신하여, Text(16진수)로 표시하기도 하고, 또한 막대그래프 그림으로도 A/D 변환값을 표시해 주기로 한다.

▶ 폼은 다음과 같이 작성하도록 한다.

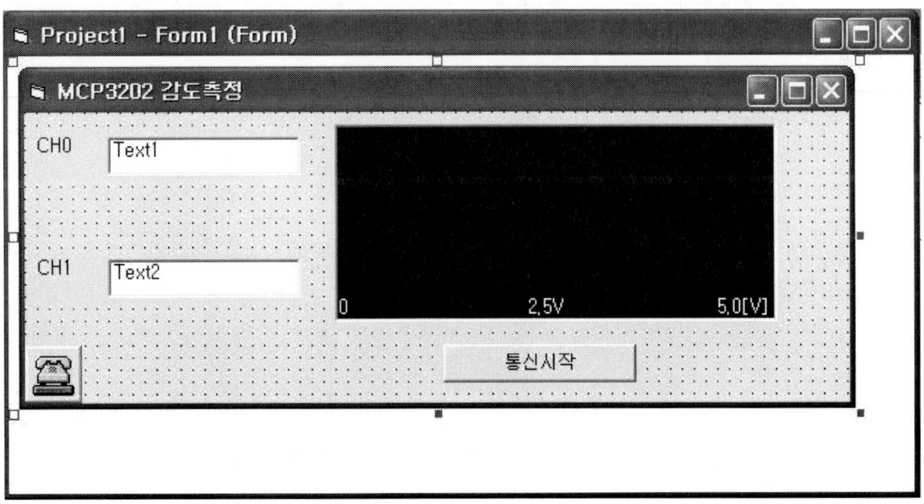

위의 폼에서 그래프를 표시할 부분은 까만 바탕으로 표시하였다. 이 부분은 Picture Box 컨트롤로 왼쪽의 컨트롤 박스에서 선택하면 된다.

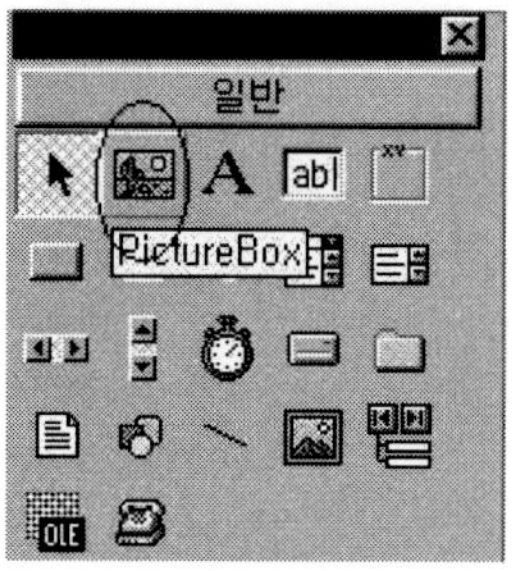

Picture Box 컨트롤을 선택한 후에 속성창에 가서 BackColor를 색상표를 선택한 후에 검정색으로 설정한다.

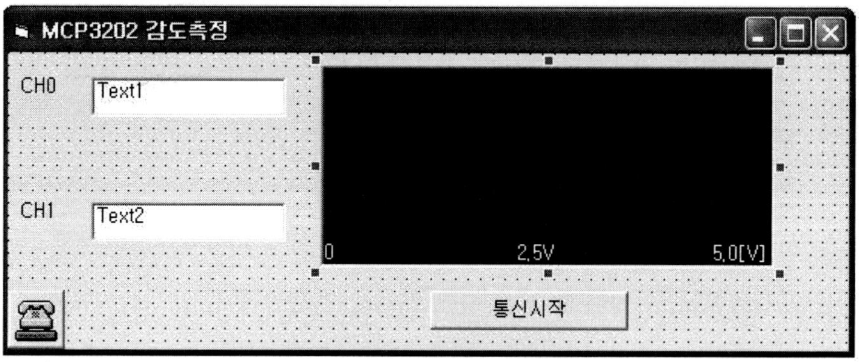

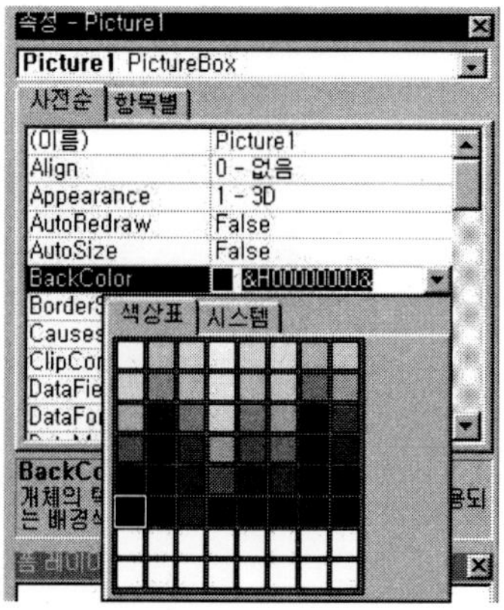

▶ 그래프 화면 밑에 나오는 글자는 Label로 처리하였다.

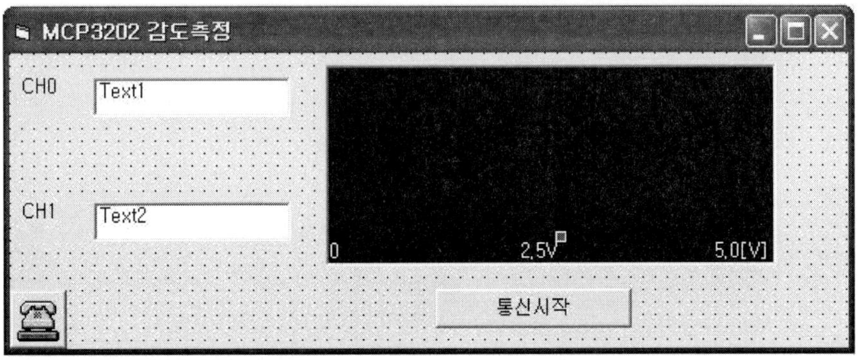


```
Option Explicit

Dim Data_Temp As Integer
Dim CH0Buf As Integer
Dim CH1Buf As Integer
Dim Data_S As String

Dim bufCnt As Byte
Dim dcnt As Byte
Dim H1Nibble As Byte
Dim L1Nibble As Byte
Dim H2Nibble As Byte
Dim L2Nibble As Byte

Dim H3Nibble As Byte
Dim L3Nibble As Byte
Dim H4Nibble As Byte
Dim L4Nibble As Byte
Dim retBuf(3) As Byte

 '그래프 그리는 함수
Private Sub dw_graph(ByVal no As Integer, result As Long)
Dim i As Integer

  Picture1.DrawWidth = 1              '선두께 설정
  Picture1.DrawStyle = 2              '선모양 설정
  Picture1.ForeColor = QBColor(12)     '선색깔 설정

For i = 10 To 4400 Step 410          '빨간 눈금표시
    Picture1.Line (i, 10)-(i, 1750)
Next i

Picture1.DrawWidth = 1
Picture1.DrawStyle = 0
```

```
Picture1.ForeColor = QBColor(0)
Picture1.Line (0, no * 250)-(4100, no * 250)
Picture1.Line (0, no * 250 + 32)-(4100, no * 250 + 32)
Picture1.ForeColor = &HFF00&
result = result
Picture1.Line (0, no * 250)-(result, no * 250)
Picture1.Line (0, no * 250 + 32)-(result, no * 250 + 32)
End Sub

Private Sub Command1_Click()
    MSComm1.Output = Chr(&H2)          '스타트 코드 0x02를 전송함.
End Sub

Private Sub Form_Load()
    '통신시기본세팅
    With MSComm1
 .CommPort = 1
        .HandshaKing = 2 - comRTS
        .RThreshold = 1
        .RTSEnable = True
        .Settings = "9600,n,8,1"
        .SThreshold = 1
        .InputLen = 1
        .PortOpen = True
    End With
End Sub

Private Sub Form_Unload(Cancel As Integer)
    '윈도우 종료시 자동으로 포트를 닫는다.
    MSComm1.PortOpen = False
End Sub

Private Sub MSComm1_OnComm()

         Select Case MSComm1.CommEvent

            Case comEvReceive
                Data_Temp = Asc(MSComm1.Input)
                Debug.Print Data_Temp
                Data_S = Hex$(Data_Temp)

                If Data_Temp = 2 Then
                        bufCnt = 0

                Else
    '스타트 코드 0x02 다음에 들어오는 ASCII데이터들을 원 데이터로 가공
                         If bufCnt = 0 Then
```

```
                    H1Nibble = (Data_Temp And &HF) * (2 ^ 4)

                ElseIf bufCnt = 1 Then
                    L1Nibble = (Data_Temp And &HF)
                    retBuf(0) = H1Nibble + L1Nibble

                ElseIf bufCnt = 2 Then
                    H2Nibble = (Data_Temp And &HF) * (2 ^ 4)

                ElseIf bufCnt = 3 Then
                    L2Nibble = (Data_Temp And &HF)
                    retBuf(1) = H2Nibble + L2Nibble
                    CH0Buf = retBuf(0) * (2 ^ 8)
                    CH0Buf = CH0Buf + retBuf(1)
                    Call dw_graph(1, CLng(CH0Buf))
                    Text1.Text = Hex$(CH0Buf)

                ElseIf bufCnt = 4 Then
                    H3Nibble = (Data_Temp And &HF) * (2 ^ 4)

                ElseIf bufCnt = 5 Then
                    L3Nibble = (Data_Temp And &HF)
                    retBuf(2) = H3Nibble + L3Nibble

                ElseIf bufCnt = 6 Then
                    H4Nibble = (Data_Temp And &HF) * (2 ^ 4)

                ElseIf bufCnt = 7 Then
                    L4Nibble = (Data_Temp And &HF)
                    retBuf(3) = H4Nibble + L4Nibble
                    CH1Buf = retBuf(2) * (2 ^ 8)
                    CH1Buf = CH1Buf + retBuf(3)
                    Call dw_graph(2, CLng(CH1Buf))
                    Text2.Text = Hex$(CH1Buf)
                End If

                bufCnt = bufCnt + 1

            End If
        End Select
End Sub
```

실험 13-10 마침

14

C·H·A·P·T·E·R

LED 제어

구성

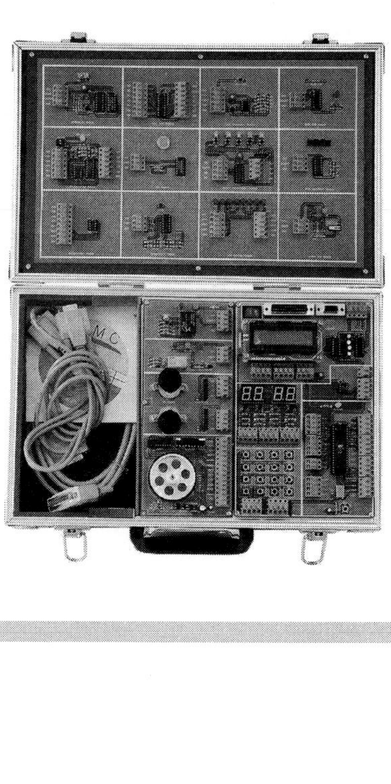

14.1 LED 구동 제어

14.1 LED 구동 제어

DCB(89S51)는 4개의 입출력 포트(P0, P1, P2, P3)가 있으며 이중 본 장에서는 P0, P1, P2를 [그림 14-1]의 LED 출력회로와 연결하여 각 포트를 통한 LED 제어 프로그램을 작성하고 실험함으로써 I/O 포트 제어 방법을 쉽게 이해하도록 한다.

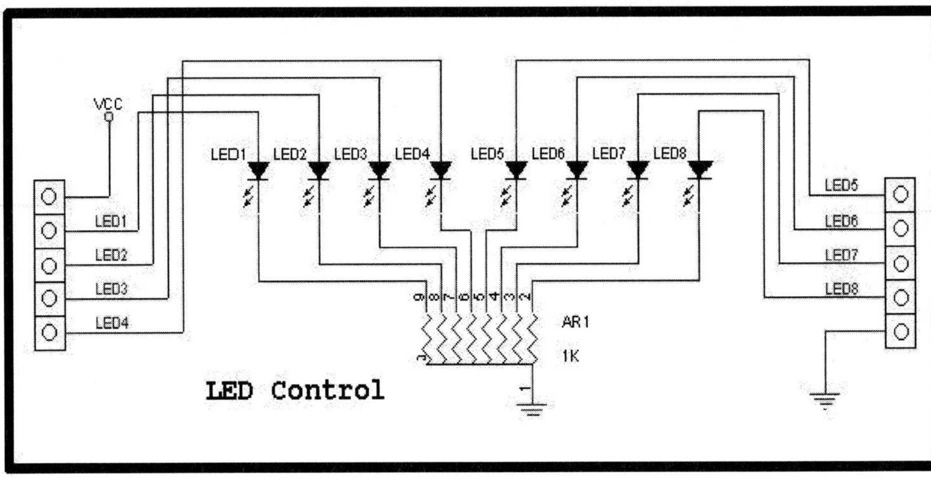

그림 14-1 LED 출력회로

14.1.1 P0 포트에 의한 LED 출력제어

먼저 본 절에서는 DCB(89S51)의 포트(P0, P1, P2)중에서 P0포트를 선택하여 그림 14-2와 같이 LED 출력회로와 연결시키고 LED가 구동되도록 제어 프로그램을 작성하여 본다. 이 때 P0포트를 선택하여 LED 출력회로를 동작시키기 위해서 독자들이 주의하여야 할 점은 P0포트는 오픈 드레인 출력방식의 양방향 입출력단자로 I/O 포트로 사용할 때는 반드시 풀업 저항을 연결해 주어야 한다는 점이다.

그러므로 독자들이 P0포트를 이용하여 LED를 동작시키기 전에 먼저 그림 14-2와 같이 풀업 저항(4.7K)을 연결하고 실험하여야 한다.

PAD 연결 부위										
LED 출력회로	LED1	LED2	LED3	LED4	LED5	LED6	LED7	LED8	VCC	GND
89S51	P0.0	P0.1	P0.2	P0.3	P0.4	P0.5	P0.6	P0.7	+5V	GND

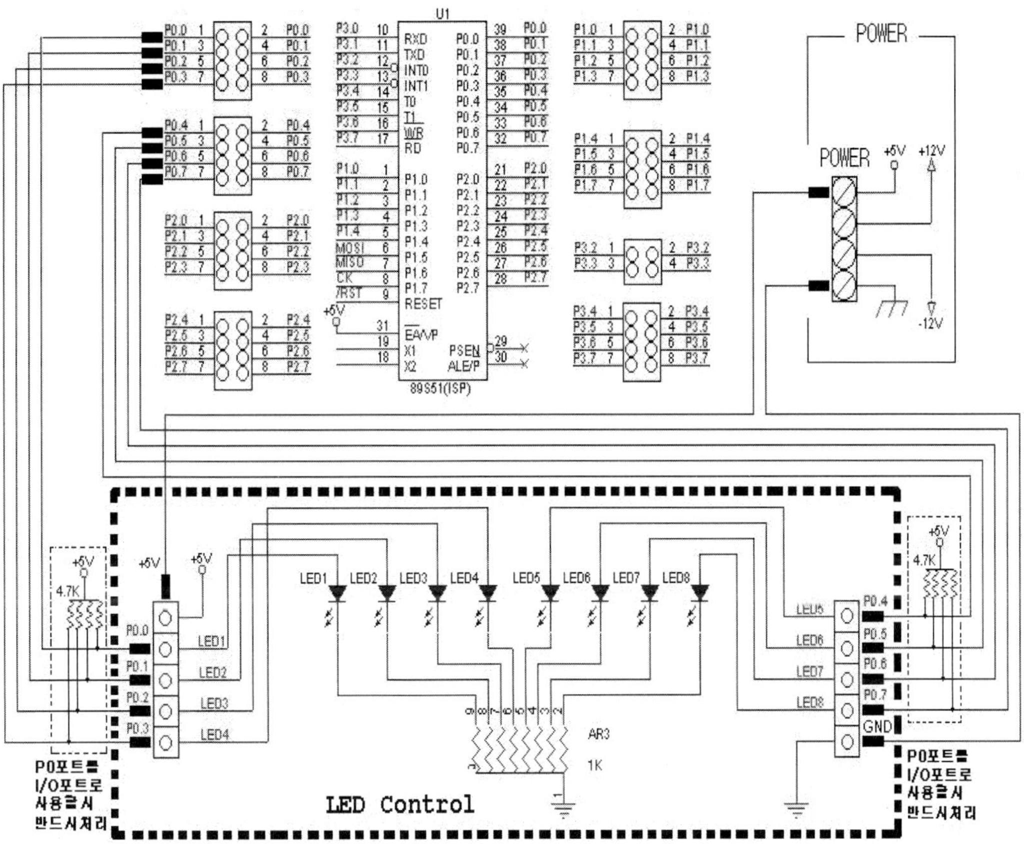

그림 14.2 DCB(89S51)의 P0포트와 LED 출력회로의 결선도

실험 14-1

먼저 LED가 P0포트 입력으로 약 0.5초 간격으로 다음과 같이 무한히 구동되도록 하는 프로그램들을 작성해 보기로 한다. ○ → ON (켜짐) , ● → OFF (꺼짐)

LED1	LED2	LED3	LED4	LED5	LED6	LED7	LED8
○	○	○	○	●	●	●	●

(0.5초)

LED1	LED2	LED3	LED4	LED5	LED6	LED7	LED8
●	●	●	●	○	○	○	○

(0.5초)

⋮

```
#include <io51.h>

void main(void)
{
   int i;

  for(;;){
/* P0 포트의 하위 니블에 high가 출력되게 하고,0.5초 후 P0포트의 상위 니블
에 0.5초 간격으로 high가 출력되도록 하는 프로그램이다.( P0은 io51.h에서
sfr로 선언되어 있으므로 1바이트를 입출력할 수 있는 레지스터이다 ) */

      P0 = 0x0f;             /* P0 포트의 하위 니블(4비트)를 high */
      for(i=0;i<30000;i++); /*  약 0.5초간의 시간지연 */

      P0 = 0xf0;             /* P0 포트의 상위 니블(4비트)를 high */
      for(i=0;i<30000;i++); /*  약 0.5초간의 시간지연 */

  }
}
```

실험 14-1 마침

실험 14-2 다음으로 LED가 P0포트 입력으로 약 1초 간격으로 다음과 같이 무한히 구동되는 프로그램들을 작성해 보기로 한다. ○ → ON (켜짐) , ●→ OFF (꺼짐)

	LED1	LED2	LED3	LED4	LED5	LED6	LED7	LED8
①	○	●	○	●	○	●	○	●

(1초)

	LED1	LED2	LED3	LED4	LED5	LED6	LED7	LED8
②	●	○	●	○	●	○	●	○

(1초)

	LED1	LED2	LED3	LED4	LED5	LED6	LED7	LED8
③	○	○	●	●	●	●	○	○

(1초)

	LED1	LED2	LED3	LED4	LED5	LED6	LED7	LED8
④	●	●	○	○	○	○	●	●

(1초)

	LED1	LED2	LED3	LED4	LED5	LED6	LED7	LED8
⑤	○	●	●	○	○	●	●	○

(1초)

	LED1	LED2	LED3	LED4	LED5	LED6	LED7	LED8
⑥	○	○	○	●	●	○	○	○

(1초)

	LED1	LED2	LED3	LED4	LED5	LED6	LED7	LED8
⑦	○	○	○	○	○	○	○	○

(1초)

⋮

```
#include <io51.h>

void main(void)
{
   unsigned int i;
  /* P0 포트에 의해 주어진 LED의 출력상태를 1초간격으로 구동하기 위해서는
   딜레이를 60000으로 주어야 함으로 변수의 자료형은 int가 아닌 unsigned
   int로 선언하여야 한다.( P0은 io51.h에서 sfr로 선언되어 있으므로 1바이
   트를 입출력할 수 있는 레지스터이다 ) */

  for(;;){

      P0=0xaa;                /* ①의 LED 출력이 되기 위한 P0포트값*/
      for(i=0;i<60000;i++); /*  약 1초간의 시간지연 */

      P0=0x55;                /* ②의 LED 출력이 되기 위한 P0포트값*/
      for(i=0;i<60000;i++); /*  약 1초간의 시간지연 */

      P0=0x3c;                /* ③의 LED 출력이 되기 위한 P0포트값*/
      for(i=0;i<60000;i++); /*  약 1초간의 시간지연 */

      P0=0xc3;                /* ④의 LED 출력이 되기 위한 P0포트값*/
      for(i=0;i<60000;i++); /*  약 1초간의 시간지연 */

      P0=0x99;                /* ⑤의 LED 출력이 되기 위한 P0포트값*/
      for(i=0;i<60000;i++); /*  약 1초간의 시간지연 */

      P0=0x7e;                /* ⑥의 LED 출력이 되기 위한 P0포트값*/
      for(i=0;i<60000;i++); /*  약 1초간의 시간지연 */

      P0=0xff;                /* ⑦의 LED 출력이 되기 위한 P0포트값*/
      for(i=0;i<60000;i++); /*  약 1초간의 시간지연 */

  }
}
```

실험 14-2 마침

14.1.2 P1 포트에 의한 LED 출력제어

다음으로 DCB(89S51)의 포트(P0, P1, P2)중에서 P1포트를 선택하여 그림 14.3과 같이 LED 출력회로와 연결시키고 LED가 구동되도록 제어 프로그램을 작성하여 본다.

P1포트는 P0포트와 달리 내부 풀업이 되어 있으므로 I/O 포트로 사용할 때는 풀업 저항을 달아주지 않고 사용하여도 된다.

PAD 연결 부위										
LED출력회로	LED1	LED2	LED3	LED4	LED5	LED6	LED7	LED8	VCC	GND
89S51	P1.0	P1.1	P1.2	P1.3	P1.4	P1.5	P1.6	P1.7	+5V	GND

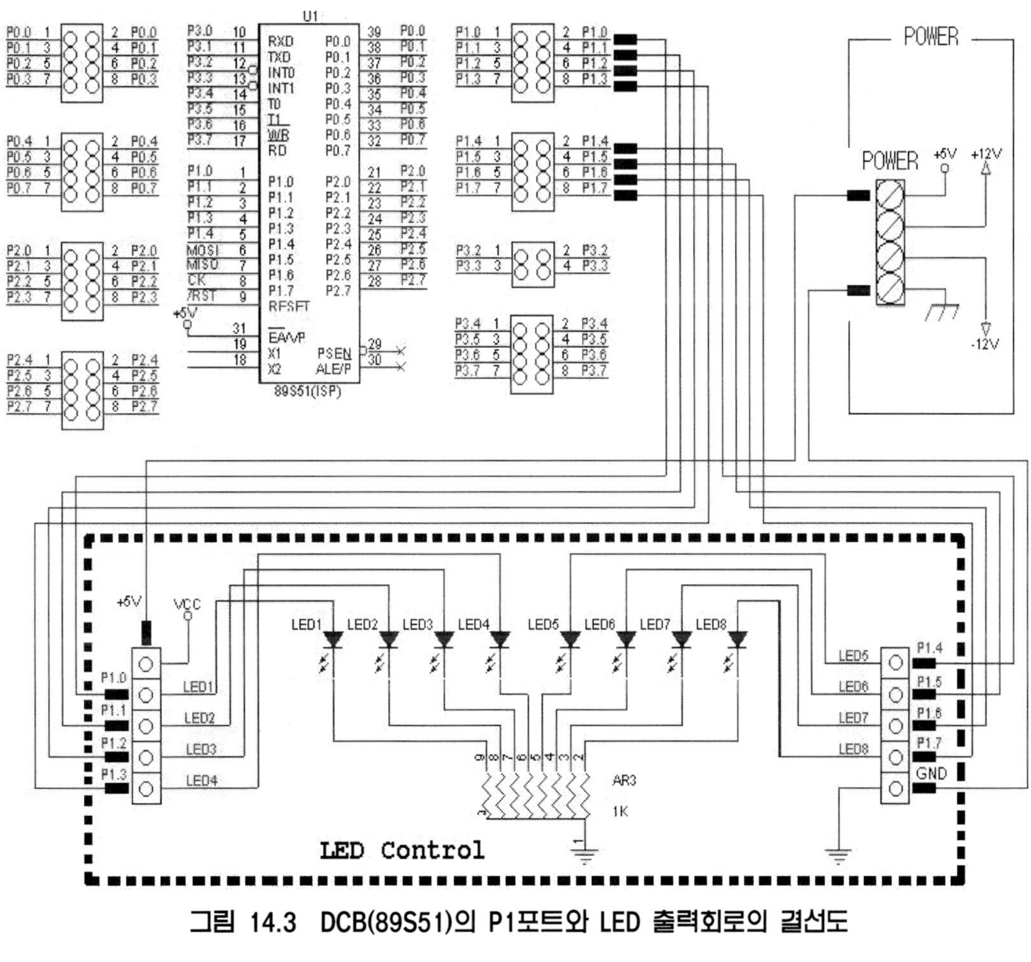

그림 14.3 DCB(89S51)의 P1포트와 LED 출력회로의 결선도

실험 14-3 먼저 LED가 P1포트 입력으로 약 0.5초 간격으로 다음과 같이 무한히 구동되도록 하는 프로그램들을 작성해 보기로 한다. ○ → ON (켜짐) , ●→ OFF (꺼짐)

LED1	LED2	LED3	LED4	LED5	LED6	LED7	LED8
●	●	●	●	○	○	○	○

(0.5초)

LED1	LED2	LED3	LED4	LED5	LED6	LED7	LED8
○	○	○	○	●	●	●	●

(0.5초)

⋮

```
#include <io51.h>

void main(void)
{
  int i;
  for(;;){
/* P1 포트의 상위 니블에 high가 출력되게 하고,0.5초 후 P1 포트의 하위 니
블에 0.5초 간격으로 high가 출력되도록 하는 프로그램이다.( P1은 io51.h에서
sfr로 선언되어 있으므로 1바이트를 입출력할 수 있는 레지스터이다 ) */

      P1=0xf0;                /* P1 포트의 상위 니블(4비트)를 high */
      for(i=0;i<30000;i++); /*  약 0.5초간의 시간지연 */

      P1=0x0f;                /* P1 포트의 하위 니블(4비트)를 high */
      for(i=0;i<30000;i++); /*  약 0.5초간의 시간지연 */

  }
}
```

실험 14-3 마침

실험 14-4 P1.0~P1.7에 연결된 LED가 약 0.5초 간격으로 LED1~LED8 순으로 ON되면서 시프트(이동) 하도록 하고, LED8까지 도착하면 다시 LED1으로 되돌아가서 계속 반복하는 프로그램을 작성해 보기로 한다.○ → ON (켜짐) , ●→ OFF (꺼짐)

	LED1	LED2	LED3	LED4	LED5	LED6	LED7	LED8
①	○	●	●	●	●	●	●	●

(0.5초)

	LED1	LED2	LED3	LED4	LED5	LED6	LED7	LED8
②	●	○	●	●	●	●	●	●

(0.5초)

	LED1	LED2	LED3	LED4	LED5	LED6	LED7	LED8
③	●	●	○	●	●	●	●	●

(0.5초)

	LED1	LED2	LED3	LED4	LED5	LED6	LED7	LED8
④	●	●	●	○	●	●	●	●

(0.5초)

	LED1	LED2	LED3	LED4	LED5	LED6	LED7	LED8
⑤	●	●	●	●	○	●	●	●

(0.5초)

	LED1	LED2	LED3	LED4	LED5	LED6	LED7	LED8
⑥	●	●	●	●	●	○	●	●

(0.5초)

	LED1	LED2	LED3	LED4	LED5	LED6	LED7	LED8
⑦	●	●	●	●	●	●	○	●

(0.5초)

	LED1	LED2	LED3	LED4	LED5	LED6	LED7	LED8
⑧	●	●	●	●	●	●	●	○

(0.5초)

⋮

```
#include <io51.h>

void delay (char);

 // 시간 지연을 주는 딜레이 함수이다.
void delay (char p)
 {
    int i, j ;
    for ( j = 0 ; j < p ; j++)
      for ( i = 0 ; i < 30000 ; i++) ;
 }

void main(void)
 {
    char  A= 1;
    char i ;
  for(;;){
/* P1 포트의 상위 니블에 high가 출력되게 하고,0.5초 후 P1 포트의 하위 니
블에 0.5초 간격으로 high가 출력되도록 하는 프로그램이다.( P1은 io51.h에서
sfr로 선언되어 있으므로 1바이트를 입출력할 수 있는 레지스터이다 ) */
              for( i=0; i<8; i++)
              {
               P1 = A;      /* P1 포트의 상위 니블(4비트)를 high */
               delay(1);    /*  약 0.5초간의 시간지연 */
               A=A<<1;
               if(i==0) A=1;
               }
        }
 }
```

실험 14-4 마침

14.1.3 P2 포트에 의한 LED 출력제어

다음으로 DCB(89S51)의 포트(P0, P1, P2)중에서 P2포트를 선택하여 그림 14.4와 같이 LED 출력회로와 연결시키고 LED가 구동되도록 제어 프로그램을 작성하여 본다.

P2포트도 P1포트와 같이 내부 풀업이 되어 있으므로 I/O 포트로 사용할 때는 풀업저항을 달아주지 않고 사용하여도 된다.

PAD 연결 부위										
LED출력회로	LED1	LED2	LED3	LED4	LED5	LED6	LED7	LED8	VCC	GND
89S51	P2.0	P2.1	P2.2	P2.3	P2.4	P2.5	P2.6	P2.7	+5V	GND

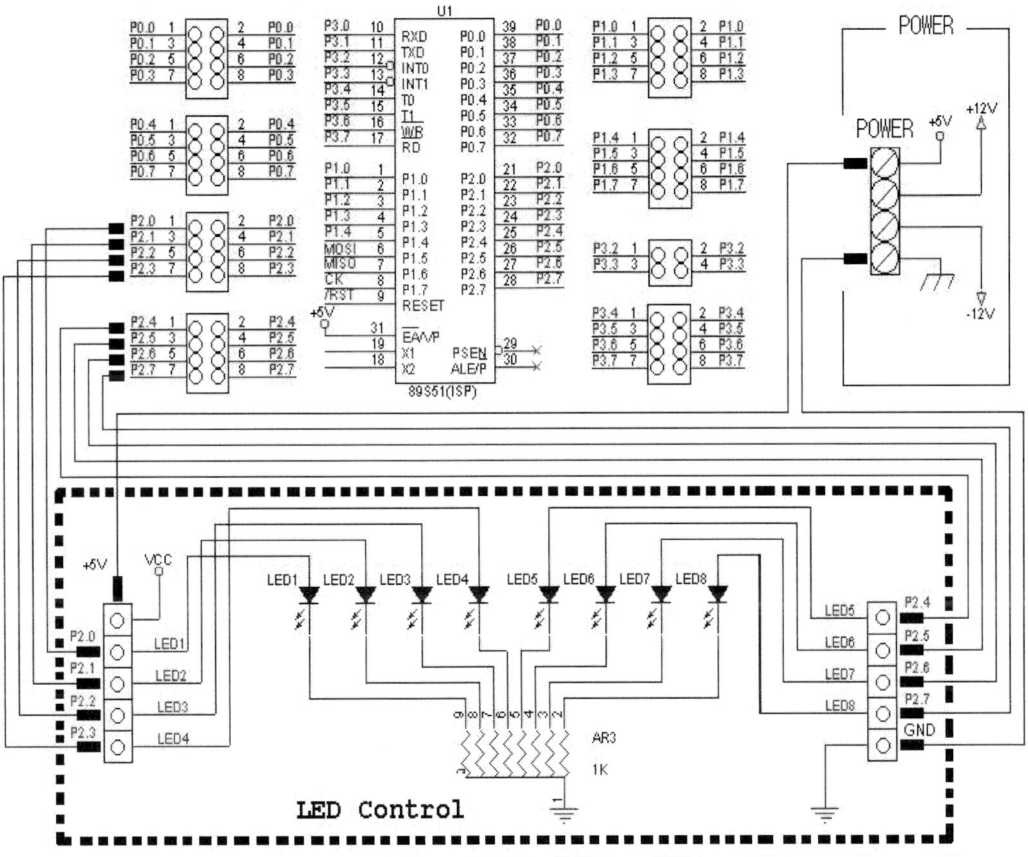

그림 14.4 DCB(89S51)의 P2포트와 LED 출력회로의 결선도

실험 14-5 P2.0~P2.7에 연결된 LED가 약 1초 간격으로 LED8~LED1 순으로 OFF되면서 시프트(이동) 하도록 하고, LED1까지 도착하면 다시 LED8로 되돌아가서 계속 반복하는 프로그램을 작성해 보기로 한다. ○ → ON (켜짐) , ●→ OFF (꺼짐)

	LED1	LED2	LED3	LED4	LED5	LED6	LED7	LED8
①	○	○	○	○	○	○	○	●

(1초)

	LED1	LED2	LED3	LED4	LED5	LED6	LED7	LED8
②	○	○	○	○	○	○	●	○

(1초)

	LED1	LED2	LED3	LED4	LED5	LED6	LED7	LED8
③	○	○	○	○	○	●	○	○

(1초)

	LED1	LED2	LED3	LED4	LED5	LED6	LED7	LED8
④	○	○	○	○	●	○	○	○

(1초)

	LED1	LED2	LED3	LED4	LED5	LED6	LED7	LED8
⑤	○	○	○	●	○	○	○	○

(1초)

	LED1	LED2	LED3	LED4	LED5	LED6	LED7	LED8
⑥	○	○	●	○	○	○	○	○

(1초)

	LED1	LED2	LED3	LED4	LED5	LED6	LED7	LED8
⑦	○	●	○	○	○	○	○	○

(1초)

	LED1	LED2	LED3	LED4	LED5	LED6	LED7	LED8
⑧	●	○	○	○	○	○	○	○

(1초)

⋮

```
#include <io51.h>

void delay (char);

 // 시간 지연을 주는 딜레이 함수이다.
void delay (char p)
 {
    int i, j ;
    for ( j = 0 ; j < p ; j++)
       for ( i = 0 ; i < 30000 ; i++) ;
 }
```

```
void main(void)
   {
       unsigned char A=0x80;

        while(1) {
                      P2 = ~A;
                      delay(2);
                      if(A==0x01) A=0x80;
                      else
                      A=A>>1;

                 }
         }
```

실험 14-5 마침

실험 14-6 P2.0~P2.7에 연결된 LED가 약 0.5초 간격으로 LED1~LED8 순으로 ON되면서 시프트(이동) 하도록 하고, LED8까지 도착하면 역순으로 LED8~LED1 순으로 ON되면서 시프트 되면서 반복하는 프로그램을 작성해 보기로 한다. ○→ ON , ●→ OFF

```
#include <io51.h>

void delay (char);

 // 시간 지연을 주는 딜레이 함수이다.
void delay (char p)
 {
    int i, j ;
    for ( j = 0 ; j < p ; j++)
       for ( i = 0 ; i < 30000 ; i++) ;
 }

 void main(void)
    {
        unsigned char i, A;
         while(1) {

                    A= 0x01;

                    for( i =1; i<8; i++)
```

```
            {
               P2 = A;
               delay(1);
               A=A<<1;
            }

         for( i =1; i<8; i++)
            {
               P2 = A;
               delay(1);
               A=A>>1;
            }
      }
}
```

실험 14-6 마침

15

C·H·A·P·T·E·R

리드, 리미트 스위치와 릴레이 제어

구성

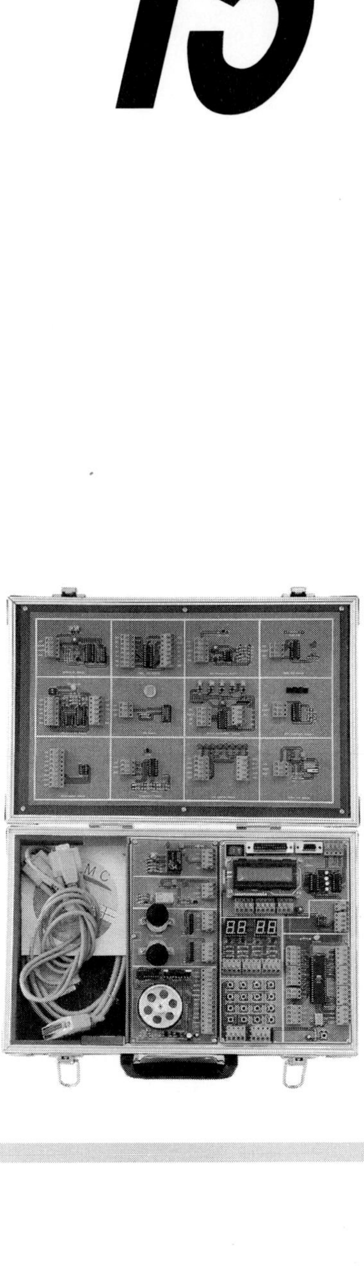

15.1 자기 근접 리드 스위치

ON/OFF 접점의 입출력 소자에 해당하는 근접 스위치 센서로 마이크로 스위치와 리미트 스위치 등의 기계적 센서이외에 자주 이용되는 것으로 자기 근접형 리드 스위치를 들 수 있으며, 따라서 본 절에서는 이러한 자기근접형 리드 스위치에 대해 살펴보고, 이러한 리드 스위치를 이용한 제어 프로그램을 작성하여 본다.

15.1.1 리드 스위치의 종류와 구조

(1) 리드 스위치의 구조

자기센서이면서 자성체에 대해 근접센서의 기능을 갖고 있는 리드 스위치는 초기 전화 교환기용 스위치로 개발되었지만 최근에는 자석과 조합한 자기센서로써 광범위하게 응용되고 있다. 리드 스위치의 일반적인 구조는 그림 15-1과 같이 백금, 금, 루테늄, 로듐 등으로 도금이 된 두 개의 자성체 리드접점을 적당한 간격으로 유지시키고 불활성 가스인 질소와 수소의 혼합가스가 봉입된 유리관내에 위치시킨 구조로 되어 있다. 이러한 자기형 근접 스위치는 접점이 유리관내에 불활성 가스와 함께 봉입되어 있어서 외기 환경과 분리되기 때문에 신뢰성이 높고, 또한 자체 구동전원이 필요하지 않기 때문에 구성이 간단하다는 장점이 있다. 그러나 단지 검출 적용범위가 자성체만으로 한정되어 있다는 것이 단점이다.

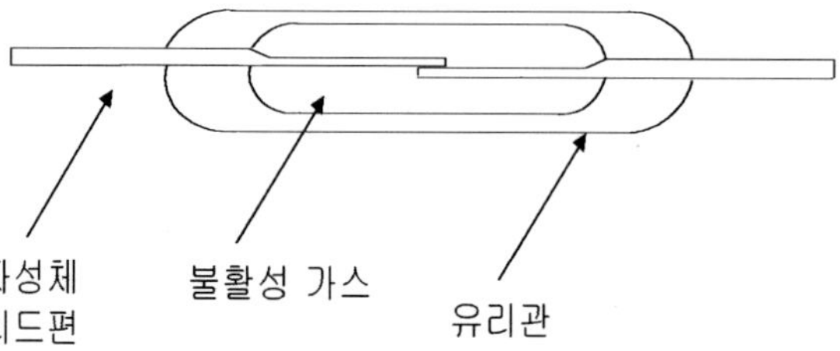

그림 15-1 리드 스위치의 기본 구조

(2) 리드 스위치의 종류

리드 스위치는 접점형식에 따라 노멀 크로우즈형 , 노멀 오픈형, 트랜스퍼형의 3가지 종류로 분류할 수 있는데 다음은 이러한 3가지종류의 리드 스위치 구조와 외형, 을 살펴본 것이다.

① 노멀 클로우즈형 (Normal Close Type)

노멀 클로우즈형의 경우는 금, 루테늄, 백금, 로듐 등의 귀금속으로 도금된 접점을 그림 15-2와 같이 바이어스용 영구자석을 이용하여 접점을 붙여놓고(ON상태 또는 B접점상태), 불활성 가스인 질소와 수소의 혼합가스가 봉입된 유리관내에 위치시킨 구조로 되어 있다.

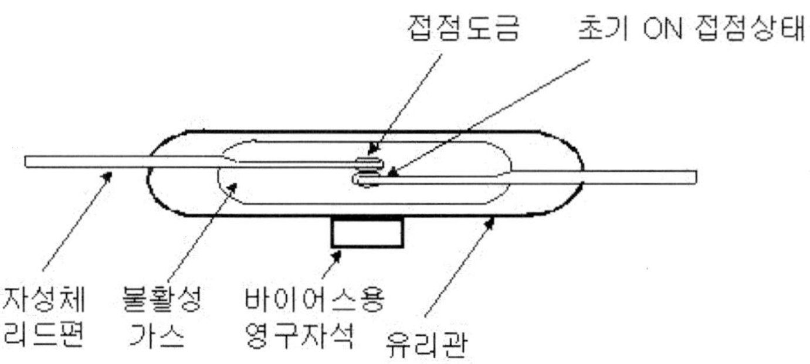

그림 15-2 노멀 크로우즈형 리드 스위치의 외형 및 구조

② 노멀 오픈형(Normal Open Type)

노멀 오픈형의 경우는 백금, 루테늄, 금, 로듐 등의 귀금속으로 도금된 접점을 그림 15-3과 같이 일정간격을 유지하도록 떼어놓고(OFF상태 또는 A접점 상태), 불활성 가스인 질소와 수소의 혼합가스가 봉입된 유리관 내에 위치시킨 구조로 되어 있다.

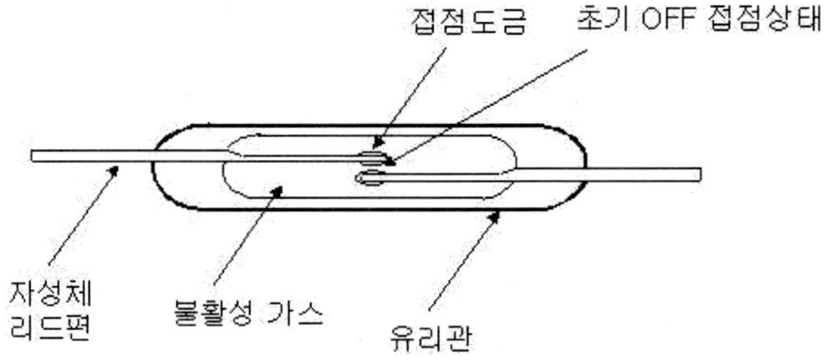

그림 15-3 노멀 오픈형 리드 스위치의 외형 및 구조

③ 트랜스퍼형

트랜스퍼형은 그림 15-4와 같이 노멀 클로우즈, 노멀 오픈 타입을 동시에 가지고서 전류의 흐르는 방향을 변화시키는 구조이다. 즉 A접점과 B접점의 가동접점을 공유하는 C접점 구조이다.

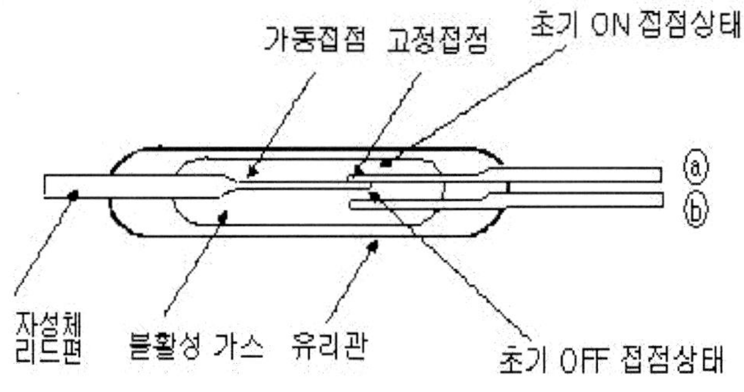

그림 15-4 트랜스퍼형 리드 스위치의 외형 및 구조

15.1.2 리드 스위치의 동작 제어

본 절에서는 15.1.1절의 리드 스위치에 대한 기본적 지식을 바탕으로 그림 15-5와 같이 설계된 노멀 오픈형 리드 스위치를 이용한 ON/OFF 스위칭 측정 회로를 DCB (89S51)와 연결시키고, 리드 스위치가 작동됨에 따라 DCB(89S51)에 인가되는 입력 신호를 처리하는 제어 프로그램을 작성하여 이를 실험하여 본다.

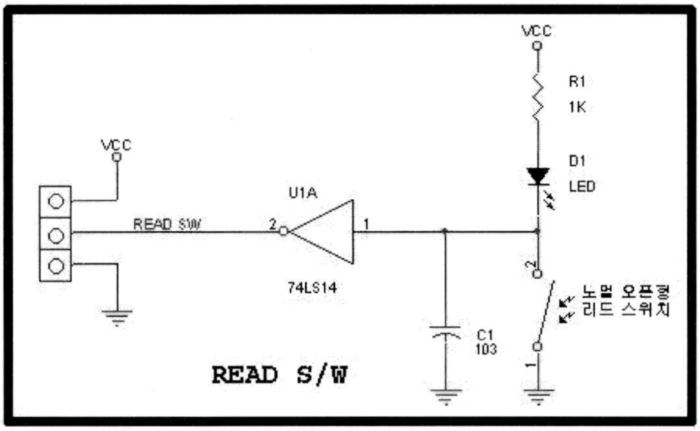

그림 15-5 노멀 오픈형 리드스위치를 이용한 ON/OFF 스위칭 측정 회로

이 리드 스위치는 특성상 별도의 리니어 회로가 필요없고, 단지 외부 자성체에 의해 ON/OFF의 동작을 수행하므로 리드 스위치의 한 쪽에 발광다이오드를 부착하여 ON/OFF 동작을 식별하도록 구성하였다. 따라서 다음은 DCB(89S51)의 포트(P0, P1, P2, P3) 중에서 P2포트의 P2.0비트를 선택하여 그림 15-6과 같이 노멀 오픈형 리드스위치를 이용한 ON/OFF 스위칭 측정 회로와 연결시키고 리드 스위치의 입력 신호를 제어하는 프로그램을 작성하여 본다.

PAD 연결 부위			
리드스위치를 이용한 ON/OFF 스위칭 측정 회로	READ SW	VCC	GND
89S51	P2.0	+5V	GND

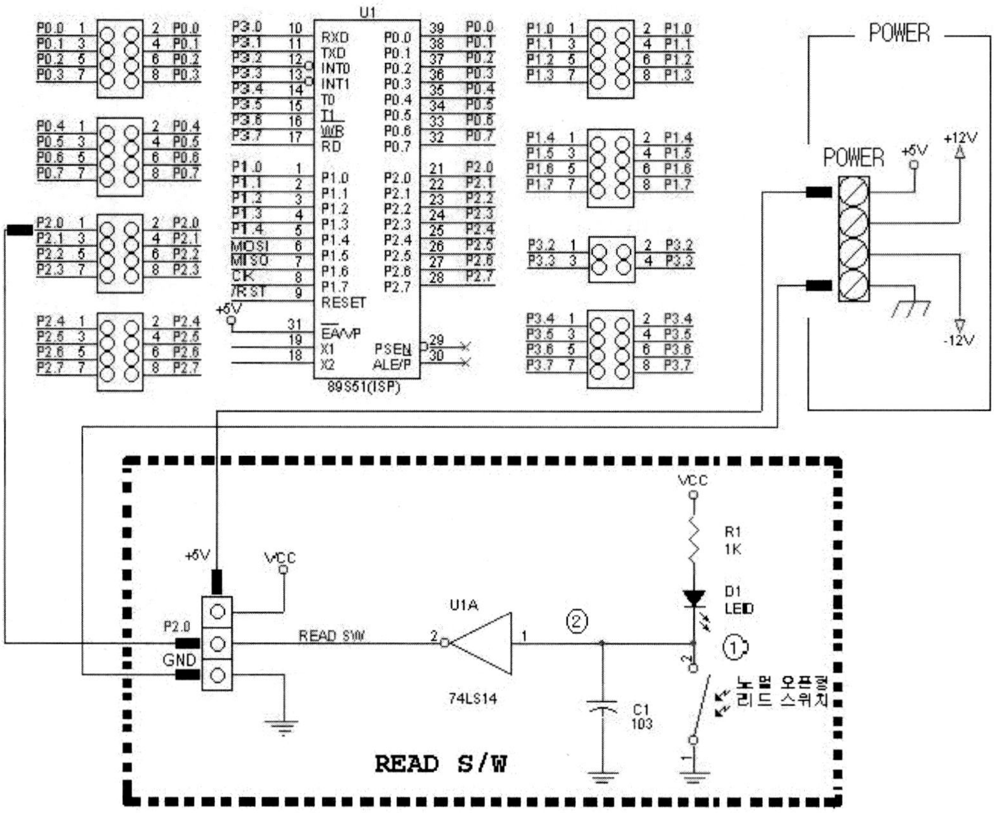

그림 15-6 DCB(89S51)의 P2.0 비트와 노멀 오픈형 리드스위치를 이용한 ON/OFF 스위칭 측정 회로의 결선도

실험 15-1 리드 스위치에 자성체를 접근시켜 자성체를 감지하면 7-Segment에 '1'이 출력되고 자성체가 감지되지 않으면 다시 초기화 값인 '0'이 출력되도록 하는 프로그램들을 작성해 보기로 한다.

본 실험을 위해서는 그림 15-6의 결선과 함께 리드 스위치 동작을 표시하기 위해 사용되는 7-Segment를 구동시키기 위한 결선이 필요하다. 따라서, 독자들은 그림 15-6의 결선을 하고 나서 그림 15-7과 같이 7-Segment 구동을 위한 결선을 하고 나서 프로그래밍 작업에 들어가야 한다.

7-Segment PAD 연결 부위												
7-Segment	Q0	Q1	Q2	Q3	a	b	c	d	e	f	g	p
89S51	P1.0	P1.1	P1.2	P1.3	P0.0	P0.1	P0.2	P0.3	P0.4	P0.5	P0.6	P0.7

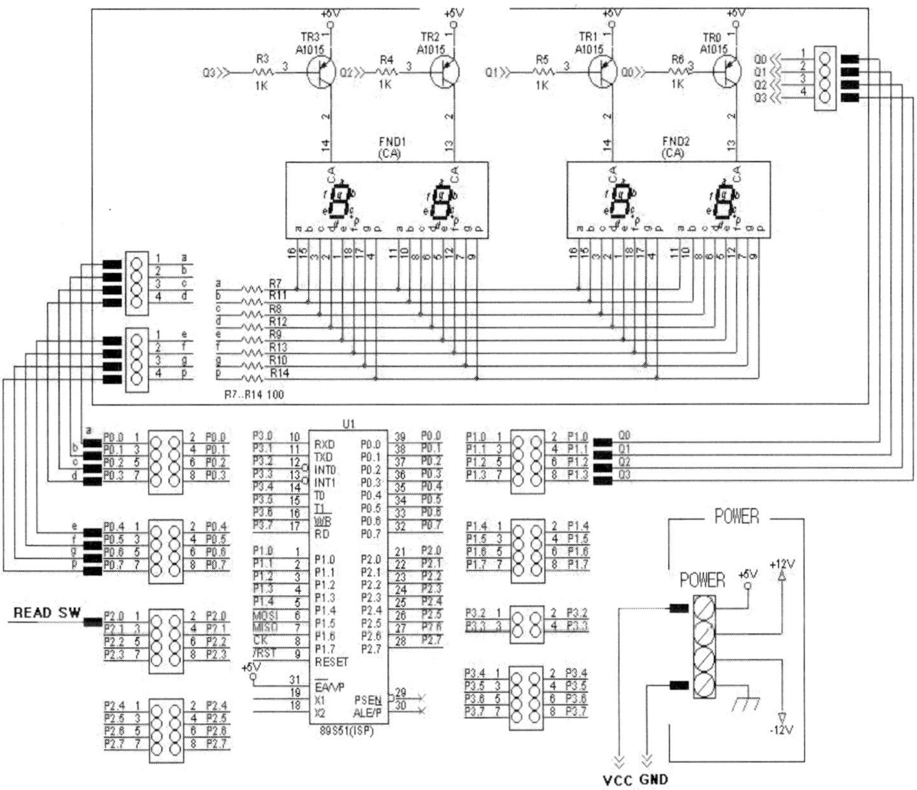

그림 15-7 DCB(89S51)의 P0, P1포트와 7-세그먼트 회로와의 결선도

```
#include <io51.h>

#define S7_1    0x07
#define S7_2    0x0b
#define S7_3    0x0d
#define S7_4    0x0e

int num =0; /* P2.0에 'H'가 입력되면 스위치 인식을 위한 변수 */

const char Font[17]  = {  0xc0, 0xf9, 0xa4, //'0', '1', '2'
                          0xb0, 0x99, 0x92, // '3', '4', '5'
```

```
                          0x82, 0xf8, 0x80, // '6', '7', '8'
                          0x90, 0x88, 0x83, // '9', 'A', 'b'
                          0xc6, 0xa1, 0x86, // 'C', 'd', 'E'
                          0x8e, 0x7f } ;    // 'F', '.'
void Control_7Seg(int);

/* 0~9999 까지 이므로 1바이트 자리 변수인 char를 사용하면 않된다.
   따라서 int로  N을 선언해야 한다 .*/
void Control_7Seg(int N)
{
  unsigned int  i, d , Buff;
  unsigned char N1000, N100, N10, N1  ;

  N1000 = N / 1000;
  Buff =  N % 1000 ;

  N100 = Buff / 100 ;
  Buff = Buff % 100;

  N10 = Buff / 10 ;
  N1 =  Buff % 10 ;

 for ( i = 0 ; i < 100 ; i ++ ) {
      P1 = S7_1 ;          // 첫번째  7-Segment를 켜준다.
      P0 = Font[N1000] ;   // 천의 자리를  써 준다.
      for(d = 0 ; d < 10; d++ ) ;
      P1 = S7_2 ;          // 두번째  7-Segment를 켜준다.
      P0 = Font[N100] ;    // 백의 자리를  써 준다.
      for(d = 0 ; d < 10; d++ ) ;
      P1 = S7_3;           // 세번째  7-Segment를 켜준다.
      P0 = Font[N10];      // 십의 자리를  써 준다.
      for(d = 0 ; d < 10; d++ ) ;
      P1 = S7_4 ;         // 네번째  7-Segment를 켜준다.
      P0 = Font[N1] ;     // 일의 자리를 써 준다.
      for(d = 0 ; d < 10; d++ ) ;
   }
 }

void main(void)
 {
  unsigned char READ_sw;     // 리드 스위치 상태 입력용 변수
  unsigned int j;
  while(1) {

     READ_sw = 0x01 & P2; /* P2.0 으로 입력되는 리드 스위치상태를
```

```
                    'H'값으로 마스킹한다 */

    Control_7Seg(num); /* 자성체 감지여부를 7 세그먼트에 출력 */

    if( READ_sw == 0x01) num = 1;/* P2.0에 'H'가 입력되면 1이 된다*/
    else num =0;
    for(j = 0 ; j < 500; j++ ) ;
    }
}
```

실험 15-1 마침

15.2 리미트 스위치

본 절에서는 물리적 힘에 의해 ON/OFF 스위칭 입력을 하는 데 사용하는 리미트 스위치를 이용하여 그림 15-8과 같이 회로를 설계하여, 이를 DCB(89S51)와 연결시키고 리미트 스위치가 작동됨에 따라 DCB(89S51)에 인가되는 입력 신호를 처리하는 제어 프로그램을 작성하여 이를 실험하여 본다.

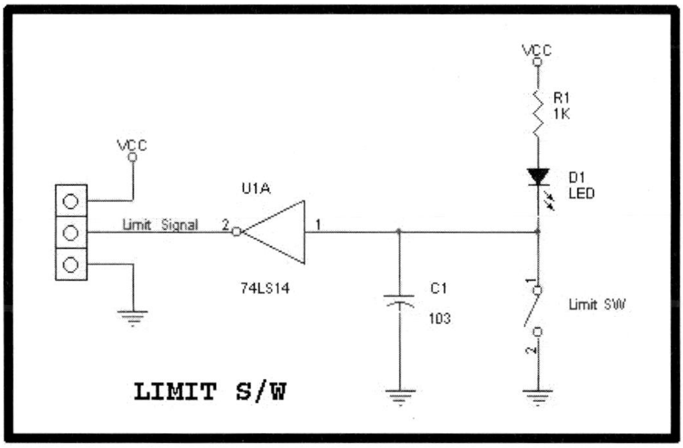

그림 15-8 리미트 스위치를 이용한 ON/OFF 스위칭 측정 회로

그림 15-8의 리미트 스위치를 이용한 ON/OFF 스위칭 측정 회로 또한 5.1절의 리드 스위치처럼 별도의 리니어 회로가 필요 없으며, 리드 스위치와 달리 외부에서 기계적

으로 동작하는 스위치 입력에 의해 ON/OFF의 동작을 수행하므로 리드 스위치의 경우에서와 같이 한쪽에 발광다이오드를 부착하여 ON/OFF 동작을 식별하도록 구성하였다.

따라서 다음은 DCB(89S51)의 포트(P0, P1, P2, P3) 중에서 P3포트의 P3.2비트를 선택하여 그림 15-9와 같이 리미트 스위치를 이용한 ON/OFF 스위칭 측정 회로와 연결시키고 리미트 스위치의 입력 신호를 제어하는 프로그램을 작성하여 본다.

PAD 연결 부위			
리미트 스위치를 이용한ON/OFF 스위칭 측정 회로	Limit Signal	VCC	GND
89S51	P3.2	+5V	GND

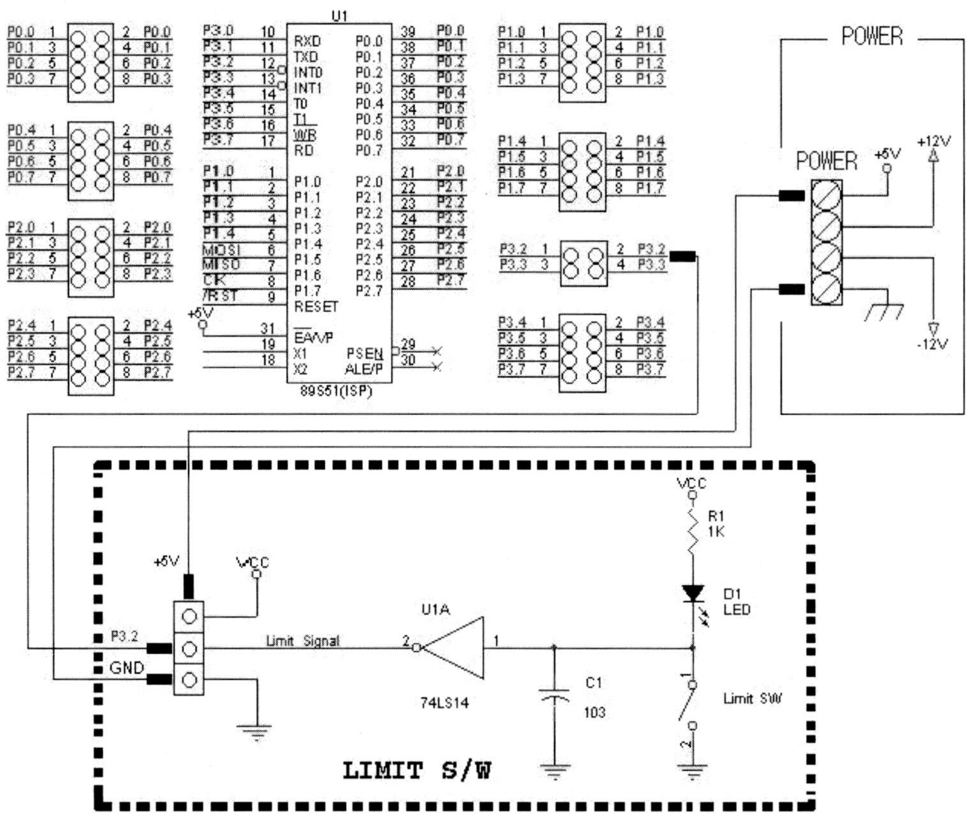

그림 15-9 DCB(89S51)의 P3.2 비트와 리미트 스위치를 이용한 ON/OFF 스위칭 측정 회로의 결선도

실험 15-2 리미트 스위치를 직접 눌러 이를 감지하면 7-Segment에 '1'이 출력되고 리미트 스위치를 누르지 않으면 다시 초기화 값인 '0'이 출력되도록 하는 프로그램들을 작성해 보기로 한다.

본 실험을 위해서도 실험 5.1의 경우에서와 같이 그림 15.9의 결선과 함께 리미트 스위치 동작을 표시하기 위해 사용되는 7-Segment를 구동시키기 위한 결선이 필요하다. 따라서, 독자들은 그림 15.9의 결선을 하고 나서 실험 5.1의 경우에서와 같이 그림 15.7의 7-Segment 구동을 위한 결선을 하고 나서 프로그래밍 작업에 들어가야 한다.

7-Segment PAD 연결 부위												
7-Segment	Q0	Q1	Q2	Q3	a	b	c	d	e	f	g	p
89S51	P1.0	P1.1	P1.2	P1.3	P0.0	P0.1	P0.2	P0.3	P0.4	P0.5	P0.6	P0.7

```
#include <io51.h>

#define S7_1   0x07
#define S7_2   0x0b
#define S7_3   0x0d
#define S7_4   0x0e

int num =0; /* P3.2에 'H'가 입력되면 스위치 인식을 위한 변수 */

const char Font[17]  = {   0xc0, 0xf9, 0xa4, //'0', '1', '2'
                          0xb0, 0x99, 0x92, // '3', '4', '5'
                          0x82, 0xf8, 0x80, // '6', '7', '8'
                          0x90, 0x88, 0x83, // '9', 'A', 'b'
                          0xc6, 0xa1, 0x86, // 'C', 'd', 'E'
                          0x8e, 0x7f } ;    // 'F', '.'
void Control_7Seg(int);

/* 0~9999 까지 이므로 1바이트 자리 변수인 char를 사용하면 않된다.
   따라서 int로  N을 선언해야 한다 .*/
void Control_7Seg(int N)
{
  unsigned int  i, d , Buff;
  unsigned char N1000, N100, N10, N1  ;
```

```
  N1000 = N / 1000;
  Buff =  N % 1000 ;
  N100 = Buff / 100 ;
  Buff = Buff % 100;
  N10 = Buff / 10 ;
  N1 =  Buff % 10 ;

  for ( i = 0 ; i < 100 ; i ++ ) {

       P1 = S7_1 ;          // 첫번째  7-Segment를 켜준다.
       P0 = Font[N1000] ;   // 천의 자리를  써 준다.
       for(d = 0 ; d < 10; d++ ) ;
       P1 = S7_2 ;          // 두번째  7-Segment를 켜준다.
       P0 = Font[N100] ;    // 백의 자리를  써 준다.
       for(d = 0 ; d < 10; d++ ) ;
       P1 = S7_3;           // 세번째  7-Segment를 켜준다.
       P0 = Font[N10];      // 십의 자리를  써 준다.
       for(d = 0 ; d < 10; d++ ) ;
       P1 = S7_4 ;          // 네번째  7-Segment를 켜준다.
       P0 = Font[N1] ;      // 일의 자리를 써 준다.
       for(d = 0 ; d < 10; d++ ) ;
   }
 }

void main(void)
 {
  unsigned char Limit_signal; // 리미트 스위치 상태 입력용 변수

  while(1) {

     Limit_signal = 0x04 & P3; /* P3.2 으로 입력되는 리미트 스위치상태를
                                  'H'값으로 마스킹한다 */

     Control_7Seg(num); /* 리미트 스위치 상태를 7-세그먼트상에 출력  */

     if( Limit_signal==0x04) num =1;/* P3.2에 'H'가 입력되면 1이 된다*/
     else num =0;

     }
}
```

실험 15-2 마침

15.3 릴레이 구동 제어

릴레이란 코일에 전류를 흘리면 자석이 되는 성질을 이용한 소자로서, 이는 코일이 전자석이 되었을 때 철판을 끌어 당겨 그 철판에 붙어 있는 스위치부의 접점을 닫거나 열도록 하는 원리를 이용한 것이다

릴레이가 좋은 점은 전기적으로 독립된 회로를 연동시킬 수 있다는 점으로 5V와 같은 저전압계로 구성된 회로의 동작에 의해 AC 100V계의 회로 또는 대전류의 회로를 ON/OFF시킬 수 있다. 따라서, 이러한 장점을 갖는 릴레이는 PLC, NC, 로봇 등의 산업용 제어기기에 가장 많이 사용되는 핵심 부품의 하나로 가장 널리 쓰이고 있다.

릴레이도 코일에 가하는 전압(구동전압), 접점용량 등에 따라 여러 종류가 있으며 이를 접점 형식에 따라 A접점형, B접점형, C접점형으로 간략히 구분하여 살펴보면 다음과 같다.

(1) A접점형 :

A접점이란 그림 15-10과 같이 스위치를 조작하기 전에는 열려 있다가 스위치를 조작하면 닫히는 접점형태를 말하는 것으로서 이를 다른 말로 메이크 접점(make contact)이라고도 한다. 또한 상시 열린 접점이라고도 하여 영문자 Normally Open contact의 약자인 NO접점이라고도 한다.

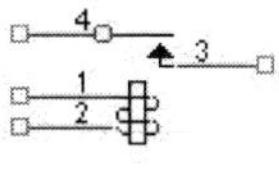

그림 15-10 A접점형 릴레이

A접점은 그림 15-10에서 보는 바와 같이 정상시에는 끊어져 있는 접점이지만 수동이나 외부에서 에너지가 가해지면 접점을 연결시켜 주는(make, arbeit) 접점이다. 따라서, 이러한 A접점의 표기는 그림과 같이 보통 상태, 인력이나 전원이 가해지지 않은 상태의 동작에 따라 양단을 떨어뜨려 나타낸다.

(2) B접점형 :

B접점이란 그림 15-11과 같이 스위치를 조작하기 전에는 닫혀 있다가 스위치를 조작하면 열리는 접점형태를 말하는 것으로서 이를 다른 말로 브레이크 접점(break contact)이라고도 한다. 또한 상시 닫힌 접점이라고도 하여 영문자 Normally Closed contact의 약자인 NC접점이라고도 한다.

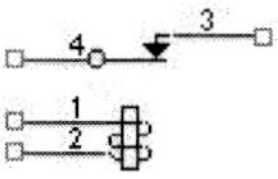

그림 15-11 B접점형 릴레이

B접점은 A접점과는 반대로 그림 15-11에서 보는 바와 같이 정상 시에는 연결되어 있던 것이 수동이나 외부에서 에너지가 가해지면 끊어지는 접점이다. 따라서 B접점의 표기는 보통 상태, 즉 인력이나 전원이 가해지지 않은 상태의 동작에 따라 양단을 붙여서 나타낸다.

(3) C접점형 :

C접점은 절환(전환) 접점이며 Change-Over Contact에서 머리 글자를 따서 C접점이라고 한다. C접점은 그림 15-12와 같이 A접점과 B접점을 공유하고 있으며 조작 전에는 B접점에 가동부가 접촉되어 있으며 누르면 A접점으로 이동하는 접점입니다. 따라서, 이를 트랜스퍼 접점(transfer contact)라고도 한다.

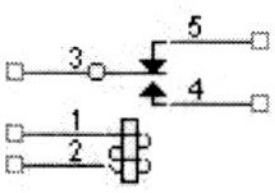

그림 15-12 C접점형 릴레이

이상의 접접 형식에 따른 분류의 이해를 바탕으로 TTL 레벨인 DC 5V 출력을 갖는 마이크로프로세서를 이용하여 이상의 릴레이를 산업용 기기 동작에 사용하면 TTL 레벨인 5V 단일 전원으로도 산업체 또는 가정에서 사용되고 있는 전기/전자 제품을 직접 제어할 수 있다. 따라서, 본 절에서는 DCB(89S51)의 포트(P2, P3) 중에서 포트의 한 비트씩을 선택하여 5V C접점형 릴레이와 12V A접점형 릴레이 구동회로와 연결시켜 릴레이가 구동되도록 제어 프로그램을 작성하고 이를 실험한다.

15.3.1 5V C접점형 릴레이의 동작 제어

본 절에서는 그림 15-13의 C접점형 릴레이 구동 회로를 DCB(89S51) P2포트의 P2.4 비트와 연결하여 릴레이를 구동하도록 한다. 그림 15-13의 회로에서 사용한 C접점형 릴레이(OSR 5VDC)는 코일 입력이 TTL 레벨인 5V이고 Operating time과 Release time이 10ms이며 접점은 5VDC/240VAC, 10A 정도의 기기를 충분히 제어할 수 있도록 만들어져 있다.

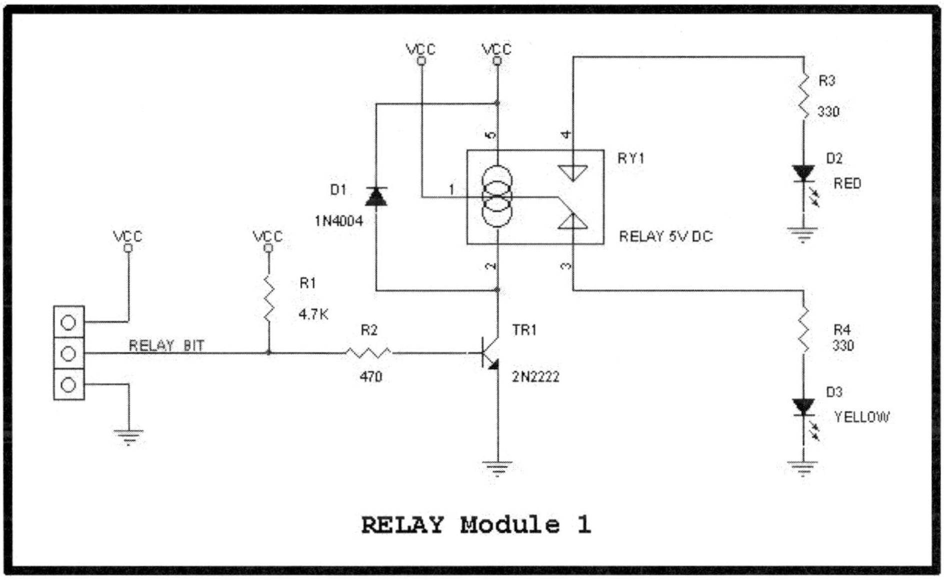

그림 15-13 5V C접점형 릴레이 구동회로

그림 15-13의 C접점형 릴레이를 DCB(89S51) P2포트의 P2.4비트를 통하여 구동 제어하는 것은 마이크로프로세서의 비트 제어 방식과 동일하다. 그러나 SD-1 릴레이는 코일을 구동시키기 위한 전류치가 최소 75mA 정도 되어야하므로 마이크로프로세서의 신호선 만으로는 릴레이를 동작시키기는 어렵다. 그러므로 그림 15-13과 같이 트랜지스터 2N2222를 사용하여 릴레이를 제어하고, 릴레이에 프리휠링 다이오드를 달아주어 역기전력이 흐르는 것을 방지한다. SD-1 릴레이의 2번, 5번 코일은 DC5V 전위차가 생기면 접점이 4번으로 가서 붙게 해주고, 전위차가 발생하지 않으면 접점이 3번으로 가서 붙게 되는 C 접점 방식의 릴레이이므로 다음은 DCB(89S51)의 포트 P2의 P2.4비

트를 선택하여 그림 15-14와 같이 5V C접점형 릴레이를 이용한 ON/OFF 스위칭 구동 회로와 연결시키고 릴레이를 제어하는 프로그램을 작성한다.

PAD 연결 부위			
5V C접점형 릴레이를 이용한 ON/OFF 스위칭 구동 회로	Relay Signal	VCC	GND
89S51	P2.4	+5V	GND

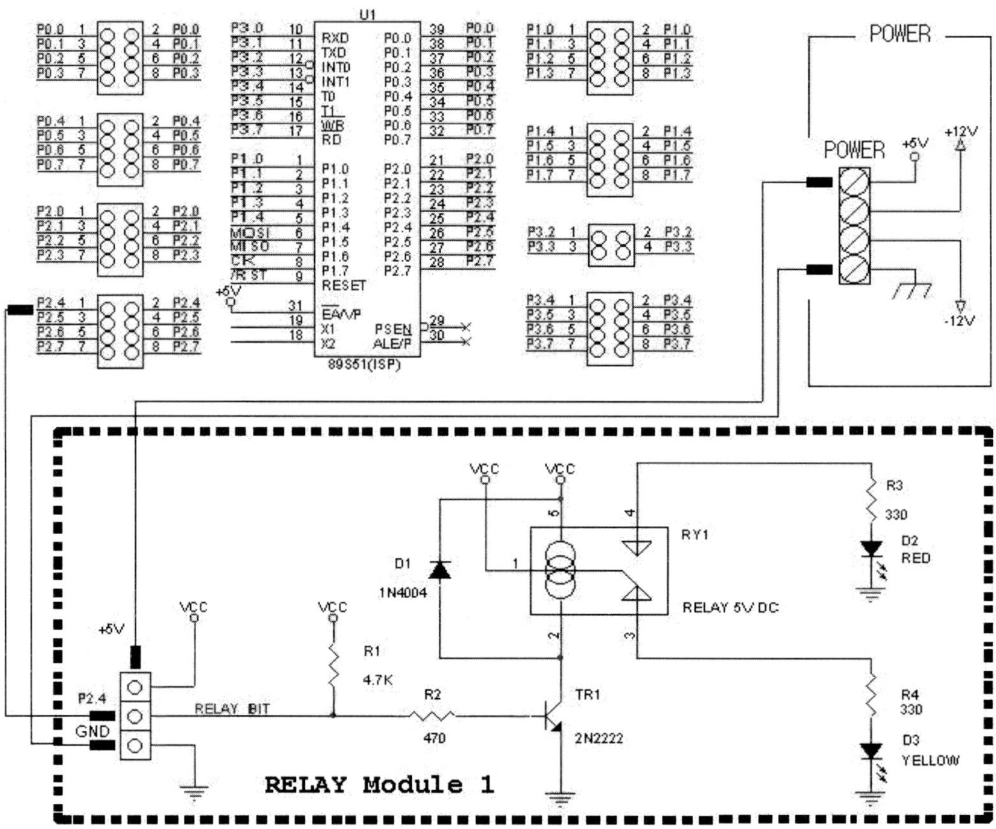

그림 15-14 DCB(89S51)의 P2.4 비트와 5V C접점형 릴레이를 이용한 ON/OFF 스위칭 구동 회로의 결선도

실험 15-3 릴레이 구동을 위한 그림 15-14의 결선이 완성되면 이제 프로그램 상에서 직접 릴레이를 구동해 보자. 본 실험에서는 0.5초 간격으로 릴레이를 ON/OFF만 하도록 하여 0.5초 ON 시에는 LED(RED)가 켜지고, 0.5초 OFF시에는 LED(Yellow)가 켜지도록 프로그램을 작성해 보기로 한다.

```
#include <io51.h>

  void delay()
   {
         int i ;
          for(i = 0 ; i < 30000 ; i++) ;
   }

   void main()
   {
       while(1)
        {
            P2 = 0x10 ;
            /*최소한 Operate, Release time 10ms 이상 지연해 주어야 한다. */
            delay() ;
            P2 = 0x00 ;
            delay() ;
        }
   }
```

실험 15-3 마침

15.3.2 12V A접점형 릴레이의 동작 제어

본 절에서는 그림 15-15의 A접점형 릴레이 구동회로를 DCB(89S51) P3포트의 P3.4비트와 연결하여 릴레이를 구동하도록 한다. 그림 15-15의 회로에서 사용한 A접점형 릴레이(RY 12W-K)는 두 개의 A접점 릴레이를 내장하고 있는 타입이다.

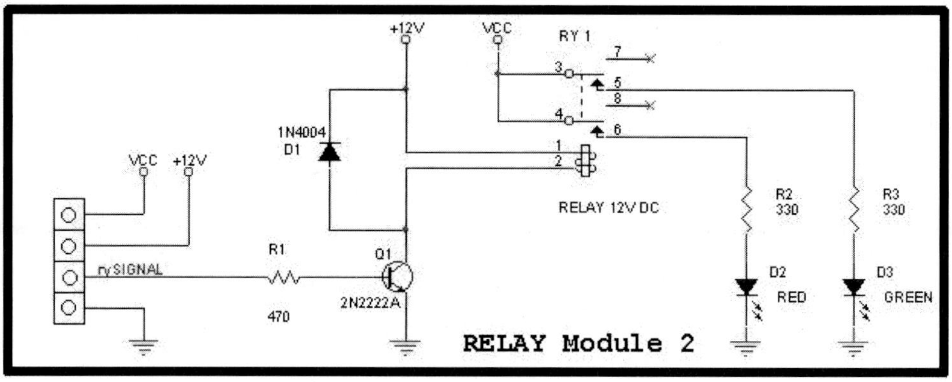

그림 15-15 12V A접점형 릴레이 구동회로

그림 15-15의 A접점형 릴레이를 DCB(89S51) P3포트의 P3.4비트를 통하여 구동 제어하는 것은 15.3.1절의 5V C접점 제어 방식과 동일하며 그림 15-15와 같이 트랜지스터 2N2222를 사용하여 릴레이를 제어한다. A접점형 릴레이(RY 12W-K)는 1번, 2번 코일에 DC 12V 전위차가 생기면 NO접점 상태에 있던 3, 4번이 5, 6번에 가서 붙게 해주고, 전위차가 발생하지 않으면 초기 NO접점 상태를 유지한다. 따라서 다음은 DCB(89S51)의 P3.4비트를 선택하여 그림 15-16과 같이 12V A접점형 릴레이를 이용한 ON/OFF 스위칭 구동 회로와 연결시키고 릴레이를 제어하는 프로그램을 작성한다.

PAD 연결 부위				
12V A접점형 릴레이를 이용한 ON/OFF 스위칭 구동 회로	Relay Signal	+12V	VCC	GND
89S51	P3.4	+12V	+5V	GND

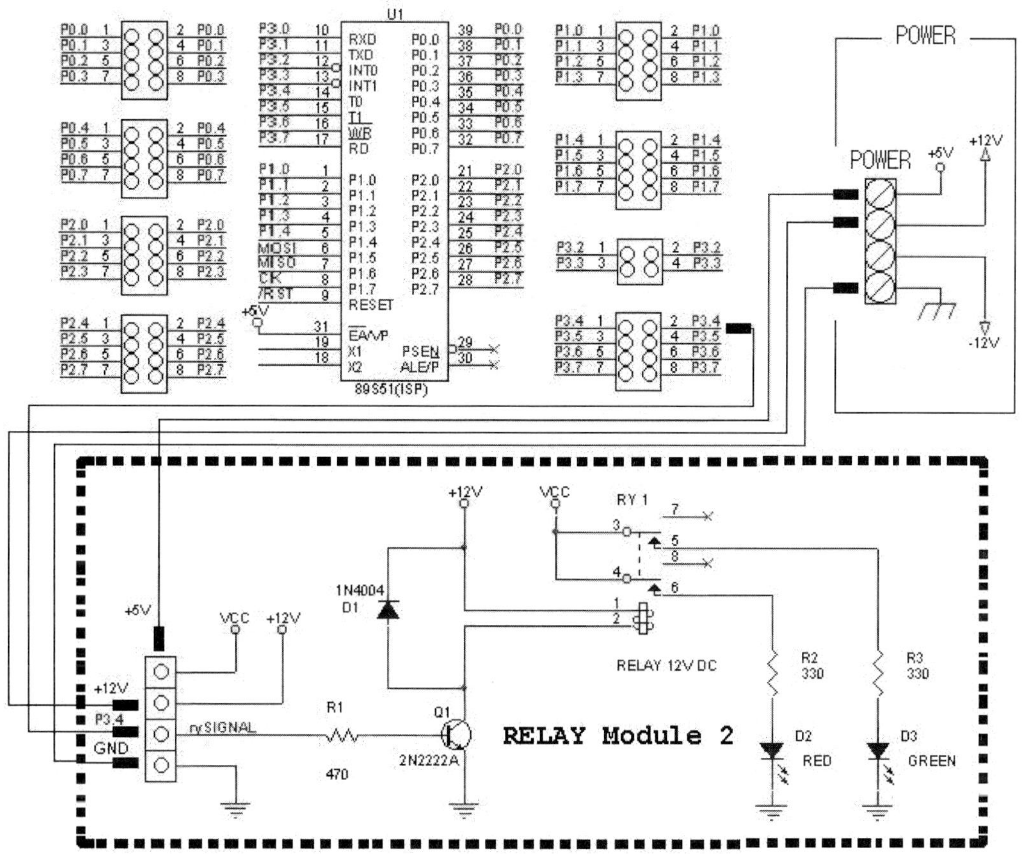

그림 15.16 DCB(89S51)의 P3.4 비트와 12V A접점형 릴레이를 이용한 ON/OFF 스위칭 구동 회로의 결선도

실험 15-4

릴레이 구동을 위한 그림 15-16의 결선이 완성되면 이제 프로그램 상에서 직접 릴레이를 구동해 보자. 본 실험에서는 0.5초 간격으로 릴레이를 ON/OFF만 하도록 하여 0.5초 ON시에는 2개의 LED(RED), LED(GREEN)가 켜지고, 0.5초 OFF시에는 두 개의 LED가 모두 커지도록 프로그램을 작성해 보기로 한다.

```
#include <io51.h>

 void delay()
  {
  int i ;
         for(i = 0 ; i < 30000 ; i++) ;
  }

  void main()
  {
      while(1)
       {
         P3 = 0x10 ;
         /*최소한 Operate, Release time 10ms 이상 지연해 주어야 한다. */
         delay() ;
         P3 = 0x00 ;
         delay() ;
        }
  }
```

실험 15-4 마침

16

C·H·A·P·T·E·R

광 센서

구성

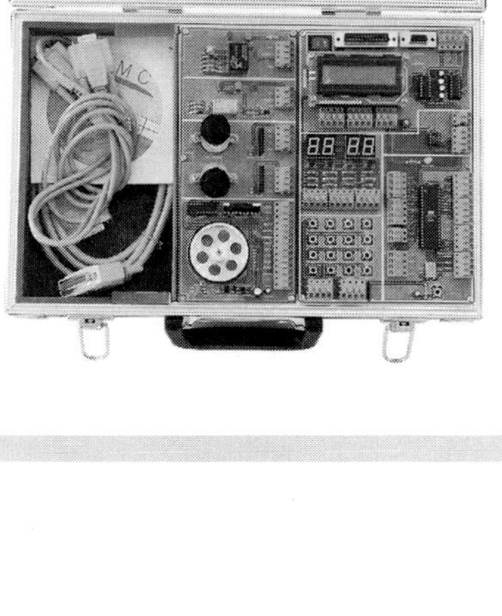

16.1 광 센서의 개요
16.2 적외선 센서
16.3 포토 커플러
16.4 광 도전 센서

16.1 광 센서의 개요

광 센서란 자외광에서 적외광까지의 광파장 영역의 광선을 감지하고 이것을 전기 신호로써 출력하는 전자 디바이스의 총칭을 말한다.

최근에는 광파이버를 이용한 센서도 보편화되고 있는 추세로 그 이용범위가 날로 확대되고 있으며, 컴퓨터의 입력장치에 사용되는 테이프 리더, 카드리더, 카메라의 노광계, 스트로브의 발광량 제어 등 광센서가 중요한 역할을 하고 있다. 또한 역의 자동 검찰기, 자동도어에 있어서 사람의 감지, 화재를 알리는 연기 감지기 등에도 광센서가 사용되고 있다. 다음 표 16-1은 이와 같이 산업현장 혹은 가정에서 널리 사용하고 있는 주요한 광 센서의 종류를 광 센서의 원리에 따라 분류하여 나타낸 것이다.

표 16-1 광 센서의 종류

분 류	센서의 종류	특 징
광기전력 효과형 (적외선 방출형)	· **포토 다이오드** · **포토 트랜지스터**	소형, 저비용
	· 광 사이리스터	대출력 대전류 제어
광전자 방출형	· 광전 증배관 · 광전관	초고감도, 응답속도 높음 주로 펄스계측용으로 사용
자외선 방출형	· Si 자외선 포토다이오드 · UV 트론	소형, 전원 불필요
복합형	· 포토 커플러 · **포토 인터럽트**	전기적 절연, 아날로그 광로에 의한 검출
광전도 효과형	· **광도전 셀** (Cds)	소형, 고감도, 저비용

따라서 본 장에서는 이러한 주요한 광 센서의 종류 중 광기전력 효과를 이용한 포토 LED와 포토 트랜지스터를 이용하여 적외선 ON/OFF 감지, 적외선 광량 측정 등으로 응용한 회로를 구성하여, 이를 동작시켜 보고, 복합형 센서 중 포토 인터럽트와 광도전(조도)센서 이용한 회로를 구성하여 이를 구동 제어하는 프로그램을 작성하여 본다.

16.2 적외선 센서

적외선은 파장이 가시광보다 길고 전파보다는 짧은 전자파의 일종으로서 이는 자연계에 존재하는 모든 사물로부터 방사되고 있으며 이들 물체들의 온도에 따라 파장이 달라진다. 따라서, 본 절에서는 광기전력 효과를 통해 일정한 주파수의 적외선을 발광하고, 또는 수광하는 포토 LED와 포토 트랜지스터를 **'적외선 센서'**라 명하고, 이에 대해 먼저 간략히 살펴본다. 일반적으로 적외선 센서는 극성이 존재하므로 이들 센서를 이용한 회로를 구성 할시 극성에 주의하여 설계하여야 한다.

그림 16-1은 발광 센서와 수광 센서의 외형도 및 회로기호를 나타낸 것으로 그림 16-1(a)의 발광 센서는 LED와 비슷한 성격을 갖고 있는 소자로서 부품의 외형상 두 개의 핀 중 긴 쪽이 (+)쪽에 해당하고 짧은 쪽이 (-)에 해당된다.

그리고, 그림 16-1(b)의 수광 센서는 빛을 받아들이는 부분이 베이스 단자에 해당하여 베이스부를 통해 받아들인 적외선의 양에 따라 변하는 저항 값에 의해 적외선을 감지하는 구조를 갖고 있다. 따라서, 부품의 외형을 보면 두 개의 핀 중 긴 쪽이 Emitter(-)쪽에 해당하고 짧은 쪽이 Collector(+)쪽에 해당된다

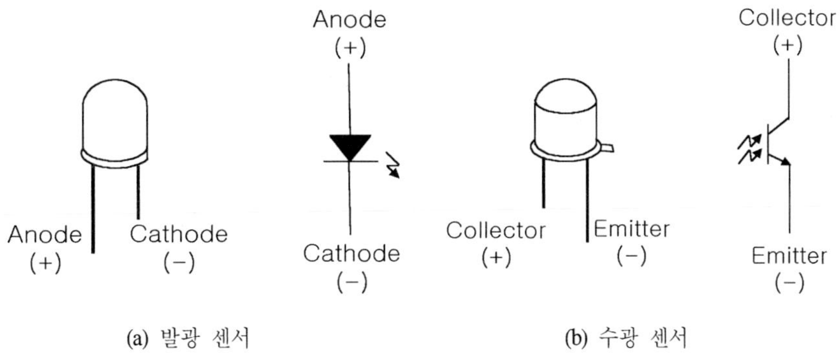

그림 16-1 수광 센서와 발광센서의 외형도와 회로 기호

이상과 같은 발광 센서와 수광 센서를 이용하여 회로를 구성하는 방법에는 크게 두 가지 형태로 분류할 수 있는데 이를 살펴보면 다음과 같다.

첫째, 자동문 또는 라인 트레이서와 같은 단순 ON-OFF 측정의 목적으로 적외선 센서를 이용하여 회로를 구성하는 ON_OFF 감지 방법

둘째, 마이크로 마우스의 벽감지 유무 또는 거리의 측정 등의 목적으로 적외선 센서를 이용하여 회로를 구성하는 광량 측정 방법

따라서 본 절에서는 이러한 두 가지 방법을 모두 다루고자 하며 우선 이 두 방법 중 16.2.1절에서는 적외선 센서를 이용한 ON-OFF 감지 회로를 이용한 제어 프로그램 작성에 대해 살펴본다.

16.2.1 적외선 센서를 이용한 ON-OFF 감지 제어

본 절에서는 그림 16-2와 같이 4개의 발광, 수광 센서로 구성된 ON-OFF 감지 회로를 설계하여 구성하고, 이를 통해 적외선 ON-OFF 입력신호를 감지하도록 한다.

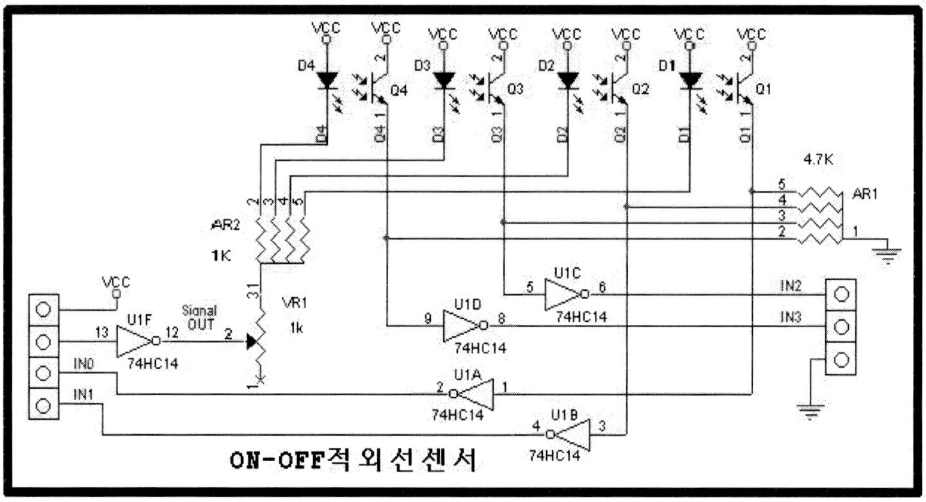

그림 16-2 적외선 센서를 이용한 ON/OFF 감지 회로

다음은 그림 16-3과 같이 그림 16-2의 적외선 센서를 이용한 ON-OFF 감지 회로에 DCB(89S51) P3포트의 P3.2비트와 연결하여 적외선을 발광시키는 펄스신호가 출력되도록 하고, P2포트의 P2.0 ~ P2.3 비트와 연결하여 적외선 ON-OFF 입력신호를 감지하도록 결선을 하고, 이를 디스플레이하는 제어 프로그램을 작성하도록 한다.

PAD 연결 부위							
적외선 ON/OFF 감지 회로	Signal Output	IN0	IN1	IN2	IN3	VCC	GND
89S51	P3.2	P2.0	P2.1	P2.2	P2.3	+5V	GND

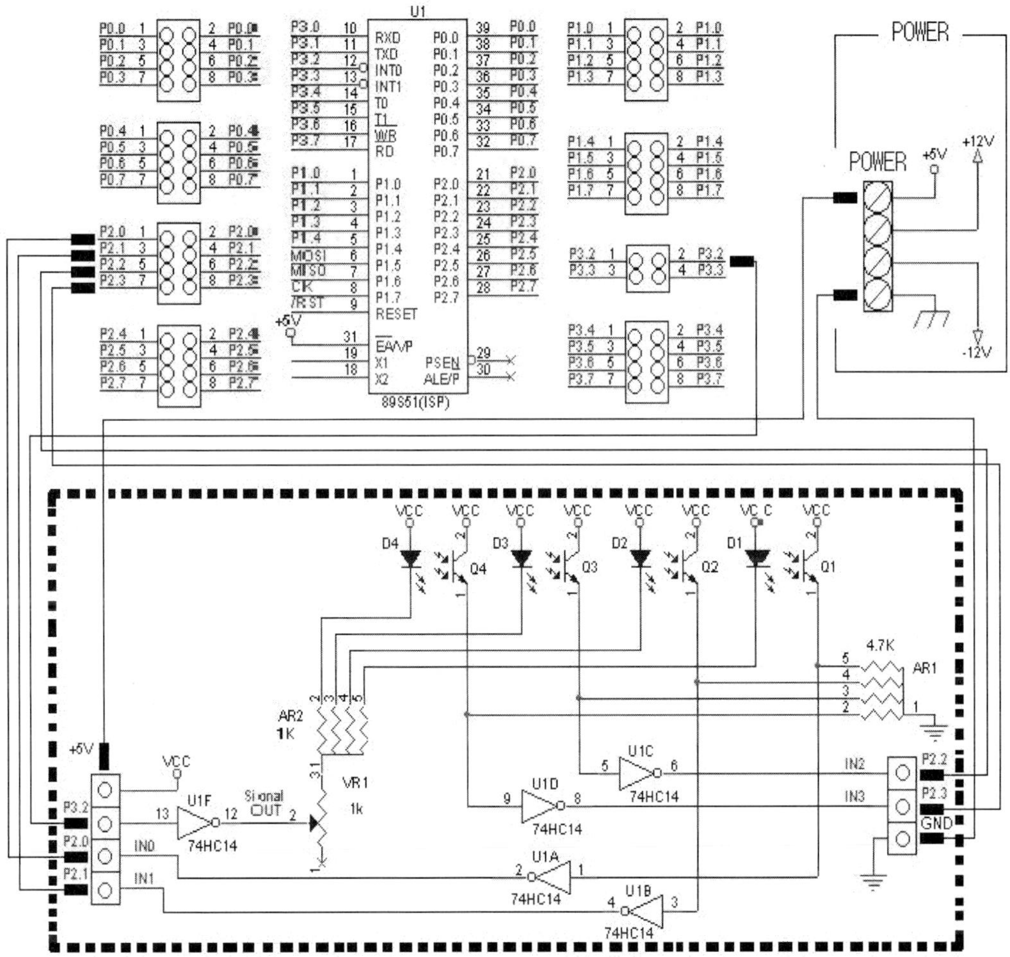

그림 16-3 DCB(89S51)와 적외선 ON/OFF 감지 회로의 결선도

실험 16-1

본 실험은 그림과 같이 발광센서의 D1~D4에 적외선을 발광시키고 발생된 적외선이 물체에 반사되어 Q1~Q4의 수광 센서 중 Q1에 수광되어 물체를 감지하면 7-세그먼트에 '1'이 출력되고, Q2에 감지되면 '2'를 출력하고, Q3에 감지되면 '3'이 출력되고 Q4에 감지되면 '4'가 출력되도록 프로그램을 작성하는 실험이다.

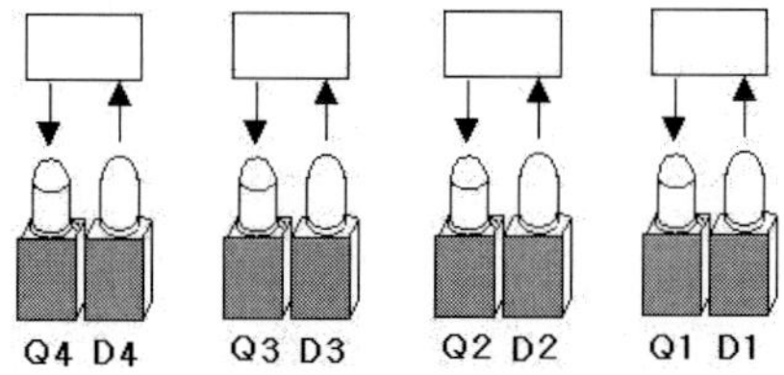

본 실험을 위해서도 그림 16-3의 결선과 함께 적외선 ON/OFF 동작을 표시하기 위해 사용되는 7-Segment를 구동시키기 위한 결선이 필요하다. 따라서, 독자들은 본 실험을 위해 그림 16-3의 결선 후 7-Segment 구동을 위한 결선을 하고 나서 프로그래밍 작업에 들어가야 한다.

7-Segment PAD 연결 부위												
7-Segment	Q0	Q1	Q2	Q3	a	b	c	d	e	f	g	p
89S51	P1.0	P1.1	P1.2	P1.3	P0.0	P0.1	P0.2	P0.3	P0.4	P0.5	P0.6	P0.7

```
#include <io51.h>

#define S7_1    0x07
#define S7_2    0x0b
#define S7_3    0x0d
#define S7_4    0x0e

const char Font[17]  = {   0xc0, 0xf9, 0xa4, //'0', '1', '2'
                           0xb0, 0x99, 0x92, // '3', '4', '5'
                           0x82, 0xf8, 0x80, // '6', '7', '8'
                           0x90, 0x88, 0x83, // '9', 'A', 'b'
                           0xc6, 0xa1, 0x86, // 'C', 'd', 'E'
                           0x8e, 0x7f } ;    // 'F', '.'

void Control_7Seg(int);
```

```
/* 0~9999 까지 이므로 1바이트 자리 변수인 char를 사용하면 않된다.
   따라서 int로  N을 선언해야 한다 .*/
void Control_7Seg(int N)
  {
      unsigned int  i, d , Buff;
      unsigned char N1000, N100, N10, N1  ;

     N1000 = N / 1000;
     Buff =  N % 1000 ;
     N100 = Buff / 100 ;
     Buff = Buff % 100;
     N10 = Buff / 10 ;
     N1 =  Buff % 10 ;

  for ( i = 0 ; i < 100 ; i ++ ) {

       P1 = S7_1 ;           // 첫번째  7-Segment를 켜준다.
       P0 = Font[N1000] ;    // 천의 자리를  써 준다.
       for(d = 0 ; d < 10; d++ ) ;

       P1 = S7_2 ;           // 두번째  7-Segment를 켜준다.
       P0 = Font[N100] ;     // 백의 자리를  써 준다.
       for(d = 0 ; d < 10; d++ ) ;

       P1 = S7_3;            // 세번째  7-Segment를 켜준다.
       P0 = Font[N10];       // 십의 자리를  써 준다.
       for(d = 0 ; d < 10; d++ ) ;

       P1 = S7_4 ;           // 네번째  7-Segment를 켜준다.
       P0 = Font[N1] ;       // 일의 자리를 써 준다.
       for(d = 0 ; d < 10; d++ ) ;

     }
   }

void main(void)
  {
     unsigned int SenData, num ;
     P2 = 0xff;
     for(;;) {

              SenData = 0 ;
              P3 = 0x04;
              num = P2 & 0x0f;
```

```
            if( num == 0x0e)  SenData = 1;  // Q1에 반사 적외선 감지
            if( num == 0x0d)  SenData = 2;  // Q2에 반사 적외선 감지
            if( num == 0x0b)  SenData = 3;  // Q3에 반사 적외선 감지
            if( num == 0x07)  SenData = 4;  // Q4에 반사 적외선 감지

            Control_7Seg(SenData); /* 적외선 감지 상태를 출력 */
            P3 = 0x00;
      }
}
```

실험 16-1 마침

16.2.2 적외선을 이용한 광량 측정

앞에서 우리는 두 가지 적외선 센서 구동 방식 중 디지털 입력을 감지하는 것에 해당하는 적외선 센서를 이용한 ON/OFF 감지 방법에 대해 살펴보았다.

본 절에서는 16.2.1절에서 제시한 방식 중 두 번째 방식으로 그림 16-4와 같이 적외선을 이용한 광량 측정 회로를 설계하여 구성하고, 수광된 적외선의 양에 따라 변하는 전압을 AD 변환기를 통해 변환시켜 적외선 광량 정도를 측정하도록 한다.

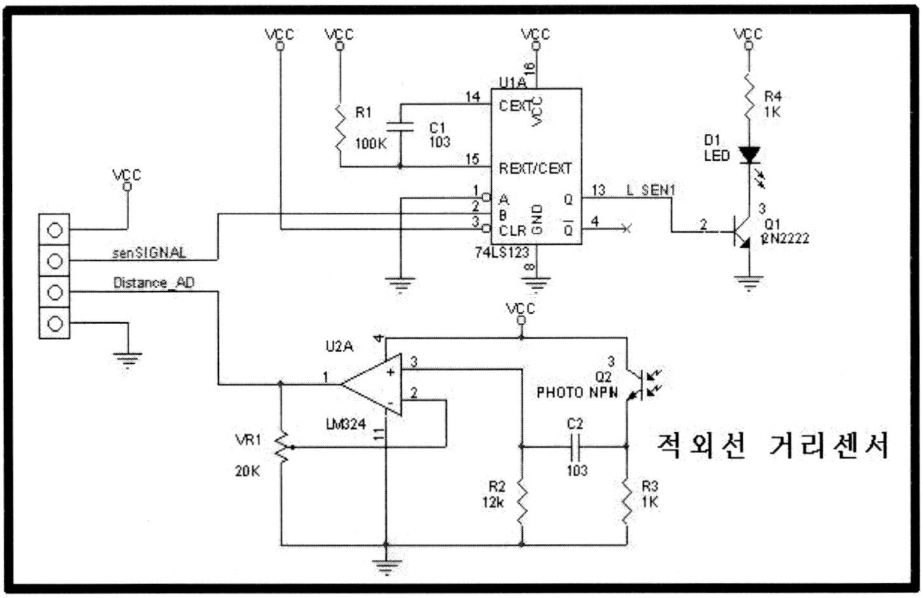

그림 16-4 적외선을 이용한 광량측정 회로

그림 16-4의 적외선 센서를 이용한 광량 측정회로는 두 부분으로 나누어 구성된다.

첫째, Dual 단안정 멀티바이브레이터인 74HC123의 출력 Q에서 발생된 펄스(본 절에서는 0.001초 펄스 주기로 정하였다)를 포토 LED를 발광시키는 '펄스구동형 적외선 발광부'

둘째, LM324 OP 앰프를 이용하여 반사체와 수광센서 사이의 거리 변화에 따라 변하는 반사 적외선 양에 해당되는 전압을 High Pass Filter 그리고 비반전 증폭기로 구성하여 반사된 적외선 량을 검출하는 '광량측정용 적외선 수광부'

다음은 그림 16-4와 같은 적외선을 이용한 광량 측정회로에 그림 16-5와 같이 DCB (89S51) P2포트의 P2.7비트와 연결하여 이 비트를 통해 펄스구동형으로 적외선이 발광하도록 하고, 반사된 적외선 량에 해당하는 아날로그 전압을 측정하도록 MCP3202 직렬 AD 변환기 CH0에 결선한다. 그리고, 이를 디스플레이하는 제어프로그램을 작성하도록 한다.

PAD 연결 부위				
적외선을 이용한 광량 감지 회로	Distanve_AD	senSignal	VCC	GND
89S51	CHO	P2.7	+5V	GND

MCP3202 PAD 연결 부위				
MCP3202	CS/	DIN	DOUT	CLK
89S51	P3.2	P3.3	P3.4	P3.5

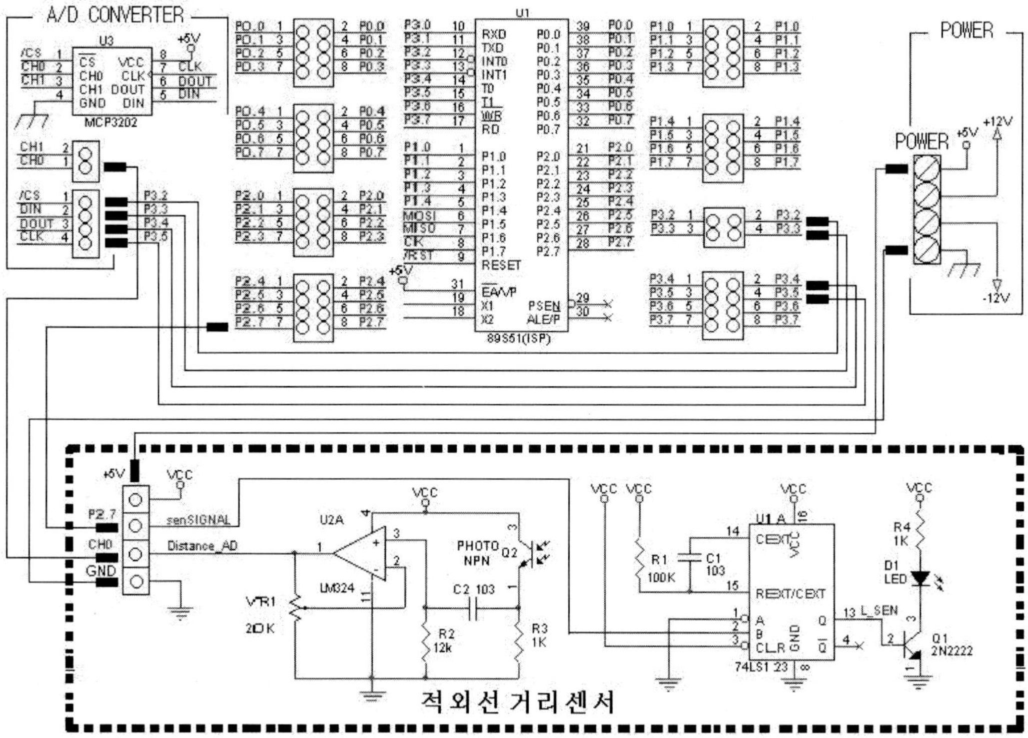

그림 16-5 DCB(89S51)와 적외선을 이용한 광량측정 회로의 결선도

실험 16-2

본 실험은 그림과 같이 적외선을 이용한 광량측정 회로에 의해 반사물체와의 거리를 변경시키면서 A/D 변환을 수행하고 AD 변환 값은 7-Segment에 숫자 값으로 나타내는 프로그램을 작성하는 실험이다.

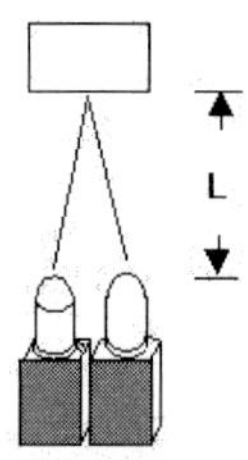

본 실험을 위해서도 그림 16-5의 결선과 함께 적외선 광량을 표시하기 위해 사용되는 7-Segment를 구동시키기 위한 결선이 필요하다. 따라서, 독자들은 본 실험을 위해 그림 16-5의 결선 후 7-Segment 구동을 위한 결선을 하고 나서 프로그래밍 작업에 들어가야 한다.

7-Segment PAD 연결 부위												
7-Segment	Q0	Q1	Q2	Q3	a	b	c	d	e	f	g	p
89S51	P1.0	P1.1	P1.2	P1.3	P0.0	P0.1	P0.2	P0.3	P0.4	P0.5	P0.6	P0.7

```
#include <io51.h>

bit CS    = 0xB2;
bit DIN   = 0xB3;
bit DOUT  = 0xB4;
bit CLK   = 0xB5;

#define S7_1   0x07
#define S7_2   0x0b
#define S7_3   0x0d
#define S7_4   0x0e

const char Font[17]  = { 0xc0, 0xf9, 0xa4, // '0', '1', '2'
                         0xb0, 0x99, 0x92, // '3', '4', '5'
                         0x82, 0xf8, 0x80, // '6', '7', '8'
                         0x90, 0x88, 0x83, // '9', 'A', 'b'
                         0xc6, 0xa1, 0x86, // 'C', 'd', 'E'
                         0x8e, 0x7f } ;    // 'F', '.'

void Control_7Seg(unsigned int );
unsigned int MCP3202(void);

void Control_7Seg(unsigned int N)
{
  unsigned int  i, d , Buff;
  unsigned char N1000, N100, N10, N1  ;

  N1000 = N / 1000;
  Buff =  N % 1000 ;

  N100 = Buff / 100 ;
```

```
  Buff = Buff % 100;

  N10 = Buff / 10 ;
  N1 =  Buff % 10 ;

   for ( i = 0 ; i < 100 ; i ++ ) {
       P1 = S7_1 ;          // 첫번째  7-Segment를 켜준다.
       P0 = Font[N1000] ;   // 천의 자리를  써 준다.
       for(d = 0 ; d < 10; d++ ) ;

       P1 = S7_2 ;          // 두번째  7-Segment를 켜준다.
       P0 = Font[N100] ;   // 백의 자리를  써 준다.
       for(d = 0 ; d < 10; d++ ) ;

       P1 = S7_3;           // 세번째  7-Segment를 켜준다.
       P0 = Font[N10];      // 십의 자리를  써 준다.
       for(d = 0 ; d < 10; d++ ) ;

       P1 = S7_4 ;         // 네번째  7-Segment를 켜준다.
       P0 = Font[N1] ;     // 일의 자리를 을 써 준다.
       for(d = 0 ; d < 10; d++ ) ;
   }
 }

unsigned int MCP3202(void)
{
    unsigned char Count;
    unsigned int ADdata = 0;

    CS = 0;
    DIN = 1;       //START bit
    CLK = 0;
    CLK = 1;
    CLK = 0;

    DIN = 1;       //Sgl/Diff  표 12-1 참조
    CLK = 1;
    CLK = 0;

    DIN = 0; // CH0의 경우 '0', CH1의 경우 '1'을 설정 해준다.
    CLK = 1;     //Odd/sign 표 12-1 참조
    CLK = 0;
```

```
  /* DIN = 1  'high'를 DIN에 입력한다. 만약 이 비트가 'high' 이면 AD변환
     된 데이터 중 MSB가 먼저 출력된다. DIN = 0 'low'를 DIN에 입력하면 AD
     변환된 데이터 중 LSB 가 먼저 출력된다.*/
    DIN = 1;
    CLK = 1;
    CLK = 0;
  // 한 클럭을 입력 시켜 주어야 데이터가 출력된다. 그림 12-3 참조
    CLK = 1;
    CLK = 0;
    for( Count = 0; Count <= 11; Count ++ ){
                    ADdata = ADdata << 1;
                    CLK = 1;
                    if( DOUT == 1 ) ADdata = ADdata | 0x01;
                    CLK = 0;
    }
    CS = 1;
    CLK = 1;
    return ADdata;
}

void main(void)
  {   unsigned long ADvalue=0;
      unsigned int i = 0 ;
      for( ;  ;i++ ){
      P2 =0x00;  /* 74HC123을 구동하기위해 초기 P2.7핀에 'L' 신호 입력*/
      P2 =0x80; /*74HC123을 구동하기위해 P2.7핀을 'H'신호로 바꾸어 입력*/
                  if(i > 10 ){
                         i = 0;
                         ADvalue = MCP3202() ;
                 }
                Control_7Seg(ADvalue);
          }
  }
```

실험 16-2 마침

16.3 포토 커플러

포터 커플러란 전기적으로는 절연되어 있지만 광학적으로 결합되어 있는 발광부와 수광부를 갖추고 있는 광 센서를 말하며, 이는 16.1절의 광센서 분류에서 복합형 광센서에 해당된다. 현재는 복합형 광센서인 포토 커플러는 발광부에 사용하는 LED와 수광부에 사용하는 포토 다이오드의 고성능화, 저가격화에 의해 모든 산업분야에서 널리 이용되고 있다. 일반적으로 포토 커플러에는 광로가 패키지 내에 있는(노출되어 있지 않은 상태) **포토 아이솔레이터**와 광로가 노출되어 있는 **포토 인터럽트**로 구분할 수 있다.

다음은 이러한 두 가지 구분 중 광로가 노출된 포토 인터럽트에 대해 간략히 살펴보고, 포토 인터럽트 이용한 제어 회로를 구성하여 이를 제어하는 프로그램을 작성해 본다.

16.3.1 포토 인터럽트(Photo interrupt) 센서

포토 인터럽트는 그림 16-6의 외형도에서 알 수 있듯이 발광부와 수광부가 서로 마주보고 있는 구조로 배치되어 있어서 만약 이 사이에 물체가 들어가면 빛이 차단되고 수광부의 광전류가 차단되는 표준적인 구조로 되어 있다.

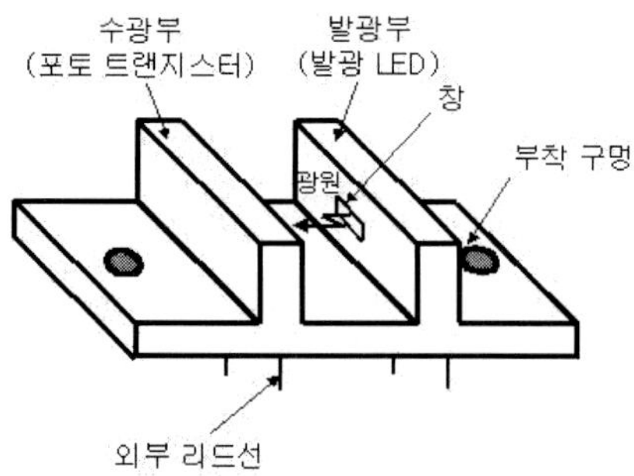

그림 16-6 포토 인터럽트 외형도

그림 16-6과 같은 포토 인터럽트 센서에서는 일반적으로 광원으로 적외선광을 많이 사용하지만 때에 따라 가시광 다이오드를 사용하기도 한다. 즉 이러한 가시광 광원을

사용하는 경우는 빛이 눈에 보이기 때문에 센서의 동작을 쉽게 확인할 수 있다.

그리고, 일반적인 적외선 광원의 포토 인터럽트는 빛이 ON/OFF하는 것에 의해 비접촉적으로 물체의 유무를 검출할 수 있는 점이 큰 특징으로 내부에 인입된 발광소자와 수광소자에 따라 다음과 같이 5가지 정도가 있다.

① 발광다이오드와 포토 다이오드
② 발광다이오드와 포토 트랜지스터
③ 발광다이오드와 포토 달링턴 접속 트랜지스터
④ 네온관과 Cds
⑤ 백열램프와 Cds

이들은 각각 사용 목적에 따라 선택할 수 있는데 ④와 ⑤의 경우는 속도가 늦기 때문에 별로 사용되어지지 않으며 ②, ③의 경우가 고속의 신호를 주고받는데 가장 일반적으로 사용된다.

본 절에서는 그림 16-7과 같이 포토 인터럽트(SG-23ff)로 구성된 입력 신호감지 회로를 설계하여 구성하고, 이를 통해 ON-OFF 입력신호를 감지하도록 한다.

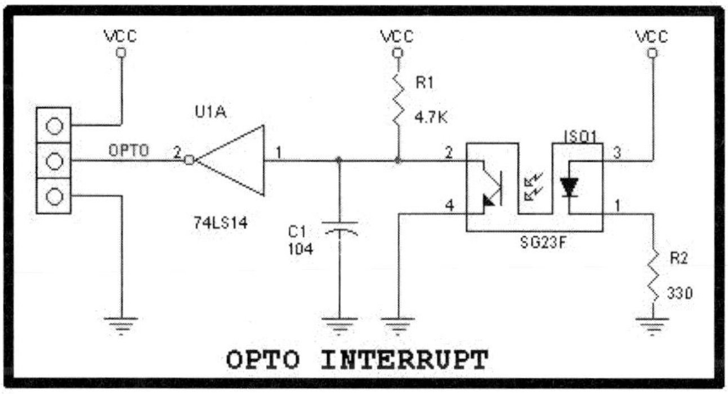

그림 16-7 포토 인터럽트(SG-23ff)의 입력 신호 감지회로

따라서 다음은 DCB(89S51)의 P2.0비트를 선택하여 그림 16-8과 같이 포토 인터럽트(SG-23ff)의 입력 신호 감지회로와 결선을 하고, 이를 제어하는 프로그램을 작성한다.

PAD 연결 부위			
조도 측정 회로	CDS_AD	VCC	GND
89S51	CH1	+5V	GND

MCP3202 PAD 연결 부위				
MCP3202	CS/	DIN	DOUT	GND
89S51	P3.2	P3.3	P3.4	GND

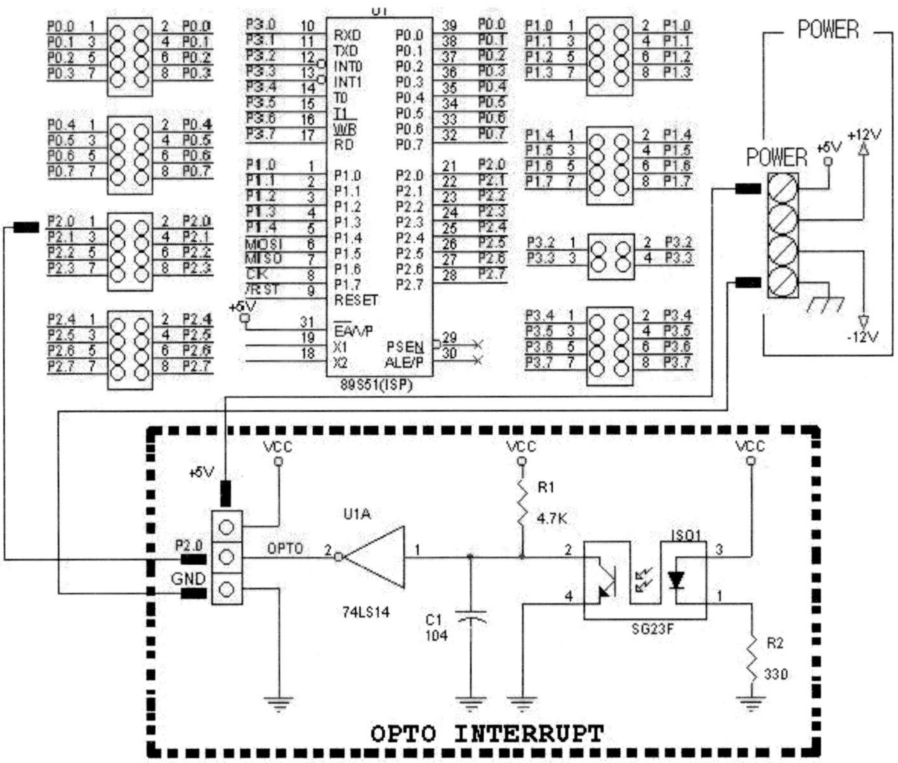

그림 16-8 DCB(89S51)와 포토 인터럽트(SG-23ff)의 입력 신호 감지회로와의 결선도

실험 16-3 본 실험은 포토 인터럽트 센서를 이용하여 물체의 감지 여부를 7-Segment에 출력으로 나타내는 프로그램을 작성하는 실험으로 물체가 감지되면 7-Segment에 '1'이 출력되고, 물체가 없으면 '0'이 출력되도록 한다

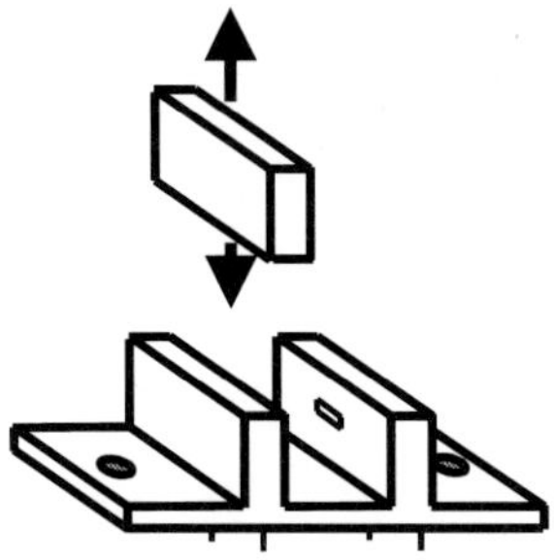

본 실험을 위해서도 그림 16-8의 결선과 함께 포토 인터럽트 동작을 표시하기 위해 사용되는 7-Segment를 구동시키기 위한 결선이 필요하다. 따라서, 독자들은 본 실험을 위해 그림 16-8의 결선 후 7-Segment 구동을 위한 결선을 하고 나서 프로그래밍 작업에 들어가야 한다.

7-Segment PAD 연결 부위												
7-Segment	Q0	Q1	Q2	Q3	a	b	c	d	e	f	g	p
89S51	P1.0	P1.1	P1.2	P1.3	P0.0	P0.1	P0.2	P0.3	P0.4	P0.5	P0.6	P0.7

```
#include <io51.h>

#define S7_1   0x07
#define S7_2   0x0b
#define S7_3   0x0d
#define S7_4   0x0e

int num =0; /* P2.0로 부터의 입력을 나타내기 위한 변수 */

const char Font[17]  = {   0xc0, 0xf9, 0xa4, //'0', '1', '2'
                          0xb0, 0x99, 0x92, // '3', '4', '5'
                          0x82, 0xf8, 0x80, // '6', '7', '8'
                          0x90, 0x88, 0x83, // '9', 'A', 'b'
                          0xc6, 0xa1, 0x86, // 'C', 'd', 'E'
                          0x8e, 0x7f } ;    // 'F', '.'

void Control_7Seg(int);
```

```
/* 0~9999 까지 이므로 1바이트 자리 변수인 char를 사용하면 않된다.
   따라서 int로  N을 선언해야 한다 .*/
void Control_7Seg(int N)
{
  unsigned int  i, d , Buff;
  unsigned char N1000, N100, N10, N1  ;

  N1000 = N / 1000;
  Buff =  N % 1000 ;

  N100 = Buff / 100 ;
  Buff = Buff % 100;

  N10 = Buff / 10 ;
  N1 =  Buff % 10 ;
     for ( i = 0 ; i < 100 ; i ++ ) {
       P1 = S7_1 ;          // 첫번째  7-Segment를 켜준다.
       P0 = Font[N1000] ;   // 천의 자리를  써 준다.
       for(d = 0 ; d < 10; d++ ) ;

       P1 = S7_2 ;          // 두번째  7-Segment를 켜준다.
       P0 = Font[N100] ;    // 백의 자리를  써 준다.
       for(d = 0 ; d < 10; d++ ) ;

       P1 = S7_3;           // 세번째  7-Segment를 켜준다.
       P0 = Font[N10];      // 십의 자리를  써 준다.
       for(d = 0 ; d < 10; d++ ) ;

       P1 = S7_4 ;         // 네번째  7-Segment를 켜준다.
       P0 = Font[N1] ;     // 일의 자리를 써 준다.
       for(d = 0 ; d < 10; d++ ) ;
   }
 }

void main(void)
 {
  unsigned char OPTO_sen;  // 포토 인터럽트 상태 입력용 변수
  unsigned int j;

  while(1) {

     OPTO_sen = 0x01 & P2; /* P2.0 으로 입력되는 포토 인터럽트상태를
                               'H'값으로 마스킹한다 */
     Control_7Seg(num); /* 포토 인터럽트로 물체가 감지되면 num값 출력 */
```

```
        if( OPTO_sen==0x01) num = 0;/* P2.0에 'H'가 입력되면 '0'을 출력*/
        else num =1;                 /* P2.0에 'L'가 입력되면 '1'을 출력*/

        for(j = 0 ; j < 500; j++ ) ;
        }
}
```

실험 16-3 마침

16.4 광 도전 센서

광도전 센서는 N형 반도체에 속하는 소자로서 빛이 닿으면 조도에 따라 전기저항이 달라지는 일종의 가변 저항 소자로서, 조도에 따라 저항의 차이가 발생하는 원리를 이용하기 때문에 일반적으로 **'조도센서'**라고도 한다. 그리고, 광도전 센서는 조도에 따라 저항차이를 발생시키는 저항체의 소재에 따라 Cds(황하 카드뮴), Cdse(셀렌화 카드뮴) 또는 이들을 적당한 비율로 혼합하여 구워 고정시킨 것들이 있다.

본 절에서는 이러한 조도 센서 중에서 Cds(황하 카드뮴)에 대해 다루고자 하며, 그림 16-9는 Cds 광도전 센서의 구조와 외형도를 나타낸 것으로 Cds센서는 그림상에서 알 수 있듯이 Cds(황화 카드뮴)를 밀폐용기에 넣고, 수광창은 투명한 플라스틱으로 되어 있고, 외부로는 2개의 리드선이 나와 있으나 따로 극성은 없는 구조로 되어 있다.

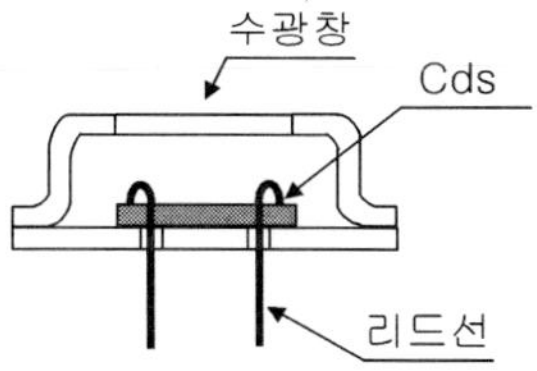

(a) Cds 광도전 센서의 구조도

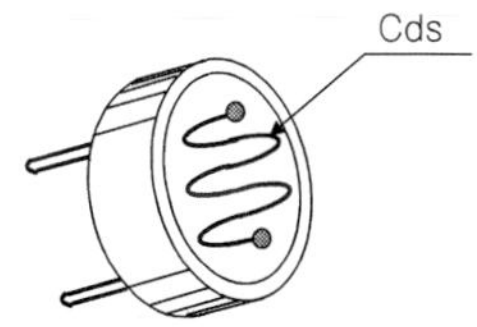

(b) Cds 광도전 센서의 외형도

그림 16-9 Cds 광도전 센서의 구조와 외형도

그리고 Cds 광도전 센서의 치수에는 작은 것이 지름 50mm인 것에서부터 큰 것이 지름 250mm인 것이 있으며, 치수에 따라 조도의 측정 범위에 차이가 있다.

따라서 그림 16-10의 회로는 조도 변화에 따른 조도량 정도를 전압을 바꾸어 주기 위해 본 절에서 구성한 Cds 광도전 센서를 이용한 조도측정 회로이다.

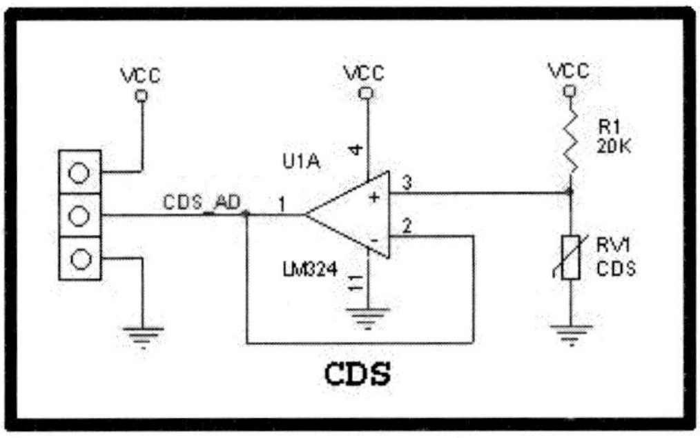

그림 16-10 Cds 광도전 센서를 이용한 조도측정 회로

다음은 그림 16-10과 같이 조도 변화에 따른 전압변화를 측정하기 위한 회로를 그림 16-11과 같이 MCP3202 직렬 AD 변환기 CH1에 결선하여, 인가된 아날로그 전압을 측정하고 이를 디스플레이하는 제어 프로그램을 작성하도록 한다.

MCP3202 PAD 연결 부위				
MCP3202	CS/	DIN	DOUT	CLK
89S51	P3.2	P3.3	P3.4	P3.5

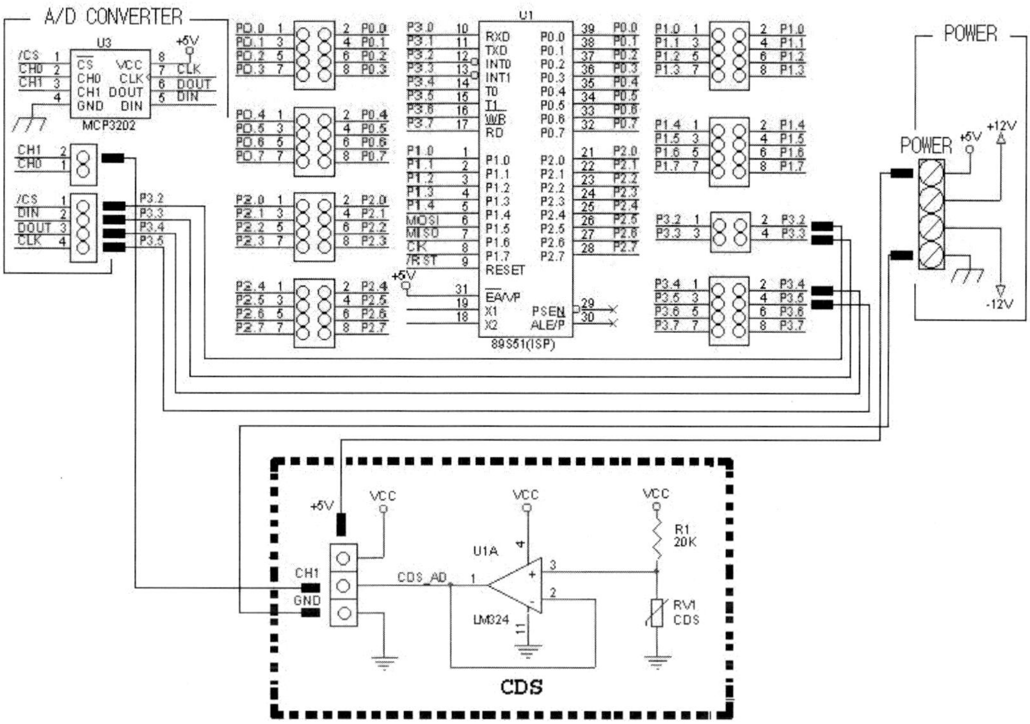

그림 16-11 DCB(89S51)와 Cds 광도전 센서를 이용한 조도측정 회로의 결선도

실험 16-4 본 실험은 Cds 광도전 센서로 조도를 측정하여 조도 변화 정도에 따라 변하는 전압량을 MCP3202 직렬 AD 변환기 CH1을 통해 인가받아 이를 7-Segment에 전압 값 형태로 나타내는 프로그램을 작성하는 실험이다.

본 실험을 위해서도 그림 16-11의 결선과 함께 조도 변화를 표시하기 위해 사용되는 7-Segment를 구동시키기 위한 결선이 필요하다. 따라서, 독자들은 본 실험을 위해 그림 16-11의 결선 후 7-Segment 구동을 위한 결선을 하고 나서 프로그래밍 작업에 들어가야 한다.

7-Segment PAD 연결 부위												
7-Segment	Q0	Q1	Q2	Q3	a	b	c	d	e	f	g	p
89S51	P1.0	P1.1	P1.2	P1.3	P0.0	P0.1	P0.2	P0.3	P0.4	P0.5	P0.6	P0.7

```
#include <io51.h>

bit CS    = 0xB2;
bit DIN   = 0xB3;
bit DOUT  = 0xB4;
bit CLK   = 0xB5;

#define S7_1   0x07
#define S7_2   0x0b
#define S7_3   0x0d
#define S7_4   0x0e

const char Font[17]  = { 0xc0, 0xf9, 0xa4, //'0', '1', '2'
                         0xb0, 0x99, 0x92, // '3', '4', '5'
                         0x82, 0xf8, 0x80, // '6', '7', '8'
                         0x90, 0x88, 0x83, // '9', 'A', 'b'
                         0xc6, 0xa1, 0x86, // 'C', 'd', 'E'
                         0x8e, 0x7f } ;    // 'F', '.'

void Control_7Seg(unsigned int );
unsigned int MCP3202(void);

void Control_7Seg(unsigned int N)
{
  unsigned int  i, d ;
  unsigned char  N10, N1  ;

  N10 = N / 10 ;
  N1 =  N % 10 ;
   for ( i = 0 ; i < 100 ; i ++ ) {
       P1 = S7_1 ;          // 첫번째  7-Segment를 켜준다.
       P0 = Font[N10] ;     // 일의 자리를  써 준다.
       for(d = 0 ; d < 10; d++ ) ;
       P1 = S7_2 ;          // 두번째  7-Segment를 켜준다.
       P0 = Font[16] ;      // 소수점을  써 준다.
       for(d = 0 ; d < 10; d++ ) ;

       P1 = S7_3;           // 세번째  7-Segment를 켜준다.
       P0 = Font[N1];       // 소수점 첫번째 자리를  써 준다.
       for(d = 0 ; d < 10; d++ ) ;
     }
 }

unsigned int MCP3202(void)
```

```
{
    unsigned char Count;
    unsigned int ADdata = 0;
    CS = 0;
    DIN = 1;        //START bit
    CLK = 0;
    CLK = 1;
    CLK = 0;

    DIN = 1;        //Sgl/Diff  표 12-1 참조
    CLK = 1;
    CLK = 0;

    //Odd/sign 표 12-1 참조
    DIN = 1;        // CH0의 경우 '0', CH1의 경우 '1'을 설정 해준다.
    CLK = 1;
    CLK = 0;

  /* DIN = 1  'high'를 DIN에 입력한다.
   만약 이 비트가 'high' 이면 AD변환된 데이터 중 MSB가 먼저 출력된다.
   DIN = 0  'low'를 DIN에 입력하면 AD변환된 데이터 중 LSB 가 먼저 출력된
   다. */

    DIN = 1;
    CLK = 1;
    CLK = 0;

    // 한 클럭을 입력 시켜 주어야 데이터가 출력된다. 그림 12-3 참조
    CLK = 1;
    CLK = 0;
  for( Count = 0; Count <= 11; Count ++ ){
                    ADdata = ADdata << 1;
                    CLK = 1;
                    if( DOUT == 1 ) ADdata = ADdata | 0x01;
                    CLK = 0;
       }
         CS = 1;
         CLK = 1;

         return ADdata;
   }
```

```
void main(void)
  {
      unsigned long ADvalue=0;
      unsigned int i = 0 ;

             for( ;  ;i++ ){
                   if(i > 10 ){

                          i = 0;
                          ADvalue = MCP3202() ;
                          ADvalue = (ADvalue *50)/4096 ;
                  }
                    Control_7Seg(ADvalue);

            }
  }
```

실험 16-4 마침

17

C·H·A·P·T·E·R

온도 센서

구성

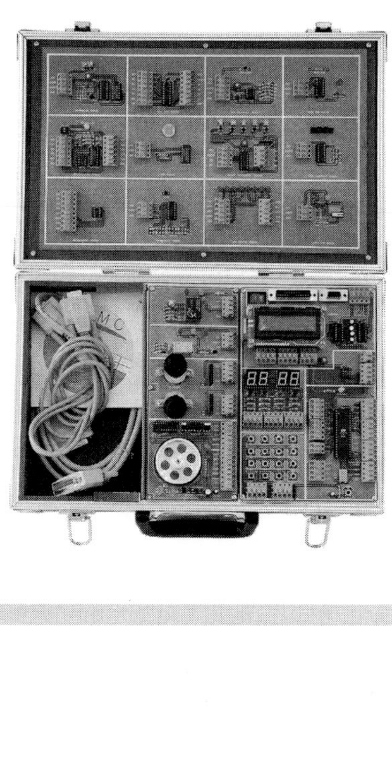

17.1 온도 센서의 개요

온도센서는 일상의 가전용품인 룸 에어컨, 건조기, 냉장고, 레인지 등에 폭 넓게 사용될 뿐만 아니라, 자동차 엔진의 수온과 흡기온의 측정, 화학공장의 용액이나 기체의 온도를 감지하는 등의 산업제품 및 산업 기기 등으로 그 쓰임이 다양하다.

다음의 표 17-1에서는 온도 센서를 측정물 상의 접촉과 비접촉에 따라 대분류하고 다시 이를 동작원리에 따라 소분류하여 온도센서 종류를 나타내었다.

표 17-1 온도 센서의 종류

<table>
<tr><th colspan="2">분 류</th><th>센서의 종류</th></tr>
<tr><td rowspan="6">접촉형</td><td>전기저항</td><td>· 백금 측온 저항
· 서미스터(NTC, PTC, CTR)</td></tr>
<tr><td>열기전력</td><td>· 열전쌍(PR, CA, CC. WW레늄)</td></tr>
<tr><td>반도체</td><td>· pn 접합 트랜지스터
· IC 온도센서
· 감열 사이리스터</td></tr>
<tr><td>진동</td><td>· 수정 진동 온도센서
· SAW 온도센서</td></tr>
<tr><td>자성</td><td>· 감온페라이트</td></tr>
<tr><td>물성</td><td>· 공명(NQR) 온도센서
· 액정 온도센서</td></tr>
<tr><td>비접촉형</td><td>열형 적외선 방사</td><td>· 서모 파일
· 파이로</td></tr>
</table>

표 17-1에서와 같이 온도센서는 대체로 측정물 상의 접촉여부에 따라 대분류로 측정물에 직접 센서를 접근시켜 온도를 측정하는 접촉형 온도센서와 측정물에서 방사되는 적외선을 떨진 장소에서 측정하는 비접촉형 온도 센서로 분류한다.

본 장에서는 이러한 온도 센서들 중 접촉형 온도센서에 해당하는 IC 온도센서인 National Semiconductor 사의 Centigrade Temperature 센서(LM35시리즈)를 이용하여 상온의 온도를 측정하는 방법과 써미스터 중 NTC 타입을 이용한 온도 측정 방법에 대해 각각 17.2절과 17.3절을 통해 다루어 본다.

17.2 IC 온도 센서(LM35)

본 절에서 다루는 IC 온도센서는 PN접합 트랜지스터의 호환성 부족, 선형성 보장의 문제점을 보완하기 위해 PN접합 트랜지스터를 복수로 편성하여 따로 보정회로가 필요 없도록 하고, 기준전압 발생부, 증폭부 등을 원칩 상에 탑제하여 온도를 측정하는 온도센서이다. 이러한 IC온도센서로 본 절에서는 National Semiconductor사의 Centigrade Temperature 센서인 LM35 시리즈를 사용하며 그림 17-1은 본 절에서 사용하게 되는 LM35 시리즈 IC 온도센서의 핀 배치도와 내부 블록도를 나타낸 것이다.

핀 배치도 내부 블록도

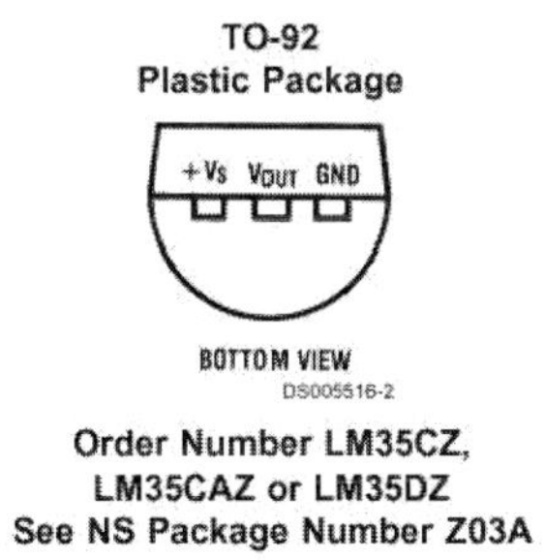

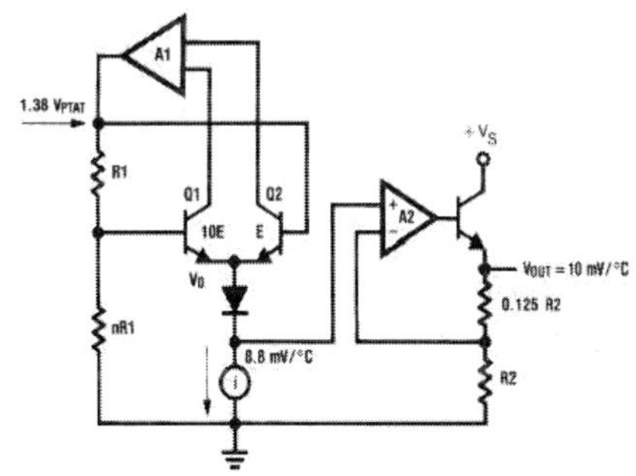

그림 17-1 LM35 시리즈의 구조

다음은 LM35 시리즈 IC 온도센서 중 본 절에서 사용될 LM35DZ의 특징에 대해 살펴본 것이다.

- 섭씨온도(℃)에 대해 리니어한 출력 전압을 얻을 수 있다.(+10.0mV/℃)
- 측정온도의 범위가 0 ~ 100℃이다.
- wafer-level 트리밍으로 가격이 저렴하다.
- 비선형성 범위가 ±1/4℃
- 사용 전원 범위가 넓다.(+4V ~ +30V)
- 누설전류가 작다.(60μA 이하)
- 공기 중 자체 발생온도가 작다.(0.08℃)
- 낮은 임피던스 출력을 갖는다. (1mA일 때 0.1Ω)

그리고, LM35 시리즈는 섭씨온도 측정범위를 설정하는 회로 구성방법에 따라 그림 17-2(a)와 같이 +2 ~ +150℃까지 측정하는 방법과 그림 17-2(b)와 같이 LM35센서의 FulL Range 범위인 -55 ~ 150℃까지 측정하는 회로 구성 방법이 있다.

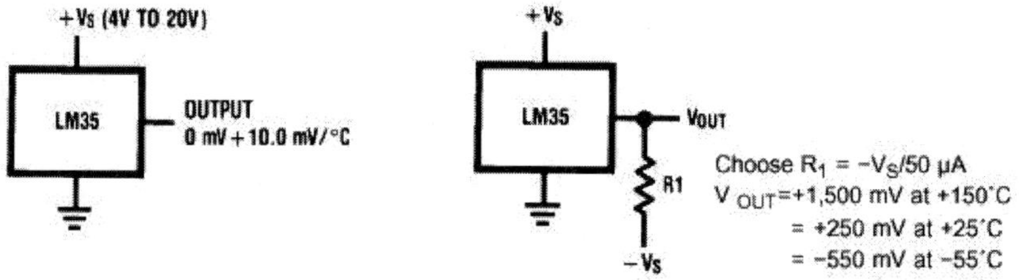

(a) +2 ~ +150℃까지 측정하는 방법 (b) +-55 ~ +150℃까지 측정하는 방법

그림 17-2 LM35 시리즈를 이용한 섭씨온도 측정 회로 구성 방법

따라서, 본 절에서는 측정온도 범위가 0 ~ 100℃인 LM35DZ 타입을 이용하므로 그림 17-2(b)의 Full Range 측정 범위에 맞추어 그림 17-3과 같이 회로를 구성한다.

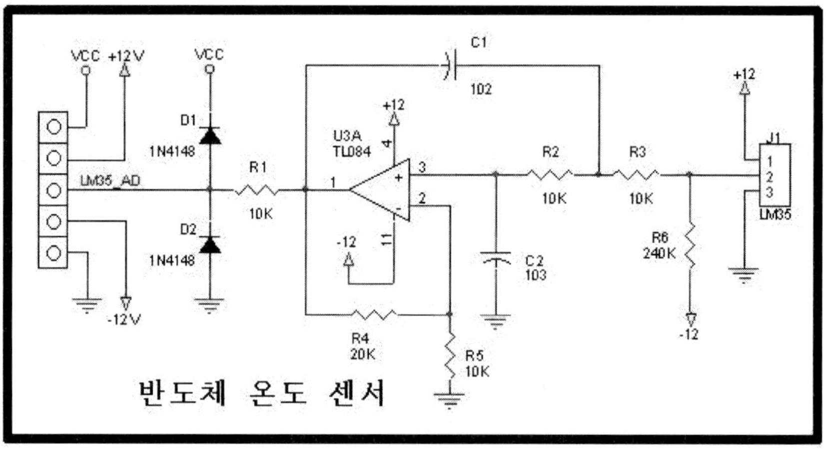

그림 17-3 IC 온도센서(LM35DZ)를 이용한 섭씨온도 측정 회로

다음은 그림 17-3과 같이 섭씨온도 변화에 따른 전압변화를 측정하기 위한 회로를 그림 17-4과 같이 MCP3202 직렬 AD 변환기 CH0에 결선하여, 섭씨온도 변화에 따라 인가된 아날로그 전압을 측정하고 이를 디스플레이하는 제어 프로그램을 작성하도록 한다 .

PAD 연결 부위			
반도체 온도센서 측정 회로	LM35_AD	VCC	GND
89S51	CH0	+5V	GND

MCP3202 PAD 연결 부위				
MCP3202	CS/	DIN	DOUT	CLK
89S51	P3.2	P3.3	P3.4	P3.5

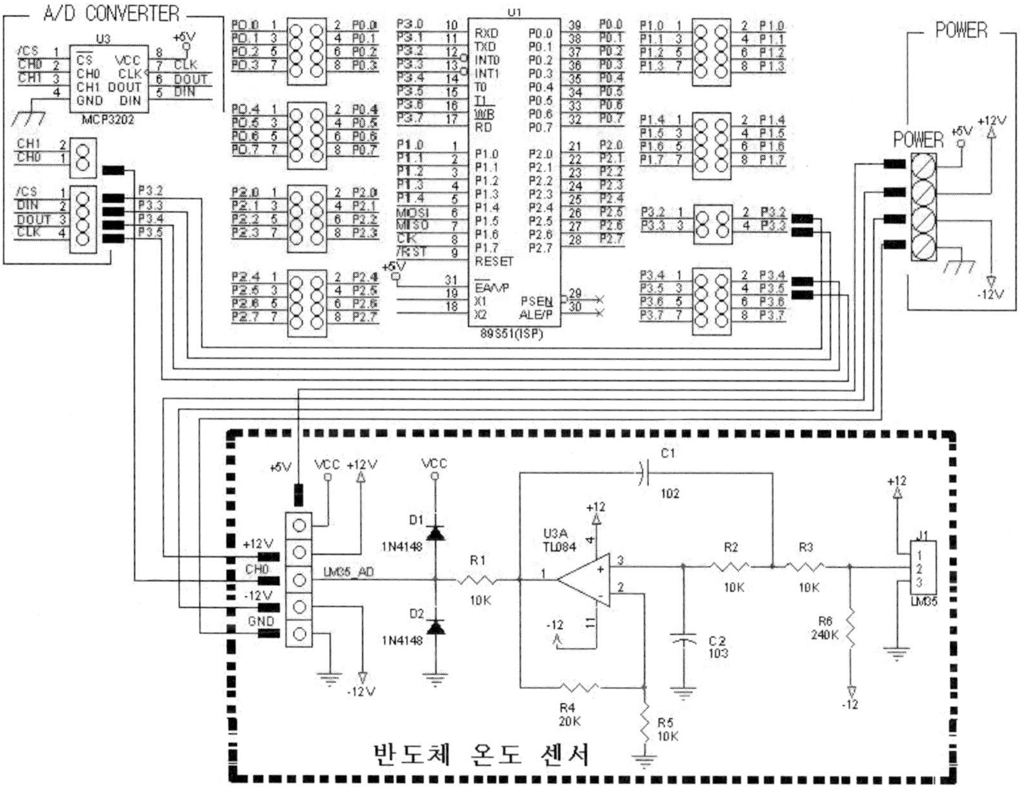

그림 17-4 DCB(89S51)와 IC 온도센서를 이용한 섭씨온도 측정 회로와의 결선도

앞에서도 언급했듯이 LM35DZ는 1℃ 상승할 때마다 출력전압이 +10.0mV씩 상승되고 MCP3202 직렬 AD 변환기는 12비트의 해상도를 가지므로 0~5V에 대한 해상도는 다음과 같다.

$$\Delta V = \frac{5(V)}{4096(Bit수)} = 1.22\ (\text{mV}/비트수)$$

따라서 만약 그림 17-4와 같이 연결된 결선도 상에서 외기 섭씨온도가 30℃라면 MCP3202 직렬 AD 변환기 CH0 채널에 인가되는 입력전압은 그림 17-3의 IC 온도센서(LM35DZ)를 이용한 섭씨온도 측정 회로의 비반전 증폭기에 의해 3배 증폭된 전압인 약 0.9V가 된다. 이 때 1.22mV씩 증가함에 따라 1씩 증가하는 12비트의 해상도를 갖는 MCP3202 직렬 AD 변환기를 통해 변환된 AD 변환값 x는 다음과 같은 비례식에 의해 구해진다.

1 : 1.22(mV) = x : 0.9V

x = 약 738

그러므로, 만일 AD변환기를 통해 약 738의 변환된 데이터 값이 출력되면 우리는 현재 측정된 온도가 대략 30℃임을 역으로 알 수 있는 것이다. 이상의 계산 방법을 이용하여 온도측정에 따른 AD 변환값에 대한 표를 만들면 다음과 같다.

외기온도 (℃)	LM35DZ (mV)	3배 증폭 출력전압 (mV)	MCP3202에 의한 AD 변환값
0	0	0	0
1	10	30	25
2	20	60	50
⋮	⋮	⋮	⋮
99	990	2970	2475
100	1000	3000	2500

따라서, 이상과 예를 통해 LM35DZ에 의한 섭씨 온도측정을 소프트웨어로 작성하고 실험해 보자.

실험 17-1

본 실험은 LM35DZ 타입의 IC온도센서로 측정된 온도를 AD변환기를 통해 변환하고, 변환된 값을 이용 현재 측정된 온도값을 7-Segment 상에 나타내는 프로그램을 작성하는 실험이다.

본 실험을 위해서도 그림 17-4의 결선과 함께 IC 온도센서에 의한 온도 측정값을 표시하기 위해 사용되는 7-Segment를 구동시키기 위한 결선이 필요하다. 따라서, 독자들은 본 실험을 위해 그림 17-4의 결선 후 7-Segment 구동을 위한 결선을 하고 나서 프로그래밍 작업에 들어가야 한다.

7-Segment PAD 연결 부위												
7-Segment	Q0	Q1	Q2	Q3	a	b	c	d	e	f	g	p
89S51	P1.0	P1.1	P1.2	P1.3	P0.0	P0.1	P0.2	P0.3	P0.4	P0.5	P0.6	P0.7

```
#include <io51.h>

bit CS    = 0xB2;
bit DIN   = 0xB3;
bit DOUT  = 0xB4;
bit CLK   = 0xB5;

#define S7_1   0x07
#define S7_2   0x0b
#define S7_3   0x0d
#define S7_4   0x0e

const char Font[17]  = { 0xc0, 0xf9, 0xa4, //'0', '1', '2'
                         0xb0, 0x99, 0x92, // '3', '4', '5'
                         0x82, 0xf8, 0x80, // '6', '7', '8'
                         0x90, 0x88, 0x83, // '9', 'A', 'b'
                         0xc6, 0xa1, 0x86, // 'C', 'd', 'E'
                         0x8e, 0x7f } ;    // 'F', '.'

void Control_7Seg(unsigned int );
unsigned int MCP3202(void);

void Control_7Seg(unsigned int N)
{
  unsigned int  i, d , Buff;
  unsigned char  N100, N10, N1  ;

  N100 = N / 100 ;
  Buff = N % 100;
  N10 = Buff / 10 ;
  N1 =  Buff % 10 ;
```

```
 for ( i = 0 ; i < 100 ; i ++ ) {

     P1 = S7_1 ;          // 첫번째  7-Segment를 켜준다.
     P0 = Font[N100] ;    // 백의 자리를  써 준다.
     for(d = 0 ; d < 10; d++ ) ;

     P1 = S7_2 ;          // 두번째  7-Segment를 켜준다.
     P0 = Font[N10] ;     // 십의 자리를  써 준다.
     for(d = 0 ; d < 10; d++ ) ;

     P1 = S7_3;           // 세번째  7-Segment를 켜준다.
     P0 = Font[N1];       // 일의 자리를  써 준다.
     for(d = 0 ; d < 10; d++ ) ;

     P1 = S7_4 ;          // 네번째  7-Segment를 켜준다.
     P0 = Font[12] ;      // 섭씨온도 단위를 써 준다.
     for(d = 0 ; d < 10; d++ ) ;
   }
 }

unsigned int MCP3202(void)
{
    unsigned char Count;
    unsigned int ADdata = 0;

    CS = 0;
    DIN = 1;       //START bit
    CLK = 0;
    CLK = 1;
    CLK = 0;

    DIN = 1;       //Sgl/Diff  표 12-1 참조
    CLK = 1;
    CLK = 0;

    DIN = 0; // CH0의 경우 '0', CH1의 경우 '1'을 설정 해준다.
    CLK = 1;      //Odd/sign 표 12-1 참조
    CLK = 0;

  /* DIN = 1  'high'를 DIN에 입력한다. 만약 이 비트가 'high' 이면 AD변환
     된 데이터 중 MSB가 먼저 출력된다. DIN = 0 'low'를 DIN에 입력하면 AD
     변환된 데이터 중 LSB 가 먼저 출력된다.*/
```

```
    DIN = 1;
    CLK = 1;
    CLK = 0;

    // 한 클럭을 입력 시켜 주어야 데이터가 출력된다. 그림 12-3 참조
    CLK = 1;
    CLK = 0;

     for( Count = 0; Count <= 11; Count ++ ){
                    ADdata = ADdata << 1;
                    CLK = 1;
                    if( DOUT == 1 ) ADdata = ADdata | 0x01;
                    CLK = 0;
    }
    CS = 1;
    CLK = 1;

    return ADdata;
}

void main(void)
  {
      unsigned long ADvalue=0;
      int LM35DZ =0;
      unsigned int i = 0 ;

        for( ;  ;i++ ){
                if(i > 10 ){
                        i = 0;
                        ADvalue = MCP3202() ;
                        LM35DZ = ADvalue / 25;
               }
              Control_7Seg(LM35DZ);

        }
  }
```

실험 17-1 마침

17.3 서미스터(NTC 타입)

서미스터란 온도에 민감한 저항기란 뜻으로 온도변화에 의해서 소자의 전기저항이 변하는 특성을 갖는 공업용 계측 온도 센서를 말한다. 서미스터는 온도변화에 따른 서미스터 저항치 변화특성에 의해 다음과 같이 3가지로 분류하는데 이는 다음과 같다.

ⓐ NTC 서미스터(Negative Temperature Coefficient Thermistor)
: 온도가 상승함에 따라 전기 저항치가 지수적으로 감소

ⓑ PTC 서미스터(Positive Temperature Coefficient Thermistor)
: NTC 서미스터와 반대로 온도가 상승함에 따라 전기 저항치가 증가

ⓒ CTR 서미스터(Critical Temperature Resistor)
: NTC 서미스터와 동일한 특성을 갖지만 특정 온도에서 저항치가 갑자기 감소

서미스터의 측정온도 범위 타입과 형태에 따라 대략 -50 ~ 350℃ 정도이며, 외형은 용도에 따라 비드형, 디스크형, 후막형, 박막형, 워셔형, 로드형 그리고 칩형 등 여러 가지 형태가 있다. 그 중 직경 1.5mm 정도의 작은 원통 상에 구워 붙인 반도체에서 두 개의 리드 선을 뽑은 비드형과 원반 상으로 구워 붙인 반도체의 양면에서 리드 선을 뽑아낸 디스크형이 자주 접할 수 있는 외형 형태라 할 수 있다.

따라서 본 절에서는 그림 17-5와 같이 비드형으로 상온에서 1KΩ의 저항값을 갖는 NTC 타입 서미스터를 이용하여 온도변화에 대응하는 저항 변화를 전압 변화로 바꾸도록 회로를 구성하였다.

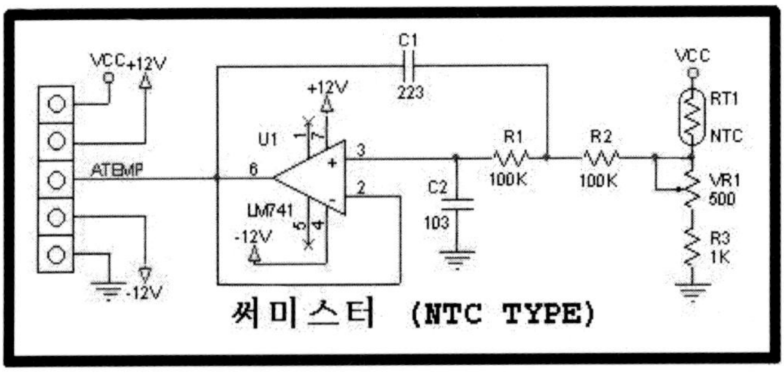

그림 17-5 서미스터 온도센서를 이용한 온도 측정 회로

다음은 그림 17-5와 같이 NTC 타입 서미스터를 이용한 온도측정 회로를 그림 17-6과 같이 MCP3202 직렬 A D 변환기 CH1에 결선하여, 온도 변화에 따라 인가된 아날로그 전압을 측정하고 이를 디스플레이하는 제어 프로그램을 작성하도록 한다 .

PAD 연결 부위			
서미스터 온도센서 측정 회로	ATENP	VCC	GND
89S51	CH1	+5V	GND

MCP3202 PAD 연결 부위				
MCP3202	CS/	DIN	DOUT	CLK
89S51	P3.2	P3.3	P3.4	P3.5

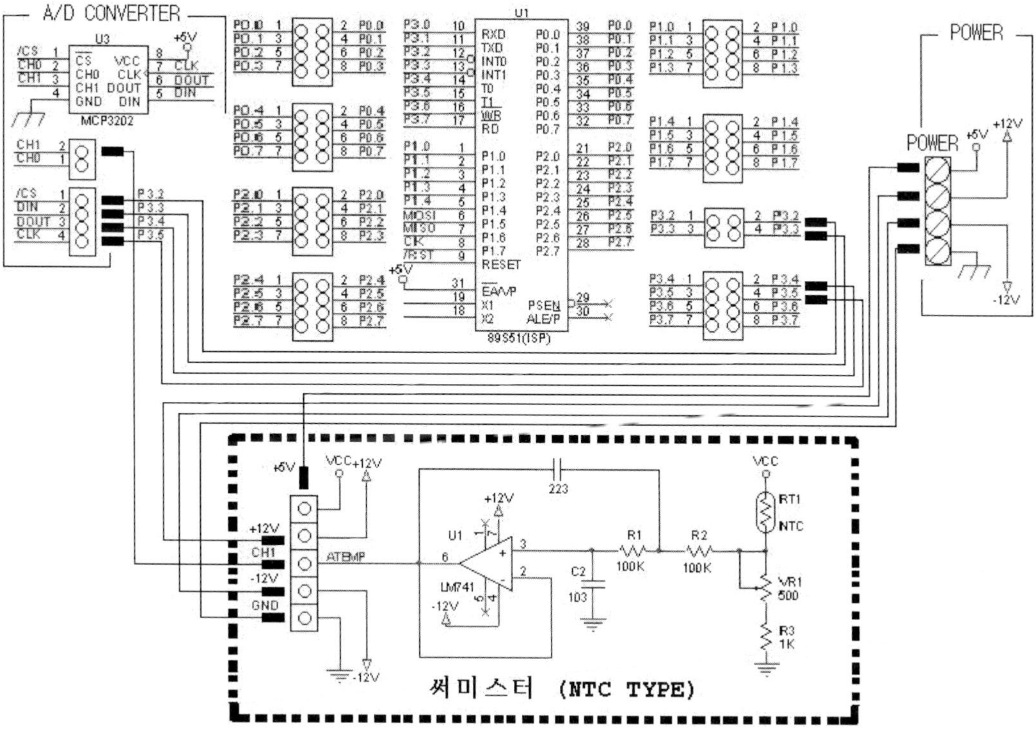

그림 17-6 DCB(89S51)와 NTC 타입 서미스터를 이용한 온도측정 회로와의 결선도

다음은 서미스터 온도센서를 이용하여 온도를 측정하기 위해 DCB(89S51)의 MCP3202 직렬 AD 변환기 CH1에 그림 17-6의 결선도와 같이 연결된 VCVS 필터 회로(2차 저대역 능동 필터)와 단위이득 증폭기로 구성한 회로의 동작원리를 살펴본다.

① 본 절에서 서미스터를 통해 온도를 측정하는 경우는 전압분압에 의한 방법을 사용하여 서미스터의 온도변화에 대응하는 저항 변화를 전압 변화로 측정하도록 회로를 구성하였다.

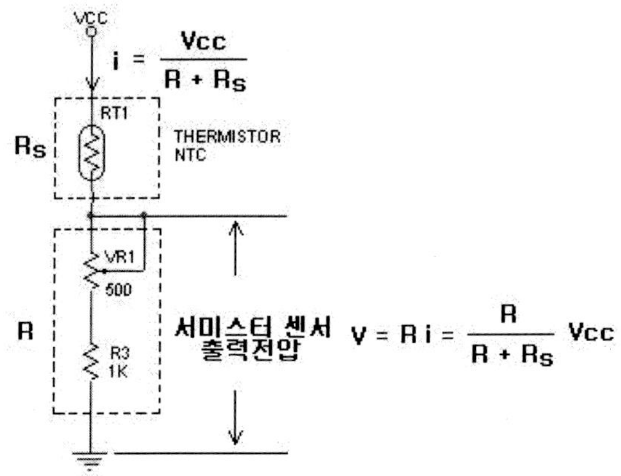

따라서, 저항 R의 양단에 걸리는 전압을 식으로 나타내면 식(17.1)과 같다.

$$V = iR = \frac{R}{R + R_s} V_{cc} \tag{17.1}$$

위 식을 통해 저항 R은 1KΩ의 고정 저항과 500Ω의 가변저항으로 구성되므로 온도 변화에 다른 서미스터 저항 R_s의 변화로 식(17.1)의 전압 V값은 변화됨을 알 수 있으며 검출된 온도값은 저항 R의 양단에 걸리는 전압치 V로써 측정될 수 있게 되는 것이다.

② 그리고 이러한 출력 전압 V에는 고주파 성분의 노이즈를 포함할 수 있으므로 노이즈 성분을 제거하기 위해 적절한 차단주파수(Cut Off Frequence)를 설정하여야 한다. 그러므로, 본 절에서는 적절한 Cut Off Frequence를 약 100Hz로 선정하여, 인가된 전압의 주파수 성분은 통과시켜 부하에 출력전압을 발생시키고 고주파 성분은 출력단에서 감쇄되도록 차단 주파수 100Hz에 맞도록 그림 17-7의 2차 저대역 통과 필터VCVS(Voltage Controlled Voltage Source)를 설계하였다.

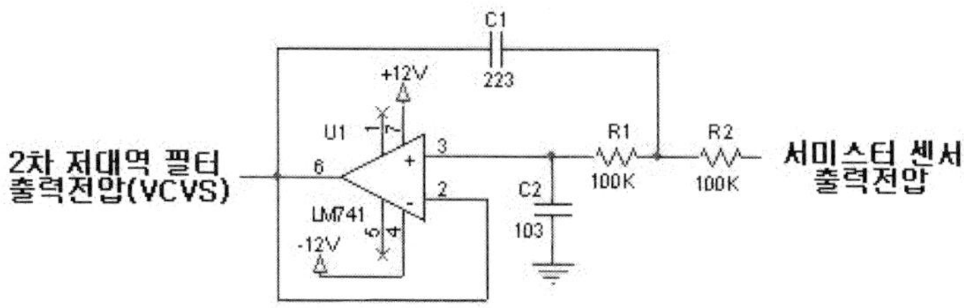

그림 17-7 OP 앰프 LM741를 이용한 VCVS 필터 회로(2차 능동 필터)

또한 그림 17-7과 같이 구성된 2차 저대역 통과 필터의 R1, R2, C1, C2는 차단 주파수(Cut Off Frequence)를 나타내는 식(17.2)에 따라 설정한다.

$$f_c = \frac{1}{2\pi\sqrt{R_1R_2C_1C_2}} \tag{13.2}$$

즉, 식(17.2)에 따라 R_1, R_2, C_1, C_2은 그림 17-7의 R_1(100K), R_2(100K), C_1(0.022uF), C_2(0.01uF)이므로 이를 대입하면 차단주파수는 약 107Hz를 얻을 수 있다.

$$f_c = \frac{1}{2\pi\sqrt{100000\times100000\times0.022uF\times0.01uF}} \fallingdotseq 107.3023\,Hz$$

이상과 같은 하드웨어 구성에 따라 다음은 본 절의 서미스터 온도센서를 통해 온도를 측정하여 전압값으로 나타내도록 소프트웨어로 작성하고 이를 실험해 보도록 한다.

실험 17-2 본 실험은 NTC 타입 서미스터를 이용하여 온도 변화 정도에 따라 변하는 전압량을 MCP3202 직렬 AD 변환기 CH1을 통해 인가받아 이를 7-Segment에 전압 값 형태로 나타내는 프로그램을 작성하는 실험이다.

본 실험을 위해서도 그림 17-6의 결선과 함께 NTC 서미스터 동작을 표시하기 위해 사용되는 7-Segment를 구동시키기 위한 결선이 필요하다. 따라서, 독자들은 본 실험을 위해 그림 17-6의 결선 후 7-Segment 구동을 위한 결선을 하고 나서 프로그래밍 작업에 들어가야 한다.

7-Segment PAD 연결 부위												
7-Segment	Q0	Q1	Q2	Q3	a	b	c	d	e	f	g	p
89S51	P1.0	P1.1	P1.2	P1.3	P0.0	P0.1	P0.2	P0.3	P0.4	P0.5	P0.6	P0.7

```
#include <io51.h>

bit CS    = 0xB2;
bit DIN   = 0xB3;
bit DOUT  = 0xB4;
bit CLK   = 0xB5;

#define S7_1   0x07
#define S7_2   0x0b
#define S7_3   0x0d
#define S7_4   0x0e

const char Font[17]  = { 0xc0, 0xf9, 0xa4, //'0', '1', '2'
                         0xb0, 0x99, 0x92, // '3', '4', '5'
                         0x82, 0xf8, 0x80, // '6', '7', '8'
                         0x90, 0x88, 0x83, // '9', 'A', 'b'
                         0xc6, 0xa1, 0x86, // 'C', 'd', 'E'
                         0x8e, 0x7f } ;    // 'F', '.'

void Control_7Seg(unsigned int );
unsigned int MCP3202(void);

void Control_7Seg(unsigned int N)
{
  unsigned int  i, d ;
  unsigned char  N10, N1  ;

  N10 = N / 10 ;
  N1 =  N % 10 ;
   for ( i = 0 ; i < 100 ; i ++ ) {
       P1 = S7_1 ;           // 첫번째  7-Segment를 켜준다.
       P0 = Font[N10] ;      // 일의 자리를  써 준다.
       for(d = 0 ; d < 10; d++ ) ;
       P1 = S7_2 ;           // 두번째  7-Segment를 켜준다.
       P0 = Font[16] ;       // 소수점을  써 준다.
       for(d = 0 ; d < 10; d++ ) ;
       P1 = S7_3;            // 세번째  7-Segment를 켜준다.
       P0 = Font[N1];        // 소수점 첫번째 자리를  써 준다.
```

```
        for(d = 0 ; d < 10; d++ ) ;
      }
  }
unsigned int MCP3202(void)
  {
    unsigned char Count;
    unsigned int ADdata = 0;
    CS = 0;
    DIN = 1;      //START bit
    CLK = 0;
    CLK = 1;
    CLK = 0;

    DIN = 1;      //Sgl/Diff  표 12-1 참조
    CLK = 1;
    CLK = 0;

    //Odd/sign 표 12-1 참조
    DIN = 1;      // CH0의 경우 '0', CH1의 경우 '1'을 설정 해준다.
    CLK = 1;
    CLK = 0;

  /* DIN = 1  'high'를 DIN에 입력한다.
   만약 이 비트가 'high' 이면 AD변환된 데이터 중 MSB가 먼저 출력된다.
   DIN = 0  'low'를 DIN에 입력하면 AD변환된 데이터 중 LSB 가 먼저 출력된
   다. */

    DIN = 1;
    CLK = 1;
    CLK = 0;

    // 한 클럭을 입력 시켜 주어야 데이터가 출력된다. 그림 12-3 참조
    CLK = 1;
    CLK = 0;

  for( Count = 0; Count <= 11; Count ++ ){
                    ADdata = ADdata << 1;
                    CLK = 1;
                    if( DOUT == 1 ) ADdata = ADdata | 0x01;
                    CLK = 0;
      }
```

```
        CS = 1;
        CLK = 1;
        return ADdata;
  }

void main(void)
  {
      unsigned long ADvalue=0;
      unsigned int i = 0 ;

            for( ;  ;i++ ){
                  if(i > 10 ){

                         i = 0;
                         ADvalue = MCP3202() ;
                         ADvalue = (ADvalue *50)/4096 ;
                 }
                   Control_7Seg(ADvalue);

            }
  }
```

실험 17-2 마침

18

C·H·A·P·T·E·R

D/A 변환기와 모터 제어

구성

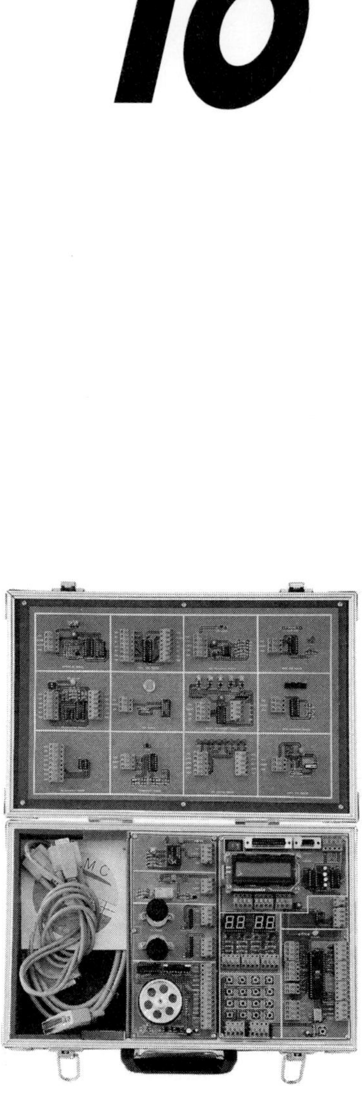

18.1 D/A 변환기 (DAC0800)
18.2 DC 모터 제어
18.3 스텝 모터 제어

18.1 D/A 변환기 (DAC0800)

A/D 또는 ADC는 아날로그/ 디지털 변환기(Analog to Digital Convertor)이고 D/A 또는 DAC는 디지털 /아날로그 변환기(Digital to Analog Convertor)를 말하며, 본 절에서 사용하는 DAC 0800은 8비트 high-speed current-output D/A 변환기로 변환시간은 100ns 정도 소요된다. DAC0800은 가장 일반적인 D/A 변환기이므로 간단한 제어기기에 많이 사용되고 있으며 다음은 DAC 0800의 특성과 각 핀의 기능을 나타낸 것이다.

(1) TTL, CMOS, PMOS와 바로 인터페이스 될 수 있다.
(2) 전원 파워의 범위는 ±4.5V에서 ±18V까지이다.
(3) 변환 시간은 100ns이다.
(4) 소비 전력은 +5V 레벨에서 33mW 정도이다.

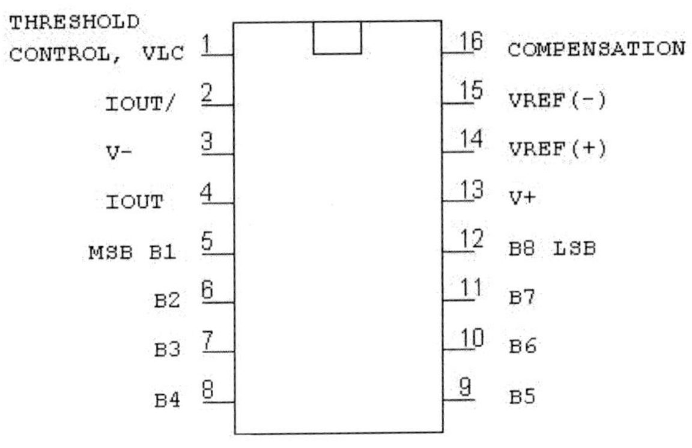

그림 18-1 DAC0800의 핀배치도

▶ VLC

THRESHOLD CONTROL 핀으로 일반적으로 GND와 연결하여 사용한다.

▶ 데이터 입력단자(B1~B8)

출력될 아날로그 전압에 비례한 데이터 정보 입력단자이다. 일반적으로 이들 단자에는 래치가 되어있는 데이터들을 연결해 주면 된다.

▶ VREF+, VREF-

D/A 출력으로 사용될 기준전압을 제어하는 단자들이다. 예를 들어 D/A 출력의 범위가 0~5V라면 VREF+에는 +5V VREF-에는 GND를 연결해 준다.

▶ +VS, -VS

DAC 0800의 전원단자이다. 전원 입력의 범위는 ±4.5V에서 ±18V까지 가능하다.

▶ COMP

VREF+와 VREF-를 비교해주는 단자이다. 이 부분은 Typical Application 회로에 나와 있는 대로 연결해 주면 된다.

▶ IOUT/, IOUT

DAC 0800의 전류 출력 핀이다.

그림 18-2의 회로는 8비트 DA 변환기인 DAC 0800을 이용하여 구성된 회로이며 이 회로 상에서 DAC 0800은 8비트 데이터 입력 값에 따라 전류로 출력됨으로 이를 전압으로 변환하기 위해 OP AMP 741을 사용한다.

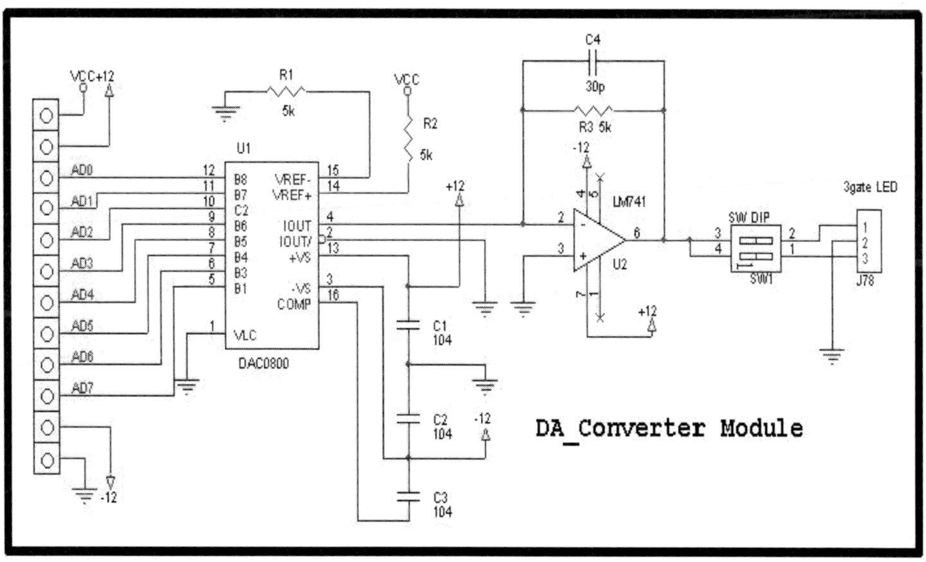

그림 18-2 DAC 0800를 이용한 회로도

다음은 그림 18-3과 같이 DCB(89S51)의 P2포트와 그림 18-2의 회로를 연결하여 P2 포트를 통해 인가되는 데이터에 따라 LED의 밝기가 변화되도록 프로그램을 작성하여 본다.

PAD 연결 부위												
DAC 0800를 이용한 회로도	AD0	AD1	AD2	AD3	AD4	AD5	AD6	AD7	+12V	-12V	VCC	GND
89S51	P2.0	P2.1	P2.2	P2.3	P2.4	P2.5	P2.6	P2.7	+12V	-12V	+5V	GND

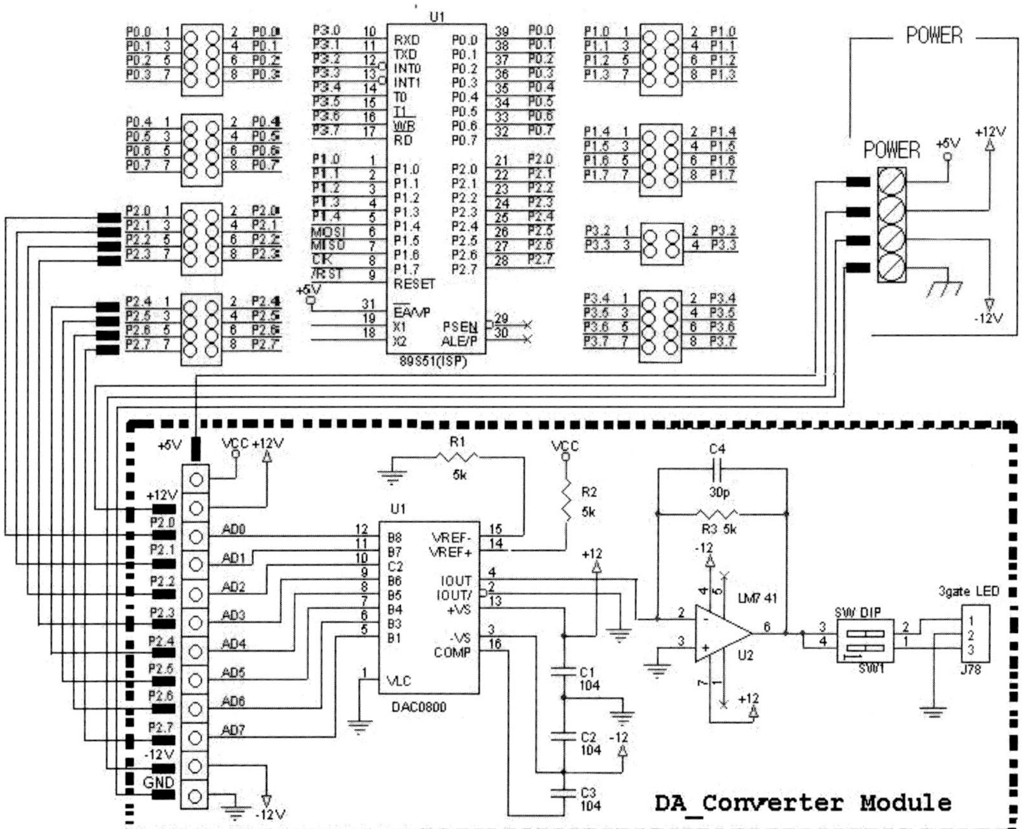

그림 18-3 DCB(89S51)와 DAC 0800를 이용한 회로도와의 결선도

실험 18-1

본 실험은 DAC0800을 이용하여 P2포트에 인가되는 데이터 값에 의해 LED에 삼각파의 파형 형태로 빛이 발생되도록 하고 또한 이때 DAC0800에 인가된 데이터 값을 7-Segment에 나타내도록 하는 프로그램을 작성하여 본다.

- 삼각파 : LED가 서서히 밝아졌다 서서히 어두어진다.

본 실험을 위해서도 그림 18-3의 결선과 함께 DA 변환기 동작을 표시하기 위해 사용되는 7-Segment를 구동시키기 위한 결선이 필요하다. 따라서, 독자들은 본 실험을 위해 그림 18-3의 결선 후 7-Segment 구동을 위한 결선을 하고 나서 프로그래밍 작업에 들어가야 한다.

7-Segment PAD 연결 부위												
7-Segment	Q0	Q1	Q2	Q3	a	b	c	d	e	f	g	p
89S51	P1.0	P1.1	P1.2	P1.3	P0.0	P0.1	P0.2	P0.3	P0.4	P0.5	P0.6	P0.7

```
#include <io51.h>

#define S7_1   0x07
#define S7_2   0x0b
#define S7_3   0x0d
#define S7_4   0x0e

const char Font[17]  = { 0xc0, 0xf9, 0xa4, //'0', '1', '2'
                         0xb0, 0x99, 0x92, // '3', '4', '5'
                         0x82, 0xf8, 0x80, // '6', '7', '8'
                         0x90, 0x88, 0x83, // '9', 'A', 'b'
                         0xc6, 0xa1, 0x86, // 'C', 'd', 'E'
                         0x8e, 0x7f } ;    // 'F', '.'

void Control_7Seg(unsigned int );

void Control_7Seg(unsigned int N)
{
  unsigned int  i, d , Buff;
  unsigned char N1000, N100, N10, N1  ;
```

```
  N1000 = N / 1000;
  Buff =  N % 1000 ;

  N100 = Buff / 100 ;
  Buff = Buff % 100;

  N10 = Buff / 10 ;
  N1 =  Buff % 10 ;

   for ( i = 0 ; i < 100 ; i ++ ) {

       P1 = S7_1 ;           // 첫번째  7-Segment를 켜준다.
       P0 = Font[N1000] ;   // 천의 자리를  써 준다.
       for(d = 0 ; d < 10; d++ ) ;
       P1 = S7_2 ;          // 두번째  7-Segment를 켜준다.
       P0 = Font[N100] ;   // 백의 자리를  써 준다.
       for(d = 0 ; d < 10; d++ ) ;
       P1 = S7_3;           // 세번째  7-Segment를 켜준다.
       P0 = Font[N10];      // 십의 자리를  써 준다.
       for(d = 0 ; d < 10; d++ ) ;
       P1 = S7_4 ;         // 네번째  7-Segment를 켜준다.
       P0 = Font[N1] ;     // 일의 자리를 써 준다.
       for(d = 0 ; d < 10; d++ ) ;
     }
   }

void main(void)
  {
       unsigned int i, j;

         for(;;)
           {
               /* 약 10초에 걸쳐 LED의 밝기를 점점 밝게 해준다 .*/
                for(i = 0 ;  i < 255 ; i++ )
                   {
                       P2 = i ;
                       Control_7Seg(i);
                       for(j=0; j<1000; j++);
                   }
               /* 약 10초에 걸쳐 LED의 밝기를 점점 흐리게 해준다.*/
                 for( i = 255 ; i > 0 ; i-- )
                   {
```

```
                P2 = i ;
                Control_7Seg(i);
                for(j=0; j<1000; j++);
            }
        }
}
```

실험 18-1 마침

18.2 DC 모터 제어

DC 모터는 DC 전원을 사용하는 모터로서 영구자석의 자기장과 그 자기장 속에 놓여있는 도체에 흐르는 전류에 의해 발생한 전자력간의 반발력에 의해 회전하는 기기를 말하다. DC모터의 회전원리는 그림 18-4와 같이 영구자석과 전선에 흐르는 전류에 의한 전자석의 힘이 서로 반발하여 힘이 발생하게 되는데 바로 이 힘에 의해 DC 모터가 회전하게 되는 것이다.

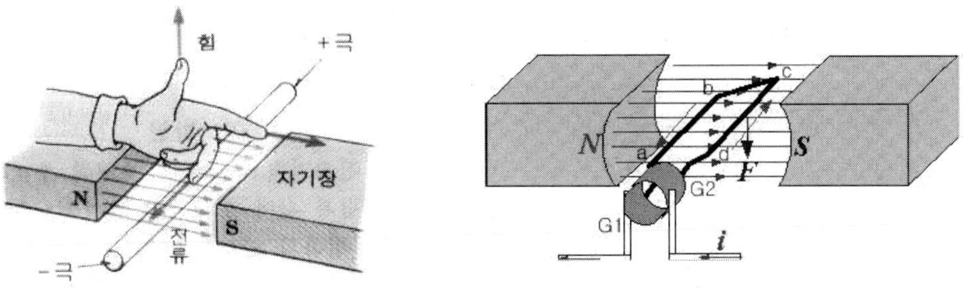

(a) 플레밍의 왼손 법칙 (b) 모터의 회전

그림 18-4 DC 모터의 회전원리

이러한 DC모터는 다음과 같은 특징을 갖는다.

- 기동 토크가 크다
- 인가전압에 대하여 회전특성이 직선적으로 비례한다
- 입력전류에 대하여 출력 토크가 직선적으로 비례하며, 또한 출력 효율이 양호

DC모터를 이용하여 제어하는 방법에는 크게 ON/OFF 제어, 가변속 제어 그리고 토오크 제어 방법등 크게 3가지 방법으로 구분 할 수 있는데 본 절에서는 이중 DC 드라이버 IC를 이용한 ON/OFF 제어, 가변속 제어방법을 DCS(89S51)을 통해 제어하는 방법을 살펴본다.

따라서 그림 18-5는 각각 두 개의 DC 드라이버 IC(BA6208)을 이용하여 두 개의 DC모터를 제어하기 위해 구성한 DC 모터 구동 회로도를 나타낸 것이다.

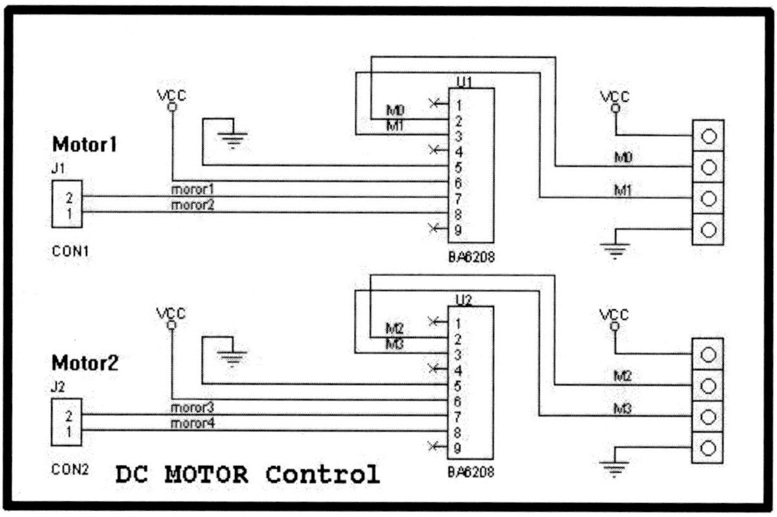

그림 18-5 DC 모터 구동회로도

그림 18-5와 같이 구성된 DC 모터 구동회로를 살펴보면 DC모터는 마이크로 프로세서의 포트로부터 출력되는 전원에 의해 직접적으로 구동하지 않고 DC모터 구동용 IC 드라이버인 BA6208을 사용하여 구동회로를 구성하였다. 따라서, 그림 18-6은 그림 18-5의 회로에서 사용된 DC모터 구동용 IC 드라이버인 BA6208의 핀 배치도와 내부 블록도를 나타낸 것이다.

핀 배치도 내부 블록도

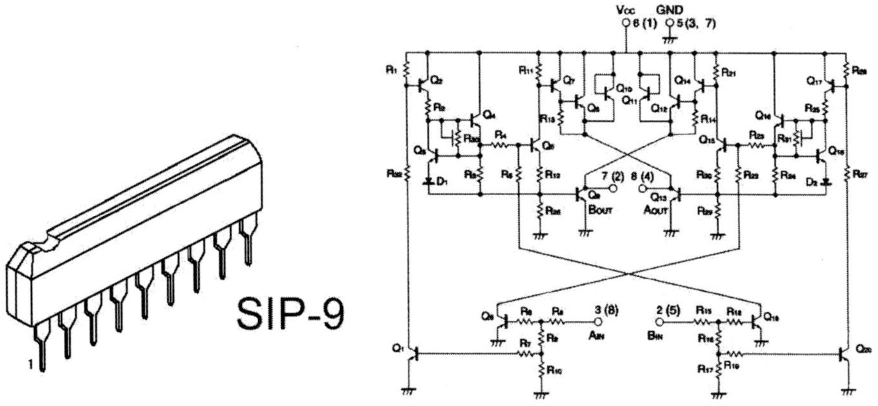

그림 18-6 BA6208의 구조

따라서, 다음은 그림 18-6과 같은 DC 모터 드라이브(BA6208)를 이용하여 구성된 회로를 그림 18-7과 같이 DCB(89S51)의 P3포트의 4개 비트(P3.7, P3.6, P3.3, P3.2)와 DC 모터 드라이브(BA6208)와 연결하여 두 개 DC모터의 ON/OFF 제어와 가변속 제어를 하도록 프로그램을 작성하여 본다.

PAD 연결 부위						
DC모터 구동 회로도	Motor1		Motor2		VCC	GND
	M0	M1	M2	M3		
89S51	P3.7	P3.6	P3.3	P3.2	+5V	GND

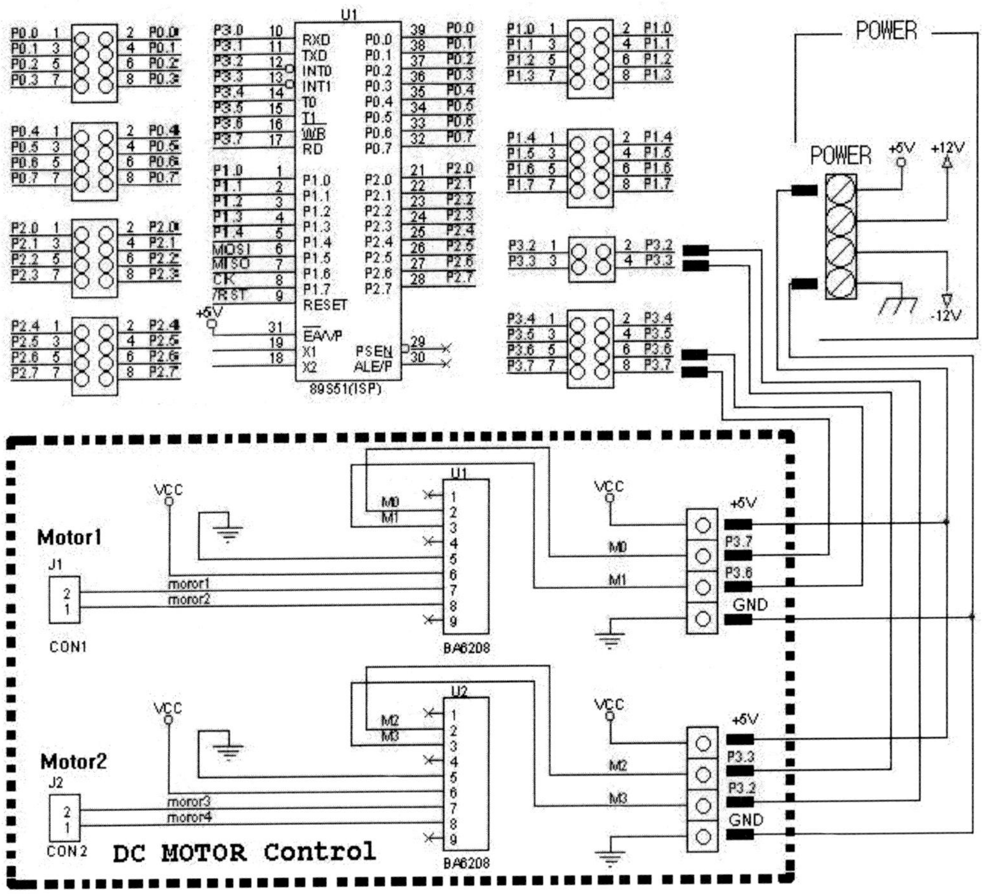

그림 18-7 DCB(89S51)와 DC모터 구동 회로도와의 결선도

실험 18-2

본 실험은 두 개의 DC모터 드라이브에 P3포트의 4개 비트(P3.7, P3.6, P3.3, P3.2)를 연결하여 각 비트로 부터 인가되는 데이터 값에 의해 Motor1 구동시 7-Segment에 '0'이 출력되면 정지하고, '1'이면 CW구동, '2'가 출력되면 CCW 구동이 되도록 한다. 그리고 Motor2 구동시 7-Segment에 '0'이 출력되면 정지하고, '3'이면 CW 구동, '4'가 출력되면 CCW구동이 되도록 하는 프로그램을 작성하여 본다.

본 실험을 위해서도 그림 18-7의 결선과 함께 DC 모터의 구동 상태를 표시하기 위해 사용되는 7-Segment를 구동시키기 위한 결선이 필요하다. 따라서, 독자들은 본 실험을

위해 그림 18-7의 결선 후 7-Segment 구동을 위한 결선을 하고 나서 프로그래밍 작업에 들어가야 한다.

7-Segment PAD 연결 부위												
7-Segment	Q0	Q1	Q2	Q3	a	b	c	d	e	f	g	p
89S51	P1.0	P1.1	P1.2	P1.3	P0.0	P0.1	P0.2	P0.3	P0.4	P0.5	P0.6	P0.7

```
#include <io51.h>

#define S7_1   0x07
#define S7_2   0x0b
#define S7_3   0x0d
#define S7_4   0x0e

const char Font[17]  = { 0xc0, 0xf9, 0xa4, //'0', '1', '2'
                         0xb0, 0x99, 0x92, // '3', '4', '5'
                         0x82, 0xf8, 0x80, // '6', '7', '8'
                         0x90, 0x88, 0x83, // '9', 'A', 'b'
                         0xc6, 0xa1, 0x86, // 'C', 'd', 'E'
                         0x8e, 0x7f } ;    // 'F', '.'
void Control_7Seg(unsigned int );

void Control_7Seg(unsigned int N)
 {
    unsigned int  i, d , Buff;
    unsigned char N1000, N100, N10, N1  ;
    N1000 = N / 1000;
    Buff =  N % 1000 ;
    N100 = Buff / 100 ;
    Buff = Buff % 100;
    N10 = Buff / 10 ;
    N1 =  Buff % 10 ;

    for ( i = 0 ; i < 100 ; i ++ ) {
       P1 = S7_1 ;          // 첫번째  7-Segment를 켜준다.
       P0 = Font[N1000] ;   // 천의 자리를  써 준다.
       for(d = 0 ; d < 10; d++ ) ;
       P1 = S7_2 ;          // 두번째  7-Segment를 켜준다.
       P0 = Font[N100] ;    // 백의 자리를  써 준다.
       for(d = 0 ; d < 10; d++ ) ;
```

```
        P1 = S7_3;           // 세번째  7-Segment를 켜준다.
        P0 = Font[N10];      // 십의 자리를  써 준다.
        for(d = 0 ; d < 10; d++ ) ;

        P1 = S7_4 ;          // 네번째  7-Segment를 켜준다.
        P0 = Font[N1] ;      // 일의 자리를 써 준다.
        for(d = 0 ; d < 10; d++ ) ;

      }
   }

void Motor_CW(unsigned char num)
   {
       if(num == 1)  P3 = 0x80;      // Motor1 시계방향 회전
    else if(num ==2) P3 = 0x08;      // Motor2 시계방향 회전
   }

void Motor_CCW(unsigned char num)
   {
       if(num == 1)  P3 = 0x40;      // Motor1 반시계방향 회전
    else if(num ==2) P3 = 0x04;      // Motor2 반시계방향 회전
   }

void Motor_STOP(unsigned char num)
   {
       if(num == 1)  P3 = 0xC0;      // Motor1 정지
    else if(num ==2) P3 = 0x0C;      // Motor2 정지
   }

void delay(long t)
   {
      long i ;
      for(i = 0 ; i < t ; i ++ ) ;
   }

void main(void)
  {
       for(;;)
           {
             Control_7Seg(1);       //Motor1의 구동상태를 7-Segment에 표시
             Motor_CW(1);           //Motor1 시계 방향 회전
             delay(30000);
```

```
            Control_7Seg(2);        //Motor1의 구동상태를 7-Segment에 표시
            Motor_CCW(1);           //Motor1 반시계 방향 회전
            delay(30000);

            Control_7Seg(0);        //Motor1의 구동상태를 7-Segment에 표시
            Motor_STOP(1);          //Motor1 정지
            delay(30000);

            Control_7Seg(3);        //Motor2의 구동상태를 7-Segment에 표시
            Motor_CW(2);            //Motor2 시계 방향 회전
            delay(30000);

            Control_7Seg(4);        //Motor1의 구동상태를 7-Segment에 표시
            Motor_CCW(2);           //Motor2 반시계 방향 회전
            delay(30000);

            Control_7Seg(0);        //Motor2의 구동상태를 7-Segment에 표시
            Motor_STOP(2);          //Motor2 정지
            delay(30000);
        }
}
```

실험 18-2 마침

실험 18-3

본 실험은 두 개의 DC모터 드라이브에 P3포트의 4개 비트(P3.7, P3.6, P3.3, P3.2)를 연결하여 각 비트로 부터 인가되는 데이터 값에 의해 두 개의 Motor를 CW방향으로 가변 구동하도록 하고, 이 때 속도 가변상태를 7-Segment에 출력되도록 하는 프로그램을 작성하여 본다.

```
#include <io51.h>

#define S7_1   0x07
#define S7_2   0x0b
#define S7_3   0x0d
#define S7_4   0x0e
```

```
const char Font[17]  = { 0xc0, 0xf9, 0xa4, //'0', '1', '2'
                         0xb0, 0x99, 0x92, // '3', '4', '5'
                         0x82, 0xf8, 0x80, // '6', '7', '8'
                         0x90, 0x88, 0x83, // '9', 'A', 'b'
                         0xc6, 0xa1, 0x86, // 'C', 'd', 'E'
                         0x8e, 0x7f } ;    // 'F', '.'

void Control_7Seg(unsigned int );

void Control_7Seg(unsigned int N)
  {
    unsigned int  i, d , Buff;
    unsigned char N1000, N100, N10, N1  ;

    N1000 = N / 1000;
    Buff =  N % 1000 ;
    N100 = Buff / 100 ;
    Buff = Buff % 100;
    N10 = Buff / 10 ;
    N1 =  Buff % 10 ;

    for ( i = 0 ; i < 100 ; i ++ ) {

      P1 = S7_1 ;           // 첫번째  7-Segment를 켜준다.
      P0 = Font[N1000] ;    // 천의 자리를  써 준다.
      for(d = 0 ; d < 10; d++ ) ;

      P1 = S7_2 ;           // 두번째  7-Segment를 켜준다.
      P0 = Font[N100] ;     // 백의 자리를  써 준다.
      for(d = 0 ; d < 10; d++ ) ;

      P1 = S7_3;            // 세번째  7-Segment를 켜준다.
      P0 = Font[N10];       // 십의 자리를  써 준다.
      for(d = 0 ; d < 10; d++ ) ;
      P1 = S7_4 ;          // 네번째  7-Segment를 켜준다.
      P0 = Font[N1] ;      // 일의 자리를 써 준다.
      for(d = 0 ; d < 10; d++ ) ;
    }
  }

void delay(long t)
```

```
{
   long i ;
   for(i = 0 ; i < t ; i ++ ) ;
}

void MotorGo( long Dist, long Speed )
{
  long i;

  for( i = 0 ; i < Dist; i++ ){

      P3= 0x80 | 0x08;                    // 두 모터 시계방향 회전
      delay(Speed);

      P3 = 0x00;                          // 두 모터 관성운전
      delay(5);

      P3 = 0xC0 | 0x0C;                   // 두 모터 정지
      delay(100-Speed);
   }
}

void MotorSTOP()
{
    P3 = 0xC0 | 0x0C;                     // 두 모터 정지
 }

void main(void)
{
   for(;;) {
            Control_7Seg(1);   // 모터의 속도를 7-Segment에 표시
            MotorGo(500,10);
            delay(30000);

            Control_7Seg(2);   // 모터의 속도를 7-Segment에 표시
            MotorGo(500,20);
            delay(30000);

           Control_7Seg(3);   // 모터의 속도를 7-Segment에 표시
           MotorGo(500,30);
           delay(30000);

           Control_7Seg(4);   // 모터의 속도를 7-Segment에 표시
```

```
            MotorGo(500,40);
            delay(30000);

            Control_7Seg(5);    // 모터의 속도를 7-Segment에 표시
            MotorGo(500,50);
            delay(30000);

            Control_7Seg(6);    // 모터의 속도를7-Segment에 표시
            MotorGo(500,60);
            delay(30000);

            Control_7Seg(7);    // 모터의 속도를 7-Segment에 표시
            MotorGo(500,70);
            delay(30000);

            Control_7Seg(0);    // 모터의 정지를 7-Segment에 표시
            MotorSTOP();
            delay(30000);
    }
}
```

실험 18-3 마침

18.3 스텝모터 제어

스탭 모터는 코일에 전압을 가하는 정도에 의해 모터의 회전이 결정되는 일반 AC나 DC모터 같은 구조가 아니라, 펄스를 가함으로서 그 펄스 분에 맞는 회전을 하는 모터로서 펄스 수에 의해 정확한 회전각을 제어할 수 있다.

일반적으로 스탭 모터를 분류하면 상수, 코일의 권선방법, 기계적 구조 등에 따라 분류할 수 있으며 상수에 의한 분류로는 2상, 3상, 4상, 5상, 8상으로 분류된다. 이중 소형 기종으로는 2상, 3상, 4상이 실용화되고 있으며 일반적으로 독자들이 자주 접하게 되는 스탭 모터로는 2상(바이폴러), 4상(유니폴러)의 스탭핑 모터가 주류이다.

또한 기종에 따른 분류 방법이 있는데 이에 따른 분류로 PM(Permanent Magnet Type), HB(Hybride Type), VR(Variable Reluctance Type)의 3종류의 기종이 있는데, 생산성이나 가격 또는 성능면에서 PM형과 HB형의 스탭핑 모터가 주류를 이루고 있다.

따라서, 표 18-1에서는 이러한 기종 분류에 의한 PM(Permanent Magnet Type), HB (Hybride Type), VR(Variable Reluctance Type) 기종의 각 특징을 나타낸 것이다.

표 18-1 스탭 모터 기종에 따른 특징

종류	PM형	HB형	VR형
스탭각	1.8°~18°가 많다	0.72°~3.6°가 많다	1.8°~15°가 많다
토오크	소	대	중 ~ 대
세틀링 타임	소~중	소	대
특징	회전자가 영구자석으로 구성되어 있고, 스탭각이 비교적 크고, 일반적으로 판금형이라 불리며, 가장 값싼 스탭핑 모터로 보급형이다.	회전자의 외경 및 고정자의 내경에 많은 피치를 세우고 있으며, 회전자에는 영구자석도 겸한석으로 PM형과 VR형의 복합형이다. 스탭각은 작으나, 각도 정밀도가 높고, 고토오크를 갖는다.	전자연강등으로 만들어진 톱니바퀴형의 회전자와 고정자 사이에 발생하는 전자력으로 끌어당겨 회전하는 모터이다.
가 격	저	고	저

본 절에서 이러한 3가지 기종 중 특히 구조적으로 간단하고, 값싼 PM형 스탭 모터에 해당하는 산요 스텝모터를 이용하여 스탭모터를 제어하기 위한 회로를 구성하고 이를 DCS(89S51)을 통해 제어하는 방법을 살펴본다.

다음은 스텝모터 제어를 위해 본 절에서 사용된 스텝모터(산요103H-546)의 사양에 대하여 살펴본 것이다.

표 18-2 산요 103H-546 STEP MOTOR의 특성표

품 명	기본 STEP각	전류 A/상	전압 V	권선저항 Ω/상	정지 TORQUE Kg · cm	중량 Kg
H-546	1.8	1	3.15	3.15	1.5	0.2

H-546모터의 내부결선 및 회전방향

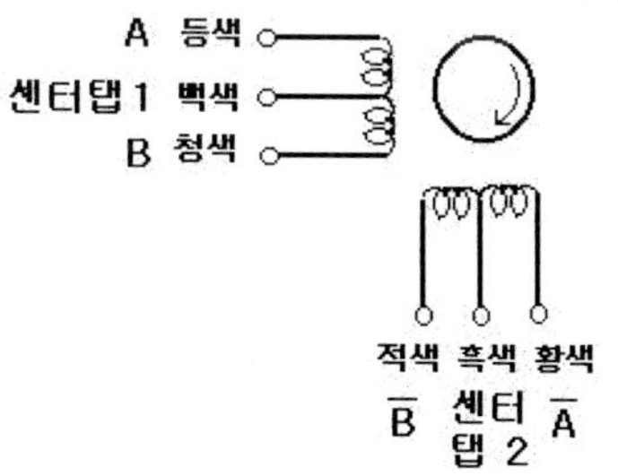

센터탭	A	B	$\overline{A}$	$\overline{B}$
백색,흑색	등색	청색	황색	적색

그림 18-8 산요 103H-546 STEP MOTOR의 내부구조 및 핀 배치

그림 18-8과 같은 핀 배치와 내부구조를 갖는 PM형 산요 스텝 모터는 DC 모터와 달리 코일에 전압을 가하는 정도에 따라 리니어하게 회전하지 않고, 코그(Cog. 톱니바퀴)와 모터의 회전축사이에 작용하는 반발력인 코깅 특성에 의해 동작한다. 따라서, 이러한 스텝 모터의 구동은 외부 단자 6개중 센터 탭 1, 2 중에 모터 구동 전원을 인가하고, 모터 내부배선인 A, B, $\overline{A}$, $\overline{B}$ 코일에는 구동펄스를 여자시키는 방법으로 구동시킨다.

이러한 스탭모터를 구동시키는 여자방식에는 1상, 2상, 1-2상 여자 방법의 3종류가 있으며, 다음은 이들 여자 방식중 1상과 2상 여자 방법에 대해 살펴본 것이다.

(1) 1상여자

이 방식은 4상 중 항상 코일 1상씩에만 구동펄스를 인가하여 구동시키는 방식으로 그림 18-9와 같이 내부배선인 A→ $\overline{A}$→ B→ $\overline{B}$ → A 코일에 1주기씩 구동펄스를 인가시킴으로서 모터가 구동되도록 한다.

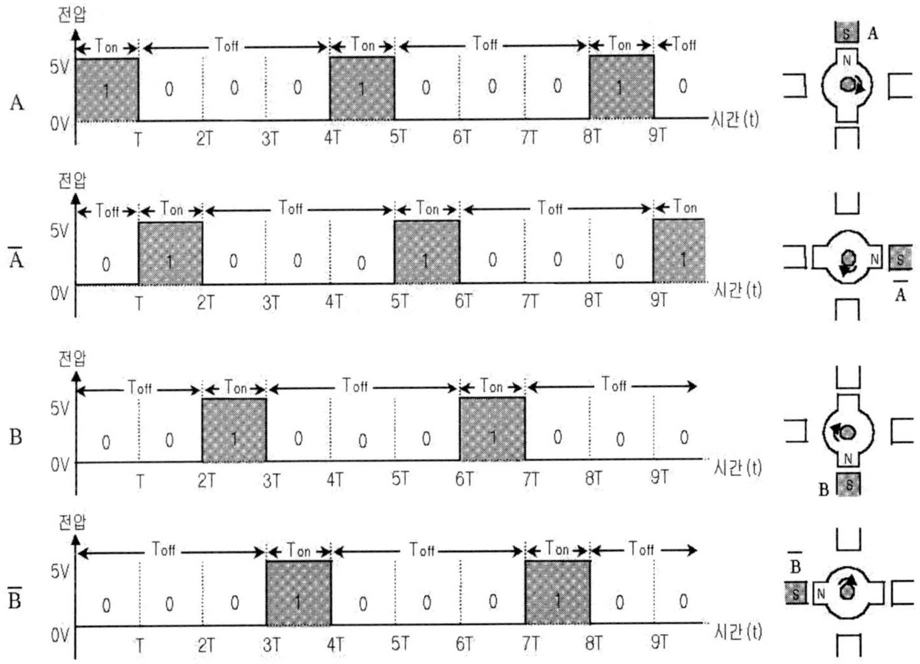

그림 18-9 1상 여자 방식

(2) 2상여자

이 방식은 4상중 항상 2상씩에만 구동펄스를 인가하여 구동시키는 방식으로 그림 18-10과 같이 내부배선인 A$\overline{B}$→$\overline{B}$B→ B$\overline{A}$→$\overline{A}$A 코일에 2주기씩 구동펄스를 인가시킴으로서 모터가 구동되도록 한다.

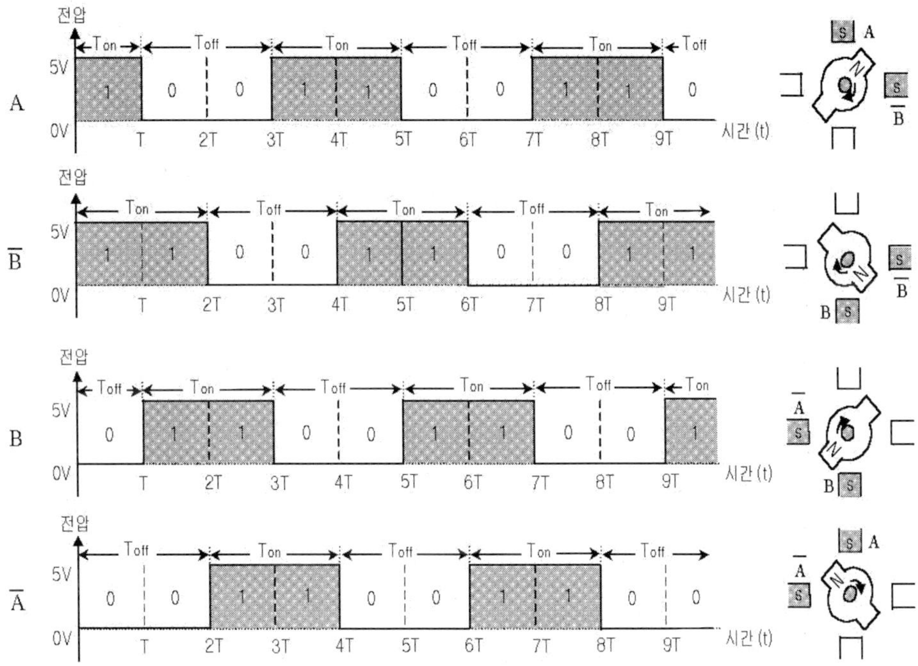

그림 18-10 2상 여자 방식

본 절에서는 PM형 스텝 모터를 이들 여자 방식 중 2상 여자 방식에 의해 구동되도록 스탭모터 구동용 IC소자인 L297과 SLA7024를 이용한 스텝 모터 구동회로를 그림 18-11과 같이 구성하였다.

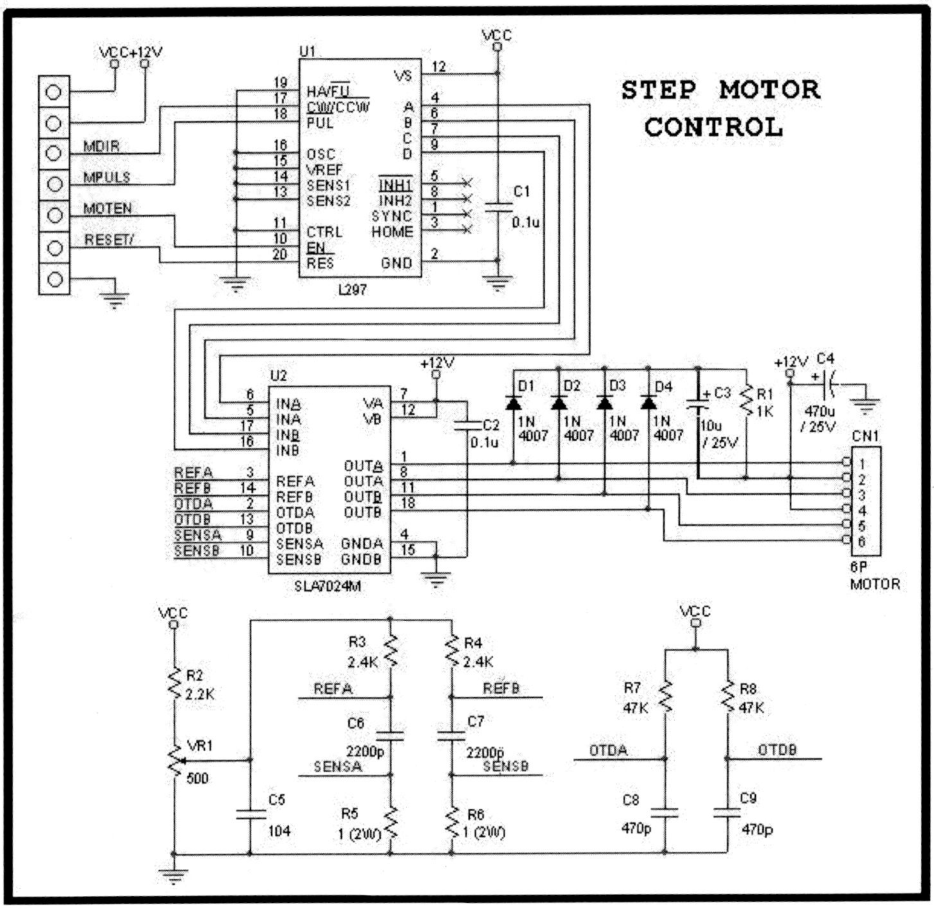

그림 18-11 PM형 스텝 모터 구동회로

그림 18-11의 회로에서 2상여자 방식으로 스탭모터를 구동시키기 위해 사용된 바이폴러 방식의 정전류 구동용 IC 소자인 L297과 유니폴러 구동방식에 적합한 SLA7024 소자에 대해서 간략히 살펴보면 다음과 같다.

먼저, 바이폴러 방식의 정전류 구동용 IC 소자인 L297의 특성 및 핀 배치를 살펴보면 다음과 같다.

- ▶ 모터제어를 위한 펄스발생
- ▶ 하프/풀(Half/Full) 스텝 모드 양쪽 다 사용 가능
- ▶ 시계방향 / 반시계 방향 지령 제어

▶ 리셋 입력과 동기되어 모터의 초기상태로 유지할 수 있음.

▶ 칩 인에이블 입력을 받을 수 있도록 되어 있음.

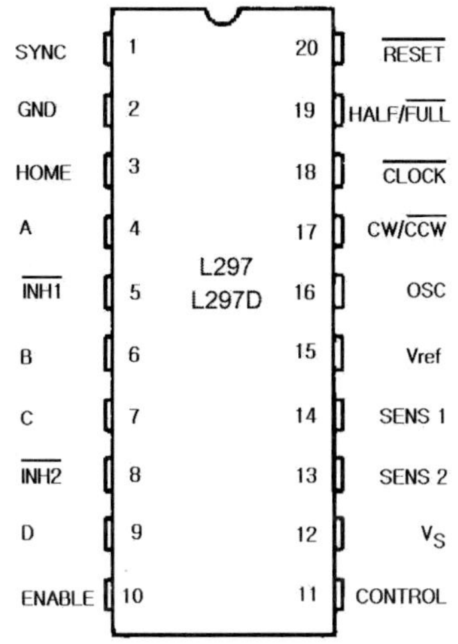

그림 18-12 L297의 핀 배치도

바이폴러 방식의 정전류 구동용 IC 소자인 L297는 HALF/$\overline{\text{FULL}}$(19번핀)을 GND와 연결하여 Low 상태로 유지시키면 노멀 모드 상태로 A, B, C, D상에 2상 여자 방식으로 구동 펄스가 출력된다. 따라서, 이러한 2상 여자의 구동 펄스를 유니폴러 구동용 IC인 SLA7024 소자에 연결하도록 그림 18-11 회로는 설계되어 있으며 따라서, 그림 18-13은 SLA7024의 핀 배치도를 나타내고 있다.

다음은 2상여자 방식으로 스탭모터를 구동시키기 위해 사용된 바이폴러 방식의 정전류 구동용 IC 소자인 L297과 유니폴러 구동방식에 적합한 SLA7024 소자에 의해 구성된 그림 18-11의 스탭모터 구동 회로를 그림 18-14와 같이 DCB(89S51)의 P2포트와 P3포트의 선택 비트와 결선한다. 그리고, 선택 비트를 통해 인가되는 데이터에 의해 그림 18-11의 스탭모터 구동 회로를 구동시키도록 프로그램을 작성하여 본다.

PAD 연결 부위								
스탭모터 구동 회로도	MPULS	MDIR	MOTEN	RESET	+12V	-12V	VCC	GND
89S51	P3.7	P2.0	P2.1	P2.7	+12V	-12V	+5V	GND

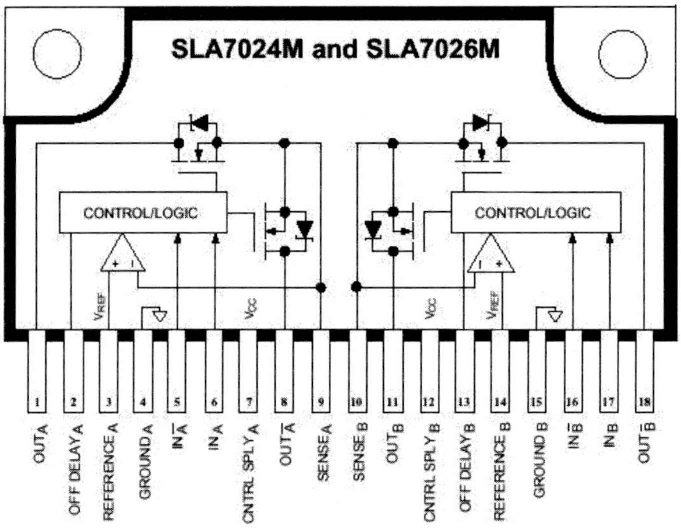

그림 18-13 SLA7024의 외형도

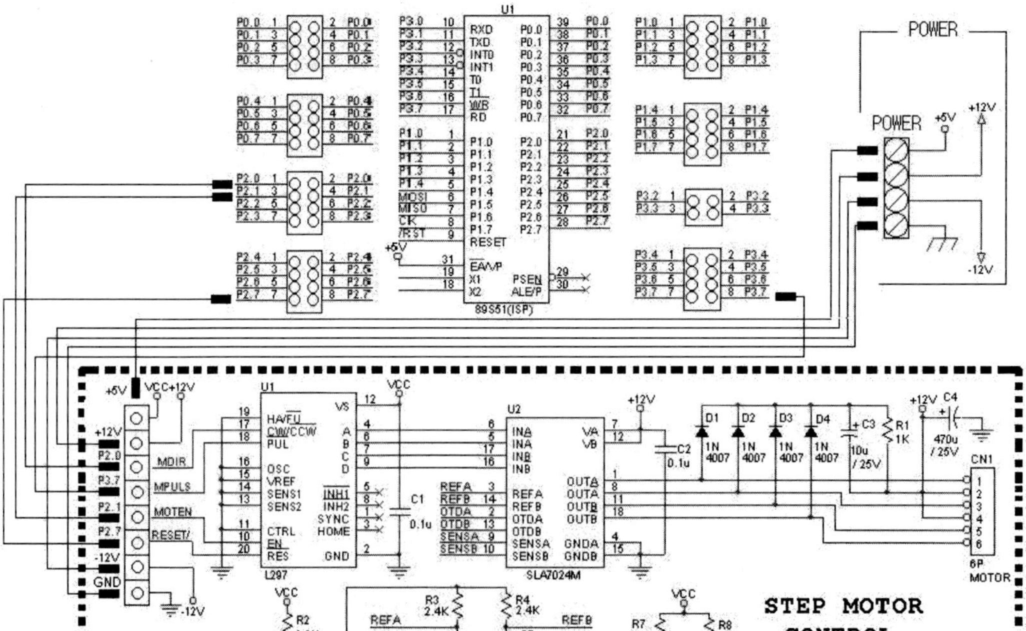

그림 18-14 DCB(89S51)와 스탭 모터 구동 회로와의 결선도

실험 18-4 본 실험은 스탭 모터 드라이브에 P2, P3포트의 4개 비트(P2.0, P2.1, P2.7, P3.7)를 연결하여 스탭 모터가 시계 방향 회전을 하도록 하고 모터구동 상태를 7-Segment에 출력되도록 하는 프로그램을 작성하여 본다.

본 실험을 위해서도 그림 18-14의 결선과 함께 스탭 모터의 회전 방향을 표시하기 위해 사용되는 7-Segment를 구동시키기 위한 결선이 필요하다. 따라서, 독자들은 본 실험을 위해 그림 18-14의 결선 후 7-Segment 구동을 위한 결선을 하고 나서 프로그래밍 작업에 들어가야 한다.

7-Segment PAD 연결 부위												
7-Segment	Q0	Q1	Q2	Q3	a	b	c	d	e	f	g	p
89S51	P1.0	P1.1	P1.2	P1.3	P0.0	P0.1	P0.2	P0.3	P0.4	P0.5	P0.6	P0.7

```
#include <io51.h>

#define S7_1   0x07
#define S7_2   0x0b
#define S7_3   0x0d
#define S7_4   0x0e

const char Font[17]  = { 0xc0, 0xf9, 0xa4, //'0', '1', '2'
                         0xb0, 0x99, 0x92, // '3', '4', '5'
                         0x82, 0xf8, 0x80, // '6', '7', '8'
                         0x90, 0x88, 0x83, // '9', 'A', 'b'
                         0xc6, 0xa1, 0x86, // 'C', 'd', 'E'
                         0x8e, 0x7f } ;    // 'F', '.'

void Control_7Seg(unsigned int );

void Control_7Seg(unsigned int N)
{
  unsigned int  i, d , Buff;
  unsigned char N1000, N100, N10, N1  ;

  N1000 = N / 1000;
```

```
  Buff =  N % 1000 ;
  N100 = Buff / 100 ;
  Buff = Buff % 100;
  N10 = Buff / 10 ;
  N1 =  Buff % 10 ;

   for ( i = 0 ; i < 100 ; i ++ ) {

       P1 = S7_1 ;          // 첫번째  7-Segment를 켜준다.
       P0 = Font[N1000] ;   // 천의 자리를  써 준다.
       for(d = 0 ; d < 10; d++ ) ;

       P1 = S7_2 ;          // 두번째  7-Segment를 켜준다.
       P0 = Font[N100] ;    // 백의 자리를  써 준다.
       for(d = 0 ; d < 10; d++ ) ;

       P1 = S7_3;           // 세번째  7-Segment를 켜준다.
       P0 = Font[N10];      // 십의 자리를  써 준다.
       for(d = 0 ; d < 10; d++ ) ;

       P1 = S7_4 ;          // 네번째  7-Segment를 켜준다.
       P0 = Font[N1] ;      // 일의 자리를 써 준다.
       for(d = 0 ; d < 10; d++ ) ;

      }
   }

void delay(long t)
  {
     long i ;
     for(i = 0 ; i < t ; i ++ ) ;
  }

void Motor_Pul(long Pulse)
  {
    long i;
    for(i=0; i<30000; i++)
       {
          P3= 0x80;                       // 스탭 모터 펄스 인가
          delay(Pulse);
          P3 = 0x00;
          delay(25-Pulse);
```

```
        }
    }

void Motor_EN_Dir(unsigned char EN, unsigned char Dir )
    {
      unsigned char reset ;
      reset = 0x80;                          // 모터 리셋
      EN = (EN+1) & 0x02;                    // 모터 인에이블
      Dir = Dir & 0x01;                      // 모터 시계, 반시계방향 설정

      P2 = reset |EN | Dir ;                 // 모터 리셋, 인에이블, 방향
    }

void main(void)
    {
        for(;;) {
                Control_7Seg(1);   /* 시계방향 회전 7-Segment 표시 */
                Motor_EN_Dir(1, 1); // 모터 인에이블과 시계방향 설정
                Motor_Pul(15);     // 모터 펄스 인가
              }
    }
```

실험 18-4 마침

C·H·A·P·T·E·R

APPENDIX

구성

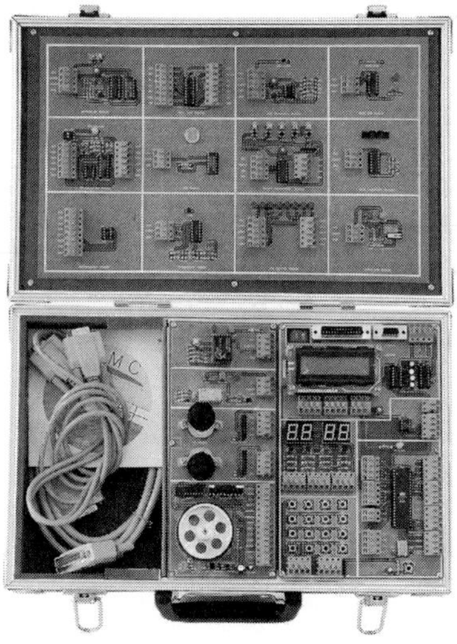

부록 A. 89S51 회로도
부록 B. 2002년도 디지털제어산업기사 필기시험문제 및 답안
부록 C. 2003년도 디지털제어산업기사 필기시험문제 및 답안
부록 D. 2004년도 디지털제어산업기사 필기시험문제 및 답안
부록 E. 전자계산기제어산업기사 실기작업 내용
부록 F. 2002년도 실기문제
부록 G. 2003년도 실기문제
부록 H. 89S51
부록 I. MCP3202

부록 A. 89S51 회로도

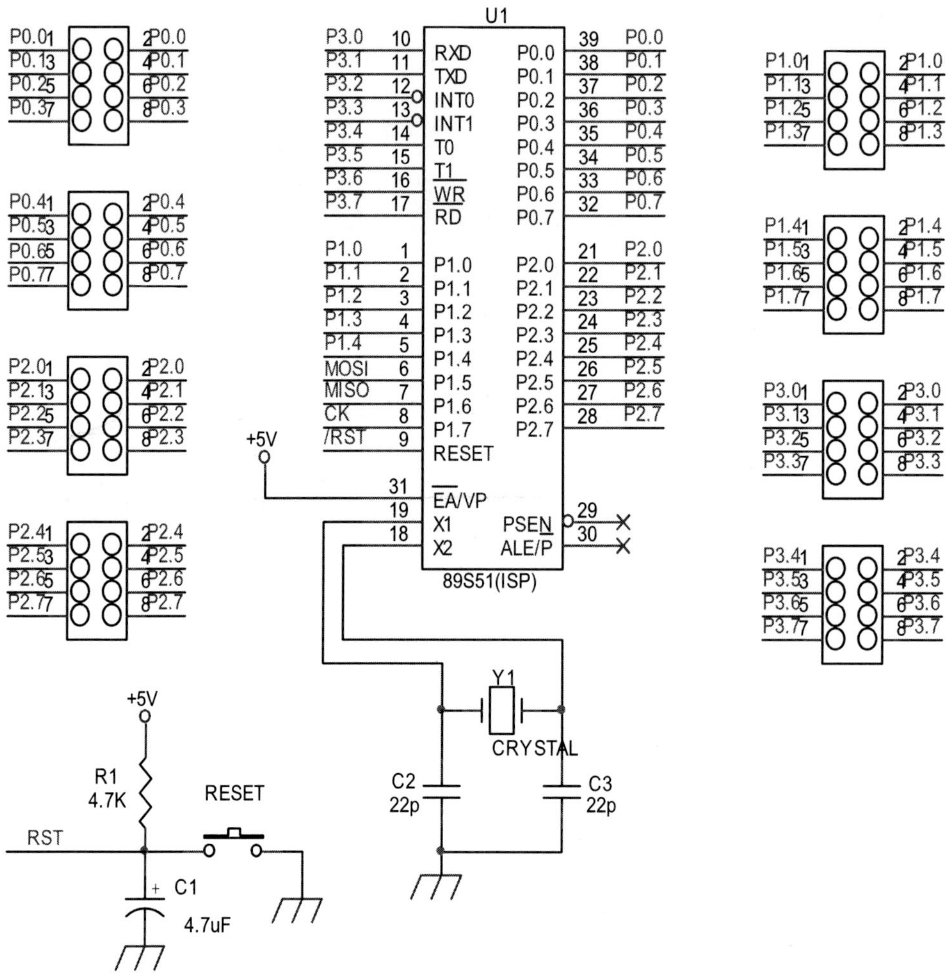

그림 A-1 89S51 CPU 부

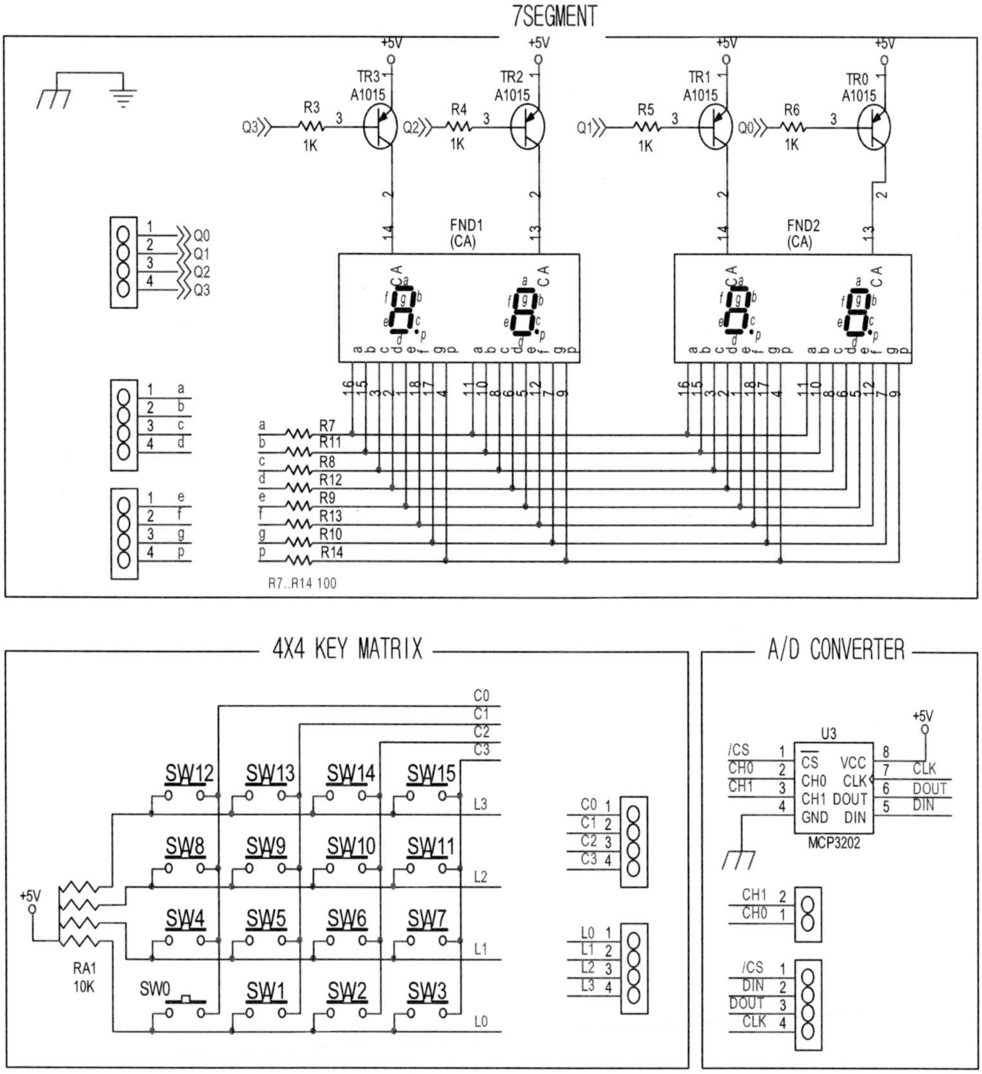

그림 A-2 7-Segment, Key, A/D 부

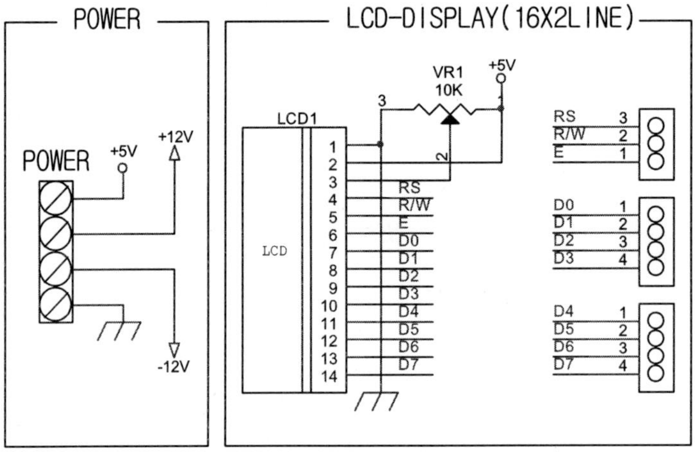

그림 A-3 Power, LCD 부

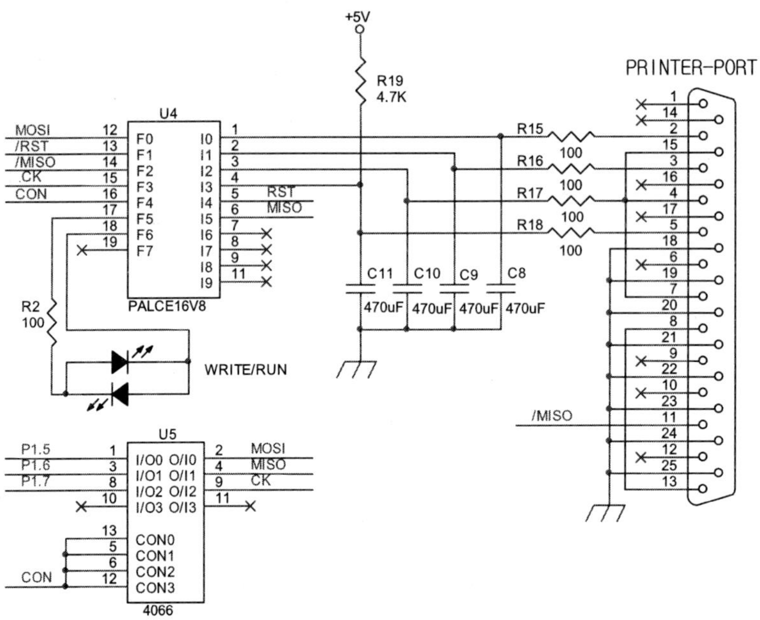

그림 A-4 ISP 프로그램 부

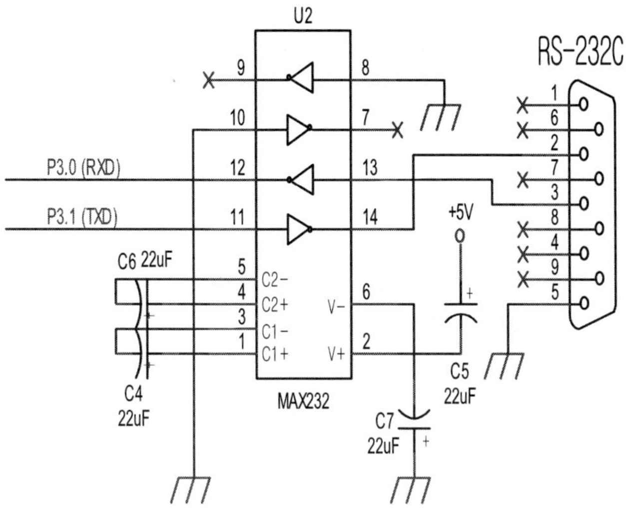

그림 A-5 RS-232C 통신부

국가기술자격검정 필기시험문제

2002년도 산업기사 일반검정 제 5 회

자격종목 및 등급(선택분야)	종목코드	시험시간	문제지형별	수검번호	성명
디지털제어산업기사	2171	2시간	A		

※시험문제지는 답안카드와 같이 반드시 제출하여야 합니다.

제 1과목: 마이크로프로세서

1 마이크로프로세서 내부에서 시스템의 순간 순간의 상태를 나타내는 것은?

가. SP(Stack pointer)
나. PSW(Program status word)
다. INT(Interrupt)
라. MAR(Memory address register)

2 인터럽트가 발생했을 경우 복귀 주소(Return address)를 기억시키는 장소는?

가. 누산기(Accumulator)
나. 큐(Queue)
다. 스택(Stack)
라. PC(Program counter)

3 마이크로프로세서에서 정보를 가져다가 메모리 디바이스에 기억시키는 것을 무엇이라 하는가?

가. load　　나. transfer
다. fetch　　라. store

4 마이크로프로세서 상에서 판단이나 생각을 하지 않고 바로 메모리에 복사를 하거나 쓰기를 하는 것은?

가. Timer　　나. DMA　　다. NMI　　라. PSW

5 마이크로프로세서를 만드는 반도체 기술은?

가. 중앙처리장치
나. 트랜지스터 기술
다. 발광 다이오드 기술
라. 고밀도 집적회로 기술

6 마이크로프로세서의 동작 기준 시간을 제공하는 것은?

가. ROM　　나. CPU　　다. Port　　라. Clock

7 기준 시간을 나타내는 클럭 소스를 입력신호로 받아 머신 사이클(클럭)의 개수를 세는 것을 무엇이라 하는가?

가. 직렬통신　　나. 인터럽트
다. 카운터　　라. 타이머

8 스택(stack)을 설명한 것이 아닌 것은?

가. LIFO(Last In First Out)구조를 갖는다.
나. DMA 동작시 버퍼로 사용된다.
다. 스택 포인터(stack pointer)를 갖는다.
라. PUSH 명령과 POP 명령을 사용한다.

9 번지 지정방식으로 옳지 않은 것은?

가. 직접 번지 지정방식
나. 간접 번지 지정방식
다. 직·간접 번지 지정방식
라. 인덱스 번지 지정방식

10 동시에 양쪽 방향으로 송·수신이 가능한 전송 방식은?

가. Full-duplex　　나. Half-duplex
다. Double-duplex　　라. Single-duplex

11 마이크로프로세서 시스템을 제작하였을 때 동작이 되지 않으면 제일 먼저 확인해야 할 부분은?

가. 리셋　　나. 크리스털
다. 전원　　라. 인터럽트

12 하나의 명령 사이클을 실행하는데 2개의 머신 사이클이 필요하다고 했을 때 CPU 클럭 주파수를 10㎒로 동작시켰을 때 1개의 명령 사이클을 실행하는데 걸리는 시간은? (단, 각각의 머신 사이클은 5개의 머신 스테이트로 구성되어 있다.)

가. 1㎲　　나. 2㎲　　다. 10㎲　　라. 20㎲

13 인터럽트 우선 순위 처리 방식이 아닌 것은?

가. 프로그램형　　나. 데이지체인형
다. 우선순위 제어형　　라. CPU 선택형

14 제어 프로그램 개발시 중요한 점과 거리가 먼 것은?

가. 기억 장소를 효율적으로 사용하여야 한다.
나. 수행 속도가 빠르도록 해야 한다.
다. 이해하기 쉬워야 하며 조직적이라야 한다.
라. 고급 언어일수록 좋다.

15 CPU가 어떤 작업을 하고 있는 중에 외부로부터의 요구가 있으면 그 작업을 잠시 중단하고 요구된 일을 처리한 후에 다시 원래의 작업으로 되돌아오는 기능은?

가. DMA　　나. interrupt
다. time sharing　　라. subroutine

16 기억 장치에서 명령어를 CPU로 가져오는 것을 무엇이라고 하는가?

가. Reference　　나. Fetch
다. Execute　　라. Major state

17 다음 중 레지스터의 기능은?

가. 펄스(pulse) 발생기이다.
나. 카운터의 대용으로 쓰인다.
다. 회로를 동기시킨다.
라. 데이터를 일시 저장한다.

18 다음 센서 중 광 센서의 종류에 속하지 않는 것은?

가. 광도전형 센서　　나. 초음파 센서
다. 접합형 센서　　라. 복합 광 센서

19 RS232C 규격에서 DCE(Data Communication Equipment)의 송신을 요구하는 핀 기호는?

가. RTS　　나. CTS　　다. DTR　　라. DSR

20 실시간 시계(RTC : Real-Time Clock)의 기본 구성에 해당하지 않는 것은?

가. 수정발진자　　나. 카운터 회로
다. D/A컨버터　　라. 배터리 백업 회로

제 2과목: 논리회로

21 Race 현상을 방지하기 위하여 사용되는 Flip-Flop은?

가. D 플립플롭
나. JK 플립플롭
다. 마스터-슬레이브 플립플롭
라. 프리셋 및 클리어가 있는 플립플롭

22 2진수 10010의 2의 보수는?

가. 01100　　나. 01101　　다. 01110　　라. 01111

23 플립플롭(flip-flop)과 관계되지 않는 것은?

가. JK　　나. RS
다. MASTER-SLAVE　　라. RIPPLE

24 다음 그림과 등가인 게이트는?

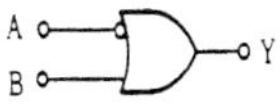

가. 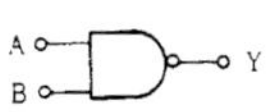

나. 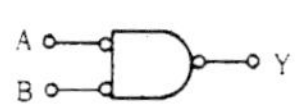

다. 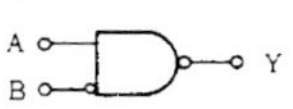

라. 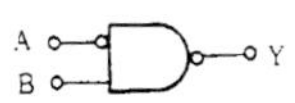

25 비트 A와 비트 B가 있을 때 반가산기가 할 수 있는 기능은?

가. A逡B 및 A+B　　나. A+B 및 AB
다. AB 및 $\overline{AB}$　　라. A逡B 및 AB

26 논리식을 간단히 하면?

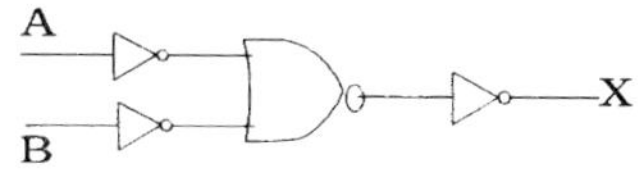

가. NAND Gate
나. NOR Gate
다. AND Gate
라. OR Gate

27 다음은 전가산기(full-adder)이다. A=1, B=1, Ci=0 일 때 출력 So, Co는?(단, So는 Sum, Co는 Carry이다.)

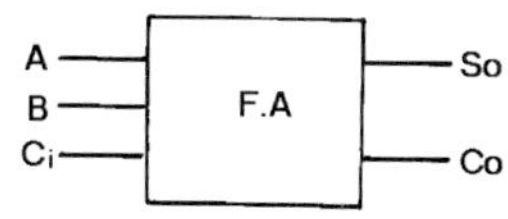

가. So=0, Co=0
나. So=1, Co=0
다. So=0, Co=1
라. So=1, Co=1

28 다음 논리식을 간단히 하면?

$Y=\overline{(A+B)\overline{C}\ \overline{D}\ +E+\overline{F}}$

가. $Y=(AB+C+D)\overline{EF}$　　나. $Y=(\overline{A}\ \overline{B}+C+D)E\overline{F}$
다. $Y=(\overline{A}\ \overline{B}+C+D)\overline{E}F$　　라. $Y=(\overline{A}\ \overline{B}+\overline{C}+\overline{D})EF$

29 10진수 943을 3초과 코드로 표시하면?

가. 110101100010　　나. 100101000011
다. 111001000101　　라. 110001110110

30 10진 Counter를 구성하려고 한다. F-F을 몇 단으로 하면 가장 적절한가?

가. 2　　나. 3　　다. 4　　라. 5

31 그림과 같은 논리회로의 기능은 어떤 게이트인가? (단, X : exclusive의 약자임)

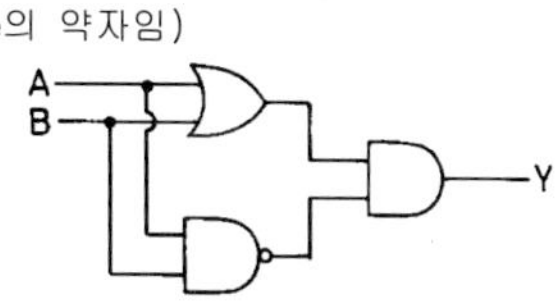

가. NAND 게이트
나. XOR 게이트
다. XNOR 게이트
라. NOR 게이트

32 다음과 같은 회로의 기능은?

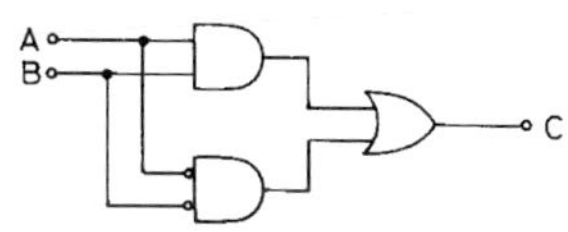

가. 일치회로
나. 비교회로
다. 가산회로
라. 배타적 OR회로

33 반감산기에서 자리내림수를 얻기 위한 기능은? (단, A와 B는 입력이며, A-B의 감산을 한다.)

가. $\overline{AB}$　　나. AB　　다. $\overline{A}B$　　라. $A\overline{B}$

34 그림과 같은 논리회로의 출력 X 를 옳게 논리식으로 나타낸 것은?

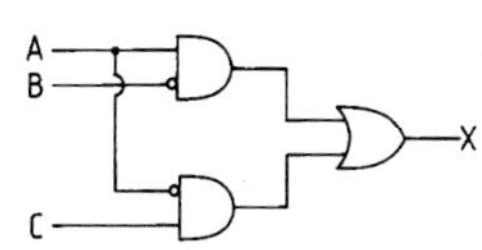

가. AB+AC
나. A書$\overline{B}$+$\overline{A}$書C
다. $\overline{A書\overline{B}}$+$\overline{A書\overline{C}}$
라. A書$\overline{B}$書$\overline{A}$書C

35 멀티플렉서를 이용한 회로의 논리 함수로 옳은 것은?

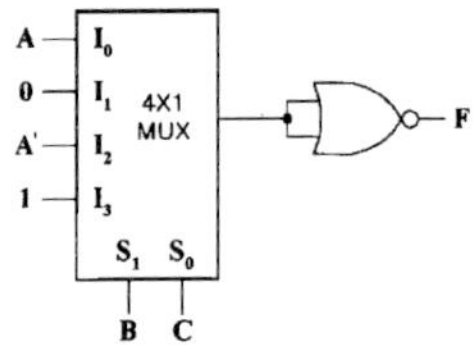

가. F(A,B,C)=∑(1,4,5,7)
나. F(A,B,C)=∑(2,3,4,7)
다. F(A,B,C)=∑(0,2,3,6)
라. F(A,B,C)=∑(0,1,5,6)

36 우측 이동 순환 레지스터에 1101의 데이터가 기억되어 있을 경우, 3개 펄스가 인가되면 어떻게 변하는가?

가. 1011　나. 1110　다. 1100　라. 1101

37 8진수로 표시된 567을 16진수로 표시하면?

가. 77　나. 166　다. 177　라. 567

38 JK 플립플롭에서 J=K=1일 때, Q의 출력상태는?

가. 0　나. 1　다. 반전　라. 불변

39 Ring Counter Code는 몇 개의 Bit를 사용하는가?

가. 10　나. 9　다. 8　라. 4

40 4絨 멀티플렉서에서 선택선의 수(數)가 몇 개이면 이상적인가?

가. 1　나. 2　다. 3　라. 4

제 3과목: 전자회로

41 다음 발진기에서 다이오드의 역할은?

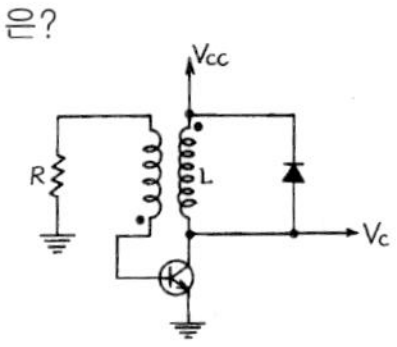

가. 클램핑용
나. 백스윙(backswing)의 제동
다. 재생 스위칭 동작
라. 온도 보상용

42 다음 중 미분회로는?

가. 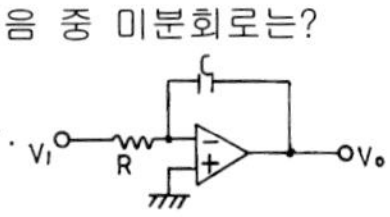

나. 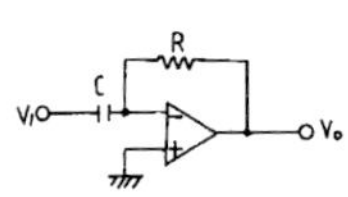

다. 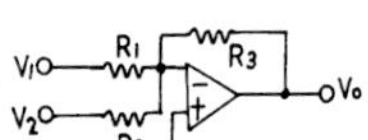

라. 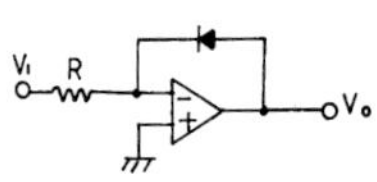

43 연산증폭기(OP Amp)의 설계에서 고려되어야 할 사항으로 옳은 것은?

가. 전압이득 : Av ≒ 0(V_I≒V_V)
나. 입력저항 : Ri ≒ 1(i_i≒0)
다. 출력저항 : Ro ≒ 0(R_L≒∞)
라. 입력바이어스 전류 : I_B≒∞

44 그림과 같은 연산증폭기의 이득은?

가. - 1　나. - 2
다. $-\frac{1}{2}$　라. $\frac{1}{2}$

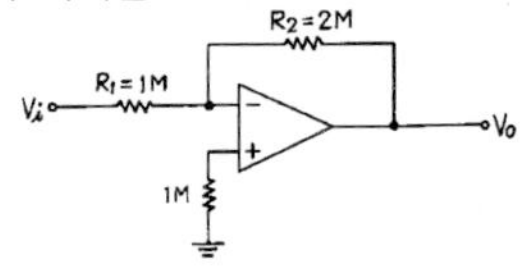

45 다음 설명 중 옳은 것은?

가. 변조 과정의 정보신호를 반송파, 낮은 주파수를 변조파라 한다.
나. 수신측에서 정보를 갖는 신호를 추출하는 과정을 검파라고 한다.
다. 낮은 주파수가 높은 주파수보다 다중화(Multiplexing)에 유리하다.
라. 높은 주파수의 신호를 낮은 주파수로 이동시켜 전송하는 과정을 변조라고 한다.

46 다음 회로도는 궤환 증폭기의 일종인데 이 증폭기의 명칭으로서 옳은 것은?

가. 전류직렬 정궤환 증폭기
나. 전류병렬 부궤환 증폭기
다. 전압병렬 정궤환 증폭기
라. 전압직렬 부궤환 증폭기

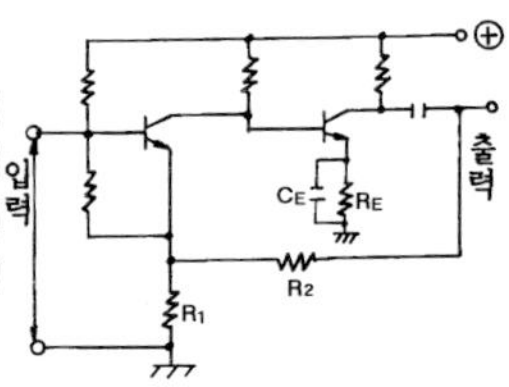

47 다음은 리미터(limiter)회로이다. 입력에 정현파를 가했을 때 출력이 다음과 같이 나오게 하려면 E_1 과 E_2의 전원 극성은 어떻게 하면 좋은가?

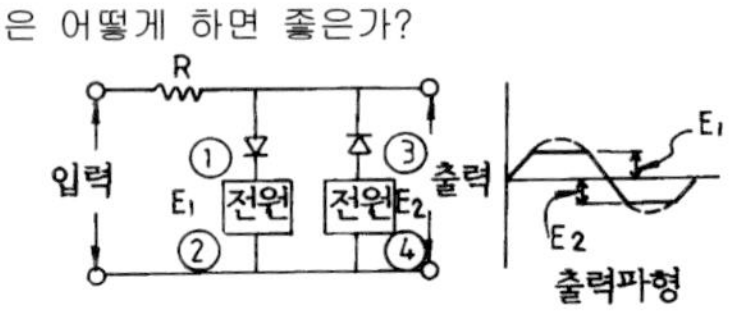

가. ①→(-), ②→(+), ③→(-), ④→(+)
나. ①→(-), ②→(+), ③→(+), ④→(-)
다. ①→(+), ②→(-), ③→(+), ④→(-)
라. ①→(+), ②→(-), ③→(-), ④→(+)

48 J=K=1일 때 $Q_{n+1}=\bar{Q}n$ 가 되어 각 Clock Pulse 마다 상태가 바뀌어지는 플립-플롭(Flip-Flop)은?

가. R-S 형　나. 마스터-슬레이브 JK형
다. D 형　라. T 형

49 진폭 Vm의 신호 전압이 전파 정류회로에 의하여 정류되어 질 때 맥동률은?

가. 0.1　나. 0.35　다. 0.48　라. 0.8

50 PNP 접합 트랜지스터를 사용한 증폭기에 있어서 베이스를 기준으로 한 컬렉터의 전위는 어떤 전위로 되는가?

가. 부전위　나. 영전위
다. 정전위　라. 동전위

51 2단 증폭기가 있다. 초단의 잡음지수 F_1=10, 이득 G=10, 다음 단의 잡음지수 F_2=11 일 때 종합 잡음지수는?

가. 10　　나. 11　　다. 21　　라. 110

52 10진수로 표시된 수 9를 BCD(Binary coded decimal)로 표시한 값은?

가. 0110　　나. 1000　　다. 1001　　라. 0111

53 입력 임피던스가 가장 큰 회로는?

가. 이미터 접지회로　　나. 베이스 접지회로
다. 컬렉터 접지회로　　라. 캐소드 접지회로

54 Collector 역포화 전류 I_{CO}의 온도 특성은?

가. 10℃ 온도상승 때마다 2배로 증가한다.
나. 10℃ 온도상승 때마다 3배로 증가한다.
다. 10℃ 온도상승 때마다 2배로 감소한다.
라. 10℃ 온도상승 때마다 3배로 감소한다.

55 이미터 폴로어는 어떠한 궤환 증폭기인가?

가. 직렬전류 궤환　　나. 직렬전압 궤환
다. 병렬전류 궤환　　라. 병렬전압 궤환

56 다음 논리회로의 출력 Y가 "0" 이 될 입력의 조합은?

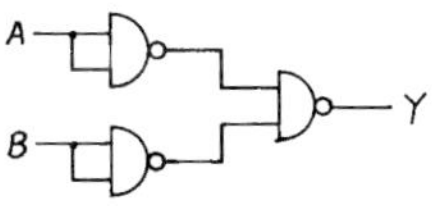

가. A = 0, B = 0
나. A = 0, B = 1
다. A = 1, B = 0
라. A = 1, B = 1

57 플립-플롭(Flip-Flop)으로 구성할 수 없는 회로는?

가. 계수기(counter)　　나. 레지스터
다. RAM　　라. LED

58 진폭변조방식에서 변조를 100% 하면 피변조파의 전력은 반송파 전력의 몇 배가 되는가?

가. 0.5　　나. 1　　다. 1.5　　라. 2

59 증폭기의 직류 입력이 2[V], 400[mA]이고, 능률을 60[%]로 볼 때 부하에서 나올 수 있는 전력은?

가. 0.32[W]　　나. 0.48[W]
다. 0.6[W]　　라. 0.8[W]

60 시미트 트리거(schmitt trigger) 발생 회로는?

가. 클램프 회로　　나. 계단파 발생회로
다. 톱니파 발생회로　　라. 구형파 발생회로

제 4과목: 프로그래밍언어

61 C 언어에서 사용되는 출력문 "printf"에 사용되는 변환문자의 설명 중 옳은 것은?

가. %d는 16진 정수를 나타낸다.
나. %s는 단일 문자를 나타낸다.
다. %e는 문자열을 가진 문자를 나타낸다.
라. %u는 부호 없는 10진 정수를 나타낸다.

62 C 언어에서 논리연산자 AND에 해당하는 기호는?

가. &　　나. &&　　다. |　　라. ||

63 어셈블리에서 register와 storage 사이에서 데이터를 이동시키거나 여러 개의 register에 대하여 load, store하는 명령들이 포함되어 있는 명령 형식은?

가. SI　　나. RR　　다. RX　　라. RS

64 어셈블리 명령에서 오퍼랜드를 지정한 수만큼 오른쪽으로 산술 시프트 하는 명령은?

가. SAR　　나. SAL　　다. SHR　　라. SHL

65 컴파일 과정의 순서가 옳게 구성된 것은?

가. 원시프로그램 -> 어휘분석 -> 최적화 -> 구문분석 -> 중간코드 -> 목적프로그램
나. 원시프로그램 -> 어휘분석 -> 구문분석 -> 최적화 -> 중간코드 -> 목적프로그램
다. 원시프로그램 -> 구문분석 -> 어휘분석 -> 중간코드 -> 최적화 -> 목적프로그램
라. 원시프로그램 -> 어휘분석 -> 구문분석 -> 중간코드 -> 최적화 -> 목적프로그램

66 객체지향 언어가 지원하는 세 가지 기본 기능이 아닌 것은?

가. 객체　　나. 클래스
다. 프로토콜　　라. 상속

67 C 언어의 기억 클래스(class) 종류가 아닌 것은?

가. auto　　나. entry
다. static　　라. register

68 C 언어에서 다음 연산자 중 나머지 셋과 성격이 다른 것은?

가. !　　나. !=　　다. &&　　라. ||

69 구문(syntax)에 대한 설명으로 옳은 것은?

가. 프로그래밍 개발의 방법론
나. 프로그래밍 언어의 결과
다. 프로그래밍 언어의 종류
라. 프로그래밍 언어의 문법

2002년도 산업기사 일반검정 제 5 회

자격종목 및 등급(선택분야)	종목코드	시험시간	문제지형별	수검번호	성명
디지털제어산업기사	2171	2시간	A		

※시험문제지는 답안카드와 같이 반드시 제출하여야 합니다.

70 컴파일러 언어 개념으로 설계된 것이 아닌 것은?

가. FORTRAN　나. PASCAL
다. C　라. BASIC

71 C 언어에서 제공하는 데이터 형이 아닌 것은?

가. char　나. float
다. int　라. real

72 프로그램 개발 단계에서 디버깅은 언제 하는가?

가. 문제 분석 단계
나. 프로그램 코딩단계
다. 문서화 단계
라. 테스트 단계

73 어셈블리어에서 레지스터 간접 번지 지정방식에 해당하는 것은?

가. MOV AL, [BL]　나. MOV AL, BL
다. MOV AL, 12h　라. INT 21h

74 어셈블리 언어로 작성된 프로그램이 실행되기까지의 과정이 옳은 것은?

가. 원시프로그램 →어셈블 →목적프로그램 →링크 →로딩 →실행
나. 원시프로그램 →어셈블 →목적프로그램 →로딩 →링크 →실행
다. 원시프로그램 →링크 →어셈블 →목적프로그램 →로딩 →실행
라. 원시프로그램 →어셈블 →링크 →목적프로그램 →로딩 →실행

75 C 언어에서 문자열 st2를 st1으로 복사하는 함수를 적절하게 표현한 것은?

가. strcpy(st1,st2)　나. strcpy(st2,st1)
다. strcmp(st1,st2)　라. strcmp(st2,st1)

76 어셈블리에서 자료가 기억될 공간을 확보하기 위해 정의하는 명령은?

가. RS　나. DC　다. RX　라. DS

77 기계어에 대한 설명으로 옳지 않은 것은?

가. 0과 1의 이진 문자열로 이루어져 있다.
나. 고급언어(high level language)에 해당한다.
다. 제어를 위해서는 매우 효율적이지만 작성이 매우 어려운 단점이 있다.
라. 이진 체계의 처리 속도를 극복하기 위해 16진수 체계로 작성하면 효율이 증대한다.

78 매크로 프로세서의 기능에 해당하지 않는 것은?

가. 매크로 정의 호출　나. 매크로 정의 저장
다. 매크로 정의 인식　라. 매크로 호출 인식

79 C 언어에서 이스케이프 시퀀스의 설명이 옳지 않은 것은?

가. ₩n : new line
나. ₩t : tab
다. ₩b : backspace
라. ₩r : null character

80 어셈블리에서 메모리의 주소를 레지스터에 이동하는 명령어가 아닌 것은?

가. LEA　나. LAHF　다. LES　라. LGS

부록 B. 2002년도 디지털제어산업기사[1] 필기문제 및 답안

(1) 필기시험 문제지

→ 396page ~ 400page에 예시

(2) 필기시험 답안

1 ㉯	2 ㉰	3 ㉱	4 ㉯	5 ㉱	6 ㉱	7 ㉱	8 ㉯	9 ㉰	10 ㉮
11 ㉰	12 ㉮	13 ㉱	14 ㉱	15 ㉯	16 ㉯	17 ㉱	18 ㉯	19 ㉮	20 ㉰
21 ㉰	22 ㉰	23 ㉱	24 ㉰	25 ㉱	26 ㉮	27 ㉰	28 ㉰	29 ㉱	30 ㉰
31 ㉯	32 ㉮	33 ㉰	34 ㉯	35 ㉱	36 ㉮	37 ㉰	38 ㉰	39 ㉮	40 ㉯
41 ㉯	42 ㉯	43 ㉰	44 ㉯	45 ㉯	46 ㉱	47 ㉱	48 ㉱	49 ㉰	50 ㉮
51 ㉯	52 ㉰	53 ㉰	54 ㉮	55 ㉯	56 ㉮	57 ㉱	58 ㉰	59 ㉯	60 ㉱
61 ㉱	62 ㉯	63 ㉱	64 ㉮	65 ㉱	66 ㉰	67 ㉯	68 ㉯	69 ㉱	70 ㉱
71 ㉱	72 ㉱	73 ㉮	74 ㉮	75 ㉮	76 ㉱	77 ㉯	78 ㉮	79 ㉱	80 ㉯

1) 2008년부터 전자계산기제어 산업기사로 바뀜.

부록 C. 2003년도 디지털제어산업기사 필기시험문제 및 답안

제1과목 마이크로프로세서

1. 마이크로프로세서에 주로 사용되는 기억장치로 마이크로프로세서가 읽기와 쓰기가 가능하지만 전원이 차단되면 이미 기억하고 있던 데이터가 소멸되는 기억장치는?
   가. EEPROM　　나. EPROM
   다. Flash memory　　라. RAM

2. 명령의 대상인 데이터 위치를 offset 값을 주어 명령어 자신의 기억번지를 기준으로 지정하는 어드레싱 모드(Addressing mode)는?
   가. 직접 어드레싱 모드(Direct addressing mode)
   나. 간접 어드레싱 모드(Indirect addressing mode)
   다. 즉시 어드레싱 모드(Immediate addressing mode)
   라. 상대 어드레싱 모드(Relative addressing mode)

3. 8K×8의 기억장치를 설계하려고 한다. 1K×8 IC RAM chip이 몇 개 필요한가?
   가. 8개　　나. 16개　　다. 32개　　라. 36개

4. Stack에 정보를 넣는 명령을 무엇이라 하는가?
   가. Write　　나. Read　　다. PUSH　　라. POP

5. 직렬 통신에서 통신을 허가한다는 뜻으로 사용되는 프로토콜은?
   가. XON　　나. SCON　　다. XOFF　　라. PCON

6. CPU를 초기화 할 수 있는 신호를 무엇이라 하는가?
   가. 클릭 신호　　나. 리셋 신호　　다. 타이머 신호　　라. 스택 신호

7. 프로그램을 작성할 때 그것을 직접하면 자칫 오류(error)를 범하기 쉽고, 오류를 수정한다는 것도 쉽지가 않다. 다라서 프로그램을 작성하는 순서로 올바른 것은?
   가. 문제의 해석→순서도 작성→프로그래밍→디버깅
   나. 문제의 해석→순서도 작성→디버깅→프로그래밍
   다. 문제의 해석→프로그래밍→디버깅→순서도 작성
   라. 문제의 해석→프로그래밍→순서도 작성→디버깅

8. 어떤 조건이 다른 프로그램에 의해서 서비스 되어지는 동안 프로그램을 일시적으로 중지시키게 만드는 조건이나 사건의 발생을 말하는 것으로, 이것의 발생은 주프로그램을 일시적으로 중지시킨 후 다른 프로그램을 수행한 후 주프로그램으로 되돌아온다. 이것은 무엇인가?
   가. 타이머　　나. 카운터　　다. 인터럽트　　라. 직렬통신

9. 양방향 신호는?
   가. 어드레스 신호　　나. 데이터 신호
   다. RESET 신호　　라. 인터럽트 제어신호

10. 어드레스가 A0~A14까지 있는 ROM의 메모리 용량은?
   가. 8Kbte　　나. 16Kbyte　　다. 32Kbyte　　라. 64Kbyte

11. 적절한 인터럽트 사용처가 아닌 것은?
   가. AD 종료 인터럽트　　나. 직렬 통신 인터럽트
   다. 타이머/카운터 인터럽트　　라. LCD 표시 인터럽트

12. 스택 메모리(Stack Memory)가 사용되지 않는 경우는?
   가. 함수내의 자동변수 선언　　나. 사칙연산 수식을 행할 때
   다. 함수를 Call 할 때　　라. 분기 명령이 실행될 때

13. 기억용량이 4Kbyte인 메모리에는 최소한 몇 개의 address line이 필요한가?
   가. 10개　　나. 12개　　다. 14개　　라. 16개

14. 데이터 통신에 있어서 전송 속도의 표준 기본 단위는?
가. Bit/sec
나. WORD/sec
다. MESSAGE/sec
라. CHARACTER/sec

15. 프로그래머가 어셈블리 언어(Assembly language)로 프로그램을 작성할 때 반복되는 일은?
가. 마이크로 프로그래밍(micro-programming)
나. 매크로(Macro)
다. 함수(function)
라. reserved instruction set

16. 신호 처리가 2,400[baud0이며, 쿼드비트(quadbit)를 사용하는 경우 통신 속도[bps]는?
가. 1,600[bps]
나. 4,800[bps]
다. 9,600[bps]
라. 24,600[bps]

17. 다음 중 RS-232 통신 포트의 특징 중 옳지 않은 것은?
가. 단위 비트로 데이트를 전송한다.
나. 마우스나 모뎀 등에서 이용한다.
다. 패러렐 포트보다 전송 속도가 빠르다.
라. 패러렐보다 더 멀리 보낼 수 있다.

18. D/A 변환기의 구성 요소가 아닌 것은?
가. 가산증폭기
나. 레벨증폭기
다. 비교기
라. R-2R 래더기

19. 전화기의 벨소리를 10회 검출하여 어떤 동작을 발생시키려 한다. 프로세서에서 어떤 기능을 이용하면 적합하겠는가?
가. 오버플로우 타이머 인터럽트
나. 내부 클록 카운트 인터럽트
다. 외부 클록 카운트 인터럽트
라. 타이머 캡쳐

20. 직렬전송속도가 56K[BPS]이면 분당 전송되는 Byte 수는?
가. 240K[Byte]
나. 420K{byte]
다. 560K[Byte]
라. 640K[Byte]

제2과목 논리회로

21. 컴퓨터에서 다수의 CPU를 보유한 상태의 운영체제를 무엇이라고 하는가?
가. Multi - Tasking
나. Multi - Programming
다. Multi - Accessing
라. Multi - Processing

22. 4510의 3초과 코드는?

가. 01111000　　나. 01110101　　다. 01111111　　라. 10000111

23. 영문자 코드에 해당하는 것은?

가. Gray Code　　나. BCD Code　　다. 3초과 Code　　라. ASCII Code

24. 불 대수식 중 옳지 않은 것은?

가. $A \cdot 1=A$　　나. $A+1=1$　　다. $A \cdot \overline{A}=0$　　라. $A+\overline{A}=0$

25. 그림과 같은 회로의 논리식 F는?

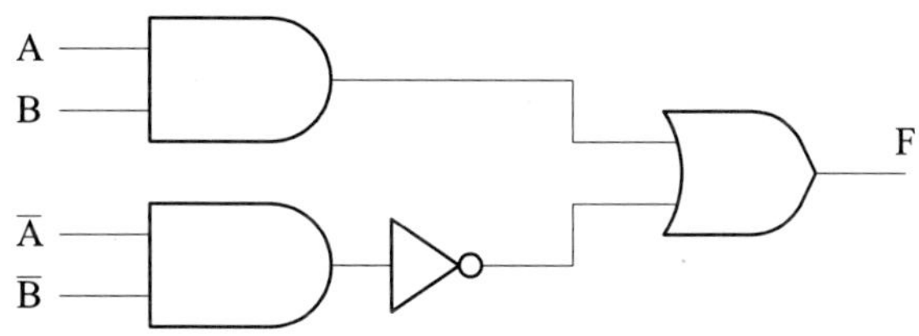

가. $A+B$　　나. AB　　다. $\overline{A}+\overline{B}$　　라. $\overline{A}\overline{B}$

26. 현재 상태의 값에 관계없이 다음 상태가 "0"이 되려면 입력도 "0"이 되어야 하는 플립플롭은?

가. T 플립플롭　　나. D 플립플롭　　다. JK 플립플롭　　라. RS 플립플롭

27. 입력이 모두 0(low)일 때만 출력이 1(high)로 나오는 게이트는?

가. AND 게이트　　나. NAND 게이트　　다. OR 게이트　　라. NOR 게이트

28. 3개의 플립플롭으로 구성된 카운터의 모듈러스는?

가. 3　　나. 4　　다. 8　　라. 16

29. Register의 기능은

가. Counter로 사용　　나. Pulse를 발생

다. Data 일시 저장　　라. 동작 속도 조절

30. 0과 1의 조합에 의하여 어떠한 기호라도 표현될 수 있도록 부호화를 행하는 회로를 무엇이라고 하는가?

가. Encoder　　나. Decoder　　다. Comparator　　라. Detector

31. 10개의 입력선과 16개의 출력선을 갖는 ROM이 있다. 이 ROM의 전체 Bit 수는?

가. 10×16　　나. 210×16　　다. 10×216　　라. 210×216

32. 인력으로 1024개의 펄스를 인가하여 출력에 한 개의 펄스를 얻으려면 몇 개의 T 플립플롭이 필요한가?

가. 8개　　나. 10개　　다. 12개　　라. 16개

33. Racing(레이싱) 문제를 피할 수 있는 플립플롭은?

가. D 플립플롭　　나. RS 플립플롭

다. JK플립플롭　　라. 마스터-슬레이브(M/S) 플립플롭

34. 순서논리회로에 대한 설명 중 옳지 않은 것은?

가. 상태도를 구현할 수 있다.　　나. 기억소자를 필요로 한다.

다. 현재상태만이 자기상태를 결정한다.　　라. 밀리와 부어회로로 구분 지을 수 있다.

35. 다음표와 같은 플립플로 여기표의 ( ) 에 들어갈 내용은?

Q(t)	Q(t+t)	(	)
0	0	0	x
0	1	1	x
1	0	1	0
1	1	1	1

가. JK　　나. SR　　다. D　　라. T

36. 용량이 1024어(word)인 기억시스템에서 2진수로 된 번지(Address) 어는 몇 비트가 되어야 하는가?

가. 5　　나. 10　　다. 15　　라. 20

37. 다음 설명 중 조합 논리회로으 특징으로 옳지 않은 것은?

가. 입·출력을 갖는 게이트의 집합으로 출력 값은 0과 1의 입력 값에 의해서만 결정되는 회로

나. 기억 회로를 갖고 있음

다. 반가산기, 전가산기, 디코더 등이 있음

라. 출력 함수는 nro의 입력 변수의 항으로 표시

38. $\overline{B}(\overline{A}+C)(B+\overline{C})$를 간략화 하면?

가. ABC　　나. $\overline{A}\,\overline{B}\,\overline{C}$　　다. A+B+C　　라. $\overline{A}+\overline{B}+\overline{C}$

39. 십진수를 표현하는 2진 코드(binary code)들 중 자기 보수화(self-complementary)가 불가능한 코드는?

가. 2421 코드　　나. 5111 코드

다. Excess-3 코드　　라. BCD(8421) 코드

40. 다음과 같은 기능을 가지는 동기인 논리 게이트는?

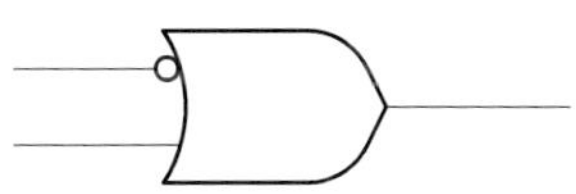

가. 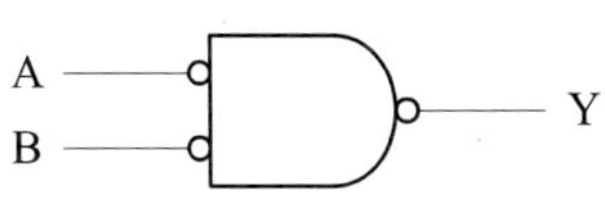

나. 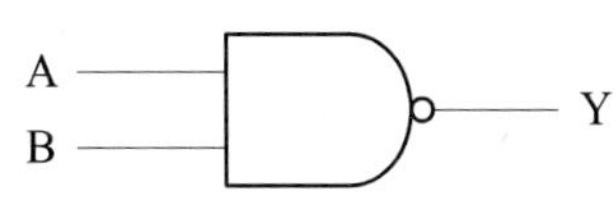

다. 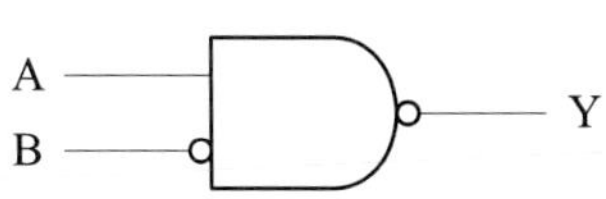

라. 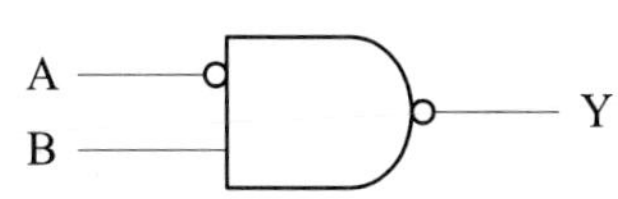

제3과목 전자회로

41. 무궤환증폭기에서 궤환전의 증폭도를 A, 궤환후의 증폭도를 Af, 궤환계수를 β라 할 때 Af=A/(1+β A)로 나타낸다. A가 대단히 크다면 Af는 무엇에 의해서 결정되는가?

가. A　　나. 1/(βA)　　다. A/(1+A)　　라. 1/β

42. 2진수 1000을 그레이 코드(Gray Code)로 환산한 값은?

가. 1100 나. 1101 다. 1111 라. 1110

43. 다음 회선을 구성할 때 시분할 방식으로 하려면 어더한 변조 방식이 적절한가?

가. AM 변조 나. FM 변조 다. PM 변조 라. 펄스 변조

44. 푸시풀(push-pull) 증폭기의 설명으로 옳은 것은?

가. B급이나 AB급으로 동작시킨다.

나. 두 입력의 위상은 동상이어야 한다.

다. 공급 전압에 리플이 포함되어 있으면 부하에 나타난다.

라. 트랜지스터의 비선형 특성에서 오는 일그러짐이 증가한다.

45. 다이오드 여러 개를 병렬로 접속시키면?

가. 과전류으로부터 보호할 수 있다.

나. 과전압으로부터 보호할 수 있다.

다. 정류기의 역방향 전류가 줄어든다.

라. 부하 출력에서의 맥동률이 줄어들 수 있다.

46. 그림은 이상적인 구형파 입력 파형에 대한 출력 파형의 응답을 보인 것이다. 진폭과 시간 관계가 그림과 같을 때 축적 시간은 몇[μs]가 되는가?(단, 수치의 모든 단위는 [μs]이다.)

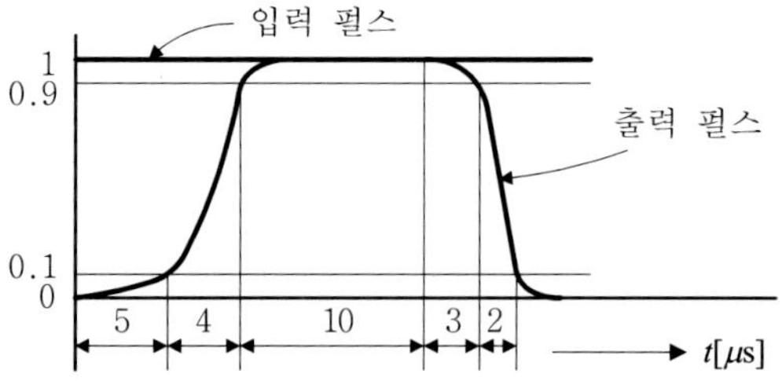

가. 3[μs] 나. 4[μs] 다. 5[μs] 라. 13[μs]

47. 그림과 같은 논리회로의 출력 x는?

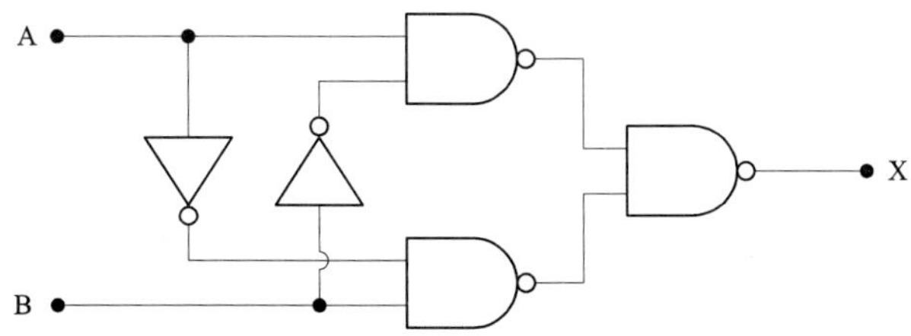

가. $A \oplus B$　　나. $AB+\bar{A}\bar{B}$　　다. $A\bar{B}$　　라. $\overline{\bar{A}+\bar{B}}$

48. RC 접합 증폭회로에서 증폭 내역폭을 4배로 하려면 증폭 이득을 몇 [dB] 감소시켜야 하는가?

가. 0.5[dB]　　나. 4[dB]　　다. 6[dB]　　라. 12[dB]

49. 다음 설명 중 옳은 것은?

가. FET는 대칭형 쌍방향 스위치로 사용이 가능하다.

나. FET는게이트의 전류에 의해 제어되는 전류 제어용 소자이다.

다. FET는 BJT에 해서 동자 속도가 빠르기 때문에 집적회로(IC)에서 주로 사용한다.

라. FET는 입력 임피던스가 매우 작기 때문에 초퍼회로로 사용한다.

50. 이미터 플로어(Emitter-Follower)에 관한 사항이 아닌 것은?

가. 입력 임피던스가 높다.

나. 출력 임피던스가 낮다.

다. 다단증폭기의 중간단에 사용된다.

라. 전류이득이 크고, 전압이득은 1에 가깝다.

51. 트랜지스터의 고주파 특성으로서 α 차단주파수 fα는 무엇으로 결정되는가?

가. 컬렉터에 걸어주는 전압에 비례한다.

나. 베이스폭과 컬렉터 용량에 각각 반비례한다.

다. 베이스폭의 자승에 반비례하고, 확산계수에 비례함

라. 이미터에 걸어주는 전압에 비례하고, 컬렉터 용량에 반비례한다.

52. 진폭 변조(AM)에서 관변소(over modulation)하면 어떠한 현상이 나타나는가?

가. 변조 일그러짐이 발생한다.　　나. 혼선을 줄일 수 있다.

다. 주파수가 안정된다.　　라. 선형성이 좋아진다.

53. 그림과 같은 연산증폭기에서 V1 = 1[V], V2 = 2[V], V3 = 3[V]일 때, 출력 전압 Vo은 몇 V인가?

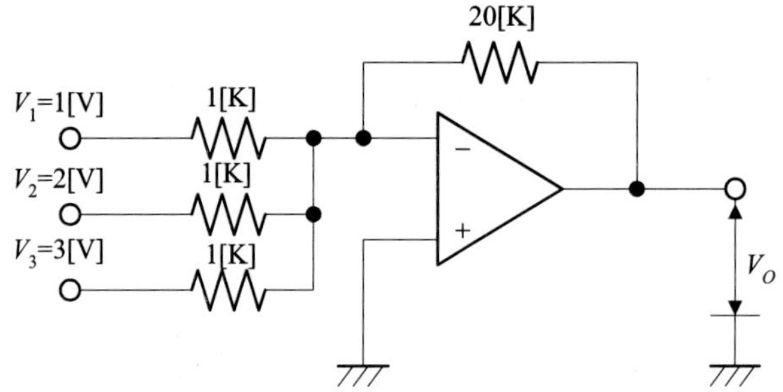

가. -20　　나. -60　　다. -120　　라. -180

54. 논리회로의 출력 F를 나타낸 논리식은?

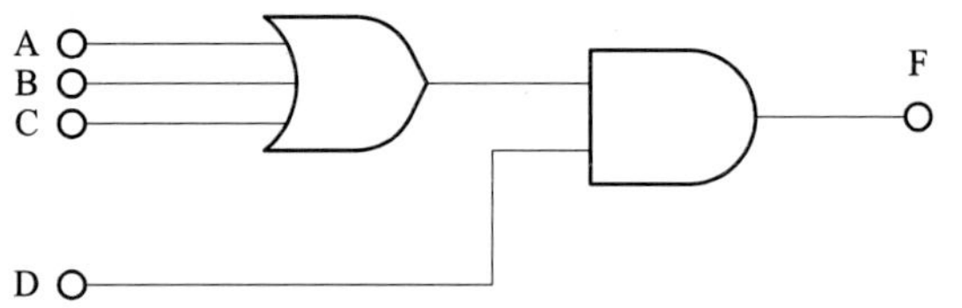

가. (A · B · C) · D　　나. (A · B · C)+D　　다. (A+B+C)D　　라. A+B+C+D

55. 접합형 트랜지스터의 구조를 옳게 설명한 것은?

가. 베이스 폭은 좁게 하고, 불순물을 적게 넣는다.

나. 베이스, 이미터 및 컬렉터의 폭을 비슷하게 한다.

다. 베이스 폭은 비교 넓게 하고, 불순물을 적게 넣는다.

라. 베이스, 이미터 및 컬렉터에 비슷한 정도의 불순물을 첨가한다.

56. 정유율(duty.cycle)을 나타내는 식으로 옳은 것은?(단, τ는 펄스폭이며, T는 반복주기이다.)

가. τ/T　　나. T/τ　　다. 1/T　　라. 1/τ

57. 병렬 부궤환 회로의 특징 중 옳지 않은 것은?

가. 이득이 감소된다.　　나. 이득의 안정도가 개선된다.

다. 입력 임피던스가 증가한다.　　라. 일그러짐의 효과가 개선된다.

58. 주파수 변조를 진폭 변조와 비교 할 때 주파수 변조의 특징이 아닌 것은?

가. S/N 비가 개선된다.

나. 저전력 변조가 가능하다.

다. 타국으로부터 혼신 방해 정도가 경감된다.

라. 수신 전기장 세기의 강약에 영향을 많이 받는다.

59. 그림과 같은 다이오드 게이트(diode gate)의 출력값은?

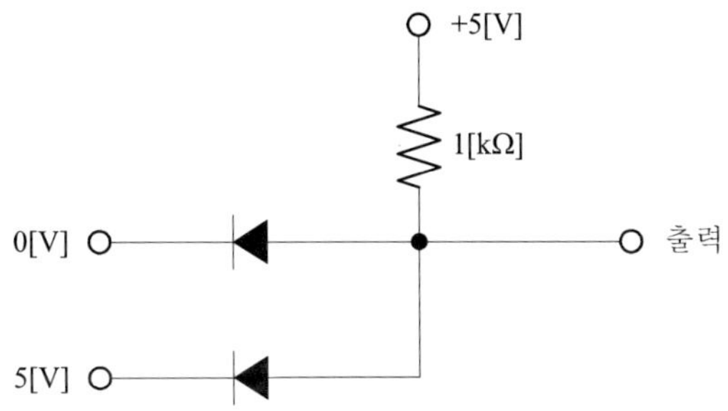

가. 0[V] 나. 5[V] 다. 10[V] 라. 15[V]

60. 다음 그림은 무슨 회로인가?

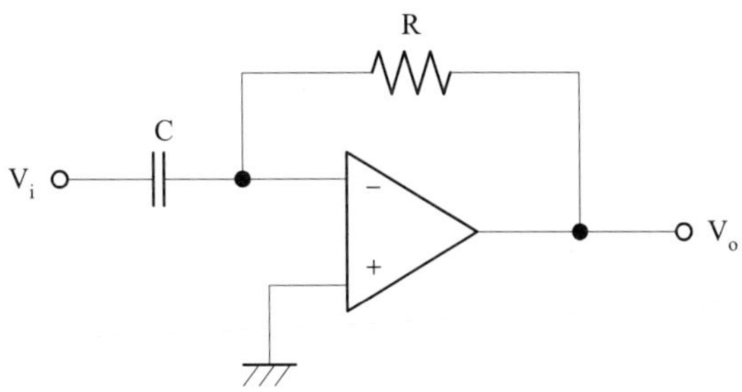

가. 적분기 나. 미분기 다. 가산기 라. 계측용 증폭기

제4과목 프로그래밍 언어

61. 바인딩 시간은 실행 시간, 번역 시간, 언어 정의 시간 및 언어 구현시간으로 분류되는 데, 프로그래밍 언어에서 변수와 자료 구조에 기억 장소를 할당(storage allocation)하는 시간은?

가. 실행 시간
나. 번역 시간
다. 언어 정의 시간
라. 언어 구현 시간

62. C언어에서 아래의 "scanf" 함수는 어떤 기능을 수행하는가?

```
int a;
scanf("%d", &a);
```

가. 정수 입력　나. 정수 출력　다. 문자 입력　라. 문자 출력

63. 어셈블리어에서 부호 변경에 사용되는 명령어는?

가. ADC　나. DEC　다. NFG　라. CBW

64. C언어에서 기억 클래스의 종류가 아닌 것은?

가. auto 변수　나. static 변수　다. extem 변수　라. int 변수

65. C언어에서 사용되는 출력문 "prinf"에 사용되는 변환 문자의 설명 중 옳은 것은?

가. %d는 16진 정수를 나타낸다.
나. %s는 단일 문자를 나타낸다.
다. %e는 지수를 가진 정수를 나타낸다.
라. %u는 부호없는 10진 정수를 나타낸다.

66. 어셈블리 명령어 중 연산을 위해 스택을 사용하는 것은?

가. 0-주소 명령(0-address instructuin)
나. 1-주소 명령(1-address instruction)
다. 2-주소 명령(2-address instruction)
라. 3-주소 명령(3-address instruction)

67. C언어에서 사용되는 이스케이프 시퀀스(escape-sequence)에 대한 설명으로 옳지 않은 것은?

가. \r : carriage retum
나. \t : tab
다. \b : backspace
라. \n:null character

68. 프로그램 개발 과정에 대한 설명 중 옳은 것은?

가. 링커를 이용하여 실행 파일을 생성한다.
나. 컴파일러를 이용하여 소스 코드를 생성한다.
다. 에디터를 이용하여 오브젝트 코드를 생성한다.
라. 로더를 이용하여 오류를 자동적으로 수정한다.

69. 프로그램을 컴파일 할 때, 흔히 "syntax error"가 발생하는데, 이 "syntax error"를 가장 잘 표현할 것은?
가. 논리적인 요류가 발생했다는 것
나. 조건문에 의한 분기가 잘못되었다는 것
다. 문법상에 오류가 발생했다는 것
라. 반복문에 의한 무한 루프(loop)라는 것

70. 어셈블리어에서 무조건 분기를 나타내는 명령어는?
가. CMP 나. MOV 다. JMP 라. CASE

71. 기계어에 대한 설명으로 옳지 않은 것은?
가. 0과 1의 이진 문자열로 이루어져 있다.
나. 고급언어(light level language)에 해당한다.
다. 제어를 위해서는 매우 효율적이지만 작성이 매우 어려운 단점이 있다.
라. 이진 체계의 처리 속도를 극복하기 위해 16진수 체계로 작성하면 효율이 증대된다.

72. 컴파일러 언어가 인터프리티 언어에 비해 가지는 특성이 아닌 것은?
가. 효율성이 좋다.
나. 프로그램 전체를 한꺼번에 번역한다.
다. 목적 프로그램이 필요하다.
라. 기억장소가 적게 필요하다.

73. 프로그래밍 언어의 설계 요건으로 거리가 먼 것은?
가. 언어의 개념이 분명하고 단순해야 하며, 일관성이 있어야 한다.
나. 추상성을 지원할 수 있어야 한다.
다. 프로그램 검증이 용이하여야 한다.
라. 프로그램의 호환성이 없어야 한다.

74. 어셈블리어에서 비트열 연산 명령어 중 산술 시프트 명령어는?
가. SHL 나. SAL 다. ROL 라. SHR

75. C언어에서 키보드로부터 한 문자를 읽어 들여 실행중인 프로그램에 전달해 주는 함수는?
가. getchar( ) 나. putchar( ) 다. puts( ) 라. gets( )

76. 기억장치에서 레지스터로 이동하는 것을 나타내는 어셈블리어는?
가. jump 나. load 다. store 라. skip

77. 매크로 프로세서의 기능에 해당하지 않는 것은?

가. 매크로 정의 호출 나. 매크로 정의 저장

다. 매크로 정의 인식 라. 매크로 호출 인식

78. 어셈블리어에서 레지스터 간접 번지 지정방식에 해당하는 것은?

가. MOV AL, [BL] 나. MOV AL, BL 다. MOV AL, 12h 라. INT 21h

79. C 언어에서 나머지를 구하는 연산자는?

가. / 나. % 다. # 라. |

80. 일반적으로 프로그램을 작성하기 위하여 순서도(flowchart)를 작성하는 데, 순서로에 대한 선명으로 거리가 먼 것은?

가. 복잡하고 긴 프로그램을 쉽게 이해할 수 있다.

나. 프로그램을 수정하거나 추가하기가 용이하다.

다. 프로프램을 코딩하기 전에 반드시 필요하다.

라. 논리적인 오차를 쉽게 발견할 수 있다.

2003년도 디지털제어산업기사 필기시험 정답

1	2	3	4	5	6	7	8	9	10
라	라	가	다	가	나	가	다	나	다
11	12	13	14	15	16	17	18	19	20
라	라	나	가	나	다	다	다	다	나
21	22	23	24	25	26	27	28	29	30
라	가	라	라	가	나	라	다	다	가
31	32	33	34	35	36	37	38	39	40
나	나	라	다	가	나	나	나	라	다
41	42	43	44	45	46	47	48	49	50
라	가	라	가	가	가	가	라	가	다
51	52	53	54	55	56	57	58	59	60
다	가	다	다	가	가	다	라	가	나
61	62	63	64	65	66	67	68	69	70
가	가	다	라	라	가	라	가	다	다
71	72	73	74	75	76	77	78	79	80
나	라	라	나	가	나	가	가	나	다

부록 D. 2004년도 디지털제어산업기사 필기시험문제 및 답안

제1과목 마이크로프로세서

1. 베이직 전송 제어 절차에 사용되는 전송 제어 캐릭터 중 텍스트의 종료를 의미하는 것은?
가. ETB 나. EOT 다. ETX 라. ENG

2. 어드레스 선이 4개, 데이터 선이 8개인 ROM의 기억용량은?
가. 8바이트 나. 16바이트 다. 32바이트 라. 64바이트

3. 인터럽트의 개념 설명으로 옳은 것은?
가. 프로그램을 실행할 때, 외부로 의문이 생기거나 무엇인가 급한 일이 있는지 묻는 것을 셀렉딩(selecting)이라고 한다.
나. 일정한 시간 간격으로 CPU로 인터럽트를 걸어 서비스를 요구하는 것을 타이머 인터럽트(timer interrupt)라고 한다.
다. 외부로부터 필요에 따라 인터럽트 요구를 내어 CPU에 인터럽트 프로그램을 실행시키는 방법은 인터럽트 요구가 접수된 경우, 인터럽트 프로그램의 어드레스를 CPU로 알리는 하드웨어가 필요 없다.
라. I/O 포트에서 인터럽트 프로그램의 어드레스를 만드는 회로를 타이머 회로라고 한다.

4. SP(Stack Pointer)에 대한 설명 중 옳지 않은 것은?
가. Stack의 최상단 번지를 표시한다. 나. CPU 내에 있는 레지스터이다.
다. PUSH 명령을 만나면 1씩 감소한다. 라. POP 명령을 만나면 1씩 증가한다.

5. RS-232 통신에 관한 설명 중 옳지 않은 것은?
가. RS-232는 EIA의 레벨을 갖고 있다.
나. PC와 마이크로프로세서 사이에 RS-232 통신을 하려면 MAX232와 같은 레벨 변환 소자가 있어야 한다.
다. RS-232 통신의 장점은 무한한 거리의 직렬 데이터 통신을 할 수 있다는 것이다.
라. RS-232 통신은 보통 20K baud 이하의 속도로 직렬 데이터 전송을 한다.

6. DC 서보 모터에 대한 설명으로 옳지 않은 것은?
   가. DC 서보 모터의 각도는 제어선에 전달되는 펄스의 존속 시간으로 정해진다.
   나. DC 서보 모터의 각도 제어방식을 PCM(Pulse Coded Modulation)이라고도 부른다.
   다. DC 서보 모터는 크게 제어회로와 모터, 기아 세트, 케이스 등으로 나뉜다.
   라. DC 서보 모터의 회전각은 펄스 파형의 주기에 따라 결정한다.

7. 어떤 마이크로프로세서의 외부장치를 Read, Write Access 하기 위한 제어 신호로 Active Low RD/(Read), 신호와 Active Low WR/(Write) 신호가 있다고 가정하자. 다음 보기 중 외부 장치를 Read하기 위한 RD/, WR/ 제어신호 출력으로 옳은 것은?
   가. RD/=0, WR/=0　　나. RD/=1, WR/=1
   다. RD/=0, WR/=1　　라. RD/=1, RW/=0

8. 마이크로프로세서 신호 중 양방향 신호는?
   가. Data signal　　나. Address signal
   다. Reset signal　　라. MMI signal

9. 정보를 하나의 신호 선을 사용해서 데이터를 비트 단위로 보내는 방식을 무엇이라 하는가?
   가. 직렬통신　　나. 병렬통신　　다. 카운터　　라. 타이머

10. I/O 구성 바법 중 I/O 인터페이스의 번지(address)공간에 I/O 장치의 번지를 구성하는 방법은?
   가. I/O mapped I/O　　나. Memory mapped I/O
   다. I/O mapped memory　　라. Memory mapped memory

11. ROM의 종류 중에 사용자가 프로그램하며, 자외선으로 지울 수 있는 것은?
   가. PROM　　나. EPROM　　다. EEPROM　　라. Flash EPROM

12. CPU에게 무엇을 할 것인가를 말해 주는데 사용되는 일련의 명령을 프로그램이라 한다. 어셈블러에 의해 2진 형태로 변환되는 소스 프로그램 언어는?
   가. C언어　　나. 어셈블리어　　다. 베이직언어　　라. 기계어

13. 서브루틴을 호출하는 동안에 귀환번지를 저장하는 곳은?

가. Flog　　나. EEROM　　다. Stack　　라. ROM

14. 다음 중 마이크로프로세서가 아닌 것은?

가. 80C51　　나 PIC16F84　　다. TMS320C31　　라. 8254

15. 출력 범위가 0[V]~5[V]에 이르는 8비트 D/A 변환기가 있다. 이 D/A 변환기의 입력에 0×70를 주었을 경우 출력되는 전압값 중 가장 근사치는?

가. 1[V]　　나. 2[V]　　다. 3[V]　　라. 4[V]

16. 타이머/카운터의 기능이 아닌 것은?

가. 메모리의 번지를 증감시키는 기능

나. 하나의 출력과 다음 출력간의 시간을 계산하는 기능

다. 직렬 포드로 보레이트(Baud Rate)를 발생시키는 기능

라. 일정 시간을 같은 출력으로 유지하는 기능

17. 명령어, 레지스터, 번지해독기, 명령해독기, 제어계수기와 가장 밀접한 관련이 있는 장치는?

가. 연산장치　　나. 제어장치　　다. 기억장치　　라. 입・출력장치

18. 마이크로프로세서 시스템에서 외부 장치로 직렬 전송을 할 경우, 입・출력 인터페이스(I/O interface)에 적합한 소자는?

가. 파이프라인 레지스터(Pipeline register)

나. UART(Universal Asynchronous Rcceiver Transmitter)

다. 디코더(Decoder)

라. 플립 플롭(Flip Flop)

19. 명령어의 번지부가 지정한 기억장소의 내용을 실제 데이터가 들어있는 번지로 하는 주소 지정방식은?

가. 직접지정방식　　나. 간접지정방식

다. 상대지정방식　　라. 인덱스지정방식

20. 다음과 같이 구성된 8비트 타이머가 있다. 이 타이머는 입력 펄스의 상승 에지에서 +1씩 카운팅 된다. 또한 이 타이머에 입력도는 펄스의 주파수는 4Hz이다. 이 타이머가 20초 후에 오버플로가 되게 하려면 타이머의 초기값은?

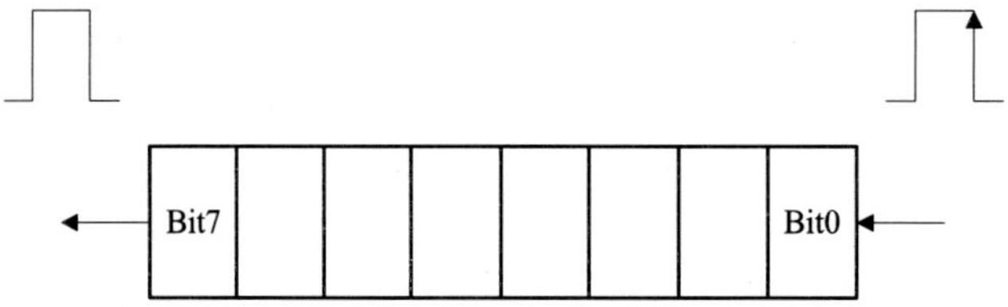

가. 0xD1 나. 0xD4 다. 0xD8 라. 0xDA

제2과목 논리회로

21. A=0, B=1, D=1일 때 논리 값이 1이 되는 것은?

가. $\overline{A}BCD$ 나. $A\overline{B}CD$ 다. $AB\overline{C}D$ 라. $ABC\overline{D}$

22. 메모리의 size가 2048×16일 때 MAR, MBR의 size는 어떻게 되는가?
(단, MAR : Memory Address Register, MBR : Memory buffer Register)

가. MAR=11, MBR=16 나. MAR=12, MBR=16
다. MAR=11, MBR=8 라. MAR=12, MBR=8

23. 디멀티플렉서(Demultiplexer)의 설명 중 옳은 것은?

가. 정보를 여러 개의 선으로 받아서 1개의 선으로 전송하는 회로이다.
나. 정보를 한 선으로 받아서 여러 개의 선들 중 한 개를 선택하여 정보를 전송하는 회로이다.
다. 디코더와 한 쌍으로 동작한다.
라. 많은 수의 정보 장치를 적은 수의 채널을 통해 전송하는 회로이다.

24. Ring Counter Code는 몇 개의 Bit를 사용하는가?

가. 10 나. 9 다. 8 라. 4

25. 조합 논리회로에 대한 설명으로 옳은 것은?

가. 입력신호, 논리게이트, 출력신호로 이루어졌다.

나. 입력신호, 논리게이트, 메모리, 출력신호로 이루어졌다.

다. 입력신호, 논리게이트, 메로미, 출력신호, 이전상태로 이루어졌다.

라. 입력신호, 논리게이트, 메모리 출력신호, 이전신호, 상태 출력으로 이루어졌다.

26. 다음의 논리식을 카르노 맵으로 옮긴 것은?

$F=\overline{A}BC+A\overline{B}C+ABC+\overline{A}\,\overline{B}C$

가.

A \ BC	00	01	11	10
0		1		
1		1	1	1

나.

A \ BC	00	01	11	10
0			1	
1		1	1	1

다.

A \ BC	00	01	11	10
0				1
1		1	1	1

라.

A \ BC	00	01	11	10
0		1	1	
1		1	1	

27. 지연소자로 이용할 수 있는 플립플롭은?

가. RS 플립플롭 나. D 플립플롭 다. JK 플립플롭 라. T 플립플롭

28. BCD 코드에서 무정의(don't care)인 것은?

가. 0001 나. 0111 다. 1001 라. 1010

29. 그레이 부호(Gray Code)10101100111(G)을 2진수로 바꾸면?

가. 11001100101(2) 나. 10001100101(2)

다. 10011000101(2) 라. 11001000101(2)

30. 디코더(decoder)는 어떤 회로의 집합으로 이루어지는가?

가. AND 회로 나. OR 회로 다. NOT 회로 라. NOR 회로

31. R-S 플립플롭에서 출력 Q의 논리식은?

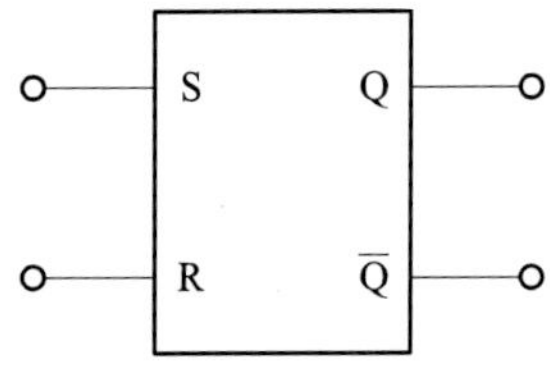

S	R	Qn+1
0	0	Qn
0	1	0
1	0	1
1	1	불확정

가. $\overline{S}\cdot(R+\overline{Q}n)$　　나. $\overline{R}\cdot(S+Qn)$　　다. $S\cdot(R+\overline{Q}n)$　　라. $R\cdot(S+Qn)$

32. 다음 논리회로에서 A의 데이터는 0101, B의 데이터는 1001이 입력 될 때 X의 출력값은?

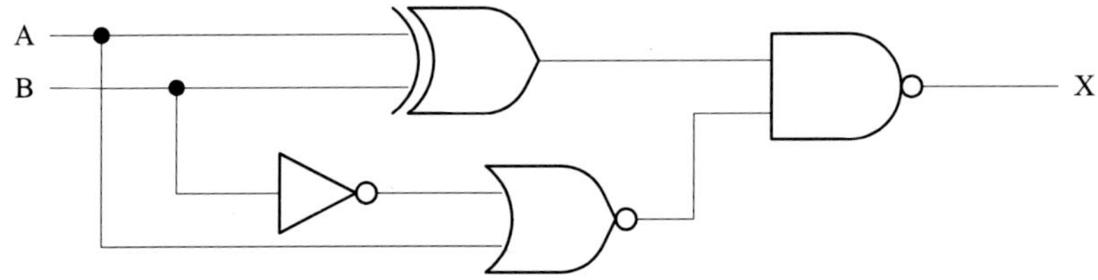

가. 0111　　나. 1110　　다. 1100　　라. 1001

33. 다음 논리식 F를 간략화 한 것은?

$F=\overline{A}(BC+B\overline{C})+A(BC+B\overline{C})$

가. B　　나. BC　　다. AC　　라. $A+A+B\overline{C}$

34. 동기식 계수기로 사용할 수 없는 것은?

가. 2진 업-다운 계수기　　나. 3초과 BCD 계수기

다. 2진 계수기　　라. 리플 계수기

35. M/S(master-slave) 플립플롭에 대한 설명으로 옳지 않은 것은?

가. RS 플립플롭 2개로 구성할 수 있다.

나. master와 slave에 각각 서로 다른 상태의 CP(Clock Plise)를 가한다.

다. 플립플롭의 레이스 현상이 일어나는 것을 제거하기 위한 것이다.

라. JK 플립플롭에서 불변동작이 일어나는 것을 제거하기 위한 것이다.

36. 여러 가지 연산을 하는 조합논리 디지털 기능을 가진 장치는?

가. MAR(메모리 번지 레지스터)　　나. MBR(메모리 버퍼 레지스터)

다. ALU　　라. 누산기

37. 반가산기를 논리식으로 표시하면?(단 S=합, C=carry, A, B는 입력이다.)

가. $S = \overline{A}B + A\overline{B}$, $C = AB$　　나. $S = \overline{AB} + B$, $C = AB$

다. $S = \overline{AB} + B$, $C = A + B$　　라. $S = \overline{AB}$, $C = A + B$

38. n개의 입력과 최대 2n개의 출력으로 구성되는 조합 논리회로는?

가. 인코더　　나. 디코더　　다. 멀티플렉서　　라. 플립플롭

39. 플립플롭에 관한 설명 중 옳지 않은 것은?

가. 0 또는 1을 저장할 수 있다.

나. 조합논리회로에 필수적으로 사용된다.

다. D 플립플롭은 입력신호를 지연시켜서 그대로 출력한다.

라. T 플립플롭은 입력신호가 1일 때 전 출력값의 보수를 출력한다.

40. 모드-6 카운터를 구성하기 위한 플립플롭의 최소 수는?

가. 2　　나. 3　　다. 4　　라. 5

제3과목 전자회로

41. 그림의 연산증폭기에서 저역차단주파수 f_L은?

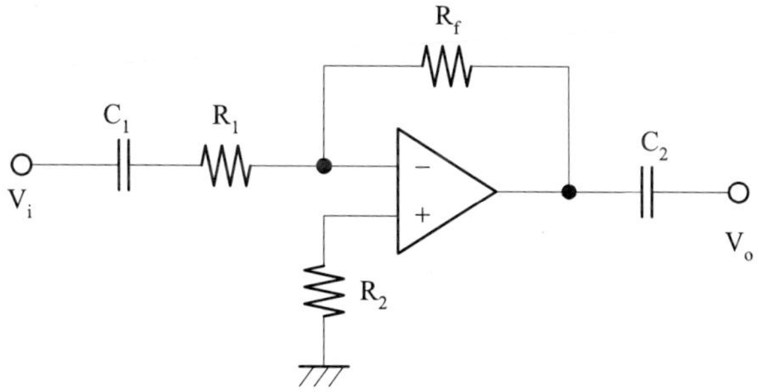

가. $f_L = \dfrac{1}{2\pi C_1(R_1 + R_f)}$　　나. $f_L = \dfrac{1}{2\pi C_1(R_1 + R_2)}$

다. $f_L = \dfrac{1}{2\pi C_1 C_2 R_1 R_f}$　　라. $f_L = \dfrac{1}{2\pi C_1 R_1}$

42. 정궤환 발진기의 바르크하우젠의 발진 조건(Barkhausen's oscillation cirterion)은?

가. $\alpha A=\infty$ 나. $\beta A=0$ 다. $\beta A=-1$ 라. $\beta A<1$

43. 십진 BCD 계수기 출력으로 그림과 같은 표시기를 이용하려면 어떤 디코더 드라이버가 필요한가?

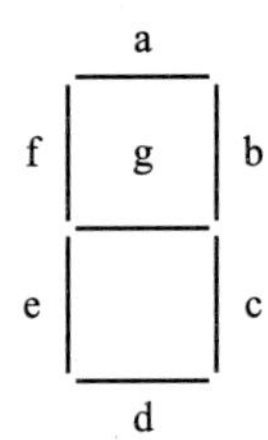

가. BCD 10 세그먼트 나. Octal-10 세그먼트
다. BCD-7 세그먼트 라. Octal-7 세그먼트

44. PN 접합 다이오드에 순방향 바이어스를 인가하면 공핍층 근처에 있는 소수 캐리어 밀도는?

가. n 영역에서 감소하고, p 영역에서 증가한다.
나. n 영역에서 증가하고, p 영역에서 감소한다.
다. n 영역과 p 영역에서 모두 감소한다.
라. n 영역과 p 영역에서 모두 증가한다.

45. 다음 진리치 표에 맞는 flip-flop 명칭은?

가. RS F-F
나. T F-F
다. D F-F
라. JK F-F

Jn	Kn	Qn+1
0	0	Qn(불변)
0	1	0
1	0	1
1	1	$\bar{Q}$n(반전)

46. 진폭 변조에서 반송파 전력이 90[W], 변조도가 80[%]ds 경우 변조파의 전력은 약 얼마인가?

가. 119[W] 나. 72[W] 다. 66[W] 라. 36[W]

47. AM 변조에서 변조를 깊게 하면?

가. 반송파 전압이 커진다. 나. 피변조파 대역폭이 좁아진다.
다. 검파된 저주파 출력이 커진다. 라. 검파된 파형의 찌그러짐이 개선된다.

48. 그림의 회로에서 출력 전압의 식을 바르게 표현한 것은?

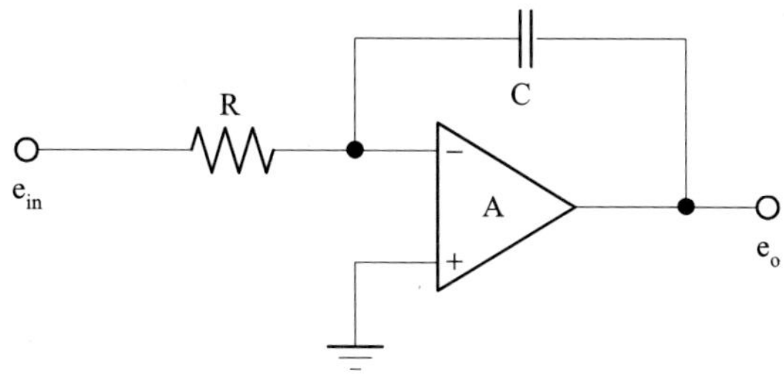

가. $e_o = -RC\int e_{in}dt$ 나. $e_o = RC\int e_{in}dt$

다. $e_o = -\frac{1}{RC}\int e_{in}dt$ 라. $e_o = \frac{1}{RC}\int e_{in}dt$

49. $(13)_{10}$을 Gray Code로 변환하면?

가. 1001 나. 1100 다. 1011 라. 1010

50. 주 반송자(Majority carrier)가 전자인 반도체는?

가. N형 반도체 나. 진성 반도체 다. P형 반도체 라. PN형 반도체

51. PNP 접합 트랜지스터를 사용한 증폭기에 있어서 베이스를 기준으로 한 컬렉트의 전위는 어떤 전위로 되는가?

가. 부전위 나. 영전위 다. 정전위 라. 동전위

52. 직렬 전압 궤환증폭기의 특징 중 옳지 않은 것은?

가. 전압 이득의 안정 나. 주파수 대역폭의 증가

다. 비직선 일그러짐의 감소 라. 입·출력 임피던스가 증가.

53. 다음 회로의 출력 파형은?

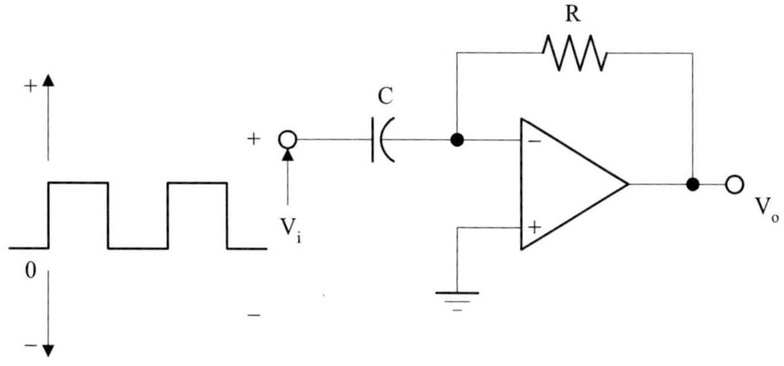

가. 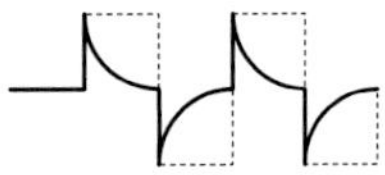

나. 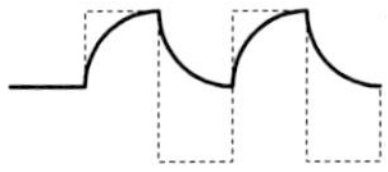

다. 

라. 

54. 병렬 공진회로에서 공진 주파수가 455[kHz], L＝1[mH], QL＝50이라고 하면 공진시의 임피던스는 약 얼마인가?

가. 143[kΩ] 나. 286[kΩ] 다. 3.2[kΩ] 라. 1.4[kΩ]

55. 데이터의 임시 저장을 위하여 사용하기에 가장 편리한 플립플롭은?

가. RS 플립플롭 나. J-K 플립플롭 다. D 플립플롭 라. T 플립플롭

56. 전력 증폭기의 설명으로 옳은 것은?

가. B급 증폭기의 최대 효율은 10% 이하이다.

나. C급 증폭기는 차단점 이상에서 바이어스 된다.

다. C급 증폭기는 전력 손실이 많아 출력 전력이 적다.

라. A급 증폭기는 Q점이 부하선의 중앙에 위치해야 최대 출력을 얻을 수 있다.

57. 진폭 Vm의 신호 전압이 전파 정류회로에 의하여 정류되어질 때 맥동률은?

가. 0.1 나. 0.35 다. 0.48 라. 0.8

58. 이상적인 연산 증폭기(Op-Amp)의 특징이 아닌 것은?

가. 출력 임치던스가 무한대 나. 입력 임피던스가 무한대

다. 전압 이득이 무한대 라. 대역폭이 무한대

59. 합성이득이 100인 증폭기를 만들려고 하는데 기본 증폭기의 이득 변화율은 15% 정도로 예상된다. 이 궤환 증폭기의 이득 변화율은 0.5% 정도로 낮출려면 궤환을 β는 약 얼마로 하면 좋은가?

가. 0.0967 나. 0.00797 다. 0.00095 라. 0.00967

60. 그림과 같은 기호와 진리치표 등 갖는 논리 게이트를 무엇이라고 하는가?

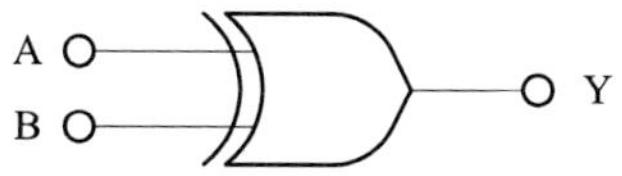

입 력		출 력
A	B	Y
0	0	0
0	1	1
1	0	1
1	1	0

가. OR　　나. NOR　　다. NAND　　라. Exclusive OR

제4과목 프로그래밍 언어

61. 어셈블리어에서 다음 명령어와 동일한 역할을 하는 것은?

```
MOV   BX, OFFSET DATA
```

가. MOV BX, DATA　　나. LEA BX, DATA
다. XCHG BX, DATA　　라. INC BX, DATA

62. 바인딩 시간의 종류와 무관한 것은?
가. 프로그램 실행시간(execution time)　　나. 프로그램 번역시간(translstion time)
다. 언어 정의 시간(definition)　　라. 프로그램 로드시간(load time)

63. 어셈블리어에서 비트열 연산 명령어 중 산술 시프트 명령어는?
가. SHL　　나. SAL　　다. ROL　　라. SHR

64. 프로그래밍 언어의 자료항에서 자신의 자료 값이 다른 자료 객체의 주소가 되는 자료 객체는 무엇인가?
가. Object　　나. Heap　　다. Pointer　　라. Reference

65. 다음 그림의 EBNF 구문 도표 형식이 옳게 표현된 것은?

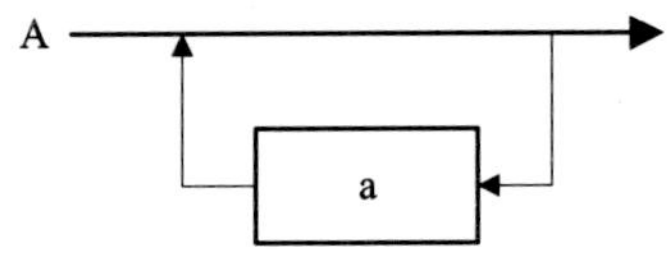

가. EBNF A::=(a)   나. EBNF A::=3a 9
다. EBNF A::=[a]   라. EBNF A::=<a>

66. C언어에서 수식을 처리할 때 다음에 나열한 연산자 중 연산자의 우선순위 순으로 옳게 나열된 것은?

㉠ ( ) ㉡ + ㉢ ++ ㉣ %

가. ㉠→㉡→㉢→㉣   나. ㉠→㉢→㉣→㉡
다. ㉠→㉢→㉡→㉣   라. ㉣→㉡→㉢→㉠

67. 수식에서의 순서제어 방법 중 중위(Infix)표기법의 설명으로 옳지 않은 것은?

가. 연산기호가 두 피연산 사이에서 표현됨
나. 가장 일반적인 표현방법으로 이항연사자에 적합함
다. 연산식 표현에서 피연산자의 개수에 제한이 없음
라. 산술, 논리, 비교연산 등에 주로 사용됨

68. 다음 흐름도를 처리할 수 있는 C 언어 명령문 중 가장 적합한 것은?

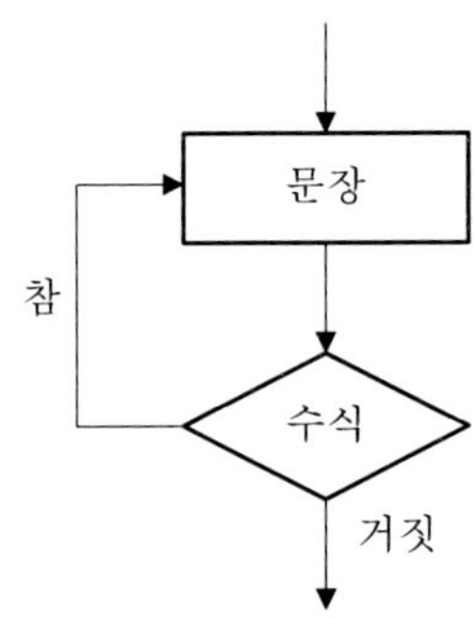

가. while()문   나. for()문   다. do ~ while()문   라. if()문

69. 어셈블리 명령어의 오퍼랜드에 표기되지 않는 것은?

가. 기호   나. 명령의 동작코드
다. 결과 위치   라. 자료의 위치

70. 어셈블리어에서 즉시 주소지정방식(immediate addressing)으로 표현한 명령어는?
가. MOV ECX, EBX
나. MOV AX,[BX]
다. MOV AL, 3
라. MOV DX, [BX+DI]

71. C언어에서 사용하는 연산자 중 성격이 다른 것은?
가. !=
나. !
다. &&
라. ||

72. USING, DROP 명령은 어셈블리 명령어의 어떤 기능에 해당하는가?
가. Program 구분 기능
나. Module 연결 기능
다. 주소 지정 기능
라. 기호 및 데이터 정의 기능

73. C언어에서 기억 클래스의 종류가 아닌 것은?
가. auto
나. static
다. register
라. internal

74. C언어에서 사용되는 출력문 "printf"에 사용되는 변환 문자의 설명 중 옳은 것은?
가. %d는 16진 정수를 나타낸다.
나. %s는 단일 문자를 나타낸다.
다. %e는 지수를 가진 정수를 나타낸다.
라. %u는 부호 없는 10진 정수를 나타낸다.

75. C언어에서 표준 입력장치로부터 1문자씩 읽어 들이는 함수는?
가. putchar()
나. getchar()
다. puts()
라. gets()

76. 어셈블리어에서 부호 변경에 사용되는 명령어는?
가. ADC
나. DEC
다. NEG
라. CBW

77. 어셈블리 명령어 중 연산을 위해 스택을 사용하는 것은?
가. 0-주소 명령(0 address instruction)
나. 1-주소 명령(1 address instruction)
다. 2-주소 명령(2 address instruction)
라. 3-주소 명령(3 address instruction)

78. 컴파일 과정의 순서가 옳게 구성된 것은?

가. 일시프로그램 →어휘분석→최적화→구문분석→중간코드→목적프로그램

나. 일시프로그램 →어휘분석→구문분석→최적화→중간코드→목적프로그램

다. 일시프로그램 →구문분석→어휘분석→중간코드→최적화→목적프로그램

라. 일시프로그램 →어휘분석→구문분석→중간코드→최적화→목적프로그램

79. 인터럽트 발생시 복귀할 주소를 기억시키는 데 사용되는 것은?

가. tree 나. queue 다. stack 라. graph

80. 소스 프로그램(Source Program)의 문자열(Stream)을 프로그램 구성의 기본 요소(Token)로 구분하는 작업을 무엇이라 하는가?

가. Preprocessor 나. Lexical Analysis

다. Syntax Analysis 라. Semantic Analysis

1	2	3	4	5	6	7	8	9	10
다	나	나	가	다	라	다	가	가	가
11	12	13	14	15	16	17	18	19	20
나	나	다	라	나	가	나	나	나	다
21	22	23	24	25	26	27	28	29	30
가	가	나	가	가	라	나	라	라	가
31	32	33	34	35	36	37	38	39	40
나	가	가	라	라	다	가	나	나	나
41	42	43	44	45	46	47	48	49	50
라	다	다	라	라	가	다	다	다	가
51	52	53	54	55	56	57	58	59	60
가	라	가	가	다	라	다	가	라	라
61	62	63	64	65	66	67	68	69	70
나	라	나	다	나	나	다	다	나	다
71	72	73	74	75	76	77	78	79	80
가	다	라	라	나	다	가	라	다	나

부록 E. 전자계산기제어 산업기사 실기작업 내용

마이크로프로세서 부분과 인터페이스 부분을 구성하여 컴퓨터로 프로그램 작업후 마이크로프로세서에 프로그램을 주입하여 인터페이스를 제어하는 작업을 실기로 시행

- 마이크로프로세서 선정
  국내점유율에 의거 80계열(89S51), PIC(PIC16F874A), AVR[90S(MEGA)8535] 3종류(8bit)의 원칩 마이크로프로세서로 선정하고 수검사가 선택

- 마이크로프로세서 부분과 입력(키 매트릭스)과 디스플레이(LCD, 7segment), PC통신(RS232C), 프로그램 Write를 위한 프린트포트 통신 등을 완성품으로 지급하여 총 작업시간을 4시간 정도로 단축

- 만능기판에 주변회로 조립작업
  모터, 센서 등 각조 제어대상을 주어진 회로도에 의해 납땜 작업하여 프로세서 보드의 입출력 포트와 연결

- MICOM-Programmer(Ver. 4.0) : 공단 홈페이지의 고지사항에서 제공함.
  (MICOM.exe를 다운로딩 받아 압축해제하여 setup.exe를 실행하면 시작메뉴의 프로그램→디지털제어산업기사에 도움말과 ㄱMICOM-Programmer이 생성)
  프린터포트를 이용 컴파일러에 의해 생성된 헥사파일을 각 계열의 마이크로 프로세서 내로 프로그램을 다운로딩하는 프로그램.
  도움말에 MICOM-Programmer사용법과 각계열의 프로세서와 LCD 등의 데이터 시트를 첨가하여 수검자가 데이터북 없이 과제 수행 할 수 있도록 개발된 프로그램임.
  ※ MICOM-Programmer에 없는 자료는 숙지하여 준비할 것

- 제공되는 컴파일어 프로그램(C언어, 어셈블리어)
  8051 계열 : IAR[EW8051](ver. 5.52A), KEIL(ver. 5.5), MA51(ver. 3.0)
  Crossware[8051 Development Suite](ver. 3.3.1.2)
  PIC 계열 : IAR[EWPIC](ver. 2.121), MPIC(ver. 1.0), MRPIC-IDE(ver. 10.7)
  HITECH-C(ver. 8.01PL3), PCW[CCS-C](ver. 3.23),

MPLAB IDE(ver. 6.10)
AVR 계열 : IAR[EWAVR](ver. 2.26C), AVR studio(ver. 3.55)
ImageCraft[ICCAVR](ver. 6.28C)

※ 프로그램을 2k size 이내로 코딩 할 것
※ 컴파일러에 응용라이브러리(Delay, Timer, LCD 등)는 삭제 되었음

▣ 전자계산기제어 산업기사의 MICOM-Programmer 내용

MICOM-Programmer
프린트포트를 이용 컴파일러에 의해 생성된 핵사파일을 각 계열의 마이크로 프로세서 내로 프로그램을 다운로딩하는 프로그램

- 80계열(89S51), PIC(PIC16F874A)계령, AVR[90S(MEGA)8535]계열의 롤라이트 검정 장비 대체(프린터포트로 다운로딩)
- 도움말에 MICOM-Programmer 사용법과 각 계열의 프로세서와 LCD 등의 데이터 시트를 첨가하여 수검자가 데이터북 없이 과제를 수행 할 수 있도록 수록
- 각 계열별 마이크로프로세서 부분과 입력(키 매트릭스)과 디스플레이(LCD, 7segment), PC통신(RS232C), 프로그램 Write를 위한 프린트포트 통신 등을 PCB화한 보드의 형상, 회로도, 부품리스트 및 JED 파일 등을 제공

▣ MICOM-Programmer(ver. 4.0)의 보완 내용

- PIC 계열의 PIC16F877(874)의 부품단종으로 대치품인 PIC16F874A로 대체하고 데이터 시트 정리(크기, 핀 번호 등 사용법 같은)
- AVR 계열의 90S8535의 단종으로 대치품인 MEGA8535를 혼용 사용토록 MEGA8535의 데이터 시트 수록(크기, 핀 번호 등 사용법 같은)
- 각 계열의 보드 내 GAL 데이터 수록(JED 파일)
- 도움말을 체계적으로 정비(각 계열별 목차, 내용 및 사용법)

부록 F. 2002년도 실기문제

1. 회로구성

스위치 8개를 연결하시오.

2. 요구조건 2

키 입력을 받아서 LCD와 시리일포트로 출력하는 프로그램입니다.

실행이 되면 LCD 첫째 줄에 "DATA ... SYSTEM", 둘째 줄에 "DATA INPUT"을 표시 (LCD 두 줄에 문자열 출력하는 것임).

- 1~2초 후에 LCD에 다음을 표시합니다.

```
1  2  3  4  5  6  7  8
H  H  H  H  H  H  H  H
```

- 제작한 스위치중 1번을 누르면 다음이 LCD에 표시됩니다.

```
1  2  3  4  5  6  7  8
L  H  H  H  H  H  H  H
```

- 스위치의 1, 3, 5, 7을 누르면 LCD와 시리얼포트로 다음이 출력됩니다.

```
1  2  3  4  5  6  7  8
L  H  L  H  L  H  L  H
```

- 스위치의 2, 4, 6, 8을 누르면 LCD와 시리얼포트로 다음이 출력됩니다.

```
1  2  3  4  5  6  7  8
H  L  H  L  H  L  H  L
```

4시간 동안 회로를 구성하고 프로그래밍 하는 것이 과제입니다.
문제는 감독관에 의해서 변경이 가능합니다.
비슷한 요구조건을 말하기도 합니다.
스위치는 푸쉬 스위치가 아니고 On/Off 스위치입니다.

부록 G. 2003년도 실기문제

1. 요구사항

(1) 회로 조립

1) 주어진 재료를 가지고 작품을 완성하시오.
   (회로도를 참조하여 마이킹보드의 만능기판에 부품을 조립하시오.)
2) 프로세서의 포트번호는 입출력에 편하도록 임의대로 설정하여 납땜하시오.
   (프로세서와 각 입출력부분은 연결되지 않았으므로 연결해야 합니다.)
3) 부품핀으로 점퍼선을 사용하지 마시오.
4) LED의 1번호를 LED0-LED83까지 견출지를 이용하여 구분하시오.
5) 마이콤보드에 디스플레이어를 삽입하시오.
6) 조립된 작품은 전원부의 극성 및 GND와 쇼트를 확인하고 오배선이 있는지 정확히 테스트 하시오.
   (전원을 잘못 연결하여 손상된 부품(보드)은 교환되지 않으니 유의하시오.)
7) RS-232C 커넥터와 프로그램 라이트용 프린터 커넥터를 PC와 연결하시오.

(2) 회로 동작은 다음과 같이 하시오.

1) 프로그램은 동작 개요와 구동 프로그램 작성 요구 사항을 참조하여 코딩하시오.
   (마이컴 프로그래머의 도움말 참고하시오)
2) 제어용 구동 프로그램 작성은 제공된 C컴파일러 또는 어셈블러 어느 것을 사용해도 무방합니다.(제공된 컴파일러의 대부분이 크기(2k)로 제한되어 있으므로 프로그램을 간결하게 코딩하시오. 오브젝트 파일이 2k보다 클 때는 컴파일이 안되니 유의하시오)
3) 전원을 연결 시에는 극성 및 전압을 확인하고, 쇼트확인을 반드시 하십시오.
4) 동작개요와 구동 프로그램 작성 요구사항을 참조하여 제어용 구동 프로그램을 작성하고 컴파일 하여 마이크로프로세서에 WHITE 시켜 테스트하시오
5) 동작이 되면 프로그램 작성 요구사항대로 되는 지 작동 위원에게 확인을 받으시오.
6) 과제가 완료되면 반드시 감독위원에게 동작확인을 받은 후 제출하시오.
7) PIC을 선택한 수강자는 헤더파일 또는 메일소스 첫 라인에 아래의 지시어를 쓰시오.

```
#device PIC16F874 *=16 ACD=10
```

8) PIC을 선택한 수강자는 12V를 사용해야 하며 모든 스페션 레지스터를 정의하여 사용해야 합니다.

9) PIC을 선택한 수강자는 12V를 사용해야 하며 모든 스페셜 레지스터를 정의하여 사용해야 합니다.

(3) 동작 개요

이 회로의 동작원리는 키 입력을 통하여 입력되는 키 값을 Digital로 변환시킨 뒤 이 값을 LCD와 만능 기판에 조립된 LED로 표시하도록 하였다.

PC에서는 통신용 에뮬레이터를 이용하여 Controller에서 송신되는 아스키 값을 표시할 수 있도록 하고, 제어기에서 해당키를 누르고 있는 동안 제어기에서 PC쪽으로 RS-232C 통신으로 해당되는 아스키 보드 값이 송신하도록 하며, 키보드, LED, LCD 운영 능력을 프로그램할 수 있도록 하였다.

1) LED에 표시되는 데이터와 마이컴 내부처리 데이터의 변환 알고리즘 사용한다.
2) PC와 통신하기 위한 프로토콜은 RS-232C 통신을 사용한다.

(4) PROFRAM 요구사항

1) RESET 버튼을 누르면 아래와 같이 표시되게 하시오.(▶LCD 화면)

D	i	g	i	t	a	l		C	o	n	t	r	o	l	
W	e	l	c	o	m	.	.	.							

2) 초기 화면이 표시된 후 1~2초 후에 LCD에 아래와 같이 외부입력 상태를 표시되게 하시오.(키 스위치(키 매트릭스)를 누르지 마시오)

(▶LCD 화면)

K	e	y		I	n	p	u	t							
K	e	y		:		?									

3) 0번 키를 누르면 LCD에 아래와 같이 표시되도록 하시오. 또한 LED에서는 LED 4개가 모두 꺼지도록 프로그램 하시오.

(LED OFF ⇒●, LED ON ⇒○)

LED3	LED2	LED1	LED0
●	●	●	●

(▶LCD 화면)

K	e	y		I	n	p	u	t							
K	e	y		:		0									

4) 0←F키를 2진 코드로 아래 표와 같이 LED가 On 되고 LCD 화면에 해당 번호가 디스플레이 되도록 하시오.

(▶LCD 화면)

K	e	y		I	n	p	u	t							
K	e	y		:		X									

※ X : 키 입력 번호(0-F)

(LED OFF ⇒●, LED ON⇒○)

키입력	LED3	LED2	LED1	LED0
0	●	●	●	●
1	●	●	●	○
2	●	●	○	●
3	●	●	○	○
4	●	○	●	●
5	●	○	●	○
6	●	○	○	●
7	●	○	○	○
8	○	●	●	●
9	○	●	●	○
A	○	●	○	●
B	○	●	○	○
C	○	○	●	●
D	○	○	●	○
E	○	○	○	●
F	○	○	○	○

5) 키 입력(0-F)에 따라 232C, 통신에 의한 PC 모니터에 아래와 같이 출력되도록 하시오.
(누르고 있는 동안 송신되므로 키 입력 번호가 여러 개씩 송신되어도 무방함)

(▶PC 에뮬레이터 화면)
Key : 키 입력 번호

예) 1번 키를 누르면
(▶PC 에뮬레이터 화면)
Key : 1

2. 도면

자격종목	디지털제어산업기사	작품명	키입력 출력제어	척도	

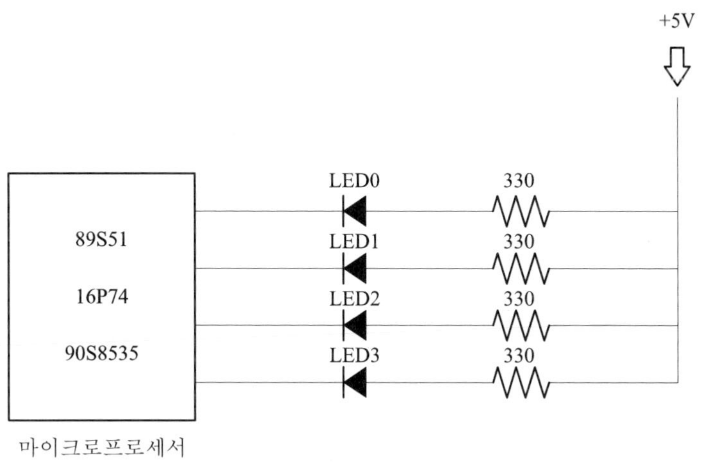

Features

- Compatible with MCS-51® Products
- 4K Bytes of In-System Programmable (ISP) Flash Memory
  - Endurance: 1000 Write/Erase Cycles
- 4.0V to 5.5V Operating Range
- Fully Static Operation: 0 Hz to 33 MHz
- Three-level Program Memory Lock
- 128 x 8-bit Internal RAM
- 32 Programmable I/O Lines
- Two 16-bit Timer/Counters
- Six Interrupt Sources
- Full Duplex UART Serial Channel
- Low-power Idle and Power-down Modes
- Interrupt Recovery from Power-down Mode
- Watchdog Timer
- Dual Data Pointer
- Power-off Flag
- Fast Programming Time
- Flexible ISP Programming (Byte and Page Mode)

Description

The AT89S51 is a low-power, high-performance CMOS 8-bit microcontroller with 4K bytes of in-system programmable Flash memory. The device is manufactured using Atmel's high-density nonvolatile memory technology and is compatible with the industry-standard 80C51 instruction set and pinout. The on-chip Flash allows the program memory to be reprogrammed in-system or by a conventional nonvolatile memory programmer. By combining a versatile 8-bit CPU with in-system programmable Flash on a monolithic chip, the Atmel AT89S51 is a powerful microcontroller which provides a highly-flexible and cost-effective solution to many embedded control applications.

The AT89S51 provides the following standard features: 4K bytes of Flash, 128 bytes of RAM, 32 I/O lines, Watchdog timer, two data pointers, two 16-bit timer/counters, a five-vector two-level interrupt architecture, a full duplex serial port, on-chip oscillator, and clock circuitry. In addition, the AT89S51 is designed with static logic for operation down to zero frequency and supports two software selectable power saving modes. The Idle Mode stops the CPU while allowing the RAM, timer/counters, serial port, and interrupt system to continue functioning. The Power-down mode saves the RAM contents but freezes the oscillator, disabling all other chip functions until the next external interrupt or hardware reset.

8-bit Microcontroller with 4K Bytes In-System Programmable Flash

AT89S51

Preliminary

Rev. 2487A–10/01

Pin Configurations

PDIP

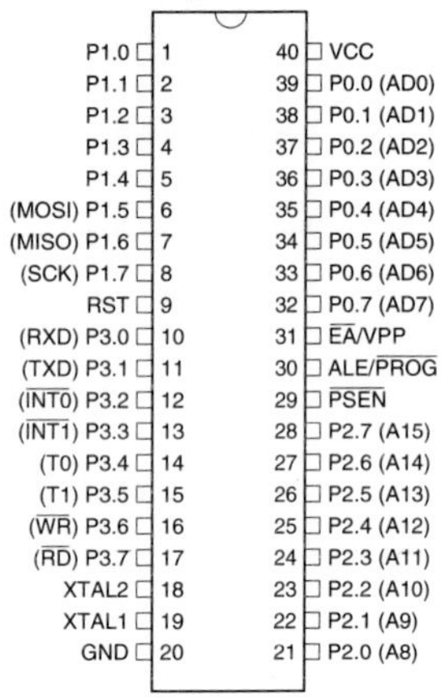

PLCC

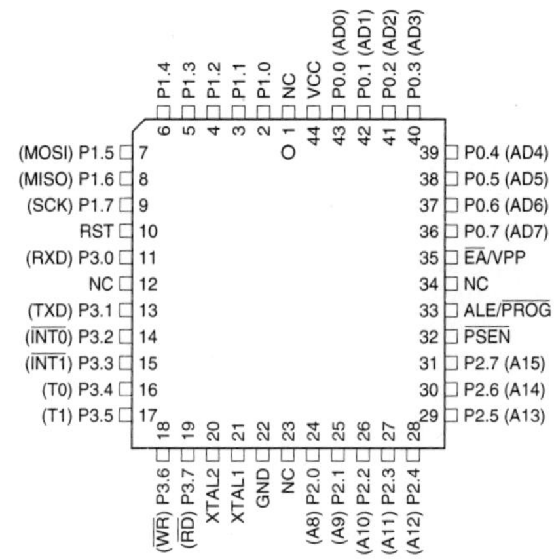

TQFP

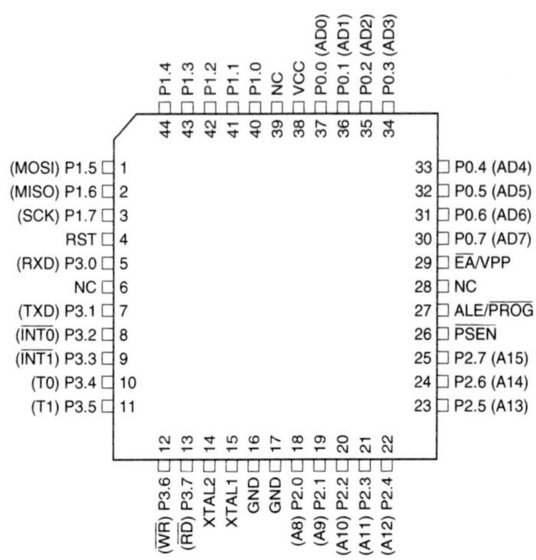

Block Diagram

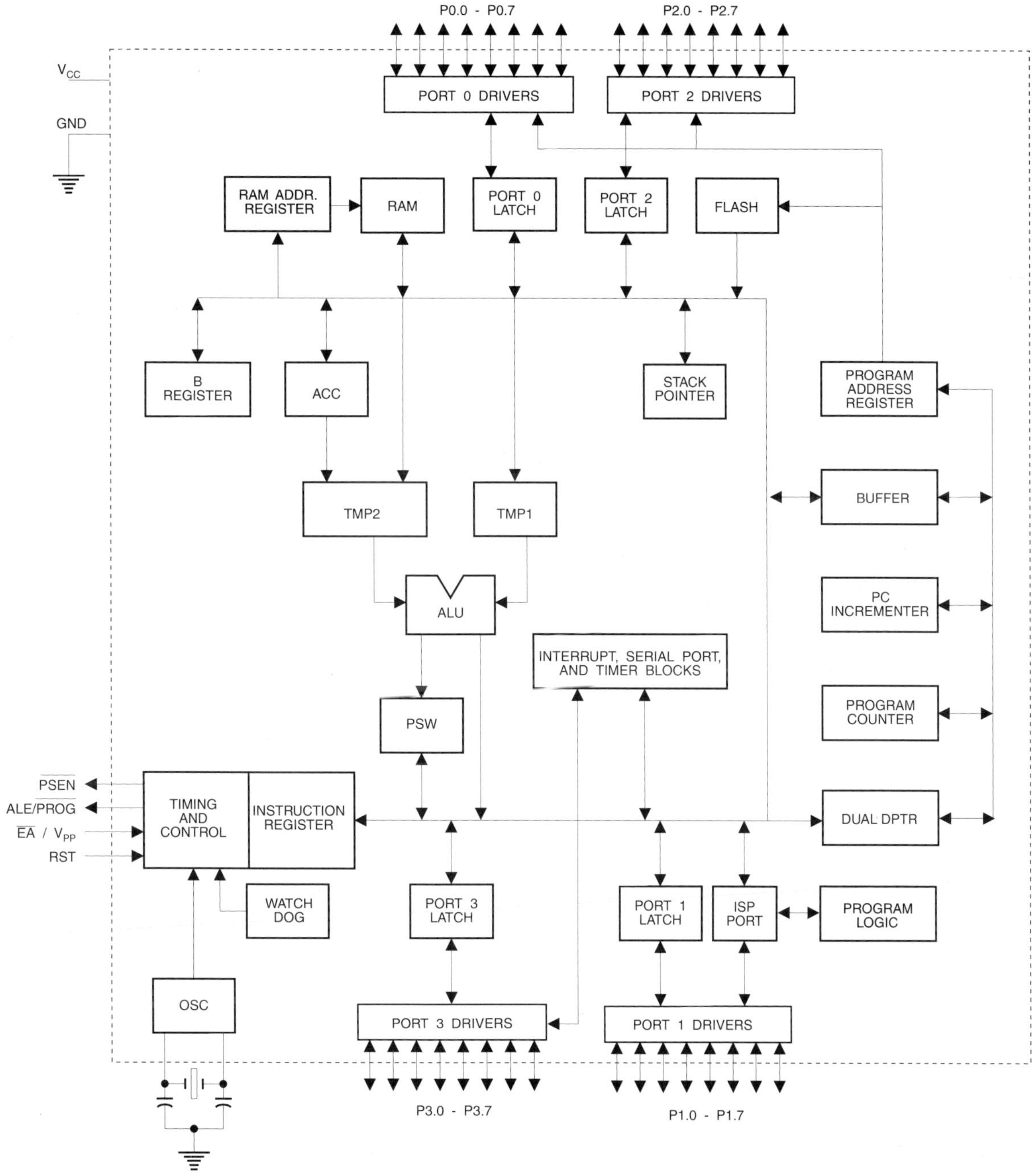

Pin Description

VCC

Supply voltage.

GND

Ground.

Port 0

Port 0 is an 8-bit open drain bidirectional I/O port. As an output port, each pin can sink eight TTL inputs. When 1s are written to port 0 pins, the pins can be used as high-impedance inputs.

Port 0 can also be configured to be the multiplexed low-order address/data bus during accesses to external program and data memory. In this mode, P0 has internal pull-ups.

Port 0 also receives the code bytes during Flash programming and outputs the code bytes during program verification. **External pull-ups are required during program verification**.

Port 1

Port 1 is an 8-bit bidirectional I/O port with internal pull-ups. The Port 1 output buffers can sink/source four TTL inputs. When 1s are written to Port 1 pins, they are pulled high by the internal pull-ups and can be used as inputs. As inputs, Port 1 pins that are externally being pulled low will source current (I_{IL}) because of the internal pull-ups.

Port 1 also receives the low-order address bytes during Flash programming and verification.

Port Pin	Alternate Functions
P1.5	MOSI (used for In-System Programming)
P1.6	MISO (used for In-System Programming)
P1.7	SCK (used for In-System Programming)

Port 2

Port 2 is an 8-bit bidirectional I/O port with internal pull-ups. The Port 2 output buffers can sink/source four TTL inputs. When 1s are written to Port 2 pins, they are pulled high by the internal pull-ups and can be used as inputs. As inputs, Port 2 pins that are externally being pulled low will source current (I_{IL}) because of the internal pull-ups.

Port 2 emits the high-order address byte during fetches from external program memory and during accesses to external data memory that use 16-bit addresses (MOVX @ DPTR). In this application, Port 2 uses strong internal pull-ups when emitting 1s. During accesses to external data memory that use 8-bit addresses (MOVX @ RI), Port 2 emits the contents of the P2 Special Function Register.

Port 2 also receives the high-order address bits and some control signals during Flash programming and verification.

Port 3

Port 3 is an 8-bit bidirectional I/O port with internal pull-ups. The Port 3 output buffers can sink/source four TTL inputs. When 1s are written to Port 3 pins, they are pulled high by the internal pull-ups and can be used as inputs. As inputs, Port 3 pins that are externally being pulled low will source current (I_{IL}) because of the pull-ups.

Port 3 receives some control signals for Flash programming and verification.

Port 3 also serves the functions of various special features of the AT89S51, as shown in the following table.

Port Pin	Alternate Functions
P3.0	RXD (serial input port)
P3.1	TXD (serial output port)
P3.2	$\overline{\text{INT0}}$ (external interrupt 0)
P3.3	$\overline{\text{INT1}}$ (external interrupt 1)
P3.4	T0 (timer 0 external input)
P3.5	T1 (timer 1 external input)
P3.6	$\overline{\text{WR}}$ (external data memory write strobe)
P3.7	$\overline{\text{RD}}$ (external data memory read strobe)

RST

Reset input. A high on this pin for two machine cycles while the oscillator is running resets the device. This pin drives High for 98 oscillator periods after the Watchdog times out. The DISRTO bit in SFR AUXR (address 8EH) can be used to disable this feature. In the default state of bit DISRTO, the RESET HIGH out feature is enabled.

ALE/$\overline{\text{PROG}}$

Address Latch Enable (ALE) is an output pulse for latching the low byte of the address during accesses to external memory. This pin is also the program pulse input ($\overline{\text{PROG}}$) during Flash programming.

In normal operation, ALE is emitted at a constant rate of 1/6 the oscillator frequency and may be used for external timing or clocking purposes. Note, however, that one ALE pulse is skipped during each access to external data memory.

If desired, ALE operation can be disabled by setting bit 0 of SFR location 8EH. With the bit set, ALE is active only during a MOVX or MOVC instruction. Otherwise, the pin is weakly pulled high. Setting the ALE-disable bit has no effect if the microcontroller is in external execution mode.

$\overline{\text{PSEN}}$

Program Store Enable ($\overline{\text{PSEN}}$) is the read strobe to external program memory.

When the AT89S51 is executing code from external program memory, $\overline{\text{PSEN}}$ is activated twice each machine cycle, except that two $\overline{\text{PSEN}}$ activations are skipped during each access to external data memory.

$\overline{\text{EA}}$/VPP

External Access Enable. $\overline{\text{EA}}$ must be strapped to GND in order to enable the device to fetch code from external program memory locations starting at 0000H up to FFFFH. Note, however, that if lock bit 1 is programmed, $\overline{\text{EA}}$ will be internally latched on reset.

$\overline{\text{EA}}$ should be strapped to V_{CC} for internal program executions.

This pin also receives the 12-volt programming enable voltage (V_{PP}) during Flash programming.

XTAL1

Input to the inverting oscillator amplifier and input to the internal clock operating circuit.

XTAL2

Output from the inverting oscillator amplifier

Special Function Registers

A map of the on-chip memory area called the Special Function Register (SFR) space is shown in Table 1.

Note that not all of the addresses are occupied, and unoccupied addresses may not be implemented on the chip. Read accesses to these addresses will in general return random data, and write accesses will have an indeterminate effect.

Table 1. AT89S51 SFR Map and Reset Values

0F8H									0FFH
0F0H	B 00000000								0F7H
0E8H									0EFH
0E0H	ACC 00000000								0E7H
0D8H									0DFH
0D0H	PSW 00000000								0D7H
0C8H									0CFH
0C0H									0C7H
0B8H	IP XX000000								0BFH
0B0H	P3 11111111								0B7H
0A8H	IE 0X000000								0AFH
0A0H	P2 11111111		AUXR1 XXXXXXX0				WDTRST XXXXXXXX		0A7H
98H	SCON 00000000	SBUF XXXXXXXX							9FH
90H	P1 11111111								97H
88H	TCON 00000000	TMOD 00000000	TL0 00000000	TL1 00000000	TH0 00000000	TH1 00000000	AUXR XXX00XX0		8FH
80H	P0 11111111	SP 00000111	DP0L 00000000	DP0H 00000000	DP1L 00000000	DP1H 00000000		PCON 0XXX0000	87H

2487A–10/01

User software should not write 1s to these unlisted locations, since they may be used in future products to invoke new features. In that case, the reset or inactive values of the new bits will always be 0.

Interrupt Registers: The individual interrupt enable bits are in the IE register. Two priorities can be set for each of the five interrupt sources in the IP register.

Table 2. AUXR: Auxiliary Register

AUXR — Address = 8EH — Reset Value = XXX00XX0B

Not Bit Addressable

	7	6	5	4	3	2	1	0
	–	–	–	WDIDLE	DISRTO	–	–	DISALE
Bit	7	6	5	4	3	2	1	0

– Reserved for future expansion

DISALE Disable/Enable ALE

DISALE Operating Mode	
0	ALE is emitted at a constant rate of 1/6 the oscillator frequency
1	ALE is active only during a MOVX or MOVC instruction

DISRTO Disable/Enable Reset out

DISRTO	
0	Reset pin is driven High after WDT times out
1	Reset pin is input only

WDIDLE Disable/Enable WDT in IDLE mode

WDIDLE	
0	WDT continues to count in IDLE mode
1	WDT halts counting in IDLE mode

Dual Data Pointer Registers: To facilitate accessing both internal and external data memory, two banks of 16-bit Data Pointer Registers are provided: DP0 at SFR address locations 82H-83H and DP1 at 84H-85H. Bit DPS = 0 in SFR AUXR1 selects DP0 and DPS = 1 selects DP1. The user should always initialize the DPS bit to the appropriate value before accessing the respective Data Pointer Register.

Power Off Flag: The Power Off Flag (POF) is located at bit 4 (PCON.4) in the PCON SFR. POF is set to "1" during power up. It can be set and rest under software control and is not affected by reset.

Table 3. AUXR1: Auxiliary Register 1

AUXR1
Address = A2H
Reset Value = XXXXXXX0B

Not Bit Addressable

	–	–	–	–	–	–	–	DPS
Bit	7	6	5	4	3	2	1	0

–	Reserved for future expansion	
DPS	Data Pointer Register Select	
	DPS	
	0	Selects DPTR Registers DP0L, DP0H
	1	Selects DPTR Registers DP1L, DP1H

Memory Organization

MCS-51 devices have a separate address space for Program and Data Memory. Up to 64K bytes each of external Program and Data Memory can be addressed.

Program Memory

If the $\overline{EA}$ pin is connected to GND, all program fetches are directed to external memory.

On the AT89S51, if $\overline{EA}$ is connected to V_{CC}, program fetches to addresses 0000H through FFFH are directed to internal memory and fetches to addresses 1000H through FFFFH are directed to external memory.

Data Memory

The AT89S51 implements 128 bytes of on-chip RAM. The 128 bytes are accessible via direct and indirect addressing modes. Stack operations are examples of indirect addressing, so the 128 bytes of data RAM are available as stack space.

Watchdog Timer (One-time Enabled with Reset-out)

The WDT is intended as a recovery method in situations where the CPU may be subjected to software upsets. The WDT consists of a 14-bit counter and the Watchdog Timer Reset (WDTRST) SFR. The WDT is defaulted to disable from exiting reset. To enable the WDT, a user must write 01EH and 0E1H in sequence to the WDTRST register (SFR location 0A6H). When the WDT is enabled, it will increment every machine cycle while the oscillator is running. The WDT timeout period is dependent on the external clock frequency. There is no way to disable the WDT except through reset (either hardware reset or WDT overflow reset). When WDT overflows, it will drive an output RESET HIGH pulse at the RST pin.

Using the WDT

To enable the WDT, a user must write 01EH and 0E1H in sequence to the WDTRST register (SFR location 0A6H). When the WDT is enabled, the user needs to service it by writing 01EH and 0E1H to WDTRST to avoid a WDT overflow. The 14-bit counter overflows when it reaches 16383 (3FFFH), and this will reset the device. When the WDT is enabled, it will increment every machine cycle while the oscillator is running. This means the user must reset the WDT at least every 16383 machine cycles. To reset the WDT the user must write 01EH and 0E1H to WDTRST. WDTRST is a write-only register. The WDT counter cannot be read or written. When WDT overflows, it will generate an output RESET pulse at the RST pin. The RESET pulse duration is 98xTOSC, where TOSC=1/FOSC. To make the best use of the WDT, it should be serviced in those sections of code that will periodically be executed within the time required to prevent a WDT reset.

WDT During Power-down and Idle

In Power-down mode the oscillator stops, which means the WDT also stops. While in Power-down mode, the user does not need to service the WDT. There are two methods of exiting Power-down mode: by a hardware reset or via a level-activated external interrupt, which is enabled prior to entering Power-down mode. When Power-down is exited with hardware reset, servicing the WDT should occur as it normally does whenever the AT89S51 is reset. Exiting Power-down with an interrupt is significantly different. The interrupt is held low long enough for the oscillator to stabilize. When the interrupt is brought high, the interrupt is serviced. To prevent the WDT from resetting the device while the interrupt pin is held low, the WDT is not started until the interrupt is pulled high. It is suggested that the WDT be reset during the interrupt service for the interrupt used to exit Power-down mode.

To ensure that the WDT does not overflow within a few states of exiting Power-down, it is best to reset the WDT just before entering Power-down mode.

Before going into the IDLE mode, the WDIDLE bit in SFR AUXR is used to determine whether the WDT continues to count if enabled. The WDT keeps counting during IDLE (WDIDLE bit = 0) as the default state. To prevent the WDT from resetting the AT89S51 while in IDLE mode, the user should always set up a timer that will periodically exit IDLE, service the WDT, and reenter IDLE mode.

With WDIDLE bit enabled, the WDT will stop to count in IDLE mode and resumes the count upon exit from IDLE.

UART

The UART in the AT89S51 operates the same way as the UART in the AT89C51. For further information on the UART operation, refer to the ATMEL Web site (http://www.atmel.com). From the home page, select 'Products', then '8051-Architecture Flash Microcontroller', then 'Product Overview'.

Timer 0 and 1

Timer 0 and Timer 1 in the AT89S51 operate the same way as Timer 0 and Timer 1 in the AT89C51. For further information on the timers' operation, refer to the ATMEL Web site (http://www.atmel.com). From the home page, select 'Products', then '8051-Architecture Flash Microcontroller', then 'Product Overview'.

Interrupts

The AT89S51 has a total of five interrupt vectors: two external interrupts ($\overline{\text{INT0}}$ and $\overline{\text{INT1}}$), two timer interrupts (Timers 0 and 1), and the serial port interrupt. These interrupts are all shown in Figure 1.

Each of these interrupt sources can be individually enabled or disabled by setting or clearing a bit in Special Function Register IE. IE also contains a global disable bit, EA, which disables all interrupts at once.

Note that Table 4 shows that bit position IE.6 is unimplemented. In the AT89S51, bit position IE.5 is also unimplemented. User software should not write 1s to these bit positions, since they may be used in future AT89 products.

The Timer 0 and Timer 1 flags, TF0 and TF1, are set at S5P2 of the cycle in which the timers overflow. The values are then polled by the circuitry in the next cycle

Table 4. Interrupt Enable (IE) Register

(MSB)							(LSB)
EA	–	–	ES	ET1	EX1	ET0	EX0

Enable Bit = 1 enables the interrupt.

Enable Bit = 0 disables the interrupt.

Symbol	Position	Function
EA	IE.7	Disables all interrupts. If EA = 0, no interrupt is acknowledged. If EA = 1, each interrupt source is individually enabled or disabled by setting or clearing its enable bit.
–	IE.6	Reserved
–	IE.5	Reserved
ES	IE.4	Serial Port interrupt enable bit
ET1	IE.3	Timer 1 interrupt enable bit
EX1	IE.2	External interrupt 1 enable bit
ET0	IE.1	Timer 0 interrupt enable bit
EX0	IE.0	External interrupt 0 enable bit
User software should never write 1s to reserved bits, because they may be used in future AT89 products.		

Figure 1. Interrupt Sources

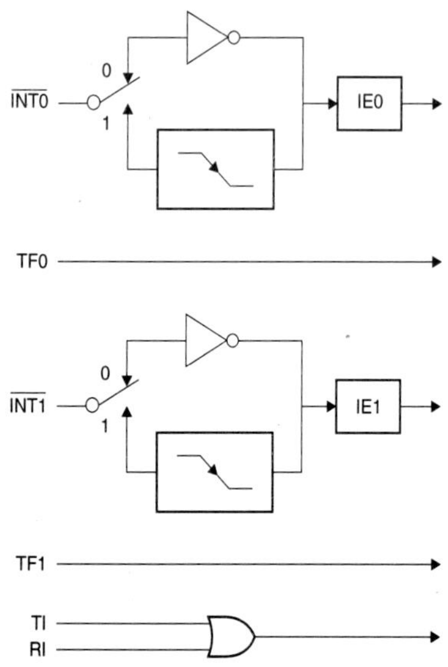

Oscillator Characteristics

XTAL1 and XTAL2 are the input and output, respectively, of an inverting amplifier that can be configured for use as an on-chip oscillator, as shown in Figure 2. Either a quartz crystal or ceramic resonator may be used. To drive the device from an external clock source, XTAL2 should be left unconnected while XTAL1 is driven, as shown in Figure 3. There are no requirements on the duty cycle of the external clock signal, since the input to the internal clocking circuitry is through a divide-by-two flip-flop, but minimum and maximum voltage high and low time specifications must be observed.

Figure 2. Oscillator Connections

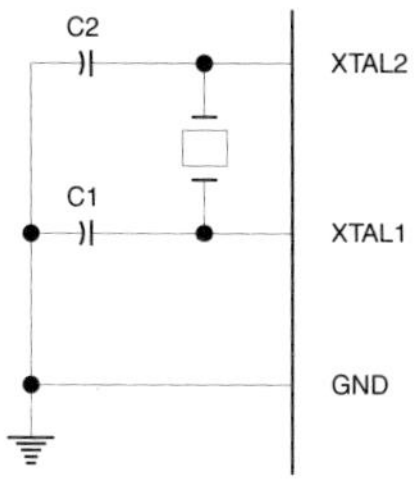

Note: C1, C2 = 30 pF ± 10 pF for Crystals = 40 pF ± 10 pF for Ceramic Resonators

Figure 3. External Clock Drive Configuration

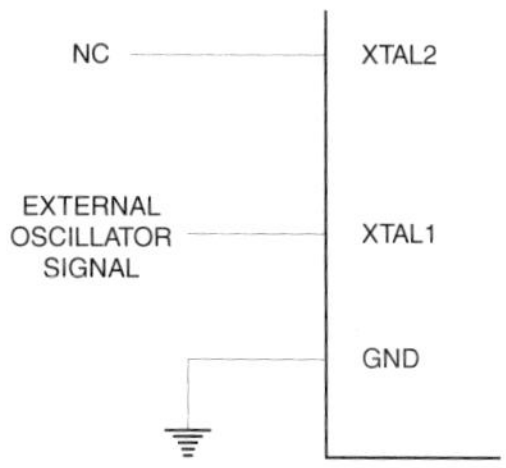

Idle Mode

In idle mode, the CPU puts itself to sleep while all the on-chip peripherals remain active. The mode is invoked by software. The content of the on-chip RAM and all the special function registers remain unchanged during this mode. The idle mode can be terminated by any enabled interrupt or by a hardware reset.

Note that when idle mode is terminated by a hardware reset, the device normally resumes program execution from where it left off, up to two machine cycles before the internal reset algorithm takes control. On-chip hardware inhibits access to internal RAM in this event, but access to the port pins is not inhibited. To eliminate the possibility of an unexpected write to a port pin when idle mode is terminated by a reset, the instruction following the one that invokes idle mode should not write to a port pin or to external memory.

Power-down Mode

In the Power-down mode, the oscillator is stopped, and the instruction that invokes Power-down is the last instruction executed. The on-chip RAM and Special Function Registers retain their values until the Power-down mode is terminated. Exit from Power-down mode can be initiated either by a hardware reset or by activation of an enabled external interrupt into $\overline{\text{INT0}}$ or $\overline{\text{INT1}}$. Reset redefines the SFRs but does not change the on-chip RAM. The reset should not be activated before V_{CC} is restored to its normal operating level and must be held active long enough to allow the oscillator to restart and stabilize.

Table 5. Status of External Pins During Idle and Power-down Modes

Mode	Program Memory	ALE	$\overline{\text{PSEN}}$	PORT0	PORT1	PORT2	PORT3
Idle	Internal	1	1	Data	Data	Data	Data
Idle	External	1	1	Float	Data	Address	Data
Power-down	Internal	0	0	Data	Data	Data	Data
Power-down	External	0	0	Float	Data	Data	Data

Program Memory Lock Bits

The AT89S51 has three lock bits that can be left unprogrammed (U) or can be programmed (P) to obtain the additional features listed in the following table.

Table 6. Lock Bit Protection Modes

	Program Lock Bits			
	LB1	**LB2**	**LB3**	**Protection Type**
1	U	U	U	No program lock features
2	P	U	U	MOVC instructions executed from external program memory are disabled from fetching code bytes from internal memory, $\overline{\text{EA}}$ is sampled and latched on reset, and further programming of the Flash memory is disabled
3	P	P	U	Same as mode 2, but verify is also disabled
4	P	P	P	Same as mode 3, but external execution is also disabled

When lock bit 1 is programmed, the logic level at the $\overline{\text{EA}}$ pin is sampled and latched during reset. If the device is powered up without a reset, the latch initializes to a random value and holds that value until reset is activated. The latched value of $\overline{\text{EA}}$ must agree with the current logic level at that pin in order for the device to function properly.

Programming the Flash – Parallel Mode

The AT89S51 is shipped with the on-chip Flash memory array ready to be programmed. The programming interface needs a high-voltage (12-volt) program enable signal and is compatible with conventional third-party Flash or EPROM programmers.

The AT89S51 code memory array is programmed byte-by-byte.

Programming Algorithm: Before programming the AT89S51, the address, data, and control signals should be set up according to the Flash programming mode table and Figures 13 and 14. To program the AT89S51, take the following steps:

1. Input the desired memory location on the address lines.
2. Input the appropriate data byte on the data lines.
3. Activate the correct combination of control signals.
4. Raise $\overline{\text{EA}}/V_{PP}$ to 12V.
5. Pulse ALE/$\overline{\text{PROG}}$ once to program a byte in the Flash array or the lock bits. The byte-write cycle is self-timed and typically takes no more than 50 μs. Repeat steps 1 through 5, changing the address and data for the entire array or until the end of the object file is reached.

$\overline{\textbf{Data}}$ Polling: The AT89S51 features $\overline{\text{Data}}$ Polling to indicate the end of a byte write cycle. During a write cycle, an attempted read of the last byte written will result in the complement of the written data on P0.7. Once the write cycle has been completed, true data is valid on all outputs, and the next cycle may begin. $\overline{\text{Data}}$ Polling may begin any time after a write cycle has been initiated.

Ready/$\overline{\text{Busy}}$: The progress of byte programming can also be monitored by the RDY/$\overline{\text{BSY}}$ output signal. P3.0 is pulled low after ALE goes high during programming to indicate $\overline{\text{BUSY}}$. P3.0 is pulled high again when programming is done to indicate READY.

Program Verify: If lock bits LB1 and LB2 have not been programmed, the programmed code data can be read back via the address and data lines for verification. The status of the individual lock bits can be verified directly by reading them back.

Reading the Signature Bytes: The signature bytes are read by the same procedure as a normal verification of locations 000H, 100H, and 200H, except that P3.6 and P3.7 must be pulled to a logic low. The values returned are as follows.

(000H) = 1EH indicates manufactured by Atmel
(100H) = 51H indicates 89S51
(200H) = 06H

Chip Erase: In the parallel programming mode, a chip erase operation is initiated by using the proper combination of control signals and by pulsing ALE/$\overline{\text{PROG}}$ low for a duration of 200 ns - 500 ns.

In the serial programming mode, a chip erase operation is initiated by issuing the Chip Erase instruction. In this mode, chip erase is self-timed and takes about 500 ms.

During chip erase, a serial read from any address location will return 00H at the data output.

Programming the Flash – Serial Mode

The Code memory array can be programmed using the serial ISP interface while RST is pulled to V_{CC}. The serial interface consists of pins SCK, MOSI (input) and MISO (output). After RST is set high, the Programming Enable instruction needs to be executed first before other operations can be executed. Before a reprogramming sequence can occur, a Chip Erase operation is required.

The Chip Erase operation turns the content of every memory location in the Code array into FFH.

Either an external system clock can be supplied at pin XTAL1 or a crystal needs to be connected across pins XTAL1 and XTAL2. The maximum serial clock (SCK) frequency should be less than 1/16 of the crystal frequency. With a 33 MHz oscillator clock, the maximum SCK frequency is 2 MHz.

Serial Programming Algorithm

To program and verify the AT89S51 in the serial programming mode, the following sequence is recommended:

1. Power-up sequence:

   Apply power between VCC and GND pins.

   Set RST pin to "H".

   If a crystal is not connected across pins XTAL1 and XTAL2, apply a 3 MHz to 33 MHz clock to XTAL1 pin and wait for at least 10 milliseconds.
2. Enable serial programming by sending the Programming Enable serial instruction to pin MOSI/P1.5. The frequency of the shift clock supplied at pin SCK/P1.7 needs to be less than the CPU clock at XTAL1 divided by 16.
3. The Code array is programmed one byte at a time in either the Byte or Page mode. The write cycle is self-timed and typically takes less than 0.5 ms at 5V.
4. Any memory location can be verified by using the Read instruction that returns the content at the selected address at serial output MISO/P1.6.
5. At the end of a programming session, RST can be set low to commence normal device operation.

Power-off sequence (if needed):

Set XTAL1 to “L” (if a crystal is not used).

Set RST to “L”.

Turn V_{CC} power off.

$\overline{\text{Data}}$ Polling: The $\overline{\text{Data}}$ Polling feature is also available in the serial mode. In this mode, during a write cycle an attempted read of the last byte written will result in the complement of the MSB of the serial output byte on MISO.

Serial Programming Instruction Set

The Instruction Set for Serial Programming follows a 4-byte protocol and is shown in Table 8 on page 18.

Programming Interface – Parallel Mode

Every code byte in the Flash array can be programmed by using the appropriate combination of control signals. The write operation cycle is self-timed and once initiated, will automatically time itself to completion.

All major programming vendors offer worldwide support for the Atmel microcontroller series. Please contact your local programming vendor for the appropriate software revision.

Table 7. Flash Programming Modes

Mode	V_{CC}	RST	$\overline{\text{PSEN}}$	ALE/ $\overline{\text{PROG}}$	$\overline{\text{EA}}$/ V_{PP}	P2.6	P2.7	P3.3	P3.6	P3.7	P0.7-0 Data	P2.3-0 (Address)	P1.7-0 (Address)
Write Code Data	5V	H	L	(2)	12V	L	H	H	H	H	D_{IN}	A11-8	A7-0
Read Code Data	5V	H	L	H	H	L	L	L	H	H	D_{OUT}	A11-8	A7-0
Write Lock Bit 1	5V	H	L	(3)	12V	H	H	H	H	H	X	X	X
Write Lock Bit 2	5V	H	L	(3)	12V	H	H	H	L	L	X	X	X
Write Lock Bit 3	5V	H	L	(3)	12V	H	L	H	H	L	X	X	X
Read Lock Bits 1, 2, 3	5V	H	L	H	H	H	H	L	H	L	P0.2, P0.3, P0.4	X	X
Chip Erase	5V	H	L	(1)	12V	H	L	H	L	L	X	X	X
Read Atmel ID	5V	H	L	H	H	L	L	L	L	L	1EH	0000	00H
Read Device ID	5V	H	L	H	H	L	L	L	L	L	51H	0001	00H
Read Device ID	5V	H	L	H	H	L	L	L	L	L	06H	0010	00H

Notes:
1. Each $\overline{\text{PROG}}$ pulse is 200 ns - 500 ns for Chip Erase.
2. Each $\overline{\text{PROG}}$ pulse is 200 ns - 500 ns for Write Code Data.
3. Each $\overline{\text{PROG}}$ pulse is 200 ns - 500 ns for Write Lock Bits.
4. RDY/$\overline{\text{BSY}}$ signal is output on P3.0 during programming.
5. X = don’t care.

Figure 4. Programming the Flash Memory (Parallel Mode)

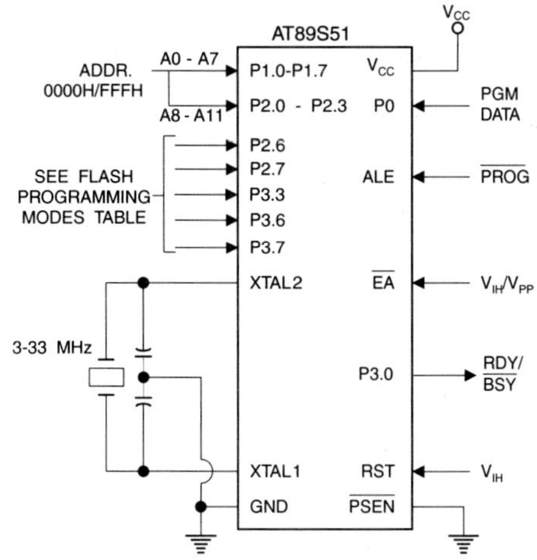

Figure 5. Verifying the Flash Memory (Parallel Mode)

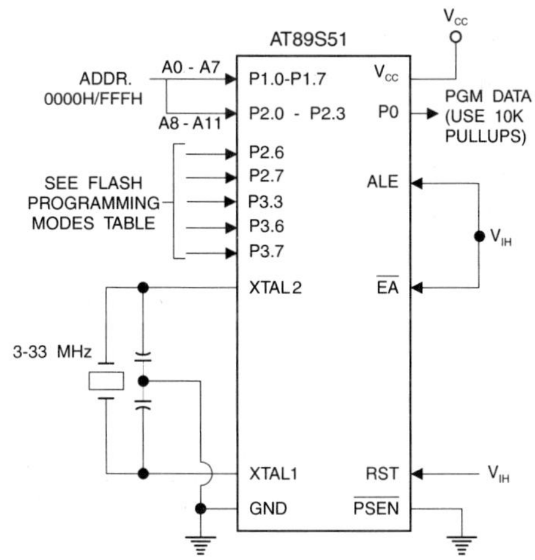

Flash Programming and Verification Characteristics (Parallel Mode)

T_A = 20°C to 30°C, V_{CC} = 4.5 to 5.5V

Symbol	Parameter	Min	Max	Units
V_{PP}	Programming Supply Voltage	11.5	12.5	V
I_{PP}	Programming Supply Current		10	mA
I_{CC}	V_{CC} Supply Current		30	mA
$1/t_{CLCL}$	Oscillator Frequency	3	33	MHz
t_{AVGL}	Address Setup to $\overline{PROG}$ Low	$48t_{CLCL}$		
t_{GHAX}	Address Hold After $\overline{PROG}$	$48t_{CLCL}$		
t_{DVGL}	Data Setup to $\overline{PROG}$ Low	$48t_{CLCL}$		
t_{GHDX}	Data Hold After $\overline{PROG}$	$48t_{CLCL}$		
t_{EHSH}	P2.7 ($\overline{ENABLE}$) High to V_{PP}	$48t_{CLCL}$		
t_{SHGL}	V_{PP} Setup to $\overline{PROG}$ Low	10		µs
t_{GHSL}	V_{PP} Hold After $\overline{PROG}$	10		µs
t_{GLGH}	$\overline{PROG}$ Width	0.2	1	µs
t_{AVQV}	Address to Data Valid		$48t_{CLCL}$	
t_{ELQV}	$\overline{ENABLE}$ Low to Data Valid		$48t_{CLCL}$	
t_{EHQZ}	Data Float After $\overline{ENABLE}$	0	$48t_{CLCL}$	
t_{GHBL}	$\overline{PROG}$ High to $\overline{BUSY}$ Low		1.0	µs
t_{WC}	Byte Write Cycle Time		50	µs

Figure 6. Flash Programming and Verification Waveforms – Parallel Mode

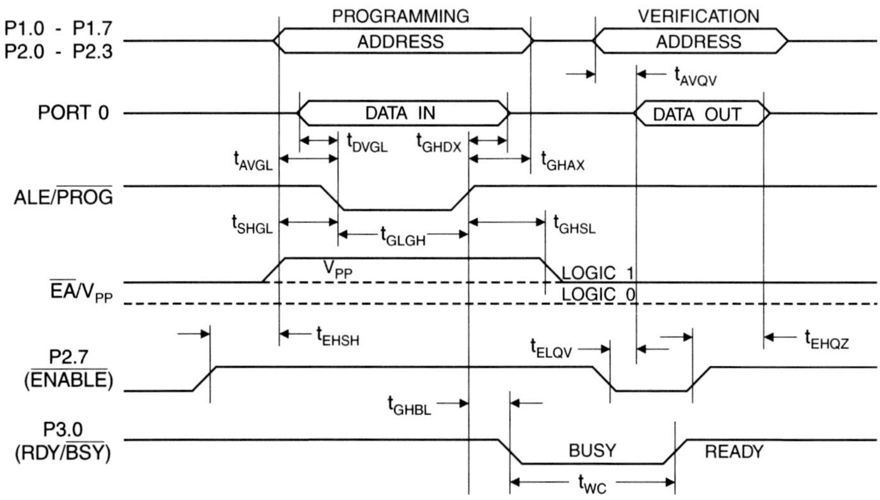

Figure 7. Flash Memory Serial Downloading

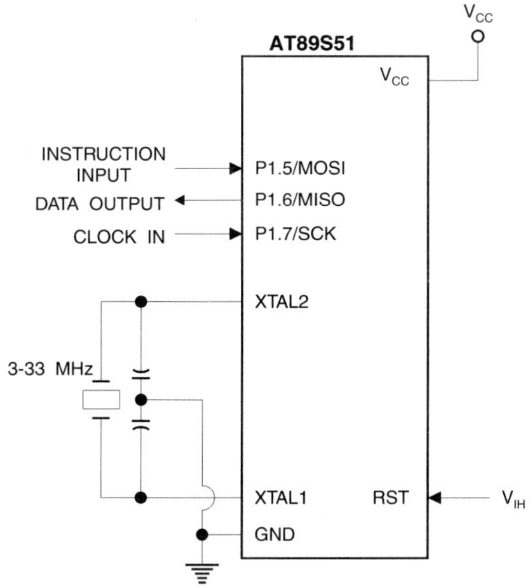

Flash Programming and Verification Waveforms – Serial Mode

Figure 8. Serial Programming Waveforms

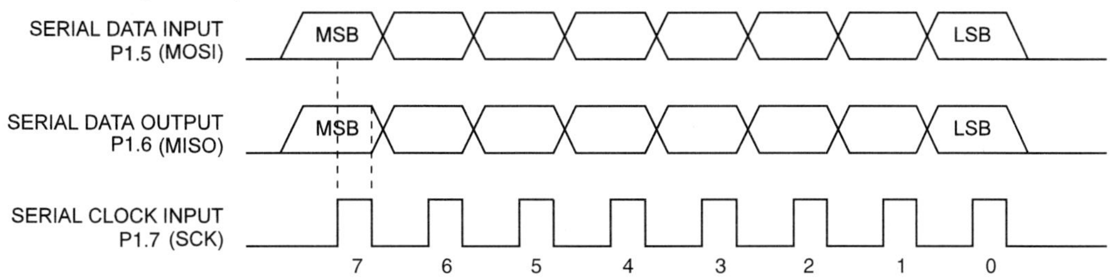

Table 8. Serial Programming Instruction Set

Instruction	Instruction Format Byte 1	Byte 2	Byte 3	Byte 4	Operation
Programming Enable	1010 1100	0101 0011	xxxx xxxx	xxxx xxxx 0110 1001 (Output)	Enable Serial Programming while RST is high
Chip Erase	1010 1100	100x xxxx	xxxx xxxx	xxxx xxxx	Chip Erase Flash memory array
Read Program Memory (Byte Mode)	0010 0000	xxxx A11 A10 A9 A8	A7 A6 A5 A4 A3 A2 A1 A0	D7 D6 D5 D4 D3 D2 D1 D0	Read data from Program memory in the byte mode
Write Program Memory (Byte Mode)	0100 0000	xxxx A11 A10 A9 A8	A7 A6 A5 A4 A3 A2 A1 A0	D7 D6 D5 D4 D3 D2 D1 D0	Write data to Program memory in the byte mode
Write Lock Bits[2]	1010 1100	1110 00 B1 B2	xxxx xxxx	xxxx xxxx	Write Lock bits. See Note (2).
Read Lock Bits	0010 0100	xxxx xxxx	xxxx xxxx	xx LB3 LB2 LB1 xx	Read back current status of the lock bits (a programmed lock bit reads back as a "1")
Read Signature Bytes[1]	0010 1000	xxx A5 A4 A3 A2 A1	A0 xxx xxxx	Signature Byte	Read Signature Byte
Read Program Memory (Page Mode)	0011 0000	xxxx A11 A10 A9 A8	Byte 0	Byte 1... Byte 255	Read data from Program memory in the Page Mode (256 bytes)
Write Program Memory (Page Mode)	0101 0000	xxxx A11 A10 A9 A8	Byte 0	Byte 1... Byte 255	Write data to Program memory in the Page Mode (256 bytes)

Notes: 1. The signature bytes are not readable in Lock Bit Modes 3 and 4.

2. B1 = 0, B2 = 0 ⟶ Mode 1, no lock protection
B1 = 0, B2 = 1 ⟶ Mode 2, lock bit 1 activated
B1 = 1, B2 = 0 ⟶ Mode 3, lock bit 2 activated
B1 = 1, B1 = 1 ⟶ Mode 4, lock bit 3 activated
} Each of the lock bits needs to be activated sequentially before Mode 4 can be executed.

After Reset signal is high, SCK should be low for at least 64 system clocks before it goes high to clock in the enable data bytes. No pulsing of Reset signal is necessary. SCK should be no faster than 1/16 of the system clock at XTAL1.

For Page Read/Write, the data always starts from byte 0 to 255. After the command byte and upper address byte are latched, each byte thereafter is treated as data until all 256 bytes are shifted in/out. Then the next instruction will be ready to be decoded.

Serial Programming Characteristics

Figure 9. Serial Programming Timing

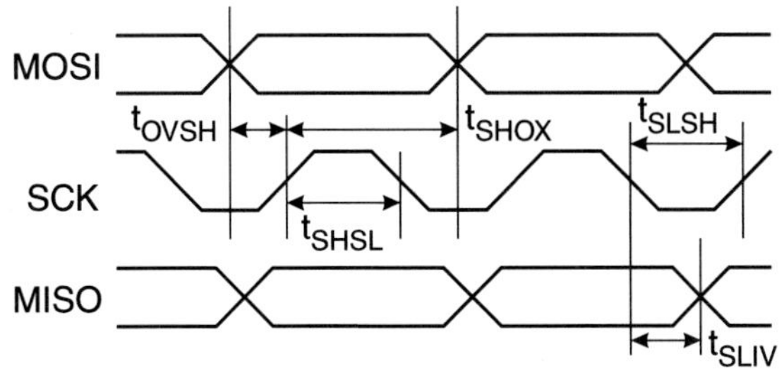

Table 9. Serial Programming Characteristics, T_A = -40°C to 85°C, V_{CC} = 4.0 - 5.5V (Unless Otherwise Noted)

Symbol	Parameter	Min	Typ	Max	Units
$1/t_{CLCL}$	Oscillator Frequency	0		33	MHz
t_{CLCL}	Oscillator Period	30			ns
t_{SHSL}	SCK Pulse Width High	8 t_{CLCL}			ns
t_{SLSH}	SCK Pulse Width Low	8 t_{CLCL}			ns
t_{OVSH}	MOSI Setup to SCK High	t_{CLCL}			ns
t_{SHOX}	MOSI Hold after SCK High	2 t_{CLCL}			ns
t_{SLIV}	SCK Low to MISO Valid	10	16	32	ns
t_{ERASE}	Chip Erase Instruction Cycle Time			500	ms
t_{SWC}	Serial Byte Write Cycle Time			64 t_{CLCL} + 400	µs

Absolute Maximum Ratings*

Operating Temperature	-55°C to +125°C
Storage Temperature	-65°C to +150°C
Voltage on Any Pin with Respect to Ground	-1.0V to +7.0V
Maximum Operating Voltage	6.6V
DC Output Current	15.0 mA

*NOTICE: Stresses beyond those listed under "Absolute Maximum Ratings" may cause permanent damage to the device. This is a stress rating only and functional operation of the device at these or any other conditions beyond those indicated in the operational sections of this specification is not implied. Exposure to absolute maximum rating conditions for extended periods may affect device reliability.

DC Characteristics

The values shown in this table are valid for T_A = -40°C to 85°C and V_{CC} = 4.0V to 5.5V, unless otherwise noted.

Symbol	Parameter	Condition	Min	Max	Units
V_{IL}	Input Low Voltage	(Except $\overline{EA}$)	-0.5	0.2 V_{CC}-0.1	V
V_{IL1}	Input Low Voltage ($\overline{EA}$)		-0.5	0.2 V_{CC}-0.3	V
V_{IH}	Input High Voltage	(Except XTAL1, RST)	0.2 V_{CC}+0.9	V_{CC}+0.5	V
V_{IH1}	Input High Voltage	(XTAL1, RST)	0.7 V_{CC}	V_{CC}+0.5	V
V_{OL}	Output Low Voltage[1] (Ports 1,2,3)	I_{OL} = 1.6 mA		0.45	V
V_{OL1}	Output Low Voltage[1] (Port 0, ALE, $\overline{PSEN}$)	I_{OL} = 3.2 mA		0.45	V
V_{OH}	Output High Voltage (Ports 1,2,3, ALE, $\overline{PSEN}$)	I_{OH} = -60 μA, V_{CC} = 5V ± 10%	2.4		V
		I_{OH} = -25 μA	0.75 V_{CC}		V
		I_{OH} = -10 μA	0.9 V_{CC}		V
V_{OH1}	Output High Voltage (Port 0 in External Bus Mode)	I_{OH} = -800 μA, V_{CC} = 5V ± 10%	2.4		V
		I_{OH} = -300 μA	0.75 V_{CC}		V
		I_{OH} = -80 μA	0.9 V_{CC}		V
I_{IL}	Logical 0 Input Current (Ports 1,2,3)	V_{IN} = 0.45V		-50	μA
I_{TL}	Logical 1 to 0 Transition Current (Ports 1,2,3)	V_{IN} = 2V, V_{CC} = 5V ± 10%		-650	μA
I_{LI}	Input Leakage Current (Port 0, $\overline{EA}$)	0.45 < V_{IN} < V_{CC}		±10	μA
RRST	Reset Pulldown Resistor		50	300	KΩ
C_{IO}	Pin Capacitance	Test Freq. = 1 MHz, T_A = 25°C		10	pF
I_{CC}	Power Supply Current	Active Mode, 12 MHz		25	mA
		Idle Mode, 12 MHz		6.5	mA
	Power-down Mode[2]	V_{CC} = 5.5V		50	μA

Notes: 1. Under steady state (non-transient) conditions, I_{OL} must be externally limited as follows:
Maximum I_{OL} per port pin: 10 mA
Maximum I_{OL} per 8-bit port:
Port 0: 26 mA Ports 1, 2, 3: 15 mA
Maximum total I_{OL} for all output pins: 71 mA
If I_{OL} exceeds the test condition, V_{OL} may exceed the related specification. Pins are not guaranteed to sink current greater than the listed test conditions.
2. Minimum V_{CC} for Power-down is 2V.

AC Characteristics

Under operating conditions, load capacitance for Port 0, ALE/$\overline{\text{PROG}}$, and $\overline{\text{PSEN}}$ = 100 pF; load capacitance for all other outputs = 80 pF.

External Program and Data Memory Characteristics

		12 MHz Oscillator		Variable Oscillator		
Symbol	**Parameter**	**Min**	**Max**	**Min**	**Max**	**Units**
$1/t_{CLCL}$	Oscillator Frequency			0	33	MHz
t_{LHLL}	ALE Pulse Width	127		$2t_{CLCL}$-40		ns
t_{AVLL}	Address Valid to ALE Low	43		t_{CLCL}-25		ns
t_{LLAX}	Address Hold After ALE Low	48		t_{CLCL}-25		ns
t_{LLIV}	ALE Low to Valid Instruction In		233		$4t_{CLCL}$-65	ns
t_{LLPL}	ALE Low to $\overline{\text{PSEN}}$ Low	43		t_{CLCL}-25		ns
t_{PLPH}	$\overline{\text{PSEN}}$ Pulse Width	205		$3t_{CLCL}$-45		ns
t_{PLIV}	$\overline{\text{PSEN}}$ Low to Valid Instruction In		145		$3t_{CLCL}$-60	ns
t_{PXIX}	Input Instruction Hold After $\overline{\text{PSEN}}$	0		0		ns
t_{PXIZ}	Input Instruction Float After $\overline{\text{PSEN}}$		59		t_{CLCL}-25	ns
t_{PXAV}	$\overline{\text{PSEN}}$ to Address Valid	75		t_{CLCL}-8		ns
t_{AVIV}	Address to Valid Instruction In		312		$5t_{CLCL}$-80	ns
t_{PLAZ}	$\overline{\text{PSEN}}$ Low to Address Float		10		10	ns
t_{RLRH}	$\overline{\text{RD}}$ Pulse Width	400		$6t_{CLCL}$-100		ns
t_{WLWH}	$\overline{\text{WR}}$ Pulse Width	400		$6t_{CLCL}$-100		ns
t_{RLDV}	$\overline{\text{RD}}$ Low to Valid Data In		252		$5t_{CLCL}$-90	ns
t_{RHDX}	Data Hold After $\overline{\text{RD}}$	0		0		ns
t_{RHDZ}	Data Float After $\overline{\text{RD}}$		97		$2t_{CLCL}$-28	ns
t_{LLDV}	ALE Low to Valid Data In		517		$8t_{CLCL}$-150	ns
t_{AVDV}	Address to Valid Data In		585		$9t_{CLCL}$-165	ns
t_{LLWL}	ALE Low to $\overline{\text{RD}}$ or $\overline{\text{WR}}$ Low	200	300	$3t_{CLCL}$-50	$3t_{CLCL}$+50	ns
t_{AVWL}	Address to $\overline{\text{RD}}$ or $\overline{\text{WR}}$ Low	203		$4t_{CLCL}$-75		ns
t_{QVWX}	Data Valid to $\overline{\text{WR}}$ Transition	23		t_{CLCL}-30		ns
t_{QVWH}	Data Valid to $\overline{\text{WR}}$ High	433		$7t_{CLCL}$-130		ns
t_{WHQX}	Data Hold After $\overline{\text{WR}}$	33		t_{CLCL}-25		ns
t_{RLAZ}	$\overline{\text{RD}}$ Low to Address Float		0		0	ns
t_{WHLH}	$\overline{\text{RD}}$ or $\overline{\text{WR}}$ High to ALE High	43	123	t_{CLCL}-25	t_{CLCL}+25	ns

External Program Memory Read Cycle

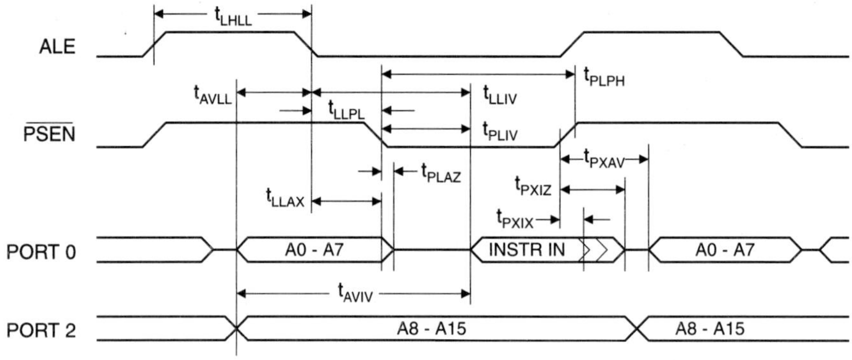

External Data Memory Read Cycle

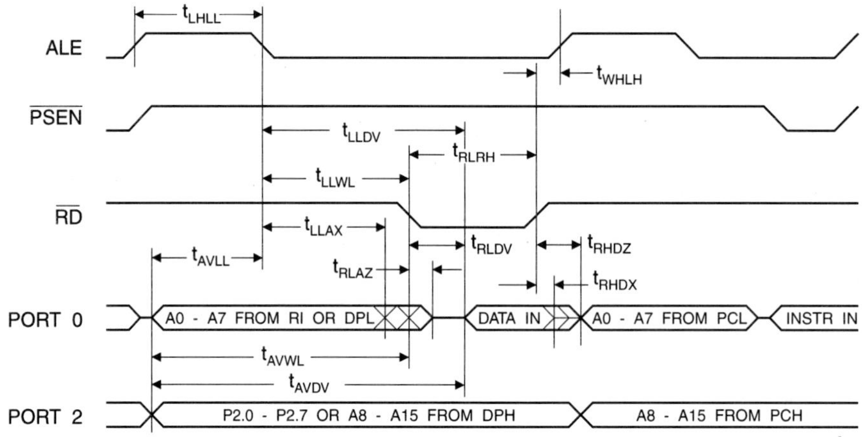

External Data Memory Write Cycle

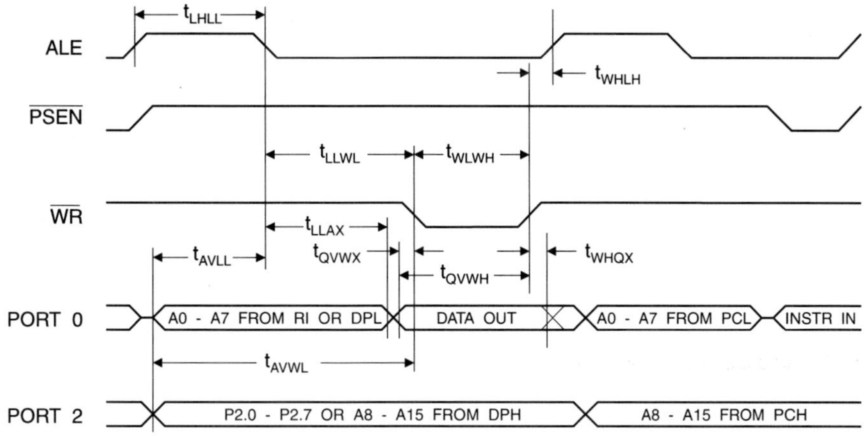

External Clock Drive Waveforms

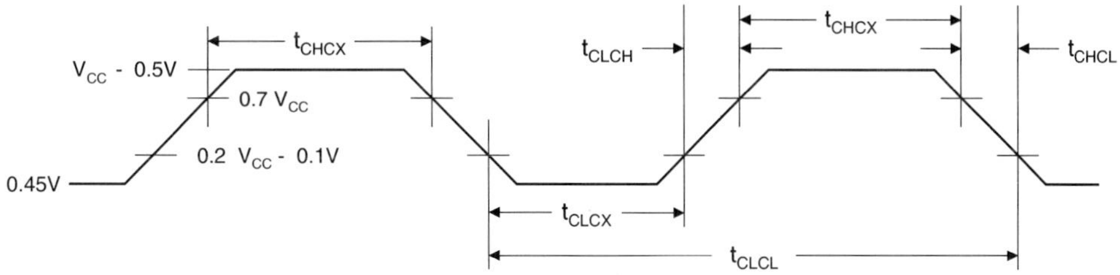

External Clock Drive

Symbol	Parameter	Min	Max	Units
$1/t_{CLCL}$	Oscillator Frequency	0	33	MHz
t_{CLCL}	Clock Period	30		ns
t_{CHCX}	High Time	12		ns
t_{CLCX}	Low Time	12		ns
t_{CLCH}	Rise Time		5	ns
t_{CHCL}	Fall Time		5	ns

Serial Port Timing: Shift Register Mode Test Conditions

The values in this table are valid for V_{CC} = 4.0V to 5.5V and Load Capacitance = 80 pF.

Symbol	Parameter	12 MHz Osc		Variable Oscillator		Units
		Min	Max	Min	Max	
t_{XLXL}	Serial Port Clock Cycle Time	1.0		$12t_{CLCL}$		µs
t_{QVXH}	Output Data Setup to Clock Rising Edge	700		$10t_{CLCL}$-133		ns
t_{XHQX}	Output Data Hold After Clock Rising Edge	50		$2t_{CLCL}$-80		ns
t_{XHDX}	Input Data Hold After Clock Rising Edge	0		0		ns
t_{XHDV}	Clock Rising Edge to Input Data Valid		700		$10t_{CLCL}$-133	ns

Shift Register Mode Timing Waveforms

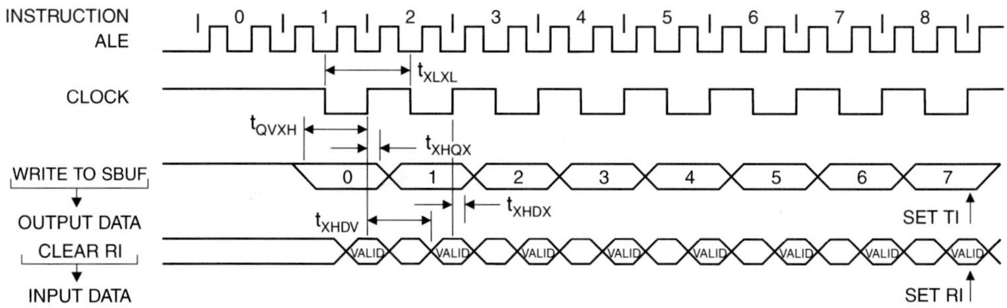

AC Testing Input/Output Waveforms[1]

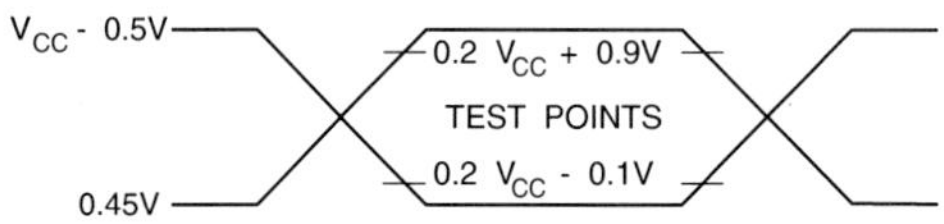

Note: 1. AC Inputs during testing are driven at V_{CC} - 0.5V for a logic 1 and 0.45V for a logic 0. Timing measurements are made at V_{IH} min. for a logic 1 and V_{IL} max. for a logic 0.

Float Waveforms[1]

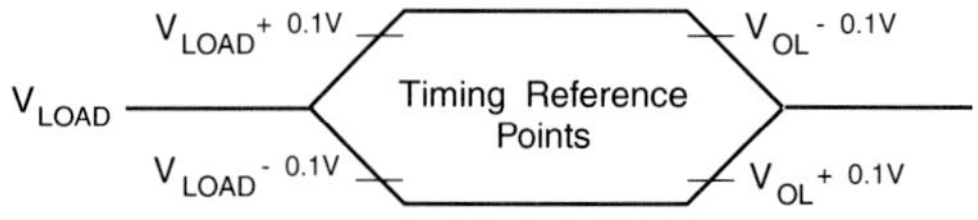

Note: 1. For timing purposes, a port pin is no longer floating when a 100 mV change from load voltage occurs. A port pin begins to float when a 100 mV change from the loaded V_{OH}/V_{OL} level occurs.

Ordering Information

Speed (MHz)	Power Supply	Ordering Code	Package	Operation Range
24	4.0V to 5.5V	AT89S51-24AC AT89S51-24JC AT89S51-24PC	44A 44J 40P6	Commercial (0°C to 70°C)
		AT89S51-24AI AT89S51-24JI AT89S51-24PI	44A 44J 40P6	Industrial (-40°C to 85°C)
33	4.5V to 5.5V	AT89S51-33AC AT89S51-33JC AT89S51-33PC	44A 44J 40P6	Commercial (0°C to 70°C)

= Preliminary Availability

Package Type	
44A	44-lead, Thin Plastic Gull Wing Quad Flatpack (TQFP)
44J	44-lead, Plastic J-leaded Chip Carrier (PLCC)
40P6	40-pin, 0.600" Wide, Plastic Dual Inline Package (PDIP)

Packaging Information

44A, 44-lead, Thin (1.0 mm) Plastic Gull Wing Quad Flat Package (TQFP)
Dimensions in Millimeters and (Inches)*

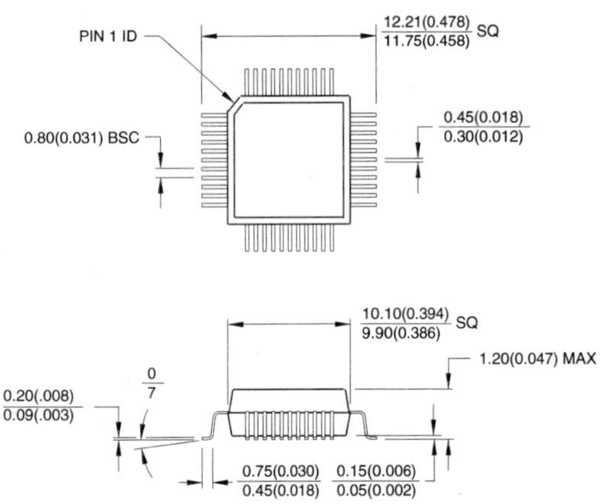

*Controlling dimension: millimeters

44J, 44-lead, Plastic J-leaded Chip Carrier (PLCC)
Dimensions in Inches and (Millimeters)

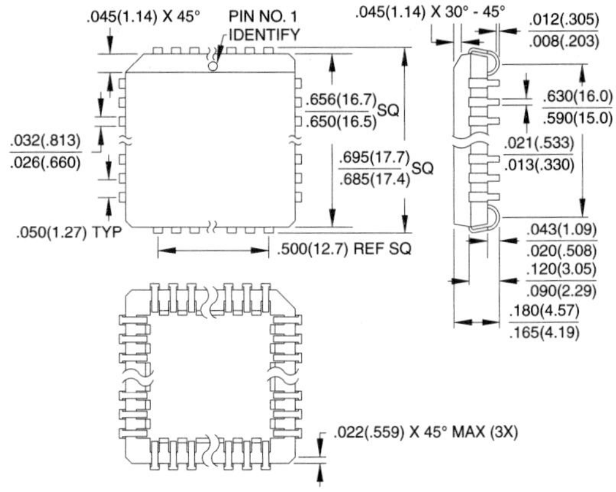

40P6, 40-pin, 0.600" Wide, Plastic Dual Inline Package (PDIP)
Dimensions in Inches and (Millimeters)
JEDEC STANDARD MS-011 AC

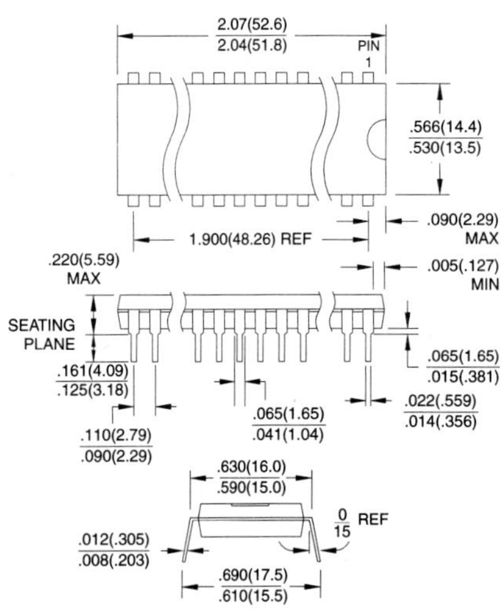

Atmel Headquarters

Corporate Headquarters
2325 Orchard Parkway
San Jose, CA 95131
TEL (408) 441-0311
FAX (408) 487-2600

Europe
Atmel SarL
Route des Arsenaux 41
Casa Postale 80
CH-1705 Fribourg
Switzerland
TEL (41) 26-426-5555
FAX (41) 26-426-5500

Asia
Atmel Asia, Ltd.
Room 1219
Chinachem Golden Plaza
77 Mody Road Tsimhatsui
East Kowloon
Hong Kong
TEL (852) 2721-9778
FAX (852) 2722-1369

Japan
Atmel Japan K.K.
9F, Tonetsu Shinkawa Bldg.
1-24-8 Shinkawa
Chuo-ku, Tokyo 104-0033
Japan
TEL (81) 3-3523-3551
FAX (81) 3-3523-7581

Atmel Product Operations

Atmel Colorado Springs
1150 E. Cheyenne Mtn. Blvd.
Colorado Springs, CO 80906
TEL (719) 576-3300
FAX (719) 540-1759

Atmel Grenoble
Avenue de Rochepleine
BP 123
38521 Saint-Egreve Cedex, France
TEL (33) 4-7658-3000
FAX (33) 4-7658-3480

Atmel Heilbronn
Theresienstrasse 2
POB 3535
D-74025 Heilbronn, Germany
TEL (49) 71 31 67 25 94
FAX (49) 71 31 67 24 23

Atmel Nantes
La Chantrerie
BP 70602
44306 Nantes Cedex 3, France
TEL (33) 0 2 40 18 18 18
FAX (33) 0 2 40 18 19 60

Atmel Rousset
Zone Industrielle
13106 Rousset Cedex, France
TEL (33) 4-4253-6000
FAX (33) 4-4253-6001

Atmel Smart Card ICs
Scottish Enterprise Technology Park
East Kilbride, Scotland G75 0QR
TEL (44) 1355-357-000
FAX (44) 1355-242-743

e-mail
literature@atmel.com

Web Site
http://www.atmel.com

2487A–10/01/xM

MCP3202

2.7V Dual Channel 12-Bit A/D Converter with SPI™ Serial Interface

Features

- 12-bit resolution
- ±1 LSB max DNL
- ±1 LSB max INL (MCP3202-B)
- ±2 LSB max INL (MCP3202-C)
- Analog inputs programmable as single-ended or pseudo-differential pairs
- On-chip sample and hold
- SPI™ serial interface (modes 0,0 and 1,1)
- Single supply operation: 2.7V - 5.5V
- 100 ksps max. sampling rate at V_{DD} = 5V
- 50 ksps max. sampling rate at V_{DD} = 2.7V
- Low power CMOS technology
  - 500 nA typical standby current, 5 µA max.
  - 550 µA max. active current at 5V
- Industrial temp range: -40°C to +85°C
- 8-pin MSOP, PDIP, SOIC and TSSOP packages

Applications

- Sensor Interface
- Process Control
- Data Acquisition
- Battery Operated Systems

Description

The Microchip Technology Inc. MCP3202 is a successive approximation 12-bit Analog-to-Digital (A/D) Converter with on-board sample and hold circuitry. The MCP3202 is programmable to provide a single pseudo-differential input pair or dual single-ended inputs. Differential Nonlinearity (DNL) is specified at ±1 LSB, and Integral Nonlinearity (INL) is offered in ±1 LSB (MCP3202-B) and ±2 LSB (MCP3202-C) versions. Communication with the device is done using a simple serial interface compatible with the SPI protocol. The device is capable of conversion rates of up to 100 ksps at 5V and 50 ksps at 2.7V. The MCP3202 device operates over a broad voltage range (2.7V - 5.5V). Low current design permits operation with typical standby and active currents of only 500 nA and 375 µA, respectively. The MCP3202 is offered in 8-pin MSOP, PDIP, TSSOP and 150 mil SOIC packages.

Package Types

PDIP, MSOP, SOIC, TSSOP

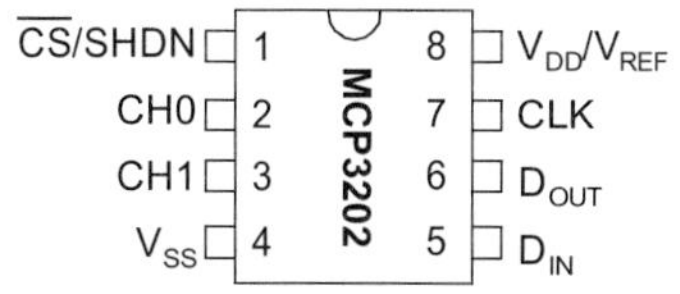

Functional Block Diagram

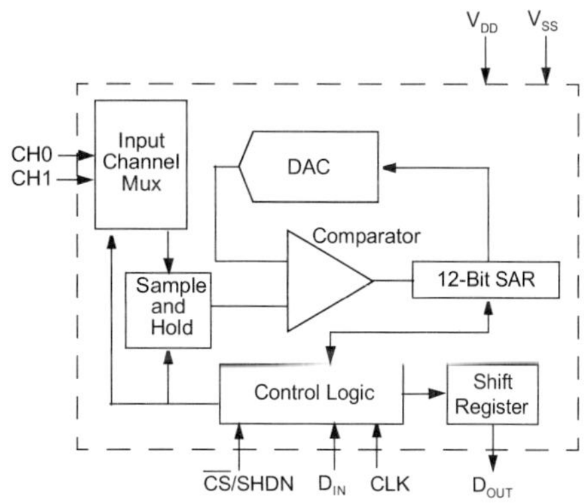

1.0 ELECTRICAL CHARACTERISTICS

1.1 Maximum Ratings*

V_{DD} 7.0V

All inputs and outputs w.r.t. V_{SS} ...... -0.6V to V_{DD} +0.6V

Storage temperature .... -65°C to +150°C

Ambient temp. with power applied ..... -65°C to +125°C

ESD protection on all pins (HBM) .... > 4 kV

***Notice:** Stresses above those listed under "Maximum Ratings" may cause permanent damage to the device. This is a stress rating only and functional operation of the device at those or any other conditions above those indicated in the operational listings of this specification is not implied. Exposure to maximum rating conditions for extended periods may affect device reliability.

PIN FUNCTION TABLE

Name	Function
V_{DD}/V_{REF}	+2.7V to 5.5V Power Supply and Reference Voltage Input
CH0	Channel 0 Analog Input
CH1	Channel 1 Analog Input
CLK	Serial Clock
D_{IN}	Serial Data In
D_{OUT}	Serial Data Out
$\overline{CS}$/SHDN	Chip Select/Shutdown Input

ELECTRICAL CHARACTERISTICS

All parameters apply at V_{DD} = 5.5V, V_{SS} = 0V, T_{AMB} = -40°C to +85°C, f_{SAMPLE} = 100 ksps and f_{CLK} = 18*f_{SAMPLE} unless otherwise noted.

Parameter	Sym	Min.	Typ.	Max.	Units	Conditions
Conversion Rate:						
Conversion Time	t_{CONV}	—	—	12	clock cycles	
Analog Input Sample Time	t_{SAMPLE}		1.5		clock cycles	
Throughput Rate	f_{SAMPLE}	— —	— —	100 50	ksps ksps	$V_{DD} = V_{REF}$ = 5V $V_{DD} = V_{REF}$ = 2.7V
DC Accuracy:						
Resolution			12		bits	
Integral Nonlinearity	INL	— —	±0.75 ±1	±1 ±2	LSB LSB	MCP3202-B MCP3202-C
Differential Nonlinearity	DNL	—	±0.5	±1	LSB	No missing codes over temperature
Offset Error		—	±1.25	±3	LSB	
Gain Error		—	±1.25	±5	LSB	
Dynamic Performance:						
Total Harmonic Distortion	THD	—	-82	—	dB	V_{IN} = 0.1V to 4.9V@1 kHz
Signal to Noise and Distortion (SINAD)	SINAD	—	72	—	dB	V_{IN} = 0.1V to 4.9V@1 kHz
Spurious Free Dynamic Range	SFDR	—	86	—	dB	V_{IN} = 0.1V to 4.9V@1 kHz
Analog Inputs:						
Input Voltage Range for CH0 or CH1 in Single-Ended Mode		V_{SS}	—	V_{DD}	V	
Input Voltage Range for IN+ in Pseudo-Differential Mode	IN+	IN-	—	V_{DD}+IN-		See Sections 3.1 and 4.1
Input Voltage Range for IN- in Pseudo-Differential Mode	IN-	V_{SS}-100	—	V_{SS}+100	mV	See Sections 3.1 and 4.1
Leakage Current		—	.001	±1	µA	
Switch Resistance	R_{SS}	—	1 k	—	Ω	See Figure 4-1

Note 1: This parameter is established by characterization and not 100% tested.

2: Because the sample cap will eventually lose charge, effective clock rates below 10 kHz can affect linearity performance, especially at elevated temperatures. See Section 6.2 for more information.

ELECTRICAL CHARACTERISTICS (CONTINUED)

All parameters apply at V_{DD} = 5.5V, V_{SS} = 0V, T_{AMB} = -40°C to +85°C, f_{SAMPLE} = 100 ksps and f_{CLK} = 18*f_{SAMPLE} unless otherwise noted.

Parameter	Sym	Min.	Typ.	Max.	Units	Conditions
Sample Capacitor	C_{SAMPLE}	—	20	—	pF	See Figure 4-1
Digital Input/Output:						
Data Coding Format		Straight Binary				
High Level Input Voltage	V_{IH}	0.7 V_{DD}	—	—	V	
Low Level Input Voltage	V_{IL}	—	—	0.3 V_{DD}	V	
High Level Output Voltage	V_{OH}	4.1	—	—	V	I_{OH} = -1 mA, V_{DD} = 4.5V
Low Level Output Voltage	V_{OL}	—	—	0.4	V	I_{OL} = 1 mA, V_{DD} = 4.5V
Input Leakage Current	I_{LI}	-10	—	10	µA	V_{IN} = V_{SS} or V_{DD}
Output Leakage Current	I_{LO}	-10	—	10	µA	V_{OUT} = V_{SS} or V_{DD}
Pin Capacitance (All Inputs/Outputs)	C_{IN}, C_{OUT}	—	—	10	pF	V_{DD} = 5.0V (**Note 1**) T_{AMB} = 25°C, f = 1 MHz
Timing Parameters:						
Clock Frequency	f_{CLK}	—	—	1.8 0.9	MHz MHz	V_{DD} = 5V (**Note 2**) V_{DD} = 2.7V (**Note 2**)
Clock High Time	t_{HI}	250	—	—	ns	
Clock Low Time	t_{LO}	250	—	—	ns	
$\overline{CS}$ Fall To First Rising CLK Edge	t_{SUCS}	100	—	—	ns	
Data Input Setup Time	t_{SU}	—	—	50	ns	
Data Input Hold Time	t_{HD}	—	—	50	ns	
CLK Fall To Output Data Valid	t_{DO}	—	—	200	ns	See Test Circuits, Figure 1-2
CLK Fall To Output Enable	t_{EN}	—	—	200	ns	See Test Circuits, Figure 1-2
$\overline{CS}$ Rise To Output Disable	t_{DIS}	—	—	100	ns	See Test Circuits, Figure 1-2 **Note 1**
$\overline{CS}$ Disable Time	t_{CSH}	500	—	—	ns	
D_{OUT} Rise Time	t_R	—	—	100	ns	See Test Circuits, Figure 1-2 **Note 1**
D_{OUT} Fall Time	t_F	—	—	100	ns	See Test Circuits, Figure 1-2 **Note 1**
Power Requirements:						
Operating Voltage	V_{DD}	2.7	—	5.5	V	
Operating Current	I_{DD}	—	375	550	µA	V_{DD} = 5.0V, D_{OUT} unloaded
Standby Current	I_{DDS}	—	0.5	5	µA	$\overline{CS}$ = V_{DD} = 5.0V
Temperature Ranges:						
Specified Temperature Range	T_A	-40	—	+85	°C	
Operating Temperature Range	T_A	-40	—	+85	°C	
Storage Temperature Range	T_A	-65	—	+150	°C	
Thermal Package Resistance:						
Thermal Resistance, 8L-PDIP	θ_{JA}	—	85	—	°C/W	
Thermal Resistance, 8L-SOIC	θ_{JA}	—	163	—	°C/W	
Thermal Resistance, 8L-MSOP	θ_{JA}	—	206	—	°C/W	
Thermal Resistance, 8L-TSSOP	θ_{JA}	—		—	°C/W	

Note 1: This parameter is established by characterization and not 100% tested.

2: Because the sample cap will eventually lose charge, effective clock rates below 10 kHz can affect linearity performance, especially at elevated temperatures. See Section 6.2 for more information.

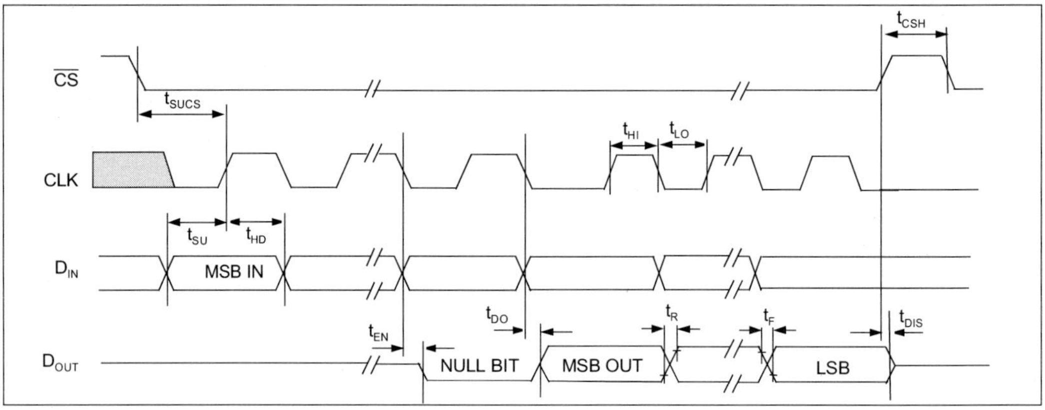

FIGURE 1-1: *Serial Timing.*

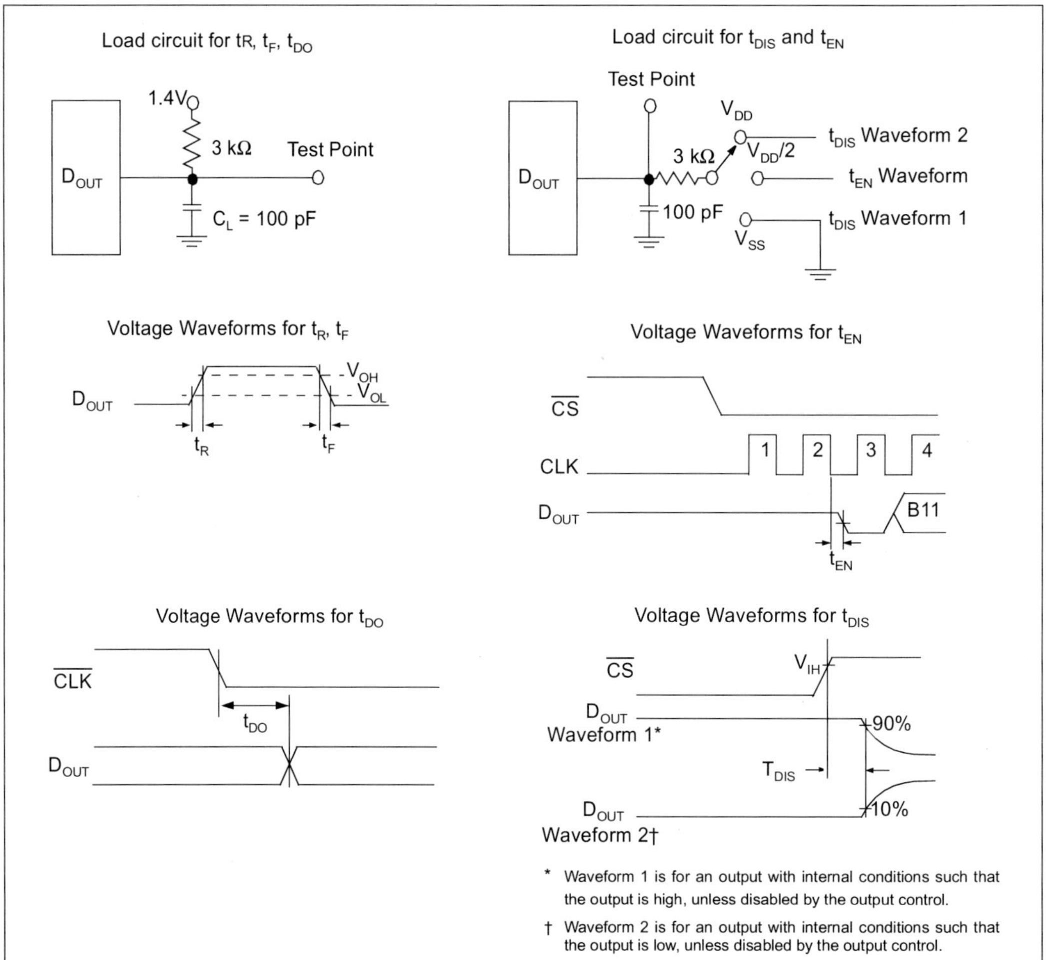

FIGURE 1-2: *Test Circuits.*

2.0 TYPICAL PERFORMANCE CHARACTERISTICS

Note: The graphs provided following this note are a statistical summary based on a limited number of samples and are provided for informational purposes only. The performance characteristics listed herein are not tested or guaranteed. In some graphs, the data presented may be outside the specified operating range (e.g., outside specified power supply range) and therefore outside the warranted range.

Note: Unless otherwise indicated, V_{DD} = 5V, V_{SS} = 0V, f_{SAMPLE} = 100 ksps, f_{CLK} = 18* f_{SAMPLE}, T_A = 25°C

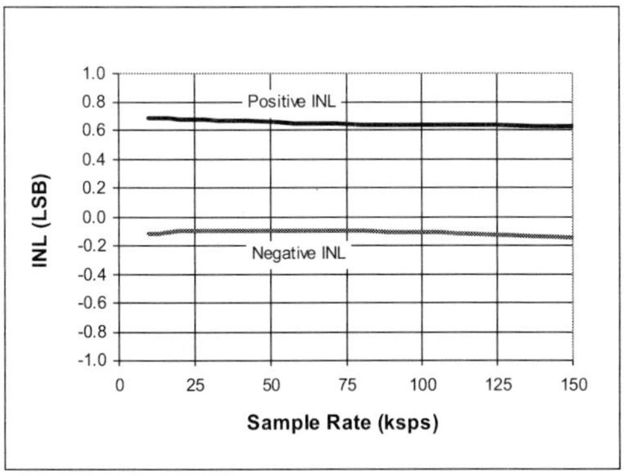

FIGURE 2-1: *Integral Nonlinearity (INL) vs. Sample Rate.*

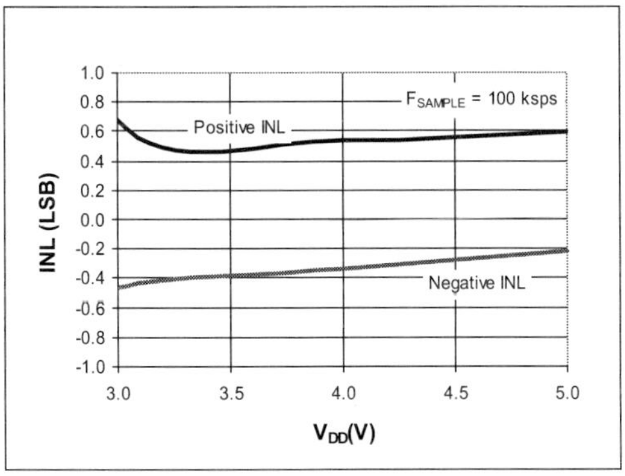

FIGURE 2-2: *Integral Nonlinearity (INL) vs. V_{DD}.*

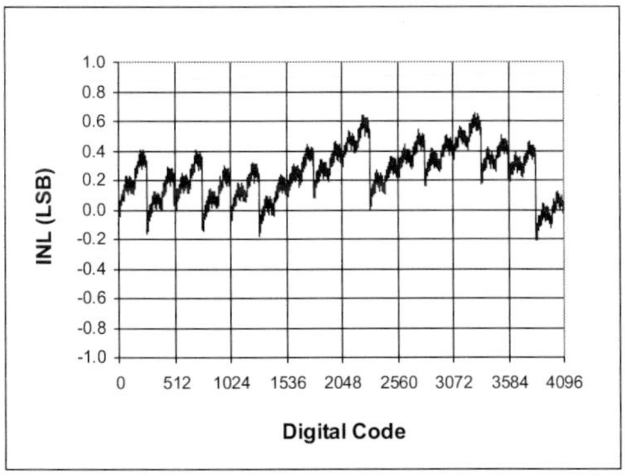

FIGURE 2-3: *Integral Nonlinearity (INL) vs. Code (Representative Part).*

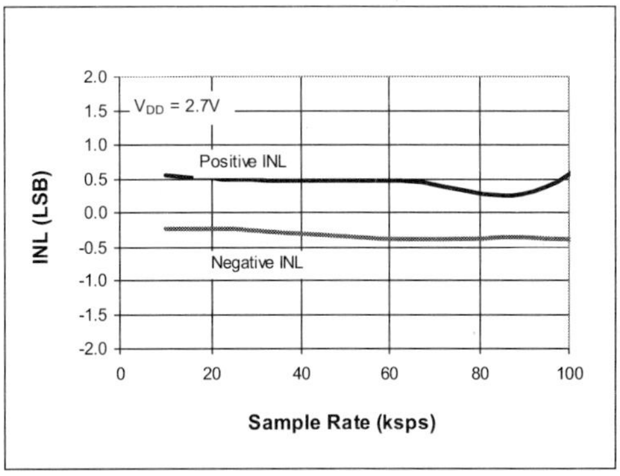

FIGURE 2-4: *Integral Nonlinearity (INL) vs. Sample Rate (V_{DD} = 2.7V).*

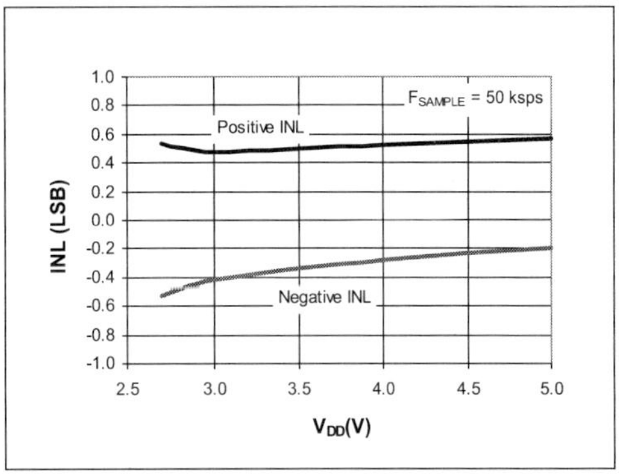

FIGURE 2-5: *Integral Nonlinearity (INL) vs. V_{DD}.*

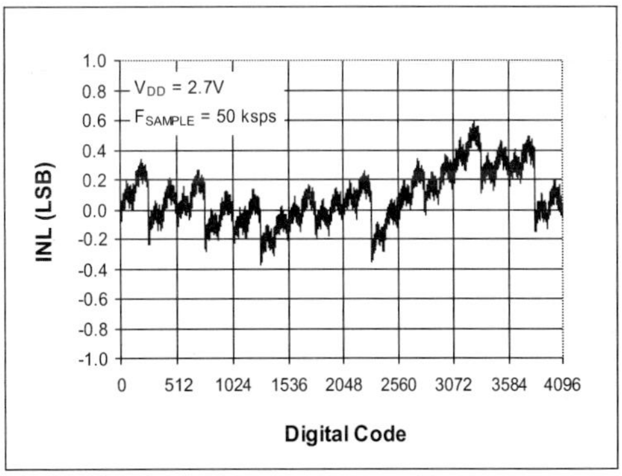

FIGURE 2-6: *Integral Nonlinearity (INL) vs. Code (Representative Part, V_{DD} = 2.7V).*

Note: Unless otherwise indicated, V_{DD} = 5V, V_{SS} = 0V, f_{SAMPLE} = 100 ksps, f_{CLK} = 18* f_{SAMPLE}, T_A = 25°C

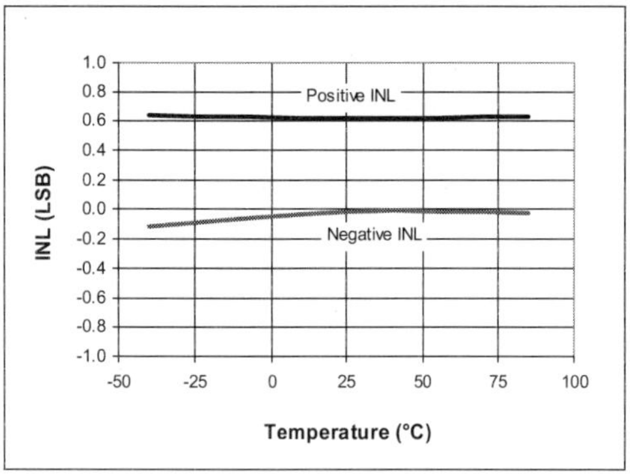

FIGURE 2-7: *Integral Nonlinearity (INL) vs. Temperature.*

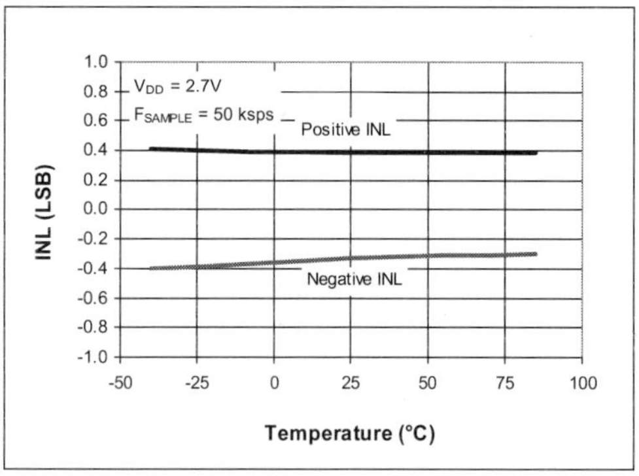

FIGURE 2-10: *Integral Nonlinearity (INL) vs. Temperature (V_{DD} = 2.7V).*

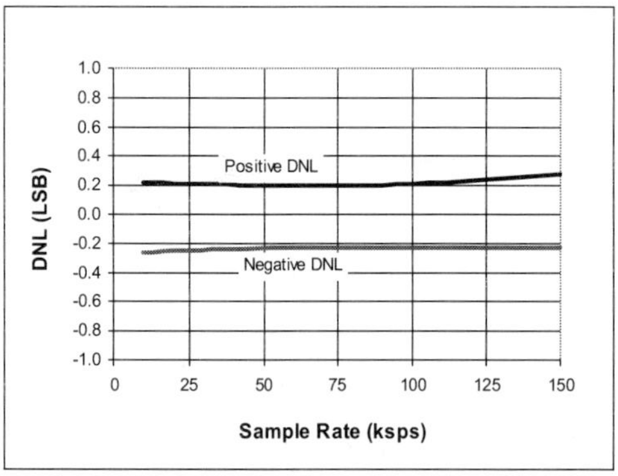

FIGURE 2-8: *Differential Nonlinearity (DNL) vs. Sample Rate.*

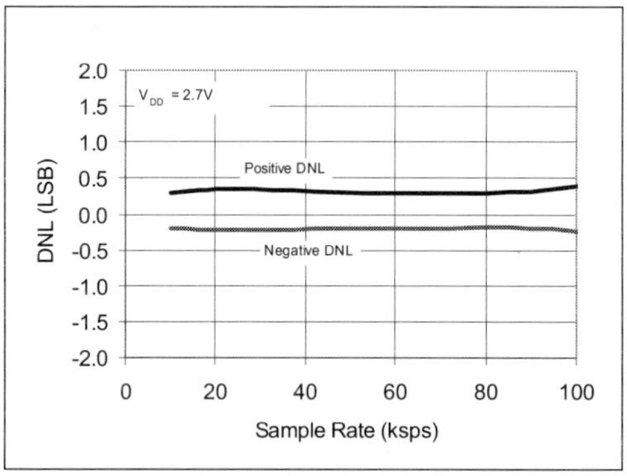

FIGURE 2-11: *Differential Nonlinearity (DNL) vs. Sample Rate (V_{DD} = 2.7V).*

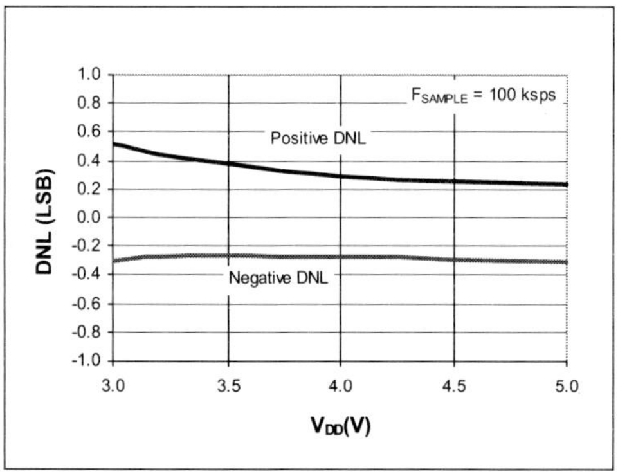

FIGURE 2-9: *Differential Nonlinearity (DNL) vs. V_{DD}.*

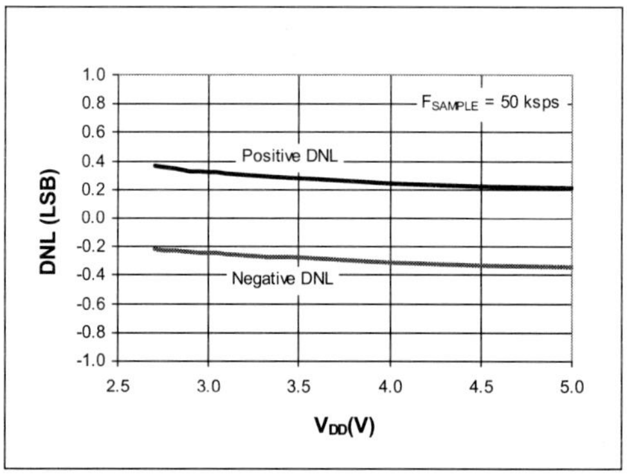

FIGURE 2-12: *Differential Nonlinearity (DNL) vs. V_{DD}.*

Note: Unless otherwise indicated, V_{DD} = 5V, V_{SS} = 0V, f_{SAMPLE} = 100 ksps, f_{CLK} = 18* f_{SAMPLE}, T_A = 25°C

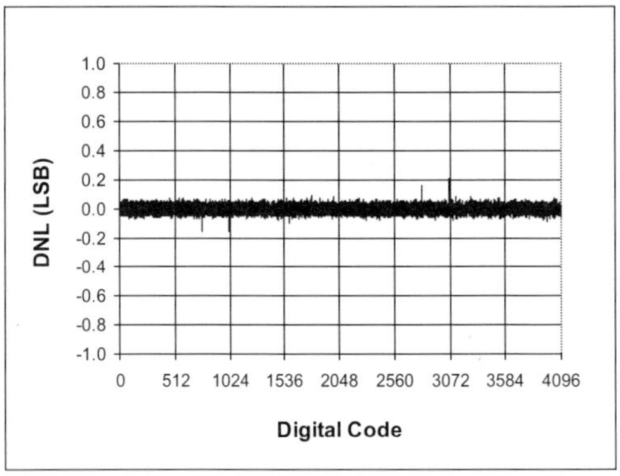

FIGURE 2-13: *Differential Nonlinearity (DNL) vs. Code (Representative Part).*

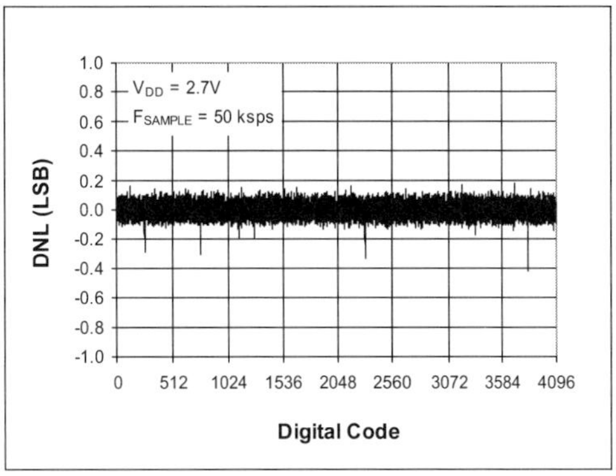

FIGURE 2-16: *Differential Nonlinearity (DNL) vs. Code (Representative Part, V_{DD} = 2.7V).*

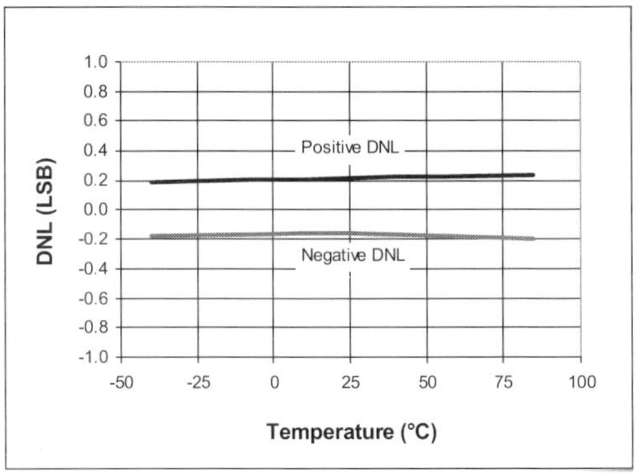

FIGURE 2-14: *Differential Nonlinearity (DNL) vs. Temperature.*

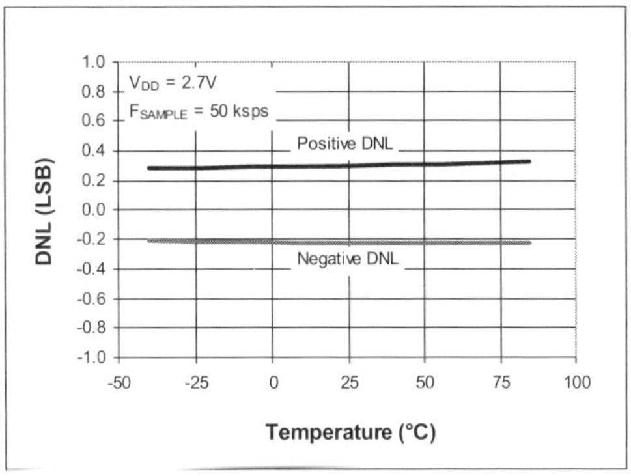

FIGURE 2-17: *Differential Nonlinearity (DNL) vs. Temperature (V_{DD} = 2.7V).*

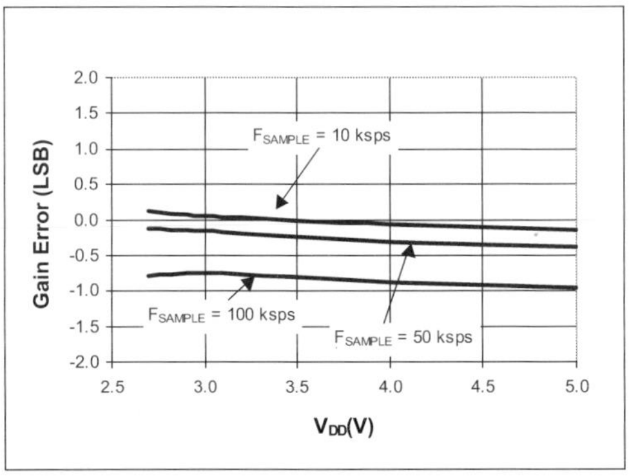

FIGURE 2-15: *Gain Error vs. V_{DD}.*

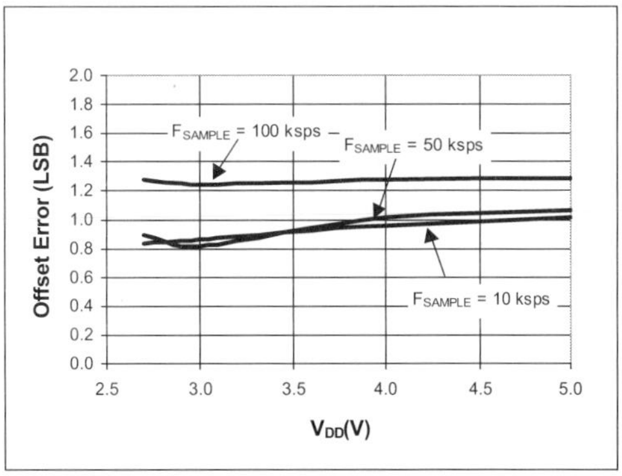

FIGURE 2-18: *Offset Error vs. V_{DD}.*

Note: Unless otherwise indicated, V_{DD} = 5V, V_{SS} = 0V, f_{SAMPLE} = 100 ksps, f_{CLK} = 18* f_{SAMPLE}, T_A = 25°C

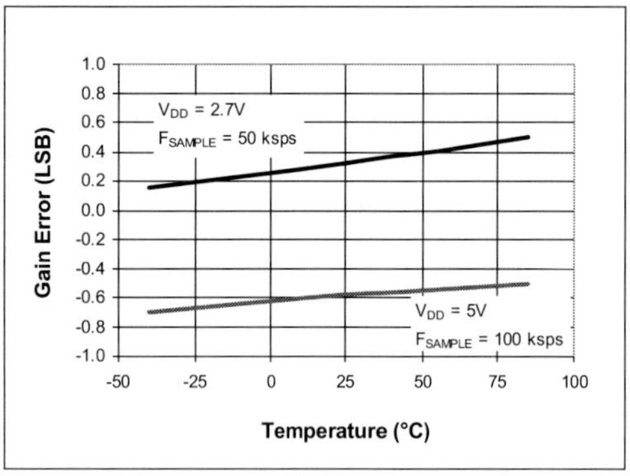

FIGURE 2-19: *Gain Error vs. Temperature.*

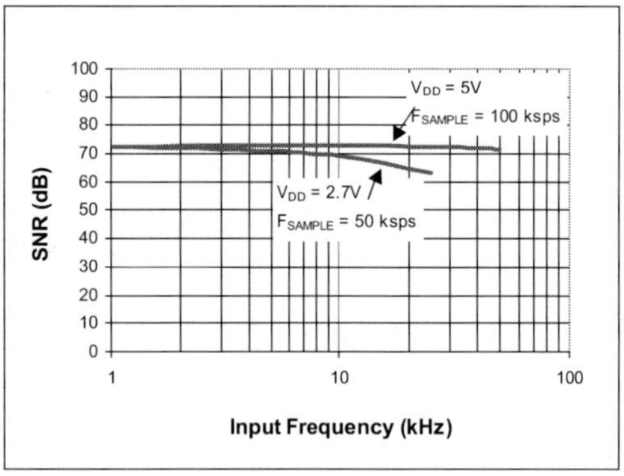

FIGURE 2-20: *Signal to Noise Ratio (SNR) vs. Input Frequency.*

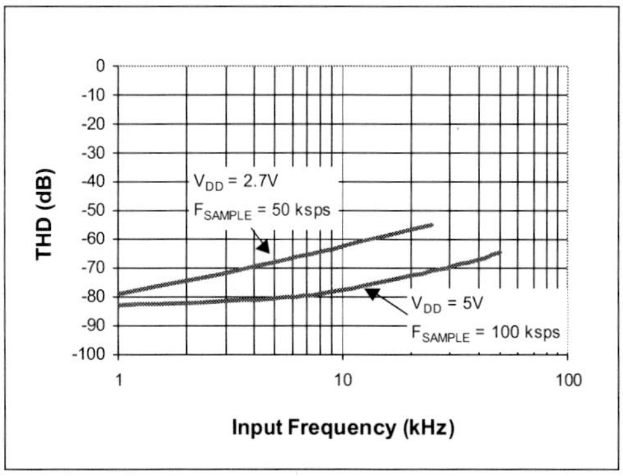

FIGURE 2-21: *Total Harmonic Distortion (THD) vs. Input Frequency.*

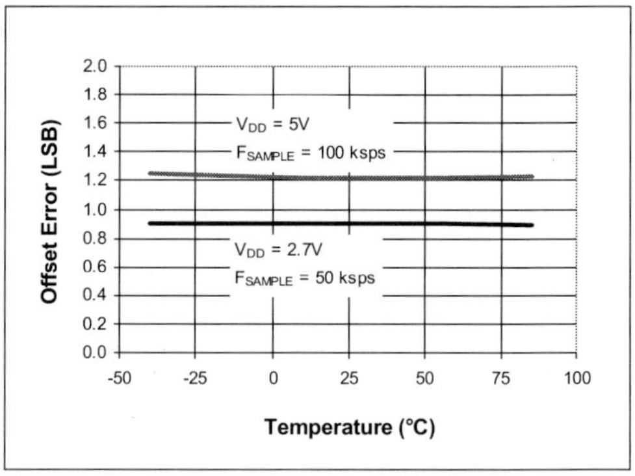

FIGURE 2-22: *Offset Error vs. Temperature.*

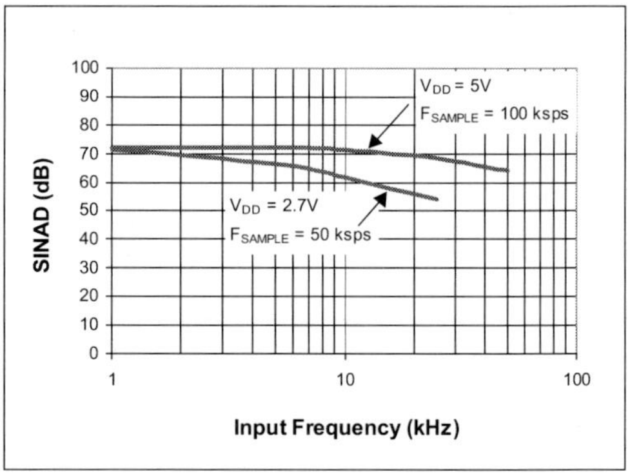

FIGURE 2-23: *Signal to Noise and Distortion (SINAD) vs. Input Frequency.*

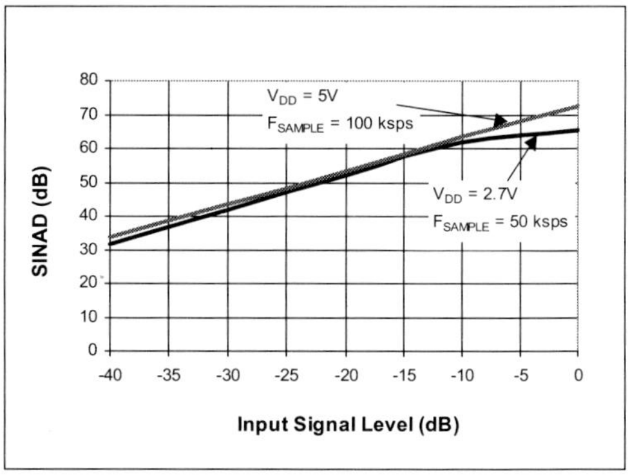

FIGURE 2-24: *Signal to Noise and Distortion (SINAD) vs. Signal Level.*

Note: Unless otherwise indicated, V_{DD} = 5V, V_{SS} = 0V, f_{SAMPLE} = 100 ksps, f_{CLK} = 18* f_{SAMPLE}, T_A = 25°C

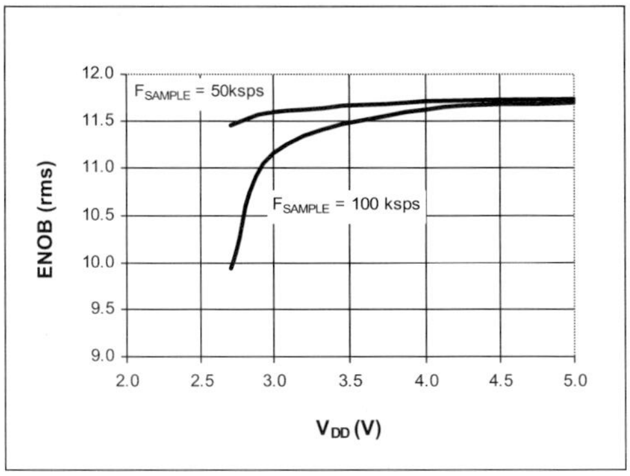

FIGURE 2-25: *Effective Number of Bits (ENOB) vs. V_{DD}.*

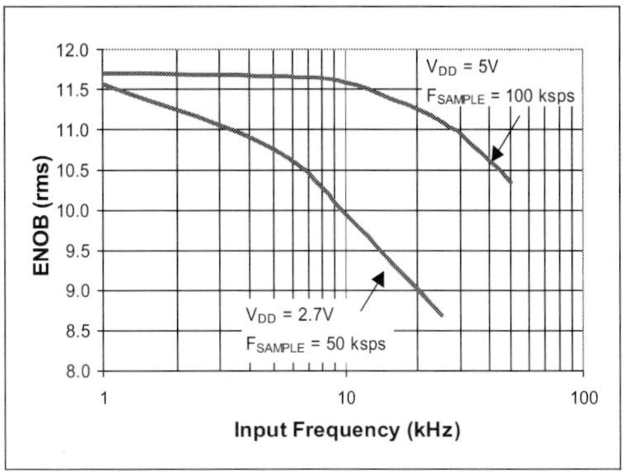

FIGURE 2-28: *Effective Number of Bits (ENOB) vs. Input Frequency.*

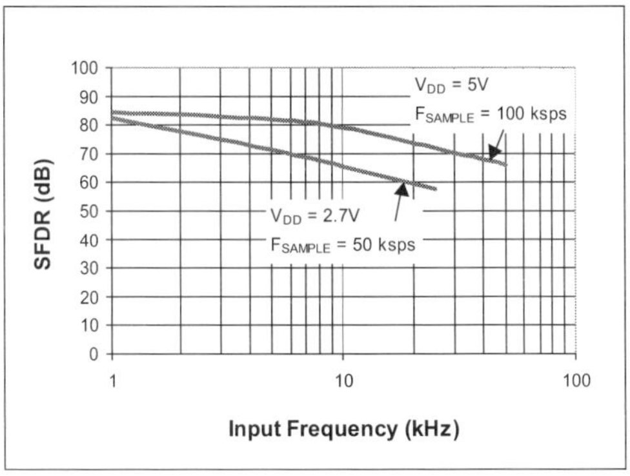

FIGURE 2-26: *Spurious Free Dynamic Range (SFDR) vs. Input Frequency.*

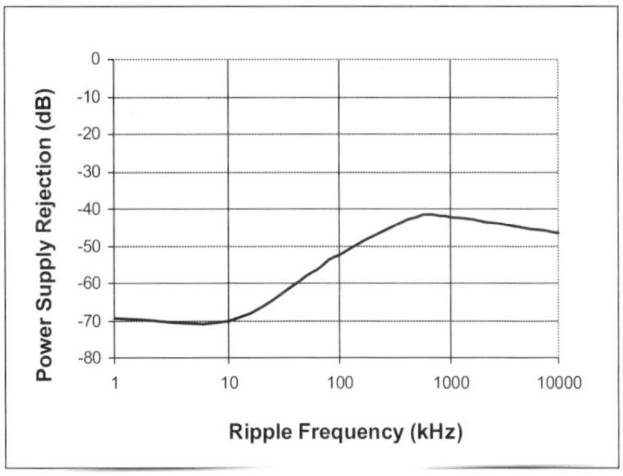

FIGURE 2-29: *Power Supply Rejection (PSR) vs. Ripple Frequency.*

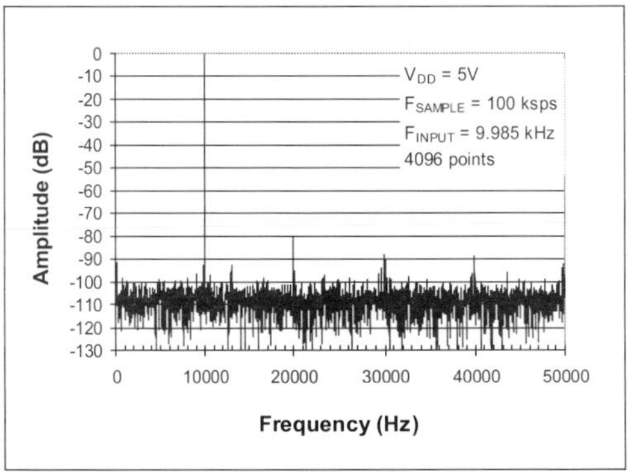

FIGURE 2-27: *Frequency Spectrum of 10 kHz input (Representative Part).*

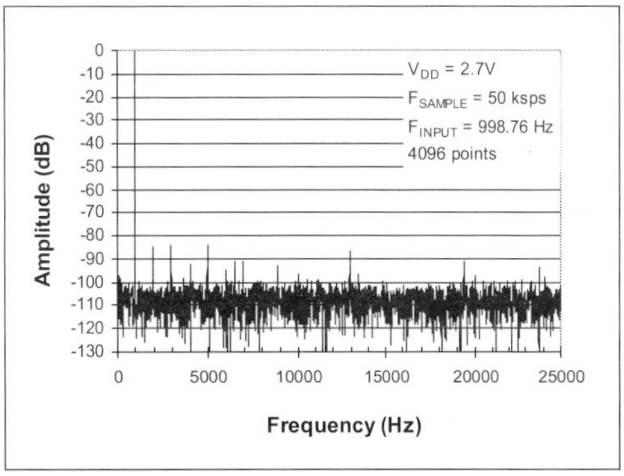

FIGURE 2-30: *Frequency Spectrum of 1 kHz input (Representative Part, V_{DD} = 2.7V).*

Note: Unless otherwise indicated, V_{DD} = 5V, V_{SS} = 0V, f_{SAMPLE} = 100 ksps, f_{CLK} = 18* f_{SAMPLE}, T_A = 25°C

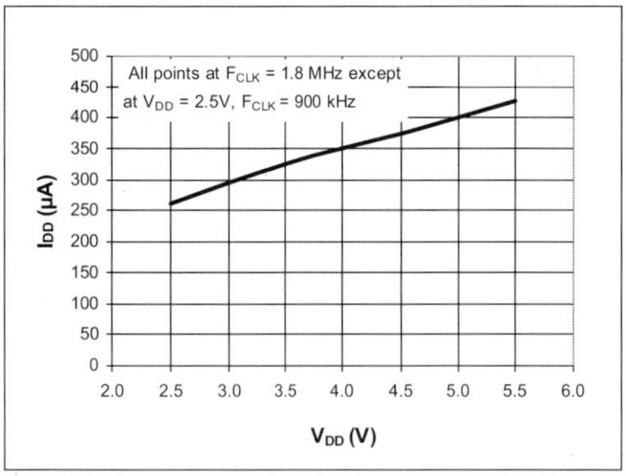

FIGURE 2-31: *I_{DD} vs. V_{DD}.*

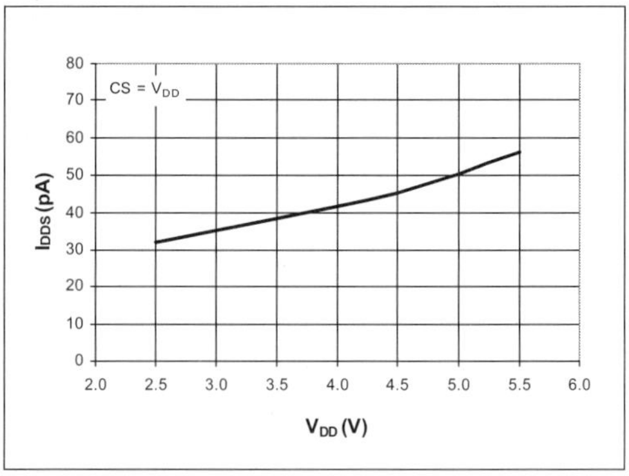

FIGURE 2-34: *I_{DDS} vs. V_{DD}.*

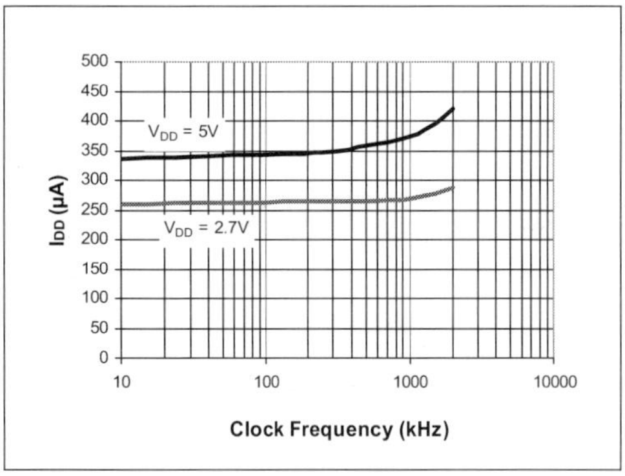

FIGURE 2-32: *I_{DD} vs. Clock Frequency.*

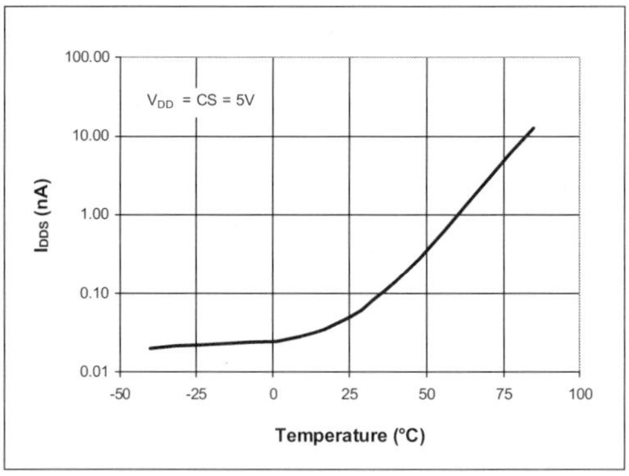

FIGURE 2-35: *I_{DDS} vs. Temperature.*

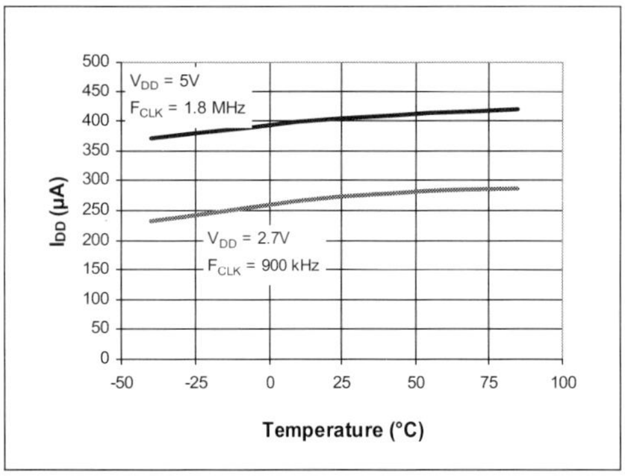

FIGURE 2-33: *I_{DD} vs. Temperature.*

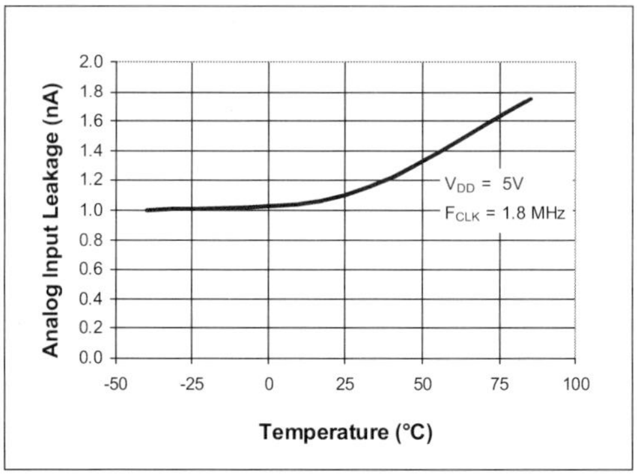

FIGURE 2-36: *Analog Input leakage current vs. Temperature.*

3.0 PIN DESCRIPTIONS

3.1 CH0/CH1

Analog inputs for channels 0 and 1 respectively. These channels can programmed to be used as two independent channels in single ended-mode or as a single pseudo-differential input where one channel is IN+ and one channel is IN-. See Section 5.0 for information on programming the channel configuration.

3.2 Chip Select/Shutdown ($\overline{CS}$/$\overline{SHDN}$)

The $\overline{CS}$/SHDN pin is used to initiate communication with the device when pulled low and will end a conversion and put the device in low power standby when pulled high. The $\overline{CS}$/SHDN pin must be pulled high between conversions.

3.3 Serial Clock (CLK)

The SPI clock pin is used to initiate a conversion and to clock out each bit of the conversion as it takes place. See Section 6.2 for constraints on clock speed.

3.4 Serial Data Input (DIN)

The SPI port serial data input pin is used to clock in input channel configuration data.

3.5 Serial Data Output (DOUT)

The SPI serial data output pin is used to shift out the results of the A/D conversion. Data will always change on the falling edge of each clock as the conversion takes place.

4.0 DEVICE OPERATION

The MCP3202 A/D Converter employs a conventional SAR architecture. With this architecture, a sample is acquired on an internal sample/hold capacitor for 1.5 clock cycles starting on the second rising edge of the serial clock after the start bit has been received. Following this sample time, the input switch of the converter opens and the device uses the collected charge on the internal sample and hold capacitor to produce a serial 12-bit digital output code. Conversion rates of 100 ksps are possible on the MCP3202. See Section 6.2 for information on minimum clock rates. Communication with the device is done using a 3-wire SPI-compatible interface.

4.1 Analog Inputs

The MCP3202 device offers the choice of using the analog input channels configured as two single-ended inputs or a single pseudo-differential input. Configuration is done as part of the serial command before each conversion begins. When used in the pseudo-differential mode, CH0 and CH1 are programmed as the IN+ and IN- inputs as part of the command string transmitted to the device. The IN+ input can range from IN- to V_{REF} (V_{DD} + IN-). The IN- input is limited to ±100 mV from the V_{SS} rail. The IN- input can be used to cancel small signal common-mode noise which is present on both the IN+ and IN- inputs.

For the A/D Converter to meet specification, the charge holding capacitor (C_{SAMPLE}) must be given enough time to acquire a 12-bit accurate voltage level during the 1.5 clock cycle sampling period. The analog input model is shown in Figure 4-1.

In this diagram, it is shown that the source impedance (R_S) adds to the internal sampling switch (R_{SS}) impedance, directly affecting the time that is required to charge the capacitor, C_{SAMPLE}. Consequently, larger source impedances increase the offset, gain, and integral linearity errors of the conversion.

Ideally, the impedance of the signal source should be near zero. This is achievable with an operational amplifier such as the MCP601 which has a closed loop output impedance of tens of ohms. The adverse affects of higher source impedances are shown in Figure 4-2.

When operating in the pseudo-differential mode, if the voltage level of IN+ is equal to or less than IN-, the resultant code will be 000h. If the voltage at IN+ is equal to or greater than {[V_{DD} + (IN-)] - 1 LSB}, then the output code will be FFFh. If the voltage level at IN- is more than 1 LSB below V_{SS}, then the voltage level at the IN+ input will have to go below V_{SS} to see the 000h output code. Conversely, if IN- is more than 1 LSB above V_{SS}, then the FFFh code will not be seen unless the IN+ input level goes above V_{DD} level.

4.2 Digital Output Code

The digital output code produced by an A/D Converter is a function of the input signal and the reference voltage. For the MCP3202, V_{DD} is used as the reference voltage. As the V_{DD} level is reduced, the LSB size is reduced accordingly. The theoretical digital output code produced by the A/D Converter is shown below.

$$Digital\ Output\ Code = \frac{4096 \cdot V_{IN}}{V_{DD}}$$

where:

V_{IN} = *analog input voltage*

V_{DD} = *supply voltage*

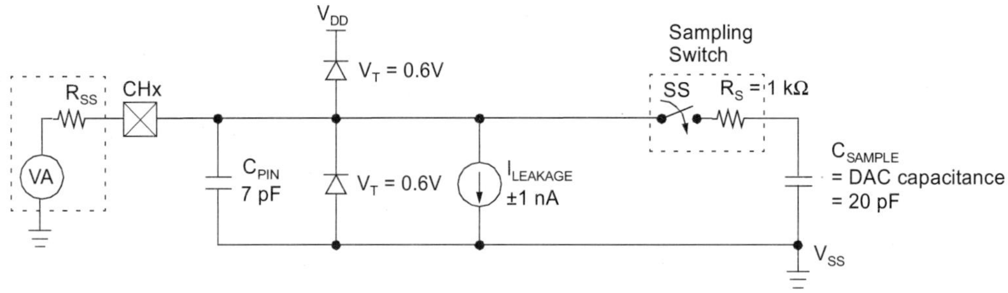

Legend

VA = signal source
R_{SS} = source impedance
CHx = input channel pad
C_{PIN} = input pin capacitance
V_T = threshold voltage
$I_{LEAKAGE}$ = leakage current at the pin due to various junctions
SS = sampling switch
R_S = sampling switch resistor
C_{SAMPLE} = sample/hold capacitance

FIGURE 4-1: *Analog Input Model.*

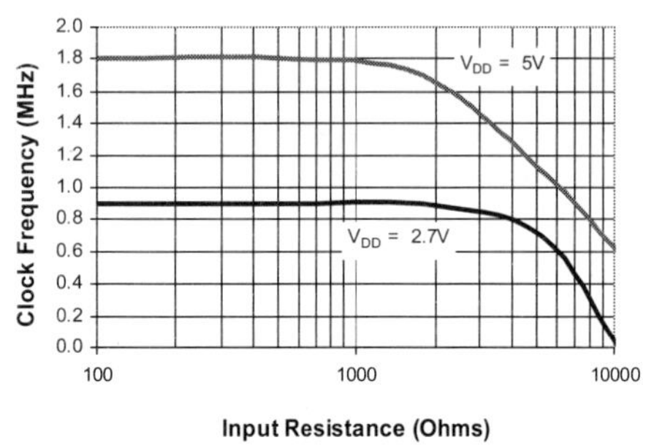

FIGURE 4-2: *Maximum Clock Frequency vs. Input Resistance (R_S) to maintain less than a 0.1 LSB deviation in INL from nominal conditions.*

5.0 SERIAL COMMUNICATIONS

5.1 Overview

Communication with the MCP3202 is done using a standard SPI-compatible serial interface. Initiating communication with the device is done by bringing the $\overline{CS}$ line low. See Figure 5-1. If the device was powered up with the $\overline{CS}$ pin low, it must be brought high and back low to initiate communication. The first clock received with $\overline{CS}$ low and DIN high will constitute a start bit. The SGL/$\overline{DIFF}$ bit and the ODD/$\overline{SIGN}$ bit follow the start bit and are used to select the input channel configuration. The SGL/$\overline{DIFF}$ is used to select single ended or psuedo-differential mode. The ODD/$\overline{SIGN}$ bit selects which channel is used in single ended mode, and is used to determine polarity in pseudo-differential mode. Following the ODD/$\overline{SIGN}$ bit, the MSBF bit is transmitted to and is used to enable the LSB first format for the device. If the MSBF bit is high, then the data will come from the device in MSB first format and any further clocks with $\overline{CS}$ low will cause the device to output zeros. If the MSBF bit is low, then the device will output the converted word LSB first *after* the word has been transmitted in the MSB first format. See Figure 5-2. Table 5-1 shows the configuration bits for the MCP3202. The device will begin to sample the analog input on the second rising edge of the clock, after the start bit has been received. The sample period will end on the falling edge of the third clock following the start bit.

On the falling edge of the clock for the MSBF bit, the device will output a low null bit. The next sequential 12 clocks will output the result of the conversion with MSB first as shown in Figure 5-1. Data is always output from the device on the falling edge of the clock. If all 12 data bits have been transmitted and the device continues to receive clocks while the $\overline{CS}$ is held low, (and MSBF = 1), the device will output the conversion result LSB first as shown in Figure 5-2. If more clocks are provided to the device while $\overline{CS}$ is still low (after the LSB first data has been transmitted), the device will clock out zeros indefinitely.

If necessary, it is possible to bring $\overline{CS}$ low and clock in leading zeros on the D_{IN} line before the start bit. This is often done when dealing with microcontroller-based SPI ports that must send 8 bits at a time. Refer to Section 6.1 for more details on using the MCP3202 devices with hardware SPI ports.

	Config Bits		Channel Selection		GND
	Sgl/Diff	Odd/sign	0	1	
Single Ended Mode	1	0	+	—	-
	1	1	—	+	-
Pseudo-DifferentiaL Mode	0	0	IN+	IN-	
	0	1	IN-	IN+	

TABLE 5-1: *Configuration Bits for the MCP3202.*

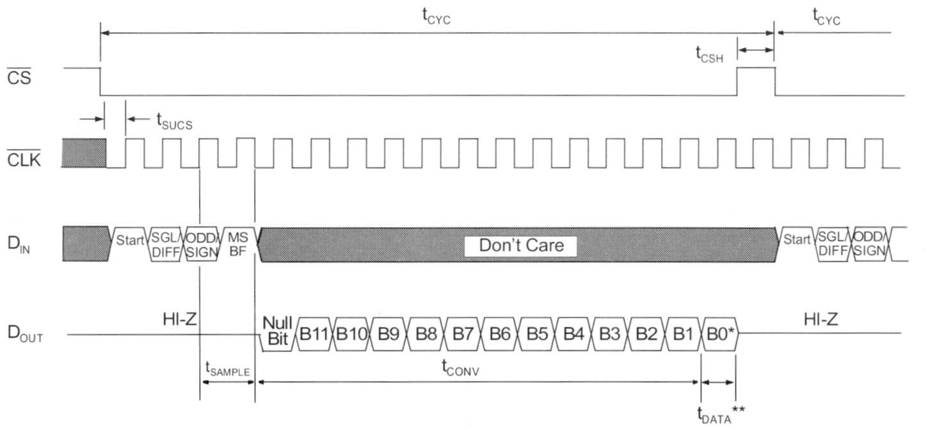

* After completing the data transfer, if further clocks are applied with $\overline{CS}$ low, the A/D Converter will output zeros indefinitely. See Figure 5-2 below for details on obtaining LSB first data.

** t_{DATA}: during this time, the bias current and the comparator power down while the reference input becomes a high impedance node, leaving the CLK running to clock out the LSB-first data or zeros.

FIGURE 5-1: *Communication with the MCP3202 using MSB first format only.*

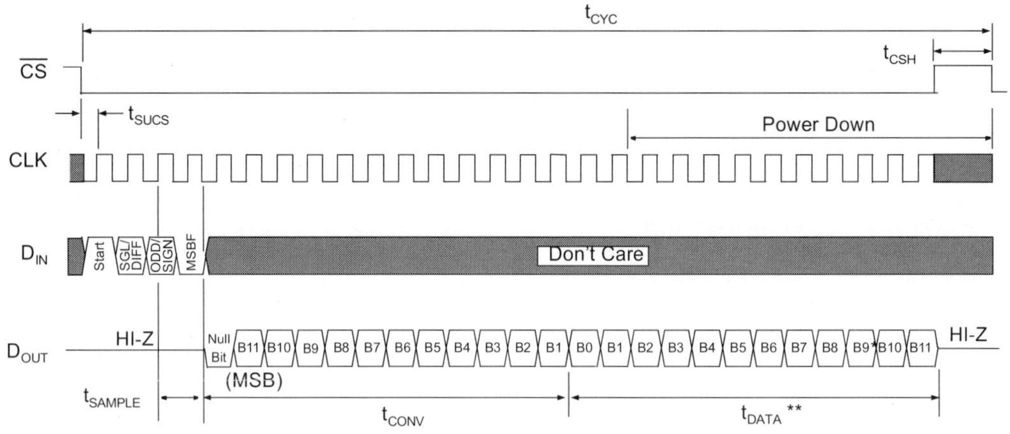

* After completing the data transfer, if further clocks are applied with $\overline{CS}$ low, the A/D Converter will output zeros indefinitely.

** t_{DATA}: During this time, the bias circuit and the comparator power down while the reference input becomes a high impedance node, leaving the CLK running to clock out LSB first data or zeroes.

FIGURE 5-2: *Communication with MCP3202 using LSB first format.*

6.0 APPLICATIONS INFORMATION

6.1 Using the MCP3202 with Microcontroller (MCU) SPI Ports

With most microcontroller SPI ports, it is required to send groups of eight bits. It is also required that the microcontroller SPI port be configured to clock out data on the falling edge of clock and latch data in on the rising edge. Depending on how communication routines are used, it is very possible that the number of clocks required for communication will not be a multiple of eight. Therefore, it may be necessary for the MCU to send more clocks than are actually required. This is usually done by sending 'leading zeros' before the start bit, which are ignored by the device. As an example, Figure 6-1 and Figure 6-2 show how the MCP3202 can be interfaced to a MCU with a hardware SPI port. Figure 6-1 depicts the operation shown in SPI Mode 0,0, which requires that the SCLK from the MCU idles in the 'low' state, while Figure 6-2 shows the similar case of SPI Mode 1,1 where the clock idles in the 'high' state.

As shown in Figure 6-1, the first byte transmitted to the A/D Converter contains seven leading zeros before the start bit. Arranging the leading zeros this way produces the output 12 bits to fall in positions easily manipulated by the MCU. The MSB is clocked out of the A/D Converter on the falling edge of clock number 12. After the second eight clocks have been sent to the device, the MCU receive buffer will contain three unknown bits (the output is at high impedance until the null bit is clocked out), the null bit and the highest order four bits of the conversion. After the third byte has been sent to the device, the receive register will contain the lowest order eight bits of the conversion results. Easier manipulation of the converted data can be obtained by using this method.

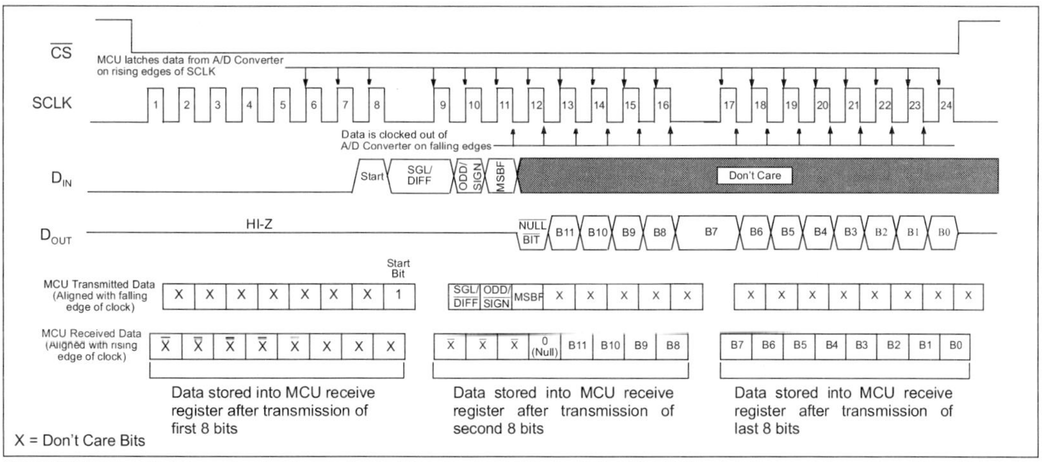

FIGURE 6-1: *SPI Communication using 8-bit segments (Mode 0,0: SCLK idles low).*

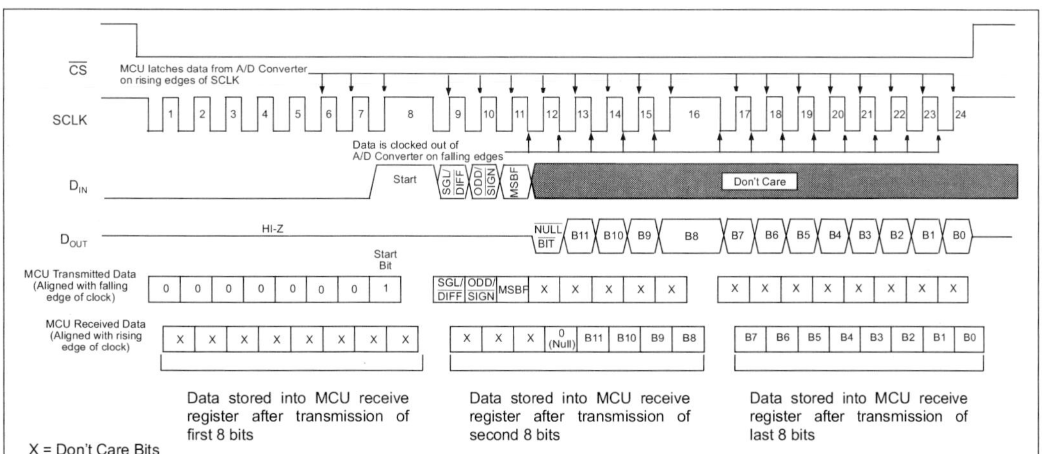

FIGURE 6-2: *SPI Communication using 8-bit segments (Mode 1,1: SCLK idles high).*

6.2 Maintaining Minimum Clock Speed

When the MCP3202 initiates the sample period, charge is stored on the sample capacitor. When the sample period is complete, the device converts one bit for each clock that is received. It is important for the user to note that a slow clock rate will allow charge to bleed off the sample cap while the conversion is taking place. At 85°C (worst case condition), the part will maintain proper charge on the sample capacitor for at least 1.2 ms after the sample period has ended. This means that the time between the end of the sample period and the time that all 12 data bits have been clocked out must not exceed 1.2 ms (effective clock frequency of 10 kHz). Failure to meet this criteria may induce linearity errors into the conversion outside the rated specifications. It should be noted that during the entire conversion cycle, the A/D Converter does not require a constant clock speed or duty cycle, as long as all timing specifications are met.

6.3 Buffering/Filtering the Analog Inputs

If the signal source for the A/D Converter is not a low impedance source, it will have to be buffered or inaccurate conversion results may occur. It is also recommended that a filter be used to eliminate any signals that may be aliased back into the conversion results. This is illustrated in Figure 6-3 below where an op amp is used to drive the analog input of the MCP3202. This amplifier provides a low impedance output for the converter input and a low pass filter, which eliminates unwanted high frequency noise.

Low pass (anti-aliasing) filters can be designed using Microchip's interactive FilterLab™ software. FilterLab will calculate capacitor and resistor values, as well as, determine the number of poles that are required for the application. For more information on filtering signals, see the application note AN699 *"Anti-Aliasing Analog Filters for Data Acquisition Systems.*

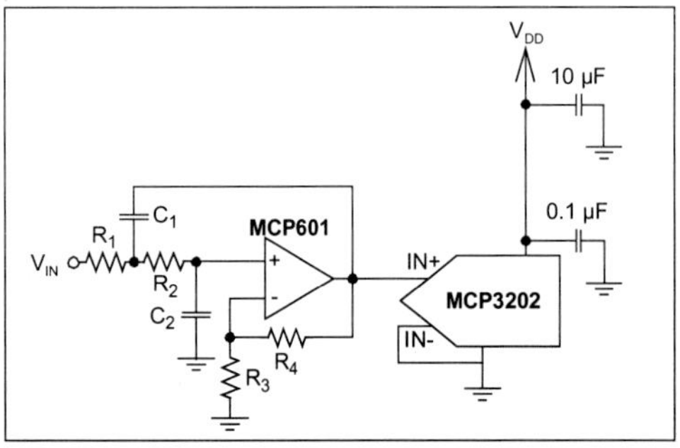

FIGURE 6-3: *The MCP601 Operational Amplifier is used to implement a 2nd order anti-aliasing filter for the signal being converted by the MCP3202.*

6.4 Layout Considerations

When laying out a printed circuit board for use with analog components, care should be taken to reduce noise wherever possible. A bypass capacitor should always be used with this device and should be placed as close as possible to the device pin. A bypass capacitor value of 0.1 µF is recommended.

Digital and analog traces should be separated as much as possible on the board and no traces should run underneath the device or the bypass capacitor. Extra precautions should be taken to keep traces with high frequency signals (such as clock lines) as far as possible from analog traces.

Use of an analog ground plane is recommended in order to keep the ground potential the same for all devices on the board. Providing V_{DD} connections to devices in a "star" configuration can also reduce noise by eliminating current return paths and associated errors. See Figure 6-4. For more information on layout tips when using A/D Converters, refer to AN688 *"Layout Tips for 12-Bit A/D Converter Applications"*.

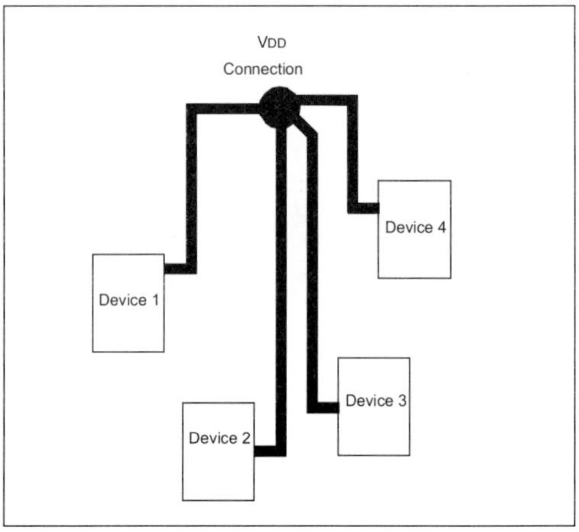

FIGURE 6-4: *V_{DD} traces arranged in a 'Star' configuration in order to reduce errors caused by current return paths.*

7.0 PACKAGING INFORMATION

7.1 Package Marking Information

8-Lead PDIP (300 mil)

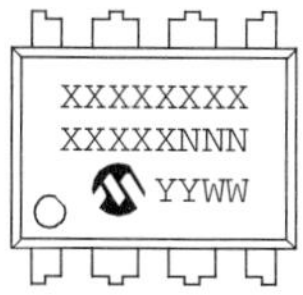

Example:

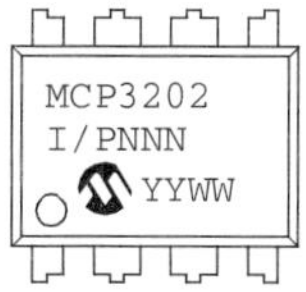

8-Lead SOIC (150 mil)

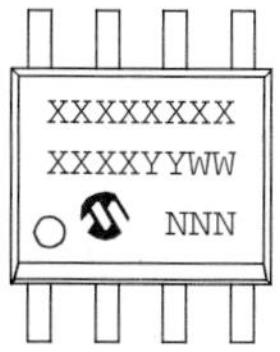

Example:

8-Lead MSOP

Example:

8-Lead TSSOP

Example:

Legend:	XX...X	Customer specific information*
	YY	Year code (last 2 digits of calendar year)
	WW	Week code (week of January 1 is week '01')
	NNN	Alphanumeric traceability code

Note: In the event the full Microchip part number cannot be marked on one line, it will be carried over to the next line thus limiting the number of available characters for customer specific information.

* Standard OTP marking consists of Microchip part number, year code, week code, facility code, mask rev#, and assembly code.

8-Lead Plastic Dual In-line (P) – 300 mil (PDIP)

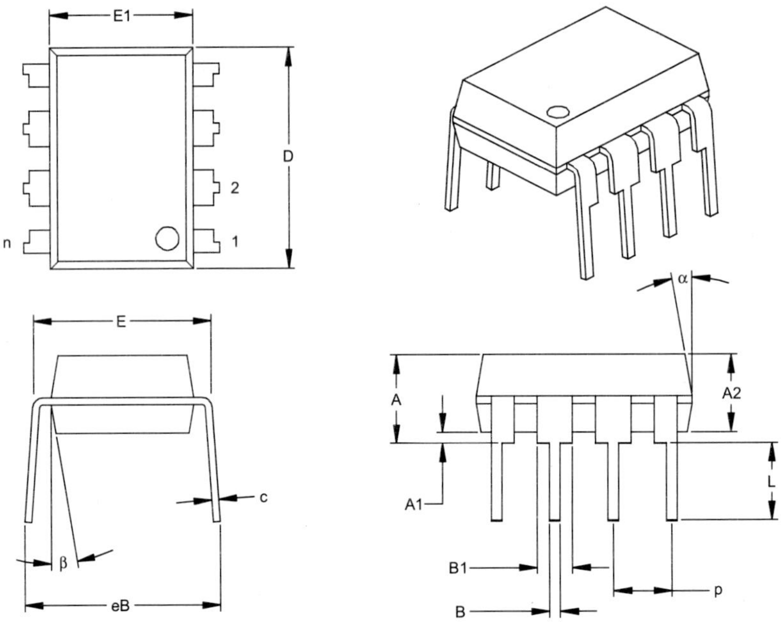

Units		INCHES*			MILLIMETERS		
Dimension Limits		MIN	NOM	MAX	MIN	NOM	MAX
Number of Pins	n		8			8	
Pitch	p		.100			2.54	
Top to Seating Plane	A	.140	.155	.170	3.56	3.94	4.32
Molded Package Thickness	A2	.115	.130	.145	2.92	3.30	3.68
Base to Seating Plane	A1	.015			0.38		
Shoulder to Shoulder Width	E	.300	.313	.325	7.62	7.94	8.26
Molded Package Width	E1	.240	.250	.260	6.10	6.35	6.60
Overall Length	D	.360	.373	.385	9.14	9.46	9.78
Tip to Seating Plane	L	.125	.130	.135	3.18	3.30	3.43
Lead Thickness	c	.008	.012	.015	0.20	0.29	0.38
Upper Lead Width	B1	.045	.058	.070	1.14	1.46	1.78
Lower Lead Width	B	.014	.018	.022	0.36	0.46	0.56
Overall Row Spacing §	eB	.310	.370	.430	7.87	9.40	10.92
Mold Draft Angle Top	α	5	10	15	5	10	15
Mold Draft Angle Bottom	β	5	10	15	5	10	15

* Controlling Parameter
§ Significant Characteristic

Notes:
Dimensions D and E1 do not include mold flash or protrusions. Mold flash or protrusions shall not exceed .010" (0.254mm) per side.
JEDEC Equivalent: MS-001
Drawing No. C04-018

8-Lead Plastic Small Outline (SN) – Narrow, 150 mil (SOIC)

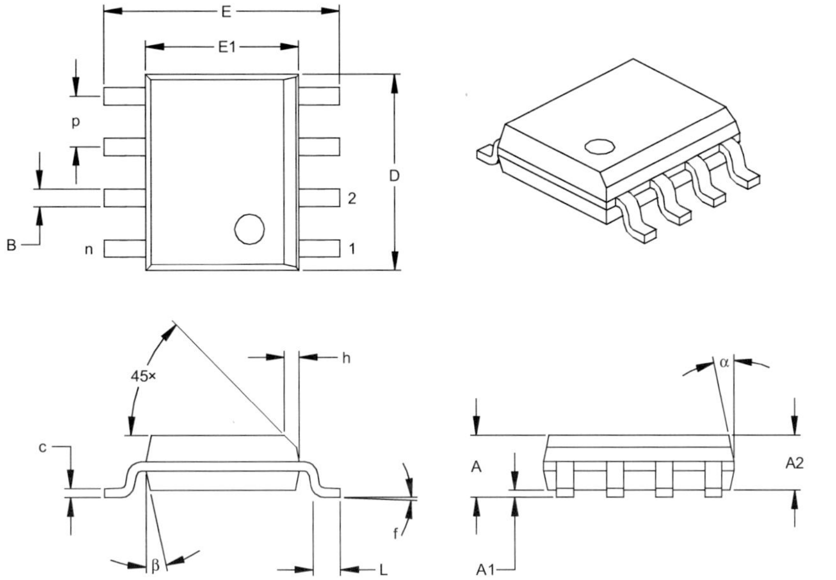

Units		INCHES*			MILLIMETERS		
Dimension Limits		MIN	NOM	MAX	MIN	NOM	MAX
Number of Pins	n		8			8	
Pitch	p		.050			1.27	
Overall Height	A	.053	.061	.069	1.35	1.55	1.75
Molded Package Thickness	A2	.052	.056	.061	1.32	1.42	1.55
Standoff §	A1	.004	.007	.010	0.10	0.18	0.25
Overall Width	E	.228	.237	.244	5.79	6.02	6.20
Molded Package Width	E1	.146	.154	.157	3.71	3.91	3.99
Overall Length	D	.189	.193	.197	4.80	4.90	5.00
Chamfer Distance	h	.010	.015	.020	0.25	0.38	0.51
Foot Length	L	.019	.025	.030	0.48	0.62	0.76
Foot Angle	f	0	4	8	0	4	8
Lead Thickness	c	.008	.009	.010	0.20	0.23	0.25
Lead Width	B	.013	.017	.020	0.33	0.42	0.51
Mold Draft Angle Top	α	0	12	15	0	12	15
Mold Draft Angle Bottom	β	0	12	15	0	12	15

* Controlling Parameter
§ Significant Characteristic

Notes:
Dimensions D and E1 do not include mold flash or protrusions. Mold flash or protrusions shall not exceed .010" (0.254mm) per side.
JEDEC Equivalent: MS-012
Drawing No. C04-057

8-Lead Plastic Micro Small Outline Package (MSOP)

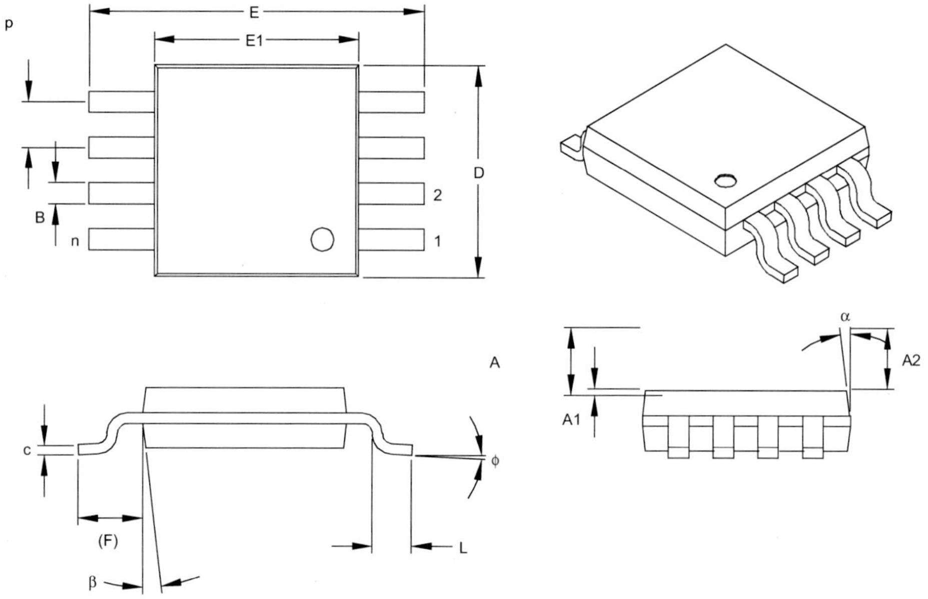

Units		INCHES			MILLIMETERS*		
Dimension Limits		MIN	NOM	MAX	MIN	NOM	MAX
Number of Pins	n		8				8
Pitch	p		.026			0.65	
Overall Height	A			.044			1.18
Molded Package Thickness	A2	.030	.034	.038	0.76	0.86	0.97
Standoff §	A1	.002		.006	0.05		0.15
Overall Width	E	.184	.193	.200	4.67	4.90	.5.08
Molded Package Width	E1	.114	.118	.122	2.90	3.00	3.10
Overall Length	D	.114	.118	.122	2.90	3.00	3.10
Foot Length	L	.016	.022	.028	0.40	0.55	0.70
Footprint (Reference)	F	.035	.037	.039	0.90	0.95	1.00
Foot Angle	φ	0		6	0		6
Lead Thickness	c	.004	.006	.008	0.10	0.15	0.20
Lead Width	B	.010	.012	.016	0.25	0.30	0.40
Mold Draft Angle Top	α		7			7	
Mold Draft Angle Bottom	β		7			7	

*Controlling Parameter
§ Significant Characteristic

Notes:

Dimensions D and E1 do not include mold flash or protrusions. Mold flash or protrusions shall not exceed .010" (0.254mm) per side.

Drawing No. C04-111

8-Lead Plastic Thin Shrink Small Outline (ST) – 4.4 mm (TSSOP)

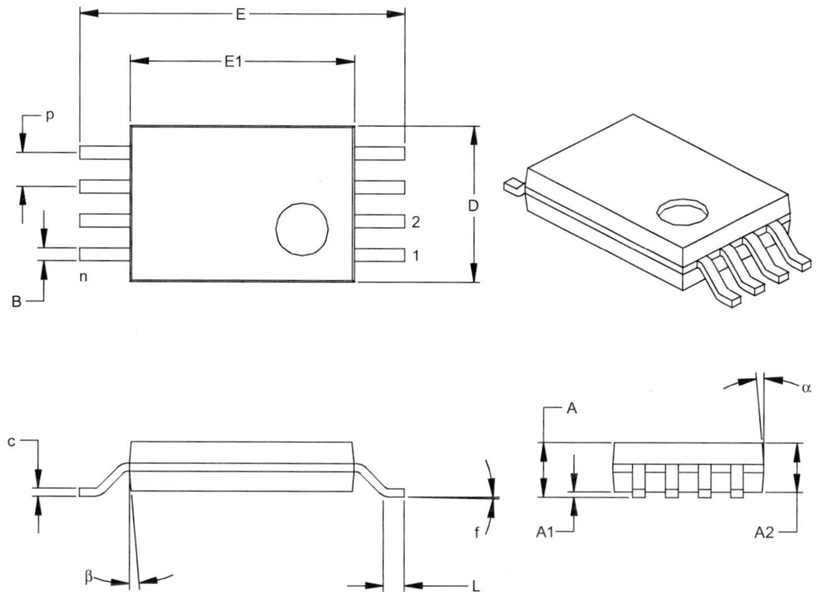

Units		INCHES			MILLIMETERS*		
Dimension Limits		MIN	NOM	MAX	MIN	NOM	MAX
Number of Pins	n		8			8	
Pitch	p		.026			0.65	
Overall Height	A			.043			1.10
Molded Package Thickness	A2	.033	.035	.037	0.85	0.90	0.95
Standoff §	A1	.002	.004	.006	0.05	0.10	0.15
Overall Width	E	.246	.251	.256	6.25	6.38	6.50
Molded Package Width	E1	.169	.173	.177	4.30	4.40	4.50
Molded Package Length	D	.114	.118	.122	2.90	3.00	3.10
Foot Length	L	.020	.024	.028	0.50	0.60	0.70
Foot Angle	f	0	4	8	0	4	8
Lead Thickness	c	.004	.006	.008	0.09	0.15	0.20
Lead Width	B	.007	.010	.012	0.19	0.25	0.30
Mold Draft Angle Top	α	0	5	10	0	5	10
Mold Draft Angle Bottom	β	0	5	10	0	5	10

* Controlling Parameter
§ Significant Characteristic

Notes:
Dimensions D and E1 do not include mold flash or protrusions. Mold flash or protrusions shall not exceed .005" (0.127mm) per side.
JEDEC Equivalent: MO-153
Drawing No. C04-086

NOTES:

ON-LINE SUPPORT

Microchip provides on-line support on the Microchip World Wide Web (WWW) site.

The web site is used by Microchip as a means to make files and information easily available to customers. To view the site, the user must have access to the Internet and a web browser, such as Netscape or Microsoft Explorer. Files are also available for FTP download from our FTP site.

Connecting to the Microchip Internet Web Site

The Microchip web site is available by using your favorite Internet browser to attach to:

www.microchip.com

The file transfer site is available by using an FTP service to connect to:

ftp://ftp.microchip.com

The web site and file transfer site provide a variety of services. Users may download files for the latest Development Tools, Data Sheets, Application Notes, User's Guides, Articles and Sample Programs. A variety of Microchip specific business information is also available, including listings of Microchip sales offices, distributors and factory representatives. Other data available for consideration is:

- Latest Microchip Press Releases
- Technical Support Section with Frequently Asked Questions
- Design Tips
- Device Errata
- Job Postings
- Microchip Consultant Program Member Listing
- Links to other useful web sites related to Microchip Products
- Conferences for products, Development Systems, technical information and more
- Listing of seminars and events

Systems Information and Upgrade Hot Line

The Systems Information and Upgrade Line provides system users a listing of the latest versions of all of Microchip's development systems software products. Plus, this line provides information on how customers can receive any currently available upgrade kits.The Hot Line Numbers are:

1-800-755-2345 for U.S. and most of Canada, and

1-480-792-7302 for the rest of the world.

013001

READER RESPONSE

It is our intention to provide you with the best documentation possible to ensure successful use of your Microchip product. If you wish to provide your comments on organization, clarity, subject matter, and ways in which our documentation can better serve you, please FAX your comments to the Technical Publications Manager at (480) 792-4150.

Please list the following information, and use this outline to provide us with your comments about this Data Sheet.

To: Technical Publications Manager   Total Pages Sent

RE: Reader Response

From: Name ____________________

Company ____________________

Address ____________________

City / State / ZIP / Country ____________________

Telephone: (_______) _________ - _________   FAX: (______) _________ - _________

Application (optional):

Would you like a reply?___Y ___N

Device: **MCP3202**   Literature Number: **DS21034C**

Questions:

1. What are the best features of this document?

2. How does this document meet your hardware and software development needs?

3. Do you find the organization of this data sheet easy to follow? If not, why?

4. What additions to the data sheet do you think would enhance the structure and subject?

5. What deletions from the data sheet could be made without affecting the overall usefulness?

6. Is there any incorrect or misleading information (what and where)?

7. How would you improve this document?

8. How would you improve our software, systems, and silicon products?

PRODUCT IDENTIFICATION SYSTEM

To order or obtain information, e.g., on pricing or delivery, refer to the factory or the listed sales office.

PART NO.	X	X	/XX
Device	Performance Grade	Temperature Range	Package

Device:	MCP3202:	12-Bit Serial A/d Converter
	MCP3202T:	12-Bit Serial A/D Converter (Tape and Reel) (SOIC and TSSOP package only)
Performance Grade:	B	= ±1 LSB INL (TSSOP not available)
	C	= ±2 LSB INL
Temperature Range:	I	= -40°C to +85°C
Package:	MS	= Plastic Micro Small Outline (MSOP), 8-Lead
	P	= Plastic DIP (300 mil Body), 8-Lead
	SN	= Plastic SOIC (150 mil Body), 8-Lead
	ST	= TSSOP (4.4 mm Body), 8-Lead (C Grade only)

Examples:

a) MCP3202-I/MS: = Industrial temperature, MSOP package.

b) MCP3202-BI/P: = B Performance grade, industrial temp., PDIP package

c) MCP3202-CI/SN: = C Performance grade, industrial temp., SOIC package

d) MCP3202T-BI/SN: = Tape and Reel, B Performance grade, industrial temp., SOIC package

a) MCP3202T-CI/ST: = Tape and Reel, C Performance grade, industrial temp., TSSOP package.

Sales and Support

Data Sheets

Products supported by a preliminary Data Sheet may have an errata sheet describing minor operational differences and recommended workarounds. To determine if an errata sheet exists for a particular device, please contact one of the following:

1. Your local Microchip sales office
2. The Microchip Corporate Literature Center U.S. FAX: (480) 792-7277
3. The Microchip Worldwide Site (www.microchip.com)

Please specify which device, revision of silicon and Data Sheet (include Literature #) you are using.

New Customer Notification System

Register on our web site (www.microchip.com/cn) to receive the most current information on our products.

NOTES:

MICROCHIP

WORLDWIDE SALES AND SERVICE

AMERICAS

Corporate Office
2355 West Chandler Blvd.
Chandler, AZ 85224-6199
Tel: 480-792-7200 Fax: 480-792-7277
Technical Support: 480-792-7627
Web Address: http://www.microchip.com

Rocky Mountain
2355 West Chandler Blvd.
Chandler, AZ 85224-6199
Tel: 480-792-7966 Fax: 480-792-7456

Atlanta
500 Sugar Mill Road, Suite 200B
Atlanta, GA 30350
Tel: 770-640-0034 Fax: 770-640-0307

Boston
2 Lan Drive, Suite 120
Westford, MA 01886
Tel: 978-692-3848 Fax: 978-692-3821

Chicago
333 Pierce Road, Suite 180
Itasca, IL 60143
Tel: 630-285-0071 Fax: 630-285-0075

Dallas
4570 Westgrove Drive, Suite 160
Addison, TX 75001
Tel: 972-818-7423 Fax: 972-818-2924

Dayton
Two Prestige Place, Suite 130
Miamisburg, OH 45342
Tel: 937-291-1654 Fax: 937-291-9175

Detroit
Tri-Atria Office Building
32255 Northwestern Highway, Suite 190
Farmington Hills, MI 48334
Tel: 248-538-2250 Fax: 248-538-2260

Kokomo
2767 S. Albright Road
Kokomo, Indiana 46902
Tel: 765-864-8360 Fax: 765-864-8387

Los Angeles
18201 Von Karman, Suite 1090
Irvine, CA 92612
Tel: 949-263-1888 Fax: 949-263-1338

New York
150 Motor Parkway, Suite 202
Hauppauge, NY 11788
Tel: 631-273-5305 Fax: 631-273-5335

San Jose
Microchip Technology Inc.
2107 North First Street, Suite 590
San Jose, CA 95131
Tel: 408-436-7950 Fax: 408-436-7955

Toronto
6285 Northam Drive, Suite 108
Mississauga, Ontario L4V 1X5, Canada
Tel: 905-673-0699 Fax: 905-673-6509

ASIA/PACIFIC

Australia
Microchip Technology Australia Pty Ltd
Suite 22, 41 Rawson Street
Epping 2121, NSW
Australia
Tel: 61-2-9868-6733 Fax: 61-2-9868-6755

China - Beijing
Microchip Technology Consulting (Shanghai) Co., Ltd., Beijing Liaison Office
Unit 915
Bei Hai Wan Tai Bldg.
No. 6 Chaoyangmen Beidajie
Beijing, 100027, No. China
Tel: 86-10-85282100 Fax: 86-10-85282104

China - Chengdu
Microchip Technology Consulting (Shanghai) Co., Ltd., Chengdu Liaison Office
Rm. 2401, 24th Floor,
Ming Xing Financial Tower
No. 88 TIDU Street
Chengdu 610016, China
Tel: 86-28-6766200 Fax: 86-28-6766599

China - Fuzhou
Microchip Technology Consulting (Shanghai) Co., Ltd., Fuzhou Liaison Office
Rm. 531, North Building
Fujian Foreign Trade Center Hotel
73 Wusi Road
Fuzhou 350001, China
Tel: 86-591-7557563 Fax: 86-591-7557572

China - Shanghai
Microchip Technology Consulting (Shanghai) Co., Ltd.
Room 701, Bldg. B
Far East International Plaza
No. 317 Xian Xia Road
Shanghai, 200051
Tel: 86-21-6275-5700 Fax: 86-21-6275-5060

China - Shenzhen
Microchip Technology Consulting (Shanghai) Co., Ltd., Shenzhen Liaison Office
Rm. 1315, 13/F, Shenzhen Kerry Centre,
Renminnan Lu
Shenzhen 518001, China
Tel: 86-755-2350361 Fax: 86-755-2366086

Hong Kong
Microchip Technology Hongkong Ltd.
Unit 901-6, Tower 2, Metroplaza
223 Hing Fong Road
Kwai Fong, N.T., Hong Kong
Tel: 852-2401-1200 Fax: 852-2401-3431

India
Microchip Technology Inc.
India Liaison Office
Divyasree Chambers
1 Floor, Wing A (A3/A4)
No. 11, O'Shaugnessey Road
Bangalore, 560 025, India
Tel: 91-80-2290061 Fax: 91-80-2290062

Japan
Microchip Technology Japan K.K.
Benex S-1 6F
3-18-20, Shinyokohama
Kohoku-Ku, Yokohama-shi
Kanagawa, 222-0033, Japan
Tel: 81-45-471- 6166 Fax: 81-45-471-6122

Korea
Microchip Technology Korea
168-1, Youngbo Bldg. 3 Floor
Samsung-Dong, Kangnam-Ku
Seoul, Korea 135-882
Tel: 82-2-554-7200 Fax: 82-2-558-5934

Singapore
Microchip Technology Singapore Pte Ltd.
200 Middle Road
#07-02 Prime Centre
Singapore, 188980
Tel: 65-334-8870 Fax: 65-334-8850

Taiwan
Microchip Technology Taiwan
11F-3, No. 207
Tung Hua North Road
Taipei, 105, Taiwan
Tel: 886-2-2717-7175 Fax: 886-2-2545-0139

EUROPE

Denmark
Microchip Technology Nordic ApS
Regus Business Centre
Lautrup hoj 1-3
Ballerup DK-2750 Denmark
Tel: 45 4420 9895 Fax: 45 4420 9910

France
Microchip Technology SARL
Parc d'Activite du Moulin de Massy
43 Rue du Saule Trapu
Batiment A - ler Etage
91300 Massy, France
Tel: 33-1-69-53-63-20 Fax: 33-1-69-30-90-79

Germany
Microchip Technology GmbH
Gustav-Heinemann Ring 125
D-81739 Munich, Germany
Tel: 49-89-627-144 0 Fax: 49-89-627-144-44

Italy
Microchip Technology SRL
Centro Direzionale Colleoni
Palazzo Taurus 1 V. Le Colleoni 1
20041 Agrate Brianza
Milan, Italy
Tel: 39-039-65791-1 Fax: 39-039-6899883

United Kingdom
Arizona Microchip Technology Ltd.
505 Eskdale Road
Winnersh Triangle
Wokingham
Berkshire, England RG41 5TU
Tel: 44 118 921 5869 Fax: 44-118 921-5820

10/01/01

저자약력

정 기 철

한양대학교 전기공학과 학사, 공학석사
한양대학교 대학원 전기공학과 졸업(공학박사)
LG 산전 연구소 메카트로닉스 연구실 주임연구원
국내 최초 마이크로로봇학과 창설(대덕대학)
현 대덕대학 마이크로로봇학과 교수

신 동 욱

한양대학교 전자공학과 학사, 공학석사
일본 와세다대학 응용물리학과 공학석사, 공학박사
現, 한국기술교육대학교 정보기술공학부 부교수
주관심분야 : 컴퓨터비젼, 이동로봇, 마이크로프로세서 응용

변 황 우

'99 교육부 주문식 교육 기계·자동차분야 심사위원
'99~00 교육장관배 메카트로닉스분야 전공동아리 전국경진대회 조직위원장
노동부 기술자격제도심의위원회 심사위원
2001 교육인적자원부 장관배 마이크로로봇 경진대회 심사위원장
現, 순천제일대학 메카트로닉스 학부 조교수

김 도 우

한양대학교 전기공학과 졸업, 공학석사, 공학박사
쌍용자동차 LCV 생산기술부 자동화실 연구원
한국원자력연구소 원격취급장치 개발실 연구원
現, 대덕대학 마이크로로봇학과 조교수
저서 : 실용 마이크로프로세서 응용과 활용, 센서응용공학,
Visual C++를 이용한 인터페이스 응용

전자계산기제어산업기사 실기

8051 설계 및 프로그램

6판 1쇄 2016년 8월 1일

저 자 정기철 / 신동욱 / 변황우 / 김도우
발행인 송광헌
발행처 복두출판사
주 소 서울특별시 영등포구 경인로82길 3-4
센터플러스 807호 (우) 07371
전 화 02-2164-2580~1
FAX 02-2164-2584
등 록 1993. 11. 22. 제 10-902 호

정가 : 28,000원 (CD 포함)

ISBN : 979-11-5906-143-1 93560

한국과학기술출판협회 회원사